Käthe Kollwitz

Ich sah die Welt
mit liebevollen Blicken

Ich sah die Welt
mit liebevollen Blicken

Käthe Kollwitz
Ein Leben in Selbstzeugnissen

Herausgegeben von
Hans Kollwitz

Fourier Verlag
Wiesbaden

Inhalt

Teile wurden dem Buch ›Ich will wirken in dieser Zeit‹
Auswahl aus den Tagebüchern und Briefen der Käthe Kollwitz (1962),
mit freundlicher Genehmigung des Gebr. Mann Verlages, Berlin, entnommen;
einige Briefe mit Genehmigung des Verlages Carl Schünemann, Bremen.
Der Titel ›Ich sah die Welt mit liebevollen Blicken‹ ist ein Goethe-Zitat.
Herausgeber und Verlag folgen weitgehend der Rechtschreibung und Zeichensetzung,
wie sie sich aus den vorliegenden Original-Unterlagen der Käthe Kollwitz ergaben.
Reproduzierte Handzeichnungen:
Kupferstichkabinett Kunstmuseum Basel, Kunsthalle Bremen,
Sammlung M. H. Franke Murrhardt, Kupferstichkabinett der Kunsthalle Hamburg,
Niedersächsische Landesgalerie Hannover, Michael Hertz Bremen,
Wallraf-Richartz-Museum Köln, Staatliche Graphische Sammlungen München,
Sammlung Reemtsma Hamburg, Graphische Sammlung Staatsgalerie Stuttgart, Privatbesitz

Fourier Verlag GmbH, Wiesbaden
Lizenzausgabe mit freundlicher Genehmigung des Originalverlages
© by Fackelträger-Verlag Schmidt-Küster GmbH, Hannover
Gesamtherstellung Mohndruck Graphische Betriebe GmbH, Gütersloh
ISBN - 3-921 695-21-x

Einleitung

Zehn dicke Wachstuchhefte, die Tagebücher von Käthe Kollwitz, liegen diesem Buche zugrunde. Die erste Eintragung ist vom 18. September 1908, und nach 35 Jahren schließt die letzte am 7. Mai 1943 mit dem Zitat aus einem Goethebrief: »Ich bin aus der Wahrheit der fünf Sinne«. Die Eintragungen geschehen nicht regelmäßig, manchmal werden längere Zeiträume rückblickend zusammengefaßt oder fallen ganz aus und nur in Zeiten starken inneren und äußeren Erlebens folgen sie sich fast Tag um Tag.

Als Begründung dafür, daß sie im Alter von einundvierzig Jahren mit dem Tagebuchführen beginnt, gibt Käthe Kollwitz an »das wie mir scheint schon abnehmende Gedächtnis«. Der tiefere Grund wird wahrscheinlich gewesen sein, daß sie die relative Selbstverständlichkeit des bisherigen Lebens und Arbeitens immer häufiger in sich bedroht fühlte.

Die Themen des Anfangs – Ich, Mitmenschen, Werk – kehren immer wieder. Da man geneigt ist, das Versagen, das Deprimiertsein, die Enttäuschung und das Unerklärliche eher zu Papier zu bringen als das oft wie selbstverständlich aufgenommene Erfreuliche, finden sich die Erlebnisse ersterer Art öfter erwähnt und beschrieben als die positiven und beglückenden.

Neben der eigenen Person mit ihrem Auf und Ab und mit ihren Schmerzen und Freuden nimmt einen großen Raum das Schicksal von Freunden und Verwandten ein und von Menschen, die in den Lichtkegel ihres Interesses und ihrer Teilnahme gelangten; dann Eintragungen über sich selbst als Tochter, als Mutter, als Großmutter und über ihr Leben in der Ehe; fast an jedem Silvester oder Neujahrstag rückschauende und kritische Betrachtung über das vergangene Jahr; Aufzeichnungen über das Werk, über sein Mißlingen und

5

Gelingen, sowie die Auseinandersetzung mit der Kunst ihrer Zeit und auch mit der Literatur. Eintragungen über Zeitereignisse, die sie besonders berühren. Was sie in Vers und Prosa findet und was davon ihr lieb und bedeutsam ist, wird ins Tagebuch aufgenommen.

Hinzugenommen sind als Ergänzungen der Tagebücher Stellen aus ›Erinnerungen‹ und aus ›Rückblick auf frühere Zeit‹*, sowie hier und da einige Briefe an die langjährige Freundin Beate Bonus-Jeep (aus dem Buch ›60 Jahre Freundschaft mit Käthe Kollwitz‹).

Die abgebildeten Zeichnungen sind zum großen Teil noch nicht veröffentlicht.

Es war erstaunlich für mich, wie viele der zahllosen Würdigungen von Käthe Kollwitz zu ihrem 100. Geburtstag in Zeitungen und Zeitschriften fast ausschließlich auf ihr menschliches Mitgefühl und die Themen ihrer Werke, Not und Tod, hinwiesen. Diese ihre besondere Themenwahl war und ist auch eine Erklärung dafür, daß man der Künstlerin in den letzten Jahren etwas aus dem Wege ging. Von Not wollte man in den Zeiten des Wirtschaftswunders nichts mehr sehen, und dem Tod begegnet man nicht gern, weder in seiner reißenden noch in seiner freundschaftlichen Gestalt. Aber dabei übersah man, daß Käthe Kollwitz nicht nur eine von Mitgefühl erregte Frau, sondern auch eine eminente Künstlerin, eine Könnerin war. Gefühle auszudrücken erschien ihr nur erlaubt, wenn es ihr gelang, sie künstlerisch zu gestalten: mit Hilfe der Komposition und der für ihre Arbeitsweise charakteristischen Art, Licht und Schatten zu setzen und das Grau zu verwenden, wie auch durch ihren sensiblen Strich. Das gelang ihr oft erst nach langem, hartem Bemühen. Dieser rein künstlerische Anteil an der Gestaltung ihrer Werke wird infolge des stark wirkenden Gefühlsinhaltes leider oft übersehen.

Dr. Günther Thiem hat an einigen der reproduzierten Bilder versucht, den Beschauer dahin zu leiten, daß er selbst erkennt, was an ihren Blättern das spezifische, unverwechselbare Kollwitzsche Künstlertum ist.

Es ist auffallend, oder vielleicht ist es auch selbstverständlich, daß eigentlich alle Themen ihres Werkes sich als Themen in den Tagebüchern wiederholen: Mitleiden und Empörung, Krieg, Tod und Abschied, Mutterliebe, gelegentlich Freude — am stärksten durch das Kind —, wie auch die kritischen Selbstbetrachtungen und Selbstprüfungen in den Tagebüchern ihren über hundert Selbstbildnissen entsprechen.

Die bisher erwähnten Tagebuchaufzeichnungen gehören in Bereiche, die es wohl auch in Tagebüchern anderer Menschen, besonders der Künstler, gibt. Aber einige Jahre nach Beginn des Schreibens trifft in einen Lebensbezirk,

* »Erinnerungen« 1923 und »Rückblick auf frühere Zeit« 1941, aufgeschrieben auf Bitten des Sohnes Hans.

6

der ihr bisher einer unter anderen war, — den der Mutterschaft — ein Schlag, der sie bis ins Innerste durchrüttelte und erschütterte: in der Nacht vom 22. zum 23. Oktober 1914 fiel ihr jüngerer Sohn Peter.

Der Sohn war freiwillig in den Krieg gegangen, die Mutter hatte ihn gehen lassen. Die immer bohrende Frage nach dem Sinn dieses Geschehens füllt nun viele, viele Seiten. Um Peters Nähe sich zu erhalten, beginnt sie an einem Grabmal für ihn zu arbeiten; für ihn, für seine gefallenen Freunde, für Millionen gefallener junger Menschen. Das sich Nicht-Trennenkönnen und doch Trennenmüssen vom Sohn und dieses Ringen um die Gestaltung, zu der sie sich berufen, aber künstlerisch-technisch noch nicht gerüstet fühlte, stand viele Jahre im Mittelpunkt ihres Lebens und der Tagebücher.

Man kann mich fragen: warum erscheint eine zweite Auswahl der Tagebücher, obwohl die zuerst 1948 erschienene Ausgabe noch existiert und etwas aus der damaligen sich auch in der jetzigen findet?

Nicht nur, weil Käthe Kollwitz' Geburtstag sich 1967 zum hundertsten Mal jährte, nicht nur, weil die diesmalige Auswahl weit umfassender ist als die damalige, sondern weil sich mir ein neuer, vielleicht fruchtbarer Aspekt darstellte: abzugehen von der chronologischen Anordnung, in der naturgemäß Tagebuchaufzeichnungen verschiedensten Inhaltes nebeneinanderstehen, und statt dessen nach Lebensthemen zu gruppieren, so daß man nacherleben kann, wie die Schreiberin sich mit den verschiedenen ihr vom Leben gestellten Aufgaben auseinandersetzte und sich an ihnen entwickelte. Zum Beispiel wie ihre Vorstellung vom Erinnerungsmal für den gefallenen Sohn Peter mit der Änderung ihrer Einstellung zum Kriege sich so wandelte, daß sie nach vier Jahren Ringens um die Form die Arbeit 1919 liegen ließ, um sie nach fünf Jahren noch einmal aufzunehmen und sie erst weitere sieben Jahre später zu vollenden. In diesen Jahren der Unterbrechung war aus dem Erinnerungsmal ein Mahnmal geworden, die Gestalt des hingestreckten Soldaten war ersetzt worden durch die Gestalten der knienden Eltern.

Auch in dem Kapitel »Liebe und Ehe« wird erkennbar, wie sich das Bejahende in der Ehe zweier so verschiedener Menschen im Lauf der Jahre immer mehr entwickelte.

Mir scheint, als würde diese Zuordnung der Tagebucheintragungen zu den Lebensthemen ihre Lebensgeschichte anschaulicher, verständlicher, aber auch eindringlicher und nachdenkenswerter machen. Es tritt so noch deutlicher zutage, wie ein Mensch, dem es körperlich und seelisch nicht leicht wurde, trotz Depressionen und Verzweiflungen seine Lebensaufgabe zu bewältigen versucht hat.

Man wird mich vielleicht auch fragen, was die Tagebücher noch enthalten, denn das auf den kommenden Seiten Stehende füllt nicht die zehn Hefte mit ihren insgesamt 1700 Seiten: sie enthalten außerdem Aufzeichnungen des Alltäglichen, für den Außenstehenden uninteressant, oder Aufzeichnungen aus den Intimbezirken Angehöriger oder Bekannter, und diese zu veröffentlichen besteht keinerlei sachliche Notwendigkeit.

War nun diese Diskretion, die gegenüber den im Text vorkommenden Menschen selbstverständlich ist, auch dem gegenüber zu bewahren, was meine Mutter von und über sich selbst schreibt? Man hat mir das nahegelegt. Aber hatte ich ein Recht, in dem Bild, das sie von sich selber hatte, herumzuradieren? Kam es darauf an, eine über den Menschen Stehende aus ihr zu machen, eine Unerreichbare und daher eigentlich Unwirksame? Oder ist nicht *das* Bild wahrer und damit weiter wirkend: das Bild des ganzen Menschen in seiner Größe, Schönheit, Kraft und zugleich in seiner Schwäche und seinen Anfechtungen?

Käthe Kollwitz wird oft nur als »die große Mitleidende« gesehen. Wie oberflächlich aber wäre dieses Mitleid, wenn es nicht gespeist würde durch die Einsicht in die eigenen menschlichen Untergründe und Traurigkeiten.

Conrad Ferdinand Meyer läßt seinen Hutten sagen: »Ich bin kein ausgeklügelt Buch. Ich bin ein Mensch mit seinem Widerspruch.«

Hans Kollwitz

SELBSTBILDNIS, 1889

AUF DER STRASSE, UM 1889

SELBSTBILDNIS MIT AUFGESTÜTZTEM KOPF, 1889/91

JUNGES PAAR, 1893

SELBSTBILDNIS MIT GESICHTS- UND ARMSTUDIEN, 1893

HAMBURGER KNEIPE, 1901

TANZ UM DIE GUILLOTINE (CARMAGNOLE), 1901

VOR EINER WEIBLICHEN GOTTHEIT KNIENDE, UM 1889

Kindheit und Jugend

Ich bin als fünftes Kind der Eltern geboren. Wir lebten damals auf dem Weidendamm Nr. 9 in Königsberg. Ich erinnere mich dunkel an eine Stube, in der ich tuschte, deutlich aber besinne ich mich auf Höfe und Gärten. Durch einen kleinen Vorgarten kamen wir auf einen großen Hof, der bis zum Pregel reichte. Dort hielten die flachen Ziegelkähne, und die Ziegel wurden auf dem Hof abgeladen und geschichtet, sodaß Hohlräume blieben, in denen wir Kind und Mutter spielten. Links an den Hof schloß sich ein ebenfalls bis zum Pregel reichender Garten. Er hatte einen über das Wasser hinausgebauten runden Pavillon. Einmal, weiß ich, sang meine damals noch so junge Tante Lina wunderschön, aber traurig in diesem Pavillon. Rechts an den Hof, durch niedrige Gebäude getrennt, nur an einer Stelle offen, schloß sich ein anderer Hof. An diesen knüpfen sich lebhafte und starke Erinnerungen. Unten am Pregel war ein Floß zum Wäschespülen. Da wurde einmal ein totes Mädchen angespült und mit dem Armen-Leichenwagen abgeholt, einem schauderhaften Leichenwagen und Sarg.

Dann wohnten da Ratkes, mit denen wir spielten, der Max, die Lene, die Liese. Sie waren alle älter als ich, vor allem spielten Konrad und Julie mit ihnen, ich wurde gerade noch so mitgeschleppt. Die Ratkeschen Kinder hatten ihre Mutter verloren. Der Vater war Kaufmann und hie und da betrunken. Einmal war ich mit den Mädchen oben in ihrer Wohnung und sah den angetrunkenen Vater, wie er taumelte (entweder habe ich damals darüber sprechen hören oder im späteren Erinnern daran habe ich verstanden, was mit ihm los war in den letzten Jahren unseres Dortseins, wie ich wußte, was das war »betrunken«).

17

In den niederen langgestreckten Gebäuden, die die beiden Höfe trennten, wohnte ein Gipsgießer. Da stand ich oft und sah zu, wie er formte. Ich rieche noch die feuchte Gipsluft da unten. Bis zu meinem neunten Jahre wohnten wir auf dem Weidendamm. Immer haben wir Kinder mit Sehnsucht daran zurückgedacht. Es gab unendliche Spielgelegenheiten und viele Abenteuer auf den Höfen.

Das Bild der Eltern aus jener Zeit ist mir nur dunkel. Der Vater war wohl sehr viel in der Arbeit. Wahrscheinlich hatten wir schon damals den Baukasten, den Vater hatte machen lassen. Es waren große, solide Klötze, und wir bauten viel damit. Von seinen gezeichneten Bauplänen in seiner Arbeitsstube fielen lange Streifen Papier ab. Die bekamen wir zum Bezeichnen. Konrads Phantasie ließ darauf immer Verfolgungen von Schlittenfahrern durch Wölfe oder ähnliches erstehen. Der Vater ließ all dies nicht unbemerkt. Er hob sich bald manche Streifen auf, die wir bekritzelt hatten.

Auf die Mutter besinne ich mich aus jener Zeit gar nicht. Sie war da, und das war gut. In ihrer Luft wuchsen wir Kinder auf. Die Mutter hatte zwei Kinder vor Konrad verloren. Es gibt ein Bild von ihr mit dem ersten Kind, das nach meinem Großvater Julius genannt war, auf dem Schoß. Es war das »Erstlings-Kind, das heil'ge«. Dies Kind verlor sie und das zweite danach. Wer das Bild ansieht, erkennt, daß sie als Rupps Tochter nie fassungslos im Schmerz gewesen ist. Aber das schwere Leid ihrer frühen Mutterzeit, dem sie sich nie hemmungslos hingegeben hat, hat wohl bewirkt, daß sie etwas von der Entferntheit der Madonna an sich gehabt hat. Vertraute, Kameradin, Genossin ist unsere Mutter uns nie gewesen. Aber wir liebten sie. Nie war der Respekt, den wir vor den Eltern hatten, so groß, daß er der Liebe Abbruch tat.

Ein paar Minuten vom Weidendamm war dann der alte Pauperhausplatz. Nr. 5 wohnten die Großeltern. Was wir mit dem Wegziehen vom Weidendamm verloren haben, begriffen wir erst später ganz. Vorläufig freuten wir uns. Wir zogen jetzt nach der Königstraße in eines der schönsten neuen vom Vater gebauten Häuser. Im unteren Stock wohnten wir und daneben mein Onkel Julius Rupp, der sich damals verheiratet und als Arzt niedergelassen hatte.

Meine Liebe für die Mutter war in jenen Jahren besorgt und zärtlich. Immer fürchtete ich, sie könnte verunglücken. Badete sie, auch nur in der Wanne, so fürchtete ich, sie könnte ertrinken. Einmal stand ich am Fenster, es war die Zeit, als die Mutter zurückkommen sollte, ich sah sie auf jener Seite der Straße kommen, aber ohne nach unserem Haus hinzusehen, mit dem ferngerichteten Blick, den sie hatte, ruhig weitergehen die Königstraße herunter. Wieder diese schwere Angst im Innern, sie könnte sich verirrt haben und nicht mehr zurückfinden. Dann Angst davor, die Mutter könnte wahnsinnig werden. Vor allem aber Angst um den Schmerz, den ich haben würde, wenn Vater und Mutter stürben. Manchmal war die so groß, daß ich wünschte, sie wären erst tot und ich hätte es hinter mir. Für diesen Fall hatte ich schon vorgesorgt. Ich wollte dann zu Prengels gehen und ganz bei ihnen bleiben.

Lise und ich gehörten unbedingt zusammen. Wir waren so verquickt, daß wir gar nicht mehr zu sprechen brauchten, um uns zu verständigen. Wir waren wirklich untrennbar. Wir konnten auch mit niemand anders spielen als zusammen, was wir beide Spielen nannten. Puppen hatten wir nicht und hatten auch gar kein Verlangen danach. Aber wir kauften uns nach und nach aus einem Papiergeschäft (bei Fräulein Sander in der Königstraße) die Bilderbogen mit Theaterpuppen zu sämtlichen Stücken. Diese Figuren tuschten wir an und schnitten sie aus, es waren über hundert, und mit denen spielten wir. In unserer Stube waren wir ganz unser Herr, da spielten wir durch die ganze Stube und mit umgekehrten Stühlen und Tischen nach momentan sich ergebenden Plänen. Die griechische Mythologie, aber auch Themen aus Schillerschen Stücken, ganz freie Erfindungen, wir waren nie verlegen. Bauklötze wurden zu Hilfe genommen, Paläste aufgeführt, Altäre, Opferungen mit Bernstein, des Sängers Fluch mit zusammenstürzenden Säulen, wir waren unermüdlich. Lise, obwohl drei Jahre jünger, hielt in allem Schritt mit mir und fügte sich mir. Ohne sie war kein Spielen.

In der Übergangzeit aus der Kindheit in die folgenden Jahre schwand langsam dies Spielen hin. Wir wollten es halten, begannen immer wieder, aber es hatte seine Zeit überdauert und erlosch in sich. Ich weiß, wie leer ich mir vorkam, ich fühlte deutlich einen Verlust. Wir glitten nun in andere Formen über, meist Lise und ich gemeinsam, sie mir folgend. Ich liebte sie sehr und hatte mir vorgenommen, nie zu heiraten, aber auch Lise sollte nie heiraten, sie sollte immer bei mir sein und gewissermaßen mir gehören. Sie war unendlich gutherzig und leicht zu verletzen. Mitunter reizte mich der Teufel, es zu tun. Hatte ich sie so weit, daß sie weinte, zerriß es mich fast innerlich. Wieviel verdanke ich Lise dadurch, daß sie mir unermüdlich Modell saß. Wenn ich zeichnete und bekam die Stellung nicht so heraus, wie ich sie haben wollte, dann machte sie die Stellung und machte sie immer gut und war unendlich geduldig.

Höhepunkt des Jahres waren die Sommerferien in Rauschen. Seit meinem neunten Jahr waren wir alle Sommer dort. Die Eltern machten einmal eine Reise durch das Samland und kamen nach dem Fischerort Rauschen, eine halbe Stunde von der See entfernt. Es waren vor kurzem mehrere Männer des Orts von einem großen Sturm auf See ertrunken. Die Witwe eines solchen, eine Frau Schlick, fanden die Eltern teilnahmslos vor sich hinbrütend auf der Schwelle ihres Hauses sitzen. Dies Haus hatte eine Lage, die die Eltern entzückte. Sie mieteten es erst und kauften es dann der Frau Schlick ab, so aber, daß diese mit ihren beiden Töchtern weiter im Hause wohnte. Der Vater nahm nun ein paar Veränderungen an dem Haus vor, aber es behielt ganz den Charakter des Bauernhauses. Die Fahrt nach Rauschen dauerte fünf Stunden. Eisenbahn gab es nicht, wir fuhren mit einer Journaliere, das war ein großer, mit vier oder fünf Sitzreihen versehener bedeckter Wagen. Die hinteren Sitzreihen waren herausgehoben, und es kam da herein, was man für viele Wochen brauchte: Bettsäcke, Wäsche, Körbe, Bücherkisten, Weinkisten. Welche Wonne, wenn erst die Journaliere vor dem Hause stand, alles aufgeladen war, Mutter, Mädchen, wir Kinder (der Vater kam meist nach) auf den Vordersitzen verstaut waren, der Kutscher sich auf seinen vorderen Extrasitz schwang, die drei, manchmal vier Pferde anzogen, und es losging durch die engen Königsberger Straßen, durch das hallende Tragheimer Tor und dann quer durch das ganze Samland. Erst kurz vor Sassau konnte man zum erstenmal die See sehen. Da standen wir alle auf Zehenspitzen und schrien: Die See, die See! Die See ist mir niemals und nirgends mehr, auch nicht die Ligurische See, auch nicht die Nordsee, das gewesen, was die samländische See war. Diese unaussprechliche Erhabenheit der Sonnenuntergänge von der hohen Küste aus! Dies Ergriffensein, wenn man zum ersten Mal sie wieder nah sah, den Seeberg runterrannte, Schuh und Strümpfe auszog und die Füße wieder das Gefühl des kühlen Seesands hatten! Dieser metallische Schall der Wellen!

Die schwärmerische Seeliebe wuchs, je mehr man in die empfindsamen Jahre hineinkam. Aber damals war Rauschen ein unbekannter Ort, nur aufgesucht von Naturschwärmern, da war man noch allein bei Sonnenuntergang, war die Küste unbebaut. Dies Kinderparadies ist gründlichst verloren.

Die Mutter blieb mit uns Mädchen bis in den September draußen, weil wir an keine Schule gebunden waren. Konrad durfte sich Freunde für längere Zeit mit rausbringen, wir hatten manchmal die Lisbeth Kollwitz draußen. Hier kann ich rasch noch von der Schule sprechen, die mir keine Freude machte. Großeltern, auch Eltern waren gegen die öffentlichen Schulen, so hatten wir Mädchen in kleinerem Zirkel Unterricht. Mit Julie und besonders Lise ist das wohl gut geglückt, zu meiner Zeit fand sich ein Zirkel zusammen, in dem wir Kinder nicht gut lernten. Die Leiterin war eine lungenkranke Dame, die Lehrerinnen waren, scheint mir, ohne Qualitäten. Nur den Literaturunterricht hatte ich gern und Geschichte. Im Rechnen war ich dumm und in den meisten anderen Fächern wohl auch mehr unintelligent als intelligent. In Rauschen unterrichtete ein Weilchen der Vater mich und Lise in Mathematik, die Lise begriff über Erwarten gut, ich über Erwarten schlecht.

Wofür ich den Eltern immer sehr dankbar gewesen bin, das ist, daß sie Lise und mich stundenlang nachmittags in der Stadt herumstreifen ließen. Auch hier wieder großzügiges Vertrauen und keine Nachspürerei. Nur wünschten die Eltern, daß wir nicht auf Königsgarten promenierten. Königsgarten entsprach etwa der Tauentzienstraße. Wir durften ihn nur überqueren, wenn der Weg so führte. Wir legten ihn meist so. Wir waren auf unsere Weise sehr eitle Dinger, ließen das Halstuch herauswehen und putzten uns zurecht, waren oft albrig und sehr kindisch. Das war der Teil Wegs, der über Königsgarten führte. Dann aber wurde es besser. Erst kauften wir Kirschen oder was es gab, und dann ging das los, was wir Bummeln nannten.

Wann ich zum ersten Mal in die Freie Gemeinde kam, weiß ich nicht... Der geistige Inhalt der Religionsstunde sowohl wie vor allem der Sonntagspredigt wurde wohl in der Religionsstunde von Rupp durchgesprochen, er wünschte dann aber in der nächsten Stunde wenigstens etwas daraus, am besten einen Überblick des Ganzen, von uns wiedergegeben. Das war mir sehr schwer. Solange ich folgen konnte, war es mir auch möglich, wiederzugeben, aber das Folgen eine volle Stunde hindurch war sehr schwer, selbst dem Konrad. Nach einem Vortrag erzählte der Großvater, wie Konrads Gesicht vor ihm aufleuchtete, als er sagte: »Zum Schlusse...«
Nach dem Sonntagsvortrag versammelten sich einige Gemeindemitglieder, und die Kinder und Schwiegerkinder Rupp mit den älteren Enkeln bei den Großeltern im alten Pauperhausplatzhaus. Der Großvater, der zuerst zum Ausruhen in seiner Stube war, kam dann zu uns herüber in die Wohnstube. Wenn er durch die kleine weißgestrichene Tür hereinkam, kam er mir groß und ehrfurchterweckend vor. Wir alle standen auf und begrüßten ihn. Ob er groß war, weiß ich nicht, jedenfalls erschien er mir so. Groß, schmal, ganz in Schwarz bis zum Kinn, die Brille leicht bläulich gefärbt, das blinde Auge durch ein matteres Glas gedeckt. Sehr schön waren Großvaters Hände, meiner Mutter Hände erinnern an sie, sie waren groß und ausdrucksvoll geformt. An dem einen breiten Fenster, das die Stube hatte, standen zwei alte Lehnstühle einander gegenüber, da saßen die Großeltern, das ganze Fenster war im Halbbogen umschlossen von Efeu. Hier wurde meist noch über den Vortrag, aber auch über Politik und sonst Interessierendes gesprochen. Hier war die Atmosphäre, die, nicht mehr ganz geistig, für mich gemütlicher war. In der dunklen Wandecke rechts vom großen Fenster, hinter Großvaters Stuhl stand ein Tisch mit einer großen Mappe mit Kupferstichen, an der schmaleren Seitenwand links hinter Großmutters Stuhl war ein kleines Wandbrett mit Büchern. Da holten wir uns die Grimmschen Hausmärchen heraus. Meist aber saßen ich und Lise an der Bildermappe. Wir verhielten uns mucksstill, hörten halb

dem Gespräch zu, waren mehr bei den Bildern. In der Stube hing noch Großvaters Bild aus den Mannesjahren, von Gräfe gemalt. Wenn meine Erinnerung richtig ist, war es ein sehr gutes Bild.

Aus dieser Nach-Vortragsstunde in der warmen, hellen Großelternstube ist
mir der Großeltern Bild unendlich freundlich, gütig und geistig in Erinnerung
geblieben, dann aus den festlichen Sonntagnachmittagzusammenkünften bei
uns zu Hause und aus der Weihnachtsfeier am ersten Feiertag. Darüber muß
ich noch besonders sprechen. In den Vorträgen jedoch und auch in den Religionsstunden war der Großvater mir nur ehrfurchtgebietend. Wenn wir, seine
Enkel, in die Religionsstunde kamen, waren wir für ihn nicht die Enkel, sondern Gemeindekinder, genau so nah, genau so fern wie die übrigen. Schon
das machte mich scheu. Nicht die geringste Scheu aber hatte der Konrad vor
ihm. Wenn der Großvater bei uns war und im größeren Kreise Allgemeines
besprochen wurde, der Großvater stets der verehrte und respektierte Mittelpunkt jedes Gesprächs war, setzte der Konrad sich auf seinem Fußbänkchen
dicht an Großvaters Füße und fragte unbefangen mitten herein. Er machte
sich auch gar nichts daraus, in der Religionsstunde zu spät zu kommen und
dann, während er hinten an der Stubenwand seinen Überzieher von den Armen schlenkerte, schon von da aus zu antworten, während der Großvater vorn
an jemand eine Frage stellte. Konrad war aber nicht im geringsten frech, nur
naiv und zutraulich und für alles Geistige so interessiert, daß er in Rupps geistiger Atmosphäre gedieh und alle Poren öffnete. Er hat von uns Kindern die
stärkste Einwirkung durch Rupp erfahren. Später hatte ihn der Großvater oft
bei sich, half ihm nach in Latein und Griechisch, sprach mit ihm Gelesenes
durch, wies ihn hin auf das, was er lesen sollte. Besonders manches kurze Wort
ist in Konrad haften geblieben. Der Großvater war immer bereit, ihm zu
geben, immer gütig und mitteilsam, und auch seinen kurzen Humor lernte er
kennen. Konrad war schon Student, als der Großvater starb, er ist also in seinen empfänglichsten, richtunggebendsten Jahren noch von ihm beeinflußt.
Ich war siebzehn Jahre, als der Großvater starb. Rupp ging fast ausschließlich
auf das Matthäus-Evangelium zurück. Die Wunder erklärte er nicht rationa-
listisch, sondern er überging sie. Der Auszug der vier Evangelien, den die
Kinder der Freien Gemeinde besaßen, war gewissermaßen die reine Moral-
lehre, wie Rupp sie durch Jesus der Welt offenbart glaubte. Das Matthäus-
Evangelium lernten wir gründlich kennen und die wichtigsten Aussprüche
lernten wir auswendig.
Diese Religionsstunden waren sehr gehaltvoll, die geistig entwickelten
Kinder hatten außerordentlich viel davon. Die Eltern der Kinder (ein Beiwoh-
nen war erlaubt) ebenfalls. Ich habe später bedauert, nicht reif genug gewesen

zu sein zu diesem Unterricht. Gewiß verdanke ich ihm viel, doch fühlte ich mich erleichtert, als mein Vater an Großvaters Stelle die Religionsstunde übernahm. Der Vater paßte sich mehr dem Durchschnitt der Kinder an und lehrte mehr eine schlichte Ethik. Vom Vater bin ich dann auch eingesegnet. Die Großmutter war neben dem Großvater klein, wie alle ihre Geschwister Schiller. Sie trug eine Haube mit blaßlila Bändern. Ihr Gesicht war gut und freundlich. Ihr Temperament war ein ganz anderes als Großvaters. Der Großvater stand über den Dingen und dem, was der Tag brachte. Die Großmutter mitten drin.

Das älteste Ruppsche Kind war unsere Mutter, in Gestalt, geistiger Haltung, Temperamentsveranlagung dem Großvater ähnlich. Sie heiratete mit 23 Jahren den um zwölf Jahre älteren Vater. Zwischen Großvater und Vater ist immer herzliche Freundschaft gewesen. Da die jüngsten Rupps, Julius und Lina, heranwachsende Kinder waren, als der Vater in die Familie Rupp trat, ist unser Vater wohl genau so beteiligt gewesen an deren Erziehung wie der Großvater, der, von Arbeit überlastet, dankbar war, vom jüngeren Freund sich im Erziehungswerk helfen zu lassen.

DIE SCHWESTER LISE, LESEND, UM 1889

DIE SCHWESTER LISE, SCHLAFEND, UM 1890

KARL, DER MANN DER KÄTHE KOLLWITZ, SCHLAFEND, VOR 1940

DER SOHN HANS IM BETT, UM 1904

DER SOHN PETER IM BETT, UM 1908

SÄUGLING, 1930

DER ENKEL PETER ALS SÄUGLING, VIERMAL IM PROFIL, 1921

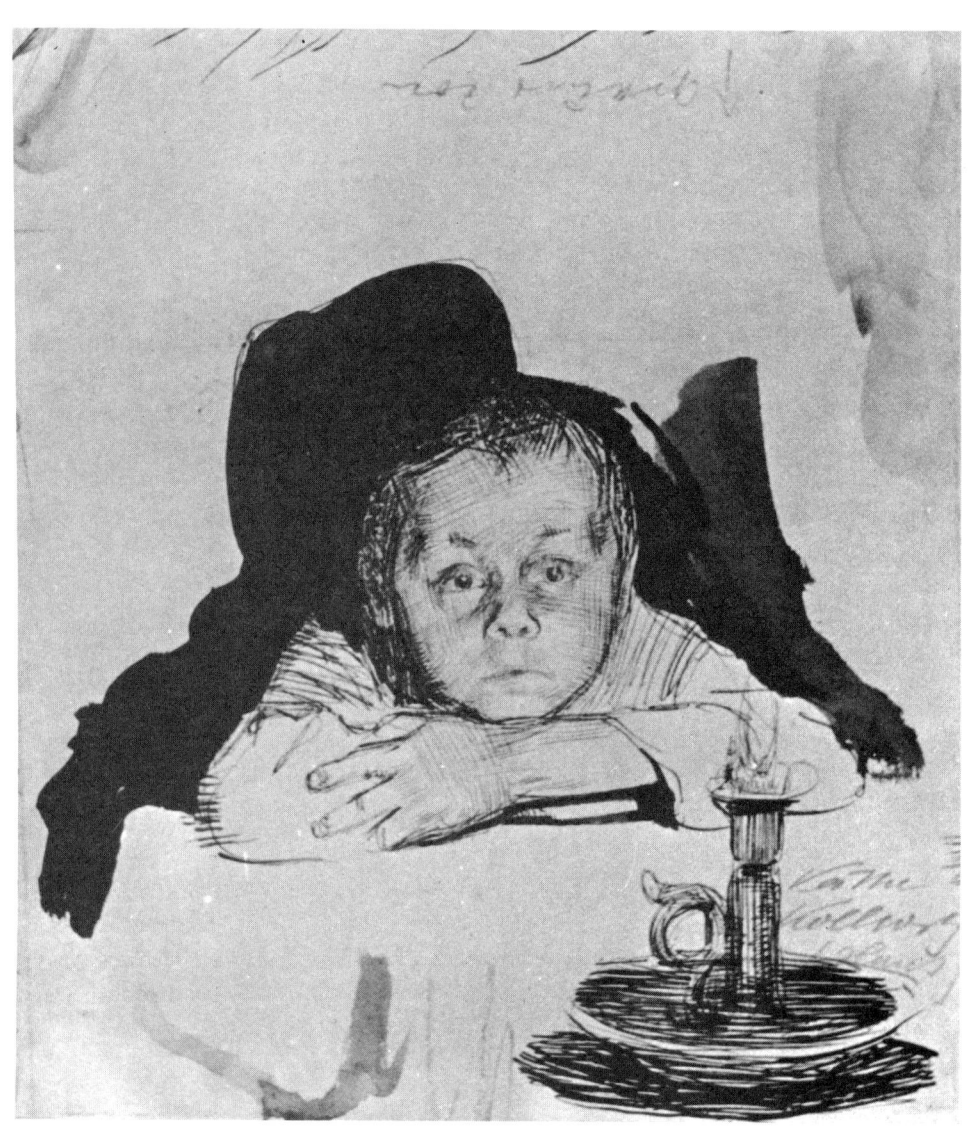

DER SOHN HANS MIT DER KERZE, UM 1898

Eltern und Geschwister

AUS DEN TAGEBÜCHERN

JUNI 1914

... Mutter * ist mit Julie ** nach Georgenswalde gefahren. In der letzten Woche war ich, da Lise mit Maria schon fort war, täglich bei der Mutter. Erst dann, wenn ich täglich bei ihr bin und nur bei ihr — nicht auch bei Lise — komme ich ihr wieder ganz nahe. Wie liebte ich die Mutter als Kind und wie brauchte ich sie. Ich habe nach ihr geweint, wie ich fort kam. Dann später — wenn sie mir z. B. über meine Stellung zu Karl sprach — vor der Verheiratung. Sie war die Erfahrene, das Leben noch Überblickende. Sie hatte Einfluß auf mich. Es mag ungefähr zehn Jahre her sein, als die Lise auf meinen Vorschlag, sie möchte die Mutter in einer Sache um Rat fragen, sagte, das hätte keinen Wert mehr. Jetzt ist die Mutter wie schon drüben. Von unsern Angelegenheiten erzählen wir ihr wohl, aber fast wie man einem Kinde erzählt. Sie ist so bescheiden. Und so gütig. Ein langes Leben kann ich ihr nicht mehr wünschen. Aber wenn sie nicht mehr mit dieser gütigen Freude unten den Schiffen zusehen wird? Wenn sie sich einmal beklagen will, sagt sie gleich wieder, wie gut sie es habe. Es ist ein so stilles, gütig freundliches Hingehn.

7. JULI 1916

Bin bei Mutter und löse Julie ab, die Lise vertrat.

Schlafe neben der Mutter in Kattas Stube. Die Mutter ist meist fröhlich und freundlich. Steht auf dem Balkon und sieht unten alles. Sämtliche kleinen Kinder. Sie freut sich an allem, hat immer eine freundliche Auffassung. So

---

* 76jährig, lebte bei der jüngsten Tochter Lise
** Julie, die älteste Tochter

33

sagt sie, sie hätte noch nie unten Kinder gesehn, die sich schlimm zankten oder prügelten. Die Spreekähne beobachtet sie, zählt sie, bemerkt, daß immer zwei und zwei zusammenliegen, erwägt, ob deren Besitzer befreundet seien und ob die Kähne, die dieselben Farben haben, zusammengelegt werden. Einige merkwürdige Vorstellungen: z. B. es hat geregnet, auf dem Asphalt bleiben in den Vertiefungen nasse Stellen. Die Mutter nimmt an, diese Stellen würden absichtlich naß gehalten, weil der Asphalt da brüchig sei.

Die ganze Zeit jetzt denkt sie an die See. Ihr Geisteszustand muß dem eines halb Schlummernden oder eben Erwachenden ähnlich sein. Sie sprach von Träumen, daß sie geträumt hätte, sie sei an der See, liege auf dem Verlobungsstein oder badete mit großer Lust. Ganz frühe Erinnerungen sind lebendig und vermengen sich mit späten. Von Neuhäuser spricht sie, wo sie zuerst die See sah, bei der »Mam. Douglas«. Sie erzählt von den schönen Erdbeeren, die dort waren. Es gab ein besonderes Beet, an das die Kinder nicht gehen sollten. Etwas verlegen lachend erzählt sie, daß sie aber doch da herangegangen wären. Immer in denselben Gleisen kommen dieselben Erinnerungsbilder. Von Neuhäuser auf Rauschen und dann die Bemerkung — ein bißchen geringschätzig — daß wir, besonders ich, — die See ja nicht vertragen hätten, was sich jemand, der wie sie sich nur gekräftigt an ihr fühlte, immer schwer denken konnte. Dann wieder, wie gerne sie gebadet hat. Mitunter direkte Sehnsucht, wie sie sagt, nach der See. Doch glaub ich kaum, daß, falls die Mutter wirklich noch einmal hinkäme, sie das, was sie erwartet, von ihr hätte. Schon letztes Mal in Georgenswalde deckte sich nicht das Erinnerungsbild von der Natur und die Natur. Jetzt wär das wohl noch stärker. Es ist so deutlich bei der Mutter zu sehn, wie im hohen Alter bei abnehmenden geistigen Kräften das Leben ein anderes ist. Frucht ihres sittlichen und reinen Lebens ist, daß sie so voll Güte und Freundlichkeit ist und Würde. Das wirkliche Leben spült nur noch ganz leise in kleinen Wellen bis vor ihre Füße, ihr Leben ist das, das sie gelebt *hat*. Immer wieder sagt sie, mit welchem Dank sie auf ihr reiches Leben zurückblicken kann. Oft auch spricht sie von dem ersten Kindchen, das nach einem Jahr starb. Nicht von dem zweiten. Der Tod des ersten Kindes ist doch wohl das Stärkste in ihrem Leben gewesen, darum ist er jetzt nach 55 Jahren noch gegenwärtig.

Die Ruppsche Zucht und Haltung hat ihr damals das gegeben, was Tante Gertrud das Madonnenhafte nannte. Seitdem ich mich auf die Mutter besinne, hab ich sie nie fassungslos gesehn, nie außer sich. Ihr starker Schmerz um den Konrad, als er heiratete, war auch gehalten. Immer hatte sie Würde und hatte auch Anmut. So hat sich aber auch allmählich das etwas Ferne bei ihr entwickelt; nie hat sie sich von den Erlebnissen beherrschen lassen, es wurde im Laufe der Jahrzehnte etwas von Beschauen des Lebens.

In der vorletzten Nacht träumte ich, die Mutter sei tot, und war traurig. Am zweiten Feiertag war ich am Vormittag bei der Mutter gewesen. Ich erzähle von Hans Koch und Julius Hoyer. Erzähle von den gefallenen Jungen. Von der Freundschaft der Jungen. Peter. Die Mutter ist bewegt und küßt mich zum Abschied. Dann dreht sie sich zum Fenster. Liebe, liebe Mutter.

23. MÄRZ 1917

Morgen am 24. März werden wir Julie zur Ruhe bringen. Julie — liebe Schwester. Es ist mir weh, wenn ich so recht an Dich denke. Die Mutter und wir, Deine Geschwister, wir sind alle nicht so von Deinem Tod betroffen, als ob ein allernächster stürbe. Aber Paula und Konrad, die weinen so aus tiefstem Schmerz und Liebe um Dich. Gott sei Dank, daß sie es tun. Sie sind verwaist.

Julie, als ich Dich vor Jahren — ich weiß nicht, ob in Steglitz oder in Charlottenburg an einem Weihnachtsabend einen Choral spielen hörte, warst Du mir so sehr rührend. Rührend war es mir, daß wir doch nur bis zu einem Punkt uns entgegenkamen. Von da ab blieben wir uns fremd. Ich sah Dein offenes, tapferes und herzliches Gesicht mich ansehn, Deinen leuchtenden Blick — warum kamen wir uns nie *ganz* nah? Oder ganz nah nur in momentanen Gefühlen? Wie leid, wie leid tatest Du mir, als der Karl Dich untersucht hatte und wir vom Sanatorium sprachen und Du weintest, weil Du Geld von uns nehmen mußtest. Julie! wie kommt das, daß man trotz Liebhaben doch noch solche Grade von Liebhaben hat? Würde ich mehr weinen, wenn die Lise stürbe? ich weiß es nicht. Oder der Konrad oder die Mutter? Mitunter scheint es mir, daß wenn man einmal *ganz* geweint hat, kommen könnte, was wollte, es käme nichts mehr da heran. So ausgeweint komm ich mir oft vor. Wenn der Karl und der Hans stürbe — das wäre das Schwerste, was kommen könnte. Und doch ist bei Peters Tod der Hauptschlag gefühlt. Bis dahin kannte ich in meinem Leben nichts dem Gleiches. Hinterher fühlte ich: nun nach *diesem* bin ich gewappnet für alles. Die Angst vor dem Schlag im Leben, die ich oft fühlte, war nun vorüber. So, nun ist es geschehn, schlimmer kann es nicht kommen.

Auf Karls Tod bin ich gefaßt. Er wird mich sehr einsam machen. Noch ganz unübersehbar einsam. Aber auf Hansens Tod bin ich nicht gefaßt. Wenn er stürbe, würde es wohl so schwarz um mich werden wie nach Peters Tod. Und ganz allein? Grauenhaft. Einsam, einsam.

Die liebe alte Mutter — sie lebt schon wo anders. Leben und Tod hat gar nicht mehr das Gewicht und die Realität für sie, wie für uns noch. Daß ihr eignes Kind jetzt tot ist, empfindet sie wie durch einen Schleier. Sie sieht die Bilder ihrer Kinderchen an, spricht mit zärtlicher Stimme von den »Kinderchen«, bekommt nasse Augen, wenn sie vom ersten gestorbenen spricht. Das ist fast 60 Jahre her, sie kann noch nicht von ihm sprechen, ohne gerührt zu sein — und Julie stirbt und sie faßt es nur momentweise.

Liebe Julie, wir haben Dich doch so lieb.

14. OKTOBER 1917

Gestern bei Sterns erlebte ich etwas ganz Häßliches.

Wir standen in der Wohnstube und Konrad kam herein. Er sah alt und linkisch und so unschön aus mit seinem zahnlosen Mund. Ich schämte mich, ihn dem Julius zu zeigen als meinen Bruder. Der Karl tat das. So empfand ich und so handelte ich dem Konrad gegenüber.

5. DEZEMBER 1917

Mutters achtzigster Geburtstag.

Vormittag ging ich hin und brachte die vergrößerte Photographie von dem Bild der Eltern. Die Mutter freute sich sehr. Es war ihr ganz gegenwärtig, daß ihr Geburtstag sei. Sie war bewegt und erfreut. Sie küßte mich und sagte, sie sei so dankbar, daß ihr Lebensende so schön sei. Ihr Leben sei reich gewesen. Das Schwere, was sie erfahren habe, wie der Tod der Kinderchen, seien Schicksalschläge gewesen. Das Schwere, was in Lieblosigkeit läge, hätte sie nicht kennengelernt. An Julie dachte sie.

AM SONNABEND, 29. JUNI 1918

hole ich die Mutter zu uns herüber für die Zeit, daß Sterns verreisen. Sie schläft bei uns in der mittleren Stube.

30. JUNI 1918

Heut früh mit der Mutter Großvaters Vortrag gelesen. Ich fand ihn zum Teil schwer verständlich. Aber sehr interessant. Mir ahnt, daß mir erst jetzt aufgehn wird, welche große Bedeutung die Freien Gemeinden gehabt haben, wenigstens in den ersten Jahrzehnten. Karl erzählt, daß in einem Aufsatz in den Monatsheften auf Großvaters Wirken hingewiesen ist, es soll da gesagt sein, daß was Marx für die Arbeiterbewegung gewesen ist, Rupp für das religiöse Leben der Gegenwart bedeutet. Oder wenigstens bedeuten sollte. Ich wünsche, daß ich täglich mit der Mutter etwas vom Großvater läse, um einmal anzufangen, ihn zu verstehn.

Mutter ist Freundlichkeit, Güte, Liebe, so rührend große Freundlichkeit. Wie sie davon spricht, daß sie glücklich ist, Kinder zu haben, bei denen sie gut aufgehoben ist. Ich hab es mir gewünscht, daß die Mutter zu uns kommt, und es ist mir rührend und lieb, sie in unserer Wohnung zu haben, und doch kommt der Egoismus und sagt, ich will auch Zeit für mich haben und es spannt mich zu sehr ab, den ganzen Tag mit ihr zusammen zu sein. Ich weiß aber andererseits wieder, daß das wenig zu sagen hat, daß *doch* mein Wunsch und auch meine Freude, der Mutter jetzt dienlich zu sein, das stärkere sind.

Mutter ist von einer alles umfassenden Liebe und Freundlichkeit wie der Heilige Franziskus. Die Spatzen auf dem Platz freuen sie und vor allem die Kinder. Ob ein Kind ganz rachitisch ist, watschelt, verbogen und verbaut, ist ihr ganz gleich. Sie hat über alle eine gerührte Freude. So belebt sie auch das Unbelebte. Das Sacharinstückchen in der Teetasse scheint ihr eine Persönlichkeit zu haben. Rücksichtsvoll ist die Mutter und rührend liebevoll. Ich soll mich ja nicht von der Arbeit abhalten lassen ihretwegen. — Sie ist so gebrechlich und alt, so zusammengesunken.

Am letzten Sonntag früh Georg und Lise von Klein-Kuhren zurückgekommen. Lise und ich haben uns ein paar Briefe geschrieben, in denen wir uns endlich einmal sagten, wie lieb wir uns haben.

Mir war Lise so charakteristisch. Man kann es auch unruhig nennen, was aber richtiger suchend und lebendig zu nennen ist. Sie bleibt nie stehn, nicht für sich und nicht für ihre Kinder. Immer sucht und strebt sie nach Vorwärtsentwicklung, nach dem Erkennen des Wesentlichen der Dinge, nach dem Unschematischen. Früher manchmal wohl auch nach dem Paradoxen. Jetzt aber ist das Paradoxe ausgeschaltet. In den Revolutionstagen ließ sie die Maria teilnehmen soweit es ging. Sie sagt, Tante Lonny hätte ihr mal gesagt, daß sie im Jahre 48 noch ein halbes Kind gewesen sei, daß aber ihr Vater sie, soweit es ging, an allen politischen Ereignissen mitteilnehmen ließ, sie mitnahm usw. Das hätte sich ihr sehr eingeprägt.

DIENSTAG, DEN 23. SEPTEMBER 1919

Nun ist die Mutter bei uns.* Wenn doch alles so schön würde, wie es wohl sein kann, auch jetzt noch in Mutters Dämmerzustand.

SEPTEMBER 1919

Die liebe Mutter. Manchmal leidet sie. Sie ist dann niedergeschlagen, sagt, es sei ihr so sehr wirr im Kopf. Dann kennt sie sich gar nicht aus, weiß nicht, wo sie hingehört. Und so rührend ist es dann, wenn sie so ernst und würdig und bewegt die Hand gibt und dankt, daß wir sie bei uns behalten wollen. Dann fühle ich solche Liebe zu ihr, die ihr viel opfern könnte. Das Schwerste hat die Mutter schon hinter sich, die Zeit, wo es ihr oft zum Bewußtsein kam, daß ihr Kopf nicht standhielt. Jetzt ist sie ja meist fröhlich, aber ergreifend ist es, sie in den Momenten zu sehen, wo auch jetzt ihr noch Erkenntnis aufdämmert und sie sich so hilflos verwirrt fühlt.

O Gott sei Dank, daß wir leben und die Mutter bei uns haben können, daß nicht fremde Menschen sie gleichgültig und schonungslos halb unwillig neben sich dulden.

12. OKTOBER 1919

Abends kommt Lise. Mutter, sie und ich essen zusammen zu Abend und ich begleite dann Lise noch bis zur Stadtbahn. Wir sprechen über das Altern. Lise sagt, daß sie doch eine Freude darin empfinde, jetzt weiter und freier das Leben zu überblicken. Augenscheinlich, sie tut es. Bei ihrer vielen Hausarbeit bringt sie es doch fertig, im Geistigen weiterzukommen. Das Bizarre, das sie früher leicht hatte, die Neigung zum Paradoxen und Exzentrischen verschwindet mehr. Sie ist jetzt ein reifer und reicher Mensch. Übrigens hat sie ein wundervolles Gesicht.

Es scheint ihr auch sehr gut zu tun, daß nicht mehr die Mutter bei ihnen ist. Sie kann sich jetzt ganz anders rühren und das Gefühl des nicht mehr so ganz Gebundenseins tut gut.

---

* Die Mutter ist von der Tochter Lise, bei der sie Jahre gelebt hatte, endgültig zur Tochter Käthe herübergezogen

Es kommen Tage, wo die Mutter meist schläft, im Traume leise vor sich hin spricht und, wenn sie wacht, phantasiert. Immer von den Kindern. Mitunter voll Sorge und Angst um sie, daß sie nicht nach Hause kommen. Meist aber sind die Bilder ganz freundlich. Die Kinder schlafen drüben in ihrer Stube. Dann will sie sie wecken gehen, kommt zurück: wo sie denn sind? Es ist eigentlich so schön, wie die Träume und Gesichte und Phantasien einer so alten Mutter immer zu ihren Kindern zurückgehen. Es war also doch wohl das Stärkste in ihrem Leben.

1. JANUAR 1920

Ich schreibe an der Lampe an meinem Tisch am Fenster. Die übrige Stube ist dunkel. Mutter sitzt neben dem Ofen und schlummert. Geht das Telephon oder muß ich aus einem Grunde helles Licht machen, wacht sie gleich auf und wie ein Kanarienvogel fängt sie zu sprechen und vor sich hinzusingen an. Dreh ich das Licht wieder ab, so schlummert sie auch gleich ein.

JANUAR 1920

Lisens Aufsatz in der »Freien Welt« über mich. Ich bin ihr dankbar. So an dritter Stelle sagt man sich, wie man sich liebt und hochhält. Wie sie vom Vater spricht. Dann noch der Brief vom Eduard Bernstein, der mir so sehr lieb war. Er spricht vom Krieg und sagt: »Es wird mir ein ewiger Vorwurf bleiben, daß ich in einer Stunde der Verwirrung mich hinreißen ließ, gleichfalls Mittel für ihn zu bewilligen.«

10. FEBRUAR 1920

Mutter ist jetzt oft so rührend freundlich. Fordert mich immer auf, mich zu ihr in die warme Stube zu setzen. Wie ich sagte, ich hätte hier zu schreiben, bringt sie mir ihr ganz ausgetrocknetes Tintenfaß herüber.

Auch heut. Sie hat die Vorstellung, ich sei krank gewesen und heut erst aus dem Bett aufgestanden. Wie sie mich am Telephon mit Konrad für den Abend etwas verabreden hört, läßt sie nicht ab mit Bitten, ich möchte doch zuhause bleiben. Und so dankbar ist sie, wie ich es ihr zusage. Ich sage es ihr zu, ich belüge die liebe alte Mutter, denn ich denke doch zu gehn. Aber diese Lügen *können* nicht bewertet werden wie andere Lügen.

Hans fährt früh mit dem Rad in die Stadt. Karl ist beschäftigt. Ein für mich langsam sich hinschleppender Tag. Besonders abends, als es dunkel war und ich mit Mutter bei der einen Lampe war und Mutter stundenlang aus ihren Phantasien heraus sprach. Da wurde es mir fast unheimlich isoliert. Zuerst kam dann Frau Sonnewald * nach Haus und brachte ein frisches Gesicht und Lachen mit. Und eine Stunde darauf kam Hans und gleich danach auch Karl. Gott sei Dank, nun lebte ich wieder.

8. APRIL 1920

Im alten Tagebuch war das letzte, was ich schrieb, von der Mutter. Ich will das neue mit ihr beginnen.

Zweimal hat sie jetzt etwas gesagt, was darauf hinweist, daß sie ihren Zustand doch mehr fühlt als wir denken. Einmal, als sie vom Nachhausegehn sprach, sagte sie: »Weißt Du, ich bin hier doch so allein.«

Und gestern, als fremde Leute abends da waren und ich im stillen wünschte, daß die Mutter mit Frau Sonnewald drüben äße, es aber nicht aussprach, sagte Mutter mit einemmal: »Ich möchte drüben essen, mir ist so dummlich im Kopf.« Wie leid tut es mir dann, ungeduldig gewesen zu sein. Wenn ihr liebes gütiges altes Gesicht nicht mehr da sein wird, wie werde ich mich dann nach ihm sehnen und jedes Wort, das im ungeduldigen und kalten Ton gesprochen ist, als nicht gesprochen wünschen.

12. SEPTEMBER 1921

Die Mutter sagte gestern, als ich in ihre Stube kam: »Bist du da, Bennina?« ** Dann freute sie sich so, und als ich wieder rausgehn wollte, hielt sie meine Hände fest und fragte so liebevoll: »Willst du nicht wenigstens den Vater noch begrüßen?« Mir war seltsam und wehmütig zumut, als sie mich nun in die andere Stube führte, als ob da wirklich der Vater, der liebe teure tote Vater sein könnte ...

Zwei Stunden später. Fräulein Schumann *** war mit der Mutter runtergegangen, war mit ihr im Garten des Jüdischen Waisenhauses gewesen, mußte dort austreten. Als sie nach ein paar Minuten wiederkam, war die Mutter fort. Dreiviertel Stunden hat sie wohl nach ihr gesucht, fand sie schließlich auf der

* Pflegerin der Mutter
** Bennina, eine jüngere Schwester der Mutter
*** Pflegerin der Mutter

Polizeiwache. Da stand sie auf der halben Treppe und rief Frl. Sch. entgegen: »Na kommst du endlich?« recht erfreut, glücklich und freundlich. Garnicht erregt. Die Beamten sagten, sie hätten gut für die Mutter gesorgt, Frl. Sch. hätte sich nicht zu ängstigen brauchen.

Als ich jetzt nach Haus kam und hinten in die Stube ging, saß Frl. Sch., bei der die Erregung nachkam, schluchzend auf dem Stuhl, die Mutter stand vor ihr und redete tröstend auf sie ein mit einer Güte und Freundlichkeit, daß es ganz rührend war. Auch merkwürdigerweise ganz die richtigen Worte findend, so als ob sie verstand, was vorging. Wie ich sagte: »Fräulein Schumann, nun hören Sie mal«, sagte die Mutter gleich: »Ja — nun hör aber wirklich mal, was sie sagt.« Wie rührend, wie entzückend war die liebe Mutter in ihrer Besorgtheit um Frl. Sch. So sprach sie uns Kindern früher zu, wenn wir weinten. Liebe, liebe Mutter, wie stumpf, ja roh und gleichgültig steh ich oft zu Dir. Du liebe, geliebte Mutter — heut fühlte ich alles wieder so deutlich, was das für ein Glück ist, Deine liebevollen Augen noch zu sehn, Deine gütige schwache Stimme noch zu hören.

APRIL 1924

Einmal sprach ich mit Karl über die Mutter und drückte ohne Schonung aus, daß ihr Leben jetzt doch wertlos sei. Kurz danach war ich mit der Mutter allein. Sie stand in ihrer Stube, sah mich trübe und liebevoll an, nahm meine Hände, drückte sie und sagte immer mit liebevollstem Ausdruck: »Meine gute Tochter.« Furchtbar rührend war das. Selten ist sie jetzt heftig und eigensinnig, meist gut. Was sie sagt, ist ja meist verworren, aber wie sie es sagt, darin liegt ganz die alte Kultur aus dem Großelternhaus, die innerliche Vornehmheit, die ihr eigentümliche Gefaßtheit, Bestimmtheit, Vornehmheit. Dazu aber kommt bei ihr etwas im Ton, was nicht ohne weiteres Liebe oder Güte ist, es ist Hochgestimmtheit. Wenn sie sich zum Beispiel verabschiedet, weil sie »nun gehen würde«, wie sie mit beiden Händen meine Hand nimmt, wiederholt drückt, sie mir zurückgibt und sich umwendet, das ist trotz aller wirren Worte die Mutter, wie sie früher war. Dem kann keine Aderverkalkung beikommen.

22. OKTOBER 1924

Als ich heut in Mutters Stube komme, um sie zum Abendbrot rüberzuholen, ein seltsames Bild. Wie aus einem Märchen: Am Tisch unter der Lampe in Großvaters Lehnstuhl sitzt die Mutter. Vor sich Bilderchen, in denen sie kramt. Quer auf ihren Schultern sitzt Frau Klingelhofs große Katze.

Früher mochte die Mutter Katzen nicht leiden. Aber jetzt hat sie gern die Katze auf dem Schoß. Sie wärmt ihr die Hände. Manchmal scheint mir, die Mutter hält die Katze für ein kleines Kind. Wenn sie runter will, hält die Mutter sie so ängstlich fest, als ob sie — das Kindchen — dann fallen könnte. Ihr Gesicht ist dann ganz ängstlich besorgt. Sie ringt direkt mit der Katze.

Auf dem Bild, das Helmy Hart von der Mutter gemacht hat, wo nur der Kopf allein ist, hat die Mutter einen seltsamen Ausdruck. Das Weise eines uralten Menschen liegt darin. Aber nicht das Weise, das in Gedanken denkt, sondern das in dämmernden Gefühlen ahnt. Es sind nicht die »Gedanken, bisher undenkbare«, die Goethe hat, sondern der Niederschlag von 87 Lebensjahren, der unklar gefühlt wird. Die Mutter sinnt. Man kann auch das nicht mehr sagen, denn zum Sinnen gehört doch noch Denken. Es ist schwer zu sagen, was in dem Bild liegt. Es wird nicht dies und nicht das ausgedrückt durch die Züge. Gerade weil die Mutter nicht mehr denkt, ist diese Einheitlichkeit in dem Ganzen. Ein uralter Mensch, der in innerlichem dumpfen Schauen lebt. Ja, das ist richtig, aber noch dazu: er lebt in einem innerlichen Schauen, das rein und zusammenklingend ist. Wie Mutters Wesen immer war.

Es wird mir immer klarer, daß die Mutter die Katze nicht als solche erkennt, sondern für ein kleines Kind hält. Oft schlägt sie sie noch in eine Decke ein und hält sie ganz wie ein Kind. Rührend und schön ist es, so die alte Mutter zu sehn.

AM DONNERSTAG, DEN 12. FEBRUAR 1925

Seit einigen Wochen verfällt die Mutter. Manchmal, wenn ich sie so erbarmungswürdig zusammengesunken sitzen sah und ich sie umfaßte, streichelte, laut und dringlich bat, mich anzusehn, — sie tat es nicht mehr. Nur den Karl hat sie neulich noch angelächelt und die Augen für einen Moment zu ihm aufgehoben.

So ist es nun wirklich soweit, was wir durch Jahre erwarteten. Die Mutter geht.

Zum ersten Mal seit Jahren sah ich vorgestern ihren weißen Kopf nicht am Fenster. Immer wenn ich nach Haus kam und aufblickte, durch die ganzen Jahre, sah ich ihn.

FEBRUAR 1925

Nun hielt ich Mutters lieben Kopf in meinen Händen, bis alles aus war. Der Atem blieb aus — dann noch ein Nach-Aufseufzen . . .

Die Lise blieb und schlief bei ihr.

Die stillen Tage bis zur Einäscherung.

Dann die Feier.

Nachher wir Geschwister, Wertheimers, Rele, Hennes, Hans, Ottilie, Kathrine noch bei uns zusammen in ihrer Stube. Die vielen alten Bilder besehen. Ein Glas Wein zu ihrem Gedenken getrunken. Alle, die wir um den Tisch standen und ihr nahe gewesen waren und sie lieb gehabt hatten, alle faßten sich an die Hände.

FEBRUAR 1925

Ganz wundervoll spricht der Karl in dem, was er ihr zum Gedenken sagt, von Mutters reinem, tiefem und keuschem Blick. Überhaupt wie Karl zur Mutter stand und auch wie Georg zur Mutter stand. Nur bei dieser Güte und Willensreinheit und auch Lebensklugheit kommen solche wundervollen menschlichen Beziehungen zustande.

Wenn Karl mit so inniger, strahlender, fröhlicher Liebe zu ihr sagte: »Mutterchen!«, sie so zärtlich umfaßte, da antwortete sie fast immer mit herzlichem Lächeln darauf.

Einmal abends nach Tisch war noch Konrad bei uns. Mutter saß an ihrem gewöhnlichen Platz, Karl an seinem. Die Mutter schob dem Karl etwas hin und redete in ihrer verwirrten Art zu ihm. Der Karl sprach zum Konrad weiter, aber seine rechte Hand griff Mutters unruhige Hand, hielt sie leise drückend fest. Die Mutter saß ganz still und zufrieden da. Das war so charakteristisch für beide liebe Menschen.

MÄRZ 1926

Jetzt ist der Konrad über vier Monate bei uns. * Er fügt sich in den Haushalt, ist bemüht, alles gut zu machen. Mitunter scheint es mir, daß er doch wenig glücklich ist.

Ich habe früher nicht so gemerkt, *wie* alt der Konrad ist. Manchmal hinfällig wie ein Greis. Es macht traurig...

Wie begann dieser Mensch. Sein Rückerinnern geht auch immer in jene Zeit zurück, als er noch im Aufstieg war, als Engels viel von ihm erwartete.

Immer ist er würdig und fein. Und wie erinnert er manchmal an die Mutter.

---

* Nach dem Tode seiner Frau

Lisens Rundschau über Bewegungskunst. Famos ist an Lise ihre eigene geistige Beweglichkeit, die sie alles Neue, neu sich Bildenwollende so witterungsartig rasch erfassen läßt.

2. JUNI 1926

Heute Mittag stirbt in Königsberg der liebe alte Onkel Julius, der jüngste der alten Rupps und der letzte, der allerletzte.

Von all dem, was dabei an Gefühlen durcheinanderwogt, kommt ganz besonders dies nach vorn: wie er zu unsrer Mutter war. Wie er und Tante Anna vor Jahren in Berlin waren und wie er dann ganz still neben der Mutter saß, seinen Stuhl neben ihrem.

Kathi * sagt, daß jetzt nach Tillas * Tod, wenn das Enkelkindchen da war, er sich oft ganz zu ihr niederhockte, um mit seinem einen Auge ihr Gesichtchen zu sehn.

Wie war er schön mit seinem braunen Gesicht, den schlohweißen Haaren, den elastischen Bewegungen.

FEBRUAR 1931

Nicht mehr abzuleugnen, daß es mit Konrad geistig bergab geht. Erschrekkend in letzter Zeit. Noch vor Wochen merkte ich nichts. Er ist still wie immer, freundlich. Nicht zu wissen, ob er es merkt. *Wenn* er es merkt, was fühlt er?

12. APRIL 1931

Konrad und ich saßen beim Abendbrot. Ich kam zufällig auf Hölderlin und gedankenlos sagte ich die Verse:

Das Angenehme dieser Welt hab ich genossen,
Des Lebens Freuden sind wie bald, wie bald zerflossen.
April und Mai und Junius sind ferne,
Ich bin nichts mehr, ich lebe nicht mehr gerne.

Der Konrad *weint.* Herzbrechende Traurigkeit.

* Kathi und Tilla, Töchter des Onkels Julius

... den Konrad langsam zuerst und dann in den paar Stunden sterben zu sehn, das war so traurig.

Am letzten Sonntag mit uns am Abendtisch. Ach Gott, er war schon im Sterben, trotzdem er noch mit uns saß. Wie Mutter damals. Er wollte herübergebracht werden, weil er meinte, er »drücke auf unsere Stimmung«. Der Karl nahm das Kommersbuch und las vor, um ihn fröhlicher zu machen, es blieb so furchtbar traurig. Die nächsten Tage bis zum Freitag bleibt er im Bett. Dann die Nacht von Donnerstag zu Freitag — das Röcheln und Rasseln. Am Freitag Mittag ist es aus. Karl ist gerade unten. Am Bett sitzen Frau Veit und ich. Der Atem setzt aus, ganz rasch zieht eine Blässe über sein Gesicht.

Der Konrad, der Freund und Bruder ist tot.

AUGUST 1934

Der Lise * diesen Spruch ** »Über ein Grab hin« geschickt:

Je länger du dort bist
Um so mehr bist du hier,
Je weiter du fort bist,
Um so näher bei mir.
Du bist mir notwendiger
Als das tägliche Brot ist.
Du wirst immer lebendiger,
Je länger du tot bist.

AUS EINEM BRIEF: ANFANG FEBRUAR 1945

Du liebste Lise — ... Du sagst, ich hätte mein ganzes Leben hindurch ein Gespräch mit dem Tode gehabt —. Ach Lise, totsein muß gut sein, aber vor dem Sterben habe ich zu große Angst; wenn mir am allerbängsten wird um das Herze sein.

Jutta *** ist so riesig nett, es ist mir so schlimm, daß ich sie so quälen muß, und doch habe ich keine andere Möglichkeit. So lebwohl Du meine Lise, grüße die liebe Katta. Deine ganz ganz alte

Käthe

* Nach dem Tode ihres Mannes
** Von Börries von Münchhausen
*** Die Enkelin Jutta sorgte für die Großmutter in Moritzberg in den letzten Lebensmonaten

Liebe und Ehe

AUS »ERINNERUNGEN«

In unserem Haus oben wohnte ein Junge, Otto Kunzemüller, der war meine erste Liebe. Wir spielten unten im Hof und Garten mit den anderen Hauskindern in ziemlicher Freiheit. Die Julie hatte entdeckt, daß ich und der Otto manchmal in den Keller gingen, um uns zu küssen, und sie sagte es der Mutter, nicht um zu hetzen, sondern weil sie sich sorgte. Ich hatte damals die Befürchtung, daß ich nun nicht mehr mit dem Otto würde spielen dürfen, aber die Mutter in ihrem wortlosen Vertrauen sagte mir nichts und verbot mir nichts. Das Küssen war kindlich und feierlich. Es wurde nur immer ein Kuß gegeben und wir nannten das eine Erfrischung. Außer Julie ist uns wohl niemand auf die Spur gekommen, denn wir kletterten dazu über den Zaun in den verwilderten Nachbargarten oder gingen in den Keller. Ich weiß, daß es wundervoll war. Ich liebte den Otto tatsächlich so stark, daß ich ganz ausgefüllt war davon. Weil ich aber in Liebessachen ganz unwissend war und er — will mir jetzt scheinen — auch, so blieb es bei diesem Erfrischungskuß. Er war ein reizender Junge, gewandt und hübsch. Er räuberte mir die wahnsinnigsten Erzählungen aus seinem früheren Leben vor, die ich alle glaubte. Einmal sagte er mir, er könne mich nicht heiraten. Warum? — fragte ich erschreckt. Weil ich zur Freien Gemeinde gehöre und er nicht. Ich meinerseits mußte eine Weile mich überwinden, ihn heiraten zu wollen, weil er Kunzemüller hieß, das war ein scheußlicher Name, besonders, da die anderen Jungen ihn noch immer Kumstemüller nannten.

Unser Spielen zusammen war herrlich. Damals war ich gut angeschrieben, auch die anderen Jungens haben gern mit mir gespielt, weil ich gut Klippball schlug. Und im Winter sausten wir im Handschlitten die schräge Prinzenstraße herunter, ich drauf, Otto und der Trenck vorgespannt.

Diese Liebe hatte ein Ende, weil Kunzemüllers wegzogen. Otto versprach über die Zäune der Gärten mich noch besuchen zu kommen, einmal tat er es auch, aber dann blieb er doch weg. Ich sehnte mich schrecklich. Weiß noch, wenn ich von der Schule die Treppe raufkam und vom Flurfenster in den leeren Spielhof mit dem alten Birnbaum sah an heißen Sommertagen. Aller Reiz war weg. Ich empfand Sehnsuchtsschmerz und alle Spiele mit anderen waren schal und leer. An die Innenfläche meines linken Handgelenks hatte ich mir ein O eingeritzt, das ich immer, wenn es vernarben wollte, wieder vertiefte. Von dieser meiner ersten Verliebtheit an bin ich immer verliebt gewesen, es war ein chronischer Zustand, mal war es nur ein leiser Unterton, mal ergriff es mich stärker. In den Objekten war ich nicht wählerisch. Mitunter waren es Frauen, die ich liebte. Gemerkt haben es die, in welche ich verliebt war, selten. Daneben fühlte ich mich dann den Zuständen ausgeliefert, die, ohne sich auf ein bestimmtes Ziel zu richten, den Pubertätsmenschen peinigen. Damals entbehrte ich deutlicher, daß die Mutter nicht Vertraute war. Bei dem moralischen Grundton unserer Erziehung konnte es nicht anders sein, als daß ich — unerfahren in dem Naturwissenschaftlichen des Menschen — meine Zustände als Schuld empfand. Ich hatte das Bedürfnis, mich der Mutter anzuvertrauen, zu beichten. Da ich Lüge der Mutter gegenüber nicht kannte, auch nicht Ungehorsam, meinte ich, wenn ich täglich der Mutter Bericht über meinen Tag erstattete, würde ich an ihrem Mitwissen eine Stütze haben. Aber sie schwieg, und so schwieg auch ich. Die Unkenntnis des Körperlich-Menschlichen blieb mir noch lange Jahre. Vom Kinderkriegen hatte ich die albernsten Vorstellungen. Ich las die Marquise von O. von Kleist, verstand selbstverständlich nicht, worauf sich die ganze Erzählung aufbaut, und war überzeugt und gewärtig, auch ich könnte ganz aus heiler Haut ein Kind bekommen. Geringe Hilfe kam mir in jener Zeit ein einziges Mal, und zwar vom Konrad. Sprechen taten wir natürlich nicht darüber. Aber er, der ähnliche Nöte kannte, merkte wohl, wie es mit mir war. So fand er einmal eine Zeichnung von mir, in welcher ich mich erleichtert hatte. Seither wachte er über dem, was ich las, und entzog mir manches. Immer wortlos. Es war vielleicht nur die Ahnung, daß auch er nicht ein Unfehlbarer sei, was mir etwas Halt gab. Auch sah ich von jeher zu ihm auf und wünschte, er möchte mich achten.

Rückblickend auf mein Leben muß ich zu diesem Thema noch dazufügen, daß, wenn auch die Hinneigung zum männlichen Geschlecht die vorherrschende war, ich doch wiederholt auch eine Hinneigung zu meinem eigenen Geschlecht empfunden habe, die ich mir meist erst später richtig zu deuten verstand. Ich glaube auch, daß Bisexualität für künstlerisches Tun fast notwendige Grundlage ist, daß jedenfalls der Einschlag M. in mir meiner Arbeit förderlich war.

28. SEPTEMBER 1909

Heut vor 24 Jahren* haben Karl und ich uns verlobt. Heute am Morgen warf er mir den großen Strauß mit roten Rosen ins Bett. Gestern zeigte ich ihm die sechs Simplizissimus-Zeichnungen. Er hat fast geweint und drückte und küßte mich.

6. SEPTEMBER 1910

Sonnabend und Sonntag in Leipzig bei Rüstows gewesen, Montag in Dresden. Mit Rüstows über vielerlei gesprochen. Einmal über die üble Lage der jungen Leute, die noch nicht heiraten können und sexuell leiden. Im Gespräch sagte ich, daß der Eintritt des Sexuellen im Leben der meisten innerliche Konflikte mit sich bringe, daß das Sexuelle zuerst fast immer als Feind empfunden wird, als Last, als Albdruck. Daß man das Glück des Sexuellen erst empfindet, sobald man liebt und wieder geliebt wird. Alexander bestritt das ganz und behauptet von sich, daß die Jahre der unbefriedigten Sexualität sehr schöne waren, produktive und gesteigerte. Trotzdem schwere. Er meint nicht, wie ich, daß die unbefriedigte Sexualität zu Stockungen und Verdüsterungen, Versetzungen führen muß, sondern den Trieb zu suchen anstachelt. Das Suchen nach dem geeigneten andern Menschen.

Mir war das interessant zu hören, weil er aus Erfahrung spricht — freilich auch aus dem Glücksgefühl seiner noch neuen Ehefreuden. So sehr nett am Alexander ist seine jungenhafte Freude. Wie er mich vom Bahnhof abholte, sein Hütchen schleuderte und angesprungen kam. — Die kleine rührende Fides Rüstow. —

29. SEPTEMBER 1910

Gestern war unser Verlobungstag. Vor 26 Jahren gingen wir durch das Glacis vom Königstor und über den Roßgarten und die Königstraße zurück.

Karl schenkte mir wieder Rosen. Am Abend sagte er, er hätte es *nie* bedauert, daß wir uns damals banden, nur in der Zeit mit H. hätte er mitunter gedacht, es wäre doch besser gewesen, es wäre nicht dazu gekommen. — Ich wünsche, daß ich nach Karl sterbe. Das Alleinleben könnte ich eher ertragen. Ich stehe den Kindern auch näher. Aber wenn ich sterbe, so ist Karl unerträglich allein. Er liebt die Kinder, daß er für sie sterben könnte, und es ist trotz-

---

* Hier oder in der Eintragung vom 29. September 1910 liegt in der Datierung ein Erinnerungsfehler der Tagebuchschreiberin vor

dem eine Fremdheit zwischen ihnen. Er ist oft traurig darüber... Darum wäre Karl so unerträglich allein, wenn ich vor ihm stürbe. Ich kenne keinen Menschen, der so lieb haben kann, so mit ganzester Seele. Oft hat mich diese Liebe gequält, ich wollte freier sein. Oft aber hat sie mich auch so beglückt. Ich glaube kaum, daß ich ihn je auf lange Zeit verlassen werde. Das Altwerden ist zum Teil ein notgedrungenes Anpassen und Anfügen. Noch vor einem Jahr wünschte ich mir, wenn Hans aus dem Hause wäre — jedenfalls aber wenn beide aus dem Hause wären — für lange fortzugehen. Nach Paris. Ich wünsche es mir jetzt viel weniger. Zur Arbeit komme ich jetzt so viel als ich es brauche, das ist doch die Hauptsache.

16. DEZEMBER 1910

... Während meines Krankseins liebte ich Karl so, sehnte mich nach ihm und war froh, wenn er für eine halbe Stunde da war. Diese Liebesempfindungen gegen ihn sind jetzt so selten, oft sehe ich ihn so trostlos nüchtern, zum Verzagen gleichgültig an. Nicht, daß ich ihn nicht doch lieb hätte — ich weiß, daß ich ihn lieb habe — aber es ist ein Wissen, es ist kein Gefühl für ihn da, dieses himmlische, durchströmende, produktive beglückende Liebesgefühl schrumpft immer mehr weg. Ich sehe die Jungen viel öfter als Karl, ich sehe sie jung, aufblühend, elastisch. Karl schrumpft gegen sie zusammen, er wird immer kleiner, seine Glieder kürzer, die Haltung eng und unfrei. Das Gesicht verknüllt, faltig, nervös. Ebenso wirke ich. Wo soll da Verliebtheit sein? Sie vertrocknet... So oft ich auf den pathologischen Zustand der Liebe geschimpft habe — das ist doch klar, daß der nicht verliebte Mensch entbehrt, wenn er selbst es auch nicht immer fühlt. Was ihm fehlt, merkt er erst, wenn er wieder mal verliebt ist; als ob alle Venen sich mit einem Mal mit Blut füllen ist einem zumut.

5. FEBRUAR 1911

E. R. war da. Sie trägt ihre Schwangerschaft mit gutem Mut... Sie geht ganz guten Mutes und ohne jede Sentimentalität heran, einen Sohn zu bekommen, dem der Vater fehlt, so nur für sich. Als ich sie fragte, ob eine Heirat ausgeschlossen sei, sagte sie: »Er ist doch noch so jung, wer weiß, wie seine Entwicklung noch geht.«
Wie anders stehn die Mädchen jetzt, als wie ich jung war. Ich wuchs auf in einem Kreise, wo man selbständiges Denken und Urteilen hätte lernen können, aber ich tat es nicht. Befangen, ohne weiten Blick, ohne Selbständigkeit war ich. Mein Tun war eigentlich nur immer Instinkttun. Und immer sah ich

50

nach rechts und links, wie es aufgefaßt wurde. Das heißt: nachher; zuerst handelte ich wohl instinktiv, auch nicht aus dem sichern Gefühl meiner berechtigten Persönlichkeit heraus. sondern etwas im Traumzustand. Eigentlich etwas moralisch verkrüppelt war ich. Wie kam das? Die Eltern waren gerecht, liebevoll und einsichtig. Vielleicht weil ich ihr moralisches Übergewicht zu stark spürte und weil ich meinte, kein Königsberger Mensch könne meine künstlerisch sinnliche Entwicklung in München verstehn. Ich fühlte mich im Gegensatz und war feige. Das ist die ganze Sache.

NEUJAHRSTAG 1912

Seit Monaten nichts aufgeschrieben. Was ist vorgefallen in der Zeit? Und wie ist es jetzt anders gegen ein Jahr zurück?... Und ich? Das Fazit 1911? Vorwärts gekommen? Nicht vorwärts gekommen im Verhältnis zu Karl. Das, wovon er immer noch spricht, was ihm immer noch als einzig erstrebenswertes Ziel des langen Zusammenseins vorkommt, das wirkliche Verwachsen miteinander, kenn ich noch immer nicht und werd es wohl schwerlich noch kennen lernen. — Werden die Beziehungen zu den Jungen nicht auch loser? Ich glaube fast. Es bleibt für das letzte Drittel des Lebens nur Arbeit übrig als das, was immer reizt, verjüngt, erregt und befriedigt. Ich bin in diesem Jahr in der Plastik ganz schön vorwärts gekommen. Von der ersten Gruppe der Mutter mit dem Kind bis zu der letztfertiggemachten ist ein Fortschritt. Diese Gruppe, in welcher das Kind zwischen den Beinen der Mutter sitzt und sie mit der linken Hand seine Füße faßt, ist ziemlich ganz nach Modell fertiggemacht. Jetzt hab ich es noch einmal vorgenommen, doch hat es wieder seine tote Seite, der ich nicht beizukommen verstehe.

OKTOBER 1912

Als im Sommer ich und Karl ganz allein waren, begleitete ich ihn einmal nach Stolpe. Wir kamen ins Gespräch und kamen wieder auf unser Fremdsein. Wir sprachen von Trennung. Es schien uns beiden fast geboten. Heute weiß ich kaum mehr, wie ich damals fühlte. Ich möchte nicht von Karl fortgehen. Im Sommer fühlte ich mich von Karl und den Jungen fast losgelöst, hing wenig an ihnen. Dann kam eine Zeit, wo ich schmerzlich an ihnen hing wie eine Klucke, ewig mich um sie bangte und für sie litt. Ich weiß nicht, wie es jetzt werden wird. Ich habe ein Atelier genommen für ein Jahr in Siegmundshof.

51

Hans und Peter sind in die Stadt gegangen mit Hanna und Georg. Karl und ich sind allein. Hans hat mir eben seine Gedichte zu lesen gegeben.

War das letzte Jahr gut? Es war glimpflich. Es hat mir nicht viel Schmerz gebracht. Wenn ich geweint habe, waren es doch immer keine herzbrechenden Gründe. Die alten Übelstände sind aber immer noch da zwischen Karl und mir. Heinrich sprach neulich von dem Wegokulieren von Üblem. Man sieht sich den Mißstand nicht an und wird frei von ihm, indem man ihn in sich aufnimmt und langsam wandelt, sondern man schneidet etwas ab, pflanzt gewaltsam etwas Neues darauf, was das Alte ersticken soll. So tue ich es. Ich kann es jetzt nicht mehr anders machen. Ich leugne ab und *will* nicht wissen, was zwischen mir und Karl ist. Wenigstens Karl gegenüber. Ich bin in dieser Beziehung verlogen und ich glaube, daß auch Karl das glaubt. — Von Hans hab ich den Eindruck, er findet nicht immer das in mir, was er sucht. Er geht sehr vorwärts, aber ich nicht. Empfindet er mich alt werden? Werde ich merklich alt? Ich weiß es nicht. Mitunter fühle ich mich fast gelähmt. Mitunter elastisch. Schlimm ist es, daß ich manchmal an mein Arbeiten nicht mehr glaube. Früher sah ich nicht nach der Seite, jetzt fühle ich mich angreifbar, bin manchmal arg verzagt. Auch beunruhigt mich zu sehr die Jugend mit ihrer anderen Richtung. Hätte ich große Kraft in mir, würde sie mich wenig kümmern, jetzt fühle ich keinen Nachhall, komm mir zum alten Eisen geworfen vor. Das ist auch so. Und das einzige, was man tun kann, ist, Scheuklappen vorzunehmen und für sich zu büffeln und sich um nichts anderes zu kümmern. — Ich habe fast nur plastisch gearbeitet in diesem Jahr. Ich weiß nicht, ob ich was erreichen werde. Wenn nicht, was dann? Kann ich überhaupt noch zum Radieren zurück? . . .

JUNI 1913

Vor einigen Tagen Gespräch mit Karl über unsere Stellung zueinander und zu den Jungen. Zum ersten Mal beklagt sich Karl. Er spricht über seine Arbeit, die er unsertwegen macht und die er gern macht, wenn sie gewürdigt wird. Er sagt, ich würdige und schätze ihn nicht und die Jungen tun es auch nicht. Er steht wie einer, dessen verdammte Pflicht und Schuldigkeit es ist zu schuften, neben uns in einiger Entfernung. Er wolle so nicht leben.

Lise sprach von Geburtstagsfeiern und daß sie bei sich zuhause sie abschaf-
fen wollten. Ich nahm an, nur bei sich und Georg, aber sie meinte wohl auch
damit die älteren Mädchen. Warum bin ich dagegen, wo alle Familienfeiern
mir doch fatal sind: Silberne Hochzeit oder Knaus Goldene Hochzeit? Im
Grunde, glaube ich, lehne ich solche Feiern mehr ab als Lise, vielleicht in dem
Grade, daß, wenn ich aufrichtig sein wollte, es verletzend wäre, und ich behalte sie bei, um nicht zu verletzen.

Der Jungen Geburtstage liebe ich zu feiern. Aber Karls und meinen nicht,
oder Hochzeitstag oder Verlobungstag oder gar Tag des ersten Kusses. Im
Grunde stehe ich nach wie vor so, daß solche Erinnerungen mir unsäglich
peinlich sind, aber Feigheit und Heuchelei kaschieren das. Das Geleise von
Unaufrichtigkeit inbezug auf manche Punkte ist so ausgefahren, daß der Wagen immer weiter drin fortfährt. Seit Jahren — vielleicht seit unserer Ver-
lobung — bin ich so halbwahr, so nicht willens wahr zu sein, daß es ein ganz
fester Bau ist, aufgerichtet von Abwehr-Gedanken, -Gefühlen, -Handlungen,
in den ich mich immer zurückziehe. Das kommt aus der Halbheit, die unser
Verhältnis von je hatte. Zu viel Zusammenführendes, um uns zu trennen, zu
viel Auseinanderführendes, um sich als Eheleute zu fühlen; die Kinder, vor
denen man die Halbheit verstecken wollte und denen gegenüber man das
Zusammenführende betonte und unterstrich.

SEPTEMBER 1913

Der Karl kennt kein Schonen und kein Sparen. Restlos gibt er sich hin an
die Arbeit. Alles Akkordieren, Abwägen, Reservieren bei Gefühlen ist ihm
fremd und zuwider. So gibt er sich mir ganz. Er verschwendet, weil er unerschöpflich an Liebe und Güte ist.

SILVESTER 1913

... Ich und Karl? Ganz gut. Immer noch nicht wirklich gut. Und wenn es
besser ist, so ist es vielleicht darauf zu schieben, daß mit dem energischen Verlassen der Jugend so vieles eingepackt wird, was ablenkend wirkte. Es ist gut
und nicht gut, daß man keine Liebesgedanken mehr hat. Ich hab jetzt Zeit für
den Karl. So ist eine sacht und konstant brennende Liebe für ihn da, ohne
Ekstase, ohne Nebenlieben, auch ohne große Pausen. Es ist eben ein sachtes
Altersfeuer, mehr ein Sehr-gut-sein als wirklich das, was man Liebe nennt. So
eine ganz dolle Liebe, die hab ich überhaupt nicht kennengelernt.

Ein ähnlich zweifelhaftes Feuer hab ich beim Arbeiten. Du lieber Gott! Die kleine Gruppe — die Liebesgruppe — ist ziemlich fertig und sie ist nicht schlecht. Aber zwischen nicht schlecht und dem absoluten gut ist dieselbe Kluft wie zwischen meinen matten jetzigen Liebesgefühlen und wahrhaftiger Liebe. Jedenfalls will ich sie ausstellen, vielleicht hat sie doch ein Echo, das auch mir Mut gibt.

Jedenfalls 1913 ist ziemlich harmlos verlaufen, nicht tot und schläfrig, ziemlich viel innerliches Leben.

MÄRZ 1914

Was ich am Silvesterabend über Karl und mich schrieb, liegt schon wieder nicht mehr so. Mit meiner sachten Liebe hielt es an bis zum Monatshefteball, und da hab ich geküßt und bin ich geküßt und das hat mich wieder ganz umgekrempelt. Ich merke, daß ich noch gehörig sinnlich bin, aber es mußte einmal ein anderer Mensch sein. Immer derselbe, bei dem man jede Nuance schon kennt, das kann die schlappere Sinnlichkeit nicht mehr reizen. Man müßte ganz andere Kost haben, um wieder starken Appetit zu bekommen. Und weil es die nicht gibt, will man lieber garnichts mehr essen. So arg hungrig ist man nicht mehr. Und wegen dieser frisch erregten Gefühle, die sich naturgemäß wieder verlaufen müssen, wegen diesem Aus-dem-Gleis-Geraten meiner Ruhe seh ich Karl anders und unbefriedigt an. Mitunter wieder dies entsetzlich fremde Gefühl.

JULI 1915

Karl holte mich um halb acht aus dem Atelier ab. Wir aßen Abendbrot in Charlottenhof und fuhren mit der Untergrundbahn nach Heerstraße. Dort gingen wir noch ein Stück die stille Heerstraße entlang und setzten uns dann auf eine Bank: Der Himmel war voller Sterne. Wir sprachen von früheren Jahren.

Wir sprachen über K. L. Nachher sagte ich dem Karl endlich einmal, was ich ihm fast nie sage: wie voller Liebe und Güte er ist. Wir waren beide froh.

Ich träume jetzt mitunter, daß ich noch einmal ein Kind bekomme. Neulich, ich wäre schwanger und würde wahrscheinlich sterben bei der Entbindung. Ich sagte: Das Kind soll natürlich Peter heißen.

Deine Schwalben, mein Junge, schreien und jagen sich ums Haus.

... Wie der Karl und ich uns jetzt ineinander eingewöhnen. Was das Leben bis vor einem Jahr nicht fertigbrachte, dies Jahr hat es fertiggebracht. Ja, da sind neue Blumen gewachsen, die ohne die Tränen dieses Jahres nicht gewachsen wären. So ein wenig von dem, was im Tasso gesagt wird:

Die Menschen kennen sich einander nicht.
Nur die Galeerensklaven kennen sich,
Die eng an ihre Bank geschmiedet keuchen.

Später: das von den Galeerensklaven klingt pathetisch geschwollen. Ich meine nur damit, daß gemeinsame Trauer zusammenführt.

4. JANUAR 1916

... Nachmittags Grete Wiesenthal hier. — — Immer dieselben Argumente, die *ich* früher hatte, man könnte nicht Liebe genug haben im Leben, dankbar müßte man sein für jede Liebe, die einem nah kommt.

In der Tat weiß ich nicht, wie Grete Wiesenthal ohne Liebe leben soll. Wenn eine Frau sie unbedingt braucht, um nicht zu verschrumpfen und zu verkümmern, dann ist *sie es*.

17. MAI 1916

Karl sagt mir, daß er seit kurzem Herzempfindungen habe, die vielleicht Vorstadien eines Herzschlages seien.

18. MAI 1916

Karl heiter und herzlich. Die Möglichkeit, daß er plötzlich hingehen könnte, läßt ihn das Leben noch liebevoller nehmen.

ZU UNSERER SILBERHOCHZEIT. JUNI 1916

Mein lieber Mann! Als wir heirateten, war es ein Schritt ins Ungewisse. Es war kein festes Bauen auf festem, wenigstens fest geglaubtem Grund. In meinem Gefühl waren schlimme Widersprüche. Zuletzt war es nur dieses Empfinden bei mir: spring herein — es wird schon gehen. Die Mutter, die das wohl alles übersah und oft Sorge hatte, sagte einmal zu mir: »An Karls Liebe wird es dir nie fehlen!«

Das ist wahr geworden. An Deiner Liebe hat es mir nie gefehlt und sie hat es möglich gemacht, daß wir jetzt nach 25 Jahren fest zusammenstehen. Ich danke Dir, Du lieber Karl! So selten habe ich Dir in Worten gesagt, was Du mir warst und bist. Heut möcht ich es noch einmal tun. Ich danke Dir für alles, was Du aus Liebe und Güte mir gabst. Langsam ist unser Ehebaum gewachsen, nicht so gerade und ohne Hindernisse wie viele andere. Aber er ist nicht eingegangen. Aus dem schwanken Reis ist doch der Baum geworden, der im Herzen gesund ist. Zwei schöne, wunderschöne Früchte trug er.

Ich danke aus tiefstem Herzen dem Schicksal, das uns unsere lieben Kinder geschenkt hat und in ihnen so unaussprechbares Glück. Wenn Hans leben bleiben darf, so dürfen wir es sehn, wie er sich weiter entfaltet, und können vielleicht noch Kinder von ihm erleben. Wenn er auch genommen wird, so ist wohl alle Sonne, die von dieser Seite leuchtete, wärmte und vergoldete, untergegangen, aber wir halten uns fest an den Händen, bis ans Ende und bleiben Herz am Herzen.

Deine Käthe

12. SEPTEMBER 1916

In der Nacht hatte ich einen eitlen Traum. Wie der Werfel es sagt, ist das eine Ich in mir lebendig gegen das andere und das eine ist kleinlich, eitel, falsch und sinnlich. Was soll man bloß tun, um davon loszukommen?

Es ist unaustilgbar. Früh sagte der Karl, es begänne wieder so wie vor vielen Jahren, daß der Besuch, der zu uns kommt, nur zu mir kommt. Ich antwortete ihm gleich darauf, was sich so leicht sagen läßt dagegen, daß es notwendig sein wird, weil er keine Zeit hat usw.... Alle die Argumente jener Zeit wurden wieder erinnerlich. Weil die Lage damals nicht wahr und nicht klar war, wurde ich innerlich dreherisch. Ich log oder drehte, verkleidete, weil ich nicht offen sein wollte. Ich wollte nicht offen sein, weil Offenheit die Haltlosigkeit klargelegt hätte. Und diese Haltlosigkeit wollte ich nicht wahr haben. So war es damals.

So sehr anders es jetzt liegt, ist eine gewisse Ähnlichkeit doch wieder da. Die richtige Einstellung zu Peters Freunden zu finden, ist mir noch nicht ganz geglückt. Ich möchte ihnen nah treten, das mütterliche Empfinden sollte die Grundlage sein. Mit Hans Koch hat sich das gut geklärt. Übertreibungen seinerseits und wohl auch meinerseits sind zurückgetreten. Er nennt mich von selbst nicht mehr Mutter Käthe. Noch ungeklärt ist es mit Richard und Hoyer. Richard habe ich durch meine zurückziehenden Briefe unsicher gemacht. Er schweigt einstweilen. Julius Hoyer ist zu weit gegangen. Mag sein, es lag nahe, meinen Brief nach der Seite hin mißzuverstehen. Eine Mutter ihm zu sein, so weit wie er es faßt, das kann ich wohl kaum. Doch schreibe ich ihm nicht darüber, weil er ein sehr bescheidener, leicht verletzter Mensch ist. Vielleicht, daß, wie mit Hans Koch, von selbst alles ins richtige Maß zurückgeht. Jedenfalls möchte ich ihn nicht brieflich beschämen und verletzen. Diese nicht ganz klaren Lagen mit den beiden lassen mich wieder dem Karl gegenüber etwas verhehlen. Denn wozu ihm das sagen? Ihn würde es verstimmen und er würde es als einigermaßen sentimental und überspannt empfinden. Ich fühle ja selbst das etwas Schiefe, aber da ich wünsche, es wieder ins Grade zu bringen und der Karl doch nicht ganz verstehn würde, wie das so gekommen ist, halte ich das ganz für meine durch mich selbst zu korrigierende Angelegenheit. Mehr Verpflichtungsgefühl habe ich gegen Hans. Durchaus Verpflichtungsgefühl. Aber da bin ich nicht unruhig. Er ist mein eigenes Kind.

9. OKTOBER 1916

Mit Karl lange gesprochen. Es war etwas Kühles zwischen uns gewesen. Ich fand ihn überarbeitet, gereizt, empfindlich und zurückhaltend. Er empfand mich fremd.

Er sagte, er stände im Grunde so zu mir wie immer. Aber er wäre wohl etwas verändert. Das Geschlechtliche träte zurück, alle Art Liebe, die darauf beruhe. Sein innerstes Interesse wäre jetzt, ins Reine zu kommen mit Gott und Leben. Unwichtig erscheine ihm dann, ob wir in der oder der Stimmung zueinander seien, er sei ja dessen ganz sicher, daß er mich liebe.

Das ist mir ungewohnt am Karl, denn meist war er freundlich, liebevoll und warm, ganz persönlich. Verstehen tue ich sein Zurückziehen auf Betrachtung und Nachdenken.

Aber nicht ebenso wie diese Ursache seines Fürsichseins ist mir die andere, auf die er auch zu sprechen kam: Er fühlt, daß ich mit starkem Gefühl bei Menschen bin, für die er nicht so fühlt. Er kann nicht mit — sagt er —, wie ich zu Hoyer und Hans Koch stehe, zu Richard und Erich gestanden habe. Ich weiß, daß er da nicht mit kann. Ich frage mich, ob ich unserer Gemeinschaft wegen aufgeben soll, was ich mit den Jungen zusammen habe. Ich muß sagen, daß mein Gefühl dafür etwas wirr geworden ist. Ich glaube, ich werde es bald deutlich fühlen, daß da alles so bleiben darf, wie es war. Augenblicklich ist mein ganzes Empfinden hierin in Unordnung gebracht, verwühlt, ohne Beziehung zu Peter. — Merkwürdig auch, daß, wie ich zum Karl hinübersprach, ich meine Worte etwas wie Stroh empfand. Liegt das nun daran, daß tatsächlich etwas Unechtes in meiner Stellung zu den Jungen liegt, was ich bis jetzt nicht klar empfand? Oder liegt es daran, daß ich in Karl kein Verstehen voraussetzte? So wie derselbe Ton, der rein und schön klingen kann, klanglos wird bei schlechter Resonanz. Ich vermute das Letztere. Aber dann wieder verstehen wir — der Karl und ich — uns doch wirklich nicht ganz, wenn nicht alles, was dem einen wichtig ist, im andern rein nachklingt? Es ist wohl ein besonderes Glück, wenn zwei Menschen sich in allem verstehn. Ein *seltenes* Glück. Es gehört doch angeborene Verwandtschaft dazu. Da aber für gewöhnlich Mann und Frau in der Ehe sehr verschiedenartige Persönlichkeiten sind, muß man darauf verzichten, daß sie sich in allem decken.

So kann es sein, daß wenn ich meinem wirklichen Selbst nachgehn will, dazu gehört, daß ich das Verbundensein mit den Jungen beibehalte. Daß der Karl — weil er eine andere Persönlichkeit ist — das vielleicht nie mit richtigen Augen sehen wird, sondern es nur tolerieren wird. Und daß wir doch, trotz dieser Abweichungen, im Wesentlichen zusammenklingen.

DEZEMBER 1916

Karl ist krank, bettlägerig. In dieser Woche, die er nicht arbeitet, sind wir so viel zusammen wie sonst wohl Eheleute. Wir lesen zusammen. Es ist schön.

23. FEBRUAR 1917

Karl wieder auf Besuchen begleitet. Karl spricht wie meist. Er spricht sehr gern und oft sehr gut. Macht sich in Stille alles zurecht, alles, was ihm im Leben vorkommt. Zu seinen Kranken spricht er wohl oft so, tröstet sie. Vom Einstellen des Menschen auf sein Schicksal. Wie das Schicksal ihm etwas nimmt: »So, nun komm ohne das aus — hier hast du etwas anderes — sieh, was du daraus machst. Und kaum hat man sich an das Neue gewöhnt, wird es wieder genommen. Wie der Soldat im Schützengraben heißt es dauernd, auf dem Sprung sein — wird dies genommen — sieh, wie du dich rettest.« Karl meint, ob dieses Bestreben des Menschen, im Unglück nicht unterzutauchen, dasselbe ist, das Vater gemeint hat, wenn er von dem Glücksstreben sprach, das zum Hebel der Tugend werden könnte?

JULI 1917

Am Mittwochabend wird Karl krank, heut, am Donnerstag, hat er früh sehr hohes Fieber. Jetzt scheint es besser werden zu wollen. Ich habe wieder das Gefühl wie früher, wenn die Kinder krank waren, die Hauptsorge vorüber zu gehen schien, und ich ganz dicht bei ihnen war. Alles für sie machte, an keine Arbeit für mich dachte, nur da zu sein, körperlich, seelisch dicht um sie herum. Sie gesund pflegen. Dies herrliche Gefühl dann des Zurückeroberns, das tiefe

58

Glücksgefühl auf dem noch angsterregten Boden; sie bleiben, ich halte sie. So liegt mein Karl jetzt im Bett.

NOVEMBER 1917

Karl ist manchmal sehr müde. Hin und wieder glänzt sein altes Wesen durch, sein *ganz* liebevolles Wesen. Dann ist er von entzückender Liebenswürdigkeit. Dann fühl ich ganz das Glück mit ihm zusammen zu leben und wie kalt und dunkel es sein wird, wenn er vor mir sterben sollte. Vorgestern kam er überraschend nach dem Atelier. Seit Jahren wieder zum ersten Mal. Es war so sehr nett.

21. APRIL 1918

Karl sah ich mal wieder wie neu. *Wie gut* gefiel er mir. Wie strahlt sein gutes Wesen aus seiner ganzen Art.

1. JULI 1918

Räumte auf und nahm das Päckchen H.-Briefe vor, die ich habe, um sie zu verbrennen. Ich las drin. Was hat mir die Handschrift bedeutet! Ich fand seinen Brief nach Hrs. Tod, fand zwei Briefe von mir, die ich damals nicht abschickte, fand ein Zettelchen vom Karl und noch zwei Bilder von mir und den Jungen, an jenem Osterfeiertag aufgenommen. Ich glaubte, ich würde das alles als etwas mich nichts mehr Angehendes wegtun können. Und nun ergreift mich doch die verflossene Zeit. Zwar alles ist vorüber. Die Gefühle sind vorüber, die Schmerzen sind vorüber, die Sehnsucht ist vorüber. Aber *ergriffen* hat mich das Rückerinnern jener Jahre. Es waren schmerzhafte Zeiten, es war kein Spaß. Ergriffen am meisten das Zettelchen vom Karl.
Wie war mein Leben stark in Leidenschaft, in Lebenskraft, in Schmerz und Freude. Damals kämpfte ich wirklich in der Sonne, »ein Sohn der Erde«. Dann kam das allmähliche Altern. Dann kam der Krieg. Das in die Höhegerissenwerden durch die Jungen. Das Opfer Peters. Mein Opfer Peters. Sein Opfertod. Und dann fiel ich auch. Fortgerissen noch durch ihn in Entwicklungen des Schmerzes und der Liebe, sank ich allmählich in dies Leben zurück. Es blieb Schmerz um ihn. Zu Zeiten meinte ich, »die ewigen Lichter funkeln« zu sehn, die, als die Pfade dunkelten, mir »Sohn der Erde« erscheinen sollten. Meine Augen waren nur selten stark genug sie zu sehn. Ich geh im Halbdunkel, nur selten Sterne, die Sonne lange und ganz untergegangen. Die Füße sind müde und die Glieder schwer und der Kopf hebt sich nicht hoch.

Ich hab gemeint und auch daran geglaubt, daß die Zeit von 1914 bis jetzt mich läutern würde. Der Schmerz hat Müdigkeit zurückgelassen. Es ist auch nicht allein der Peter. Es ist der *Krieg*, der einen bis auf den Boden drückt.

20. MÄRZ 1919

Der Karl ist gestern als Stadtverordneter vereidigt. Er ist so müde jetzt oft, der Karl. Bin ich fort von ihm, hab ich manchmal solche Sehnsucht. Als ob ich den lieben Geliebten nicht mehr lange haben könnte.

SONNTAG, DEN 6. JULI 1919

Was hat der Karl für eine Kraft in sich! Zu Zeiten freilich ist er müde und dann auch unproduktiv und langweilig, aber dann kommen Zeiten, in denen er direkt sieghaft wirkt. Sieghaft über seine 56 Jahre, die viele mühsame Arbeit, sein Leiden. Dann ist er wundervoll. Werde ich ohne ihn leben müssen, oder er ohne mich? Wir werden einander sehr vermissen. Er lebt, belebt mich. Aber am schönsten ist seine Liebeskraft. Sie kommt aus einer frohen Güte, die mir manchmal ganz unglaubhaft vorkommt. Die Liebeskraft macht, daß er wiedergeliebt wird von so vielen, vielen. Vor allem aber von Frauen und Kindern. Daß er zum Beispiel unserer Lene, als sie auf Urlaub ging, eine Apfelsine kaufte.

DIENSTAG, DEN 23. SEPTEMBER 1919

Karl hat die Freude und Genugtuung, zu sehn, daß seine angestrengte Arbeit zum Stadtverordneten endlich anfängt, erfolgreich zu sein. Er überwindet mit unglaublicher Energie die eingewurzelte Unsicherheit und Nervosität. Jetzt bringt er es schon fertig, in der Debatte frei zu sprechen.

Das ist fein zu sehn, wie er nicht nur Arbeit andern anrät, sondern selbst mit eiserner Ausdauer arbeitet, entgegen allen seinen Mängeln. Seine Auffassung vom Menschen und seinem Wert fanden wir zufällig gerade jetzt in einem Vers von Rosegger so gut gesagt:

Ich bin Mensch geworden in der weiten Welt.
Keiner steht von allen, die da leben,
Keiner über mir, keiner unter mir,
Ich bin jedem beigegeben.

Der alte Erinnerungstag...

Wie ich schlafen gehn will, spricht Karl von jenem Tag und sagt, daß ich mich der Erinnerung augenscheinlich entziehe.

Es ist der Fall. Warum? An die ganze Brautzeit denk ich nicht gern, erinnere ich mich nicht gern. Nicht gerade ungern, aber nicht gern. Liegt da ein Freudsches Vergessenwollen drin?

Jene Zeit kommt mir so fern vor, als ob ich sie kaum durchlebt hab. So unentwickelt. Wohl gab es starkes und warmes und echtes Gefühl, weiß Gott, aber das war doch mehr in mir eingeschlossen. Was davon nach außen trat in die konventionellen Erscheinungen des Brauttums, war mir nicht ganz echte Form. Ich ließ mich biegen damals. Viel wahrer war die Ehe. Schon in der ersten Zeit. Da gab es Sturm, freie Luft, keine Sentimentalitäten, kein hergebrachtes konventionelles Gehaben. Das war wohl dem Fernsein von Königsberg zu danken. Dann Schwangerschaft, Gebären. Kinderhaben, arbeiten. All das waren Realitäten, die echt waren.

Vielleicht erklärt sich so meine Abneigung, die Verlobtenzeit zu kultivieren oder auch nur anzuerkennen.

15. NOVEMBER 1920

Am 6. November legt sich der Karl. Heut hat er sich in die Privatklinik von Dr. Freudenberg aufnehmen lassen. Er hat eine Nierenbeckenentzündung. Eine lange und schmerzhafte Krankheit steht ihm bevor. Er quält sich mit Sorgen um die Praxis. Heut den ersten Abend ohne ihn. Ich hab Sehnsucht nach ihm wie nach etwas Heimatlichem.

13. JUNI 1921

An Karls Geburtstag sitzen abends wir vier allein bei Rosen und Wein um unsern Tisch. Jeder sagt sein Sprüchlein und Hans sagt sein Glas hebend: »Daß wir nach dreißig Jahren auf eine Ehe zurückblicken können wie Ihr!« Wenn es auch die schöne Stimmung der Stunde war, die aus ihm sprach, wenn er auch ahnte, wie schwierig manchmal unsere Ehe war, wenn wir das auch wissen und nicht vergessen haben — im Innersten wohl tut es doch, sein Kind so sprechen zu hören, weil — bei allem, was abzuziehn ist — ein nicht geringer Teil doch Wahrheit bleibt. Wie schön war diese Abendstunde, wie schön die junge Otty, wie glücklich wir, die wir alle noch in der Hoffnung sind auf das Kindchen.

61

Karl erlebt neulich was sehr Nettes. Hielt einen Vortrag hier im Norden vor Frauen und jungen Mädchen. Ich wartete ihn nicht ab und ging ins Bett. Hörte etwa um elf Uhr Gesang von jungen Stimmen bis an unser Haus und wieder abklingend. Waren die Mädchen, die Karl singend das Geleit nach Hause gaben.

Karl ist frisch. Wie gut tut es mir, wenn ich manchmal klage über zu wenig Zeit usw., wie unsentimental und doch liebenswürdig er das ablehnt.

HIMMELFAHRTSTAG 1922

Blödsinnige Hitze. Karl und ich gehn vormittags nach dem Lustgarten, wo die Wiener Sänger ein Freikonzert geben. Zu großes Gedränge. Karl sieht, daß ein junges Mädchen schlapp wird, ruft über den Rasen weg zu:»Hinlegen!« Ein Mädchen in meiner Nähe wiederholt:»Hinlegen! Kollwitz ist da!« Das klang so beruhigt und beruhigend.

MAI 1922

Ging zur Wittekind herauf und fand sie Strümpfe stopfend neben ihrem Mittag, das auf Gas kochte. Zeigte mir ihre Arbeiten, in denen sie anfängt zur Natur zurückzugehn. Vielleicht gehört sie zu den wenigen jungen Frauen, die wirklich allein für sich leben können. Ich meine nicht ohne Männer. Aber so, daß sie nicht ihr Zentrum in den Männern haben. Die meisten Frauen empfangen eigentlich erst ihr Leben durch die Männer, bilden es sich wenigstens ein, treten in die Ehe und sind nun fest. Hedwig Wittekind bringt es vielleicht fertig, frei zu bleiben. Künstlerin, niemand brauchend, Bohémien durch Anlage. Das ist nur Mädchen möglich, die nicht sehr sinnlich sind. Diese — auch ich gehörte dazu — werden beherrscht durch ihr Geschlecht. Hätte ich nicht Karl geheiratet und wäre damit eine mich oft beengende, aber im ganzen glückliche und gesunde Einkapselung des Geschlechtstriebs vorgenommen — so hätte ich meine Ledigkeit wohl schlecht benutzt . . .

Wittekind wird aber — selbst wenn sie ein Kind hat — in der Hauptsache künstlerisch arbeitender Mensch bleiben. Unbekümmert um das Gerede, wie sie jetzt Modell steht, würde sie leben wie sie möchte. Früher meinte ich, die Mädchen könnten das eine Zeit durch, nachher, wenn sie altern, bieten sie ein klägliches Bild. Auch das glaub ich nicht mehr. Dieser neue Mädchentyp ist sehr anziehend. Daß aus Mädchen bis zur heutigen Erfahrung kein Genie hervorgegangen ist, ist mir jetzt auch gleichgültig. Nicht nur Genies haben das

Recht, sich so eingängerisch zu benehmen. Wo gibt es denn jetzt unter den Malern ein Genie? Auch die männlichen Künstler können froh sein, achtungs-werte Leistungen hervorzubringen, gute Künstler — Handwerker zu sein. Das können Frauen auch.

Die Hilde Sch.-F. geht noch den Weg, wie ich ihn gegangen bin. Sie hei-ratete standesamtlich, bekommt zwei Kinder, hat Pflichten und Sorgen und Mühen und sieht, wie sie daneben das Künstlerische retten kann. Vielleicht hätte sie ein Leben wie Wittekind es wählt, gar nicht führen können. Ich hätte es meiner Meinung nach wohl führen können, nur glaub ich eben, ich wär gescheitert durch meine kritiklose, leicht erregte Sinnlichkeit. Wittekind sagt, sie braucht Menschen nicht, vielleicht ist es bei ihr wirklich wahr.

An meinem 55. Geburtstag hatte Karl mir so viele Blumen geschenkt. Sprach wieder vom Altwerden und sagte so ganz liebenswürdig — so wie der Peter es sein konnte: »Wenn wir beide zusammen alt sein werden, dann mach ich dir die Haare und mach dein Bett und dann spielen wir zusammen Mur-meln.«

Das Jahr endigt bedrückt. Deutschlands Zustand ist schlecht, von außen eingeklemmt und gebunden, innen faulig, zerrissen, zerfahren. Der geistige Mittelstand wird aufgerieben, kulturelle Verarmung. Der Simpel bringt fol-gendes Kinder-Weihnachtsverschen:

Stille Nacht, heilige Nacht —
Aus Brotkorn wird das Bier gemacht.
Der Vater sauft die Sorgen fort,
Das Kindlein hungert und verdorrt.
Der Bauer streikt, der Händler schiebt —
Gottlob, daß es noch Quäker gibt!

Ja Gottlob!
Grippe bei uns in der Weihnachtswoche. Können nicht nach Lichtenrade raus. Am Heiligabend — ich liege auf dem Sopha — kommen spät noch Hans und Otty.

Das Jahr ist hin und ich kann dankbar sein, daß es keine schweren Schläge gebracht hat. Wir leben noch — wir, das sind der Karl und ich. Hans, Otty und Peterchen. Sterns und Schmidts. Die liebsten Menschen. Auch die Mutter lebt noch, aber wie wenig fühl ich da noch.

Oft denk ich dran, wie es wäre, wenn der Karl nicht mehr lebte? Ein neugierig kaltes Fragen oft. Ich würde alles andere abbrechen und ganz in mein Atelier ziehn und immer arbeiten, denk ich mir, hätte viel mehr Zeit für mich. Weiß aber genau, während ich das berechne, daß die Wärme und die Liebe aus meinem Leben dann weg wären. Es gibt gar keinen Menschen, der wärmer ist zu mir als der Karl. Keiner, der mich auf diese Weise lieb hat. Keiner, der mich immer so ansticht, damit ich nicht versteinere und versauere. Das Kindische im Karl, das ganz Irrationelle, das Törichte, Überströmende ist entzückend, danach werd' ich mich furchtbar sehnen, wenn er eher stirbt als ich.

Aber ich selbst hab immer mehr das Gefühl, daß ich nicht lange mehr leben werde. Und es wäre ja auch gut so, falls mein Alter wie das von der Mutter sein sollte. Da ich Mutter täglich vor Augen habe, gräbt der Eindruck sich so ein, daß dies Bild wohl nicht mehr weichen wird und den wirklichen Verfall vielleicht vorarbeitet.

JOHANNI 1923 SONNTAG

Vormittags war Karl bei mir im Atelier und sah zum ersten Mal die Kriegsfolge und die Zeichnungen dazu. Es ist, als ob jetzt noch einmal eine Zeit kommen könnte, die uns wieder zusammenführt, wie wir zusammen waren in den Jahren nach Peters Tode. Wir lebten ja ganz gut miteinander, aber doch auseinandergerückter, fremder, kühler. Wie man sich liebte und brauchte, wurde nur in bedeutsamen Momenten klar, wenn Krankheit den einen wegzunehmen drohte. Diesmal war es nicht Krankheit, was Karl von mir zu führen schien. Die Wirkung ist dieselbe. Der Gedanke der Möglichkeit seines Verlustes schmerzt mich, er erscheint mir wieder so liebenswert wie in den besten Zeiten. Nun kenne ich das ja wohl, kenne die Wirkungen der Eifersucht. Es ist möglich, daß Gewöhnung und wieder entstehendes Sicherheitsgefühl auch wieder die neue Liebe dämpfen. Es wäre sehr schade. Sinn hat das Ganze, was wir jetzt durchleben, doch nur, wenn es auf eine höhere Stufe führt. Wie sehr klein, peinlich und zwackend sind meine eifersüchtigen Gefühle. Daß ich theoretisch frei bin und auch handle, ist ja nicht so belangvoll. Ich sage, ich handle frei, das heißt, ich widerspreche nicht den so oft von mir vertretenen Auffassungen über Freiheit, die ein Ehegatte dem andern geben muß. Das ist ja aber das Wenigste und in meinem Alter wahrhaftig als selbstverständlich zu verlangen. Die *Gefühle* dagegen stecken noch so sehr im alten Gleis. Wo ist das ruhige große Vertrauen, das Karl von mir fordert? Ich alte Frau werde so sehr geplagt von längst überwunden geglaubter Eifersucht. Eifersucht ist ein scheußliches, brennendes, einengendes, niederziehendes und demütigendes Gefühl.

Ich habe das Plakat »Nie wieder Krieg!« für den Internationalen Gewerkschaftsbund und das kleine Plakat gegen den Abtreibungs-Paragraphen, das die Kommunisten bei mir bestellt haben, fertig gemacht. Beide sind einigermaßen gut geworden und ich habe das befriedigte Gefühl, versprochene Arbeit geleistet zu haben. Sehr hatte ich gehofft, in dieser Zeit auch noch die dem Elias versprochene, für das Propyläenwerk bestimmte Graphik und Zeichnung zu machen, aber ich fürchte, es stockt bereits wieder. Und dann diese Stunden — Tage der Besessenheit von *einem* Gedanken, *einem* Gefühl. Ich merke deutlich, daß das pathologisch ist, aber ich bringe es nicht fertig, mich dagegen zu wehren. Einflüsse von außen zerreißen dieses Band der Melancholie mitunter, fehlen aber solche Einflüsse, so lastet fast körperlich ein solcher Druck auf mir. Er kommt unter verschiedener Einkleidung. Jetzt ist es — so kläglich es ist, das einzugestehn — die Eifersucht, die mich peinigt. Eifersucht oder auch Neid, Wehmut, gedemütigtes Gefühl, weil, was so selbstverständlich ist, neben der unverrückbaren Liebe, die Karl für mich hat, er noch ein junges frisches Gefühl hat für einen jungen frischen Menschen. Glücklich, daß er es hat! Aber ich melancholischer Mensch wälze alle Möglichkeiten Tag und Nacht in mir, sehe neue Verkettungen und Schmerzen und bin gequält. Nicht immer, es kommen Zeiten, wo das alles abfällt von mir, aber dann kriegt es mich wieder unter und quält und quält.

Die erste Zeit in Lobenstein quälte ich mich sehr törichter Weise mit dem Gedanken an Else. Erst allmählich verlor sich das und genoß ich vergnügt das Zusammenleben mit Karl. Jetzt bin ich frei von diesen Eifersuchtsplagen, das Schlimmste aber ist, daß ich frei bin ohne mein Zutun, aus Gnade gewissermaßen. Ich fürchte, es kommt mal wieder und ich kann wieder nichts dagegen tun. Wahrhaft krankhaft sind in solchen Zeiten meine eifersüchtigen Phantasien, erstrecken sich auf Menschen, die verständigerweise garnicht in Frage kommen. Demütigend sind solche Zustände und ein schlechtes Zeichen für die Kraft meines Willens.
Würde ich doch jetzt frei davon bleiben, würden Zeiten kommen, wo es

mir glückt, mich *ganz* in die Arbeit zu versenken und die Schätze zu heben, die da noch liegen.

Wieder einmal Gespräch mit Karl über Else und seine Stellung zu ihr. Er sprach so für mich einleuchtend, daß mir ganz froh wurde, schwer ist nur das Durchhalten dieser Einstellung. Tatsächlich hat er an Else etwas, was ich ihm nie gegeben habe — und erst recht jetzt nicht geben könnte, was mit ihrer Munterheit, Koketterie, Singlust, Plauderei zusammenhängt. Versagt er sich das, so ist es einfach aus seinem Leben weg, er ist ärmer geworden und ich nicht reicher. Nein, er darf es sich entschieden nicht versagen.

Am 13. war dann Karls Geburtstag, wo endlich das Grammophon spielte. Er hatte sich nebenbei etwas hingelegt, während ich den Tisch machte. Es war in der Mittagszeit. Dann drehte ich an: »Wohlauf noch getrunken« und ging ihn holen. Er sprang auf bei den ersten Tönen. Es war so entzückend, daß er sich so freute. Wir gingen im Tanzschritt umgefaßt um den Tisch . . .

Von den Sommerwochen in Grundlsee zurück. Sehr gesellige Ferien. Im Erholungsheim Grundlsee viele Leute zusammen, eine engere Gemeinschaft um Genia Schwarzwald. Wunderliche Leute diese Wiener. Viel Witz, Munterkeit, Liebenswürdigkeit, Spottlust. Das Anpassen daran ganz zuträglich.

Annie Karbe mit uns. In der ersten Zeit ich wieder sehr gereizt, auch Karl. Ich isoliere mich etwas, weil mir die beiden beim Wandern und Steigen zu viel sprechen. Später wieder engeres Fühlen mit Karl.

Rückfahrt über Linz, von da herrliche Dampferfahrt durch die Wachau. In Wien verstimmt und übermüdet. Aber S. tat mir so gut, weil er mich liebt nicht nur, weil ich das und das gearbeitet habe, sondern weil er mich als Menschen liebt und ich noch *einmal* einen Nachklang davon verspüre, wie es ist, als Frau geliebt zu werden. In Karls Liebe sah ich die Anpassung und Unentbehrlichwerdung durch die langen Jahre, hier aber finde ich einen Mann, dem ich anziehender bin als viele junge Frauen. Das macht mich jung und liebenswürdig und verschönt mich.

In der Nacht von gestern auf heute sind wir teils bei Bonus oben in ihrer Stube, teils bei uns unten. Wir beide allein, Karl und ich. Denken an all das Gute, das unser Zusammensein uns gebracht hat. Die vielen körperlich-seelischen Freuden. — — — Wie wir uns gesättigt haben einer den andern. Lesen das Goethesche Tagebuch:

Wir stolpern wohl auf unserer Lebensreise
Und doch vermögen in der Welt, der tollen,
Zwei Hebel viel auf's irdische Getriebe:
Sehr viel die Pflicht, unendlich mehr die Liebe.

Jetzt *kann* Karl die Kassen aufgeben.

Karl ist wirklich der liebenswürdigste Mensch, den ich kenne. *Sowas* von Freude, kindlichster, jungenhafter Freude. Das ist entzückend.

Unser Peter hatte das geerbt und vielleicht auch der kleine Peter. Der kann sich auch so unglaublich freuen: Die Kinder streiten darüber, wer irgendeine Sache kaputtgemacht hat. Peter sagt mit großer Bestimmtheit, er sei es nicht gewesen. Darauf Jutta: »Hört mal alle zu! Wenn Peterchen sagt, er ist es bestimmt nicht gewesen, dann glaube ich, daß er es gewesen ist.« Alle, auch Peter hören mit sachlichem Interesse diesem Urteilsspruch zu.

Seit meiner Krankheit im April nichts aufgeschrieben durch das halbe Jahr. Es liegt in dieser Zeit meine sehr langsame Genesung und Aufenthalt mit Karl in Elster. Das sind sehr schöne Wochen. Wir sind uns ganz nahe, ich hänge an ihm wie ein Säugling an der Mutter.

Nichts über die Reisen dieses Jahres aufgeschrieben. Im Frühling waren wir in Glion oberhalb Montreux. Es war sehr schön. Aber zuletzt kam eine merkwürdige Verstimmung auf und hielt lang an. Auch noch hier in Berlin. Bei allem Wissen darum, daß man sich lieb hatte, eine gegenseitige Müdigkeit und Kühle. Karl schien mir verändert. Das Schönste an ihm, die Liebe und Wärme, der impulsive Ausdruck davon, trat zurück. Er veränderte sich. Das hielt den ganzen Sommer an bis zum Herbst. Da machten wir eine kurze Reise an den Rhein und da war er endlich ganz der alte. Er meinte, *ich* wäre anders, seine Art wäre Reaktion auf meine. Kann sein, aber es war unerfreulich. Das Altwerden ist an sich schlimm. Liebhaben erleichtert es. Ohne Liebhaben ist Altwerden trostlos.

25. NOVEMBER 1935

In Karls Leben ist seit langer Zeit eine Änderung.

Es ging ihm so wenig gut, daß — nach kurzer gänzlicher Ausspannung — eine halbe Arbeit vorgenommen ist. Er macht die Vormittagssprechstunde und einige Besuche. Auf diese Weise geht es und wir können abends noch etwas Gemeinsames vornehmen. Lesen jetzt Bonus: Religion als Schöpfung. — Mir ist dies Leben *sehr* lieb, aber es wird wohl nicht durchzuführen sein.

FEBRUAR 1928

Dies ist das letzte Gedicht vom fünfundsiebzigjährigen Rosegger:

Gute Nacht, Ihr Freunde!
Ach, wie lebt ich gern!
Daß die Welt so schön ist,
Dank ich Gott, dem Herrn.
Daß die Welt so schön ist,
Tut mir bitter weh,
Wenn ich schlafen geh.

Ach wie möcht ich einmal
Noch von Berges Höhn
Meine süße Heimat
Sonnbeleuchtet sehn!
Und den Herrn umarmen
In des Himmels Näh,
Eh ich schlafen geh.

Wie man abends Kinder
Ernst zu Bette ruft,
Führt der Herr mich schweigend
In die dunkle Gruft.
Meine Lust ist Leben!
Doch sein Will gescheh,
Daß ich schlafen geh.

In diesen Tagen vor einem Jahr erkrankte Karl so schwer, daß ich nicht glaubte, daß er durchkommen würde.

Oft, während der schlimmsten Zeit, wenn ich gar keine Hoffnung mehr hatte, wünschte ich ihm das Ende. Ich war ganz darauf eingestellt und schien es sich zu bessern, so sah ich das für einen flüchtigen Aufschub des doch unvermeidlichen Endes an. Nun steht es auch für mich anders. Ich bin dankbar, daß dieser erträgliche Zustand sich noch eine Weile zu halten scheint. Das Abschiednehmen, wenn es plötzlich doch zu Ende ist, ist dann wieder sehr schwer.

Karl ist seit dem 12. April wieder von neuem ernstlich krank. Er ist viel schwächer geworden, liegt fast dauernd im Bett. Früh in den Vormittagsstunden sieht er oft sehr traurig und ernst aus. Nachmittags kommt dann eine bessere Zeit, wo er wenigstens eine Zeitlang mit einem Besuchenden sprechen kann. So mit Pfarrer Schwarzkopf. Er sprach mal lange mit Hans und erzählte ihm aus seiner Kindheit. Er hatte den Wunsch, Hans möchte das aufschreiben. Jetzt ruht das wieder, er ist selten frisch genug dazu.

Neulich fielen mir die Worte von Novalis ein:

Gib treulich mir die Hände,
Sei Bruder mir und wende
Den Blick vor deinem Ende
Nicht wieder weg von mir.

Diese Worte waren ihm wundervoll und abends vor der Nacht, wenn ich ihm Gute Nacht sage, bittet er immer darum, daß ich sie ihm sage. Dann sagt er mir »Gute Nacht« und »danke«.

Karl stirbt am 19. Juli 1940.

Vor kurzem träumte ich, daß ich mit anderen zusammen in einer Stube war. In der Nebenstube, wußte ich, lag Karl. Beide Stuben öffneten sich nach einem unbeleuchteten Hausflur. Ich ging aus meiner Stube hinaus auf den

Flur, da sah ich, wie die Tür zu Karls Stube aufgemacht wurde und hörte ihn sagen mit seiner freundlichen, liebevollen Stimme: »Kommst du mir nicht noch gute Nacht sagen?« Dann war er herausgekommen und lehnte an der Wand und ich stand vor ihm und legte meinen Körper an seinen und wir hielten unsere Hände und fragten uns immer wieder: »Wie geht es Dir? Geht es Dir auch wirklich gut?« Und waren so glücklich, uns fühlen zu können.

Die Mutter und Großmutter Käthe Kollwitz

Wiederholt träume ich davon, daß ich noch einmal ein kleines Kindchen habe und empfinde die ganze Zärtlichkeit, ja mehr als das, wie man ja überhaupt im Traum gesteigerte Empfindungen hat. Es ist ein unsagbar süßes holdes körperliches Gefühl, das ich in diesen Träumen hatte. Es war erst noch der Peter, der da lag und schlief, und dann deckte ich ihn ab und es war ein ganz kleines Kind, das diesen warmen Körperduft ausströmte.

Ich habe Hansens Geburtstagstisch soeben fertiggemacht...
Heut vor achtzehn Jahren. Schon oft bevor der Junge wirklich kam, glaubte ich, nachts Wehen zu bekommen. Ich fürchtete mich gar nicht, ich freute mich sehr. Dann endlich kamen die richtigen Wehen, sehr schlimm, mitunter glaubte ich Krämpfe zu bekommen. Aber ich schrie gar nicht. Endlich war es heraus. Dann besinne ich mich wenig, nur daß nachher die Mutter hereinkam. Und dann später, daß ich ihn an die Brust legte. Dann bekam ich später etwas Fieber und bekam eine kranke Brust und überhaupt war die Wochenbettstimmung so anders als die vor der Entbindung.

Dann weiß ich, wie ich zum ersten Mal an den Eßtisch kam und ein bißchen ohnmächtig wurde. Dann kamen Magenkrämpfe während dem Stillen, sodaß ich es allmählich aussetzte. — Dann aber schickte Jeep noch in den ersten Tagen so vielen Flieder aus Groß-Muckrow.

Und allmählich wünschte ich, Mutter führe wieder nachhause, und einmal fragte ich: »Wann fährst Du nachhause?« Sie stutzte und fragte: »Warum?« Ich wußte nichts darauf zu antworten, sagte irgend eine Redensart. Mutter

71

fuhr dann bald. Da weinte ich wieder und ich denke mir jetzt, daß es der Mutter doch eine Genugtuung gewesen sein muß, mich weinen zu sehn. Jetzt, wo mein Kind achtzehn Jahre ist, versteh ich *so gut* das abgesetzte Gefühl, das Eltern — vor allem wohl Mütter — überkommt, wenn ihr Kind so eine ähnliche Frage tut wie die: »wie lange bleibst Du noch?«

15. MAI 1910

Gestern des Jungen achtzehnter Geburtstag, zugleich der erste Ferientag und Sonnabend vor Pfingsten... Um vier waren wir bei Adami.* Das Wetter war schwül, aber wunderschön, eine nasse heiße Luft, die Apfelbäume blühten. Es kamen Gewitterschauer, die wir in der Halle abwarteten, dann nachher die köstliche Luft... Dann abends zu uns gegangen, gab es ein Bowlchen, Karl war endlich frei, und es kamen ein paar sehr schöne Stunden. Rele, alles Gesperrtsein und Ungrazie vergessend, war voller Tanz und Jubel, immer in Bewegung, mit Maien besteckt, nicht fünf Minuten sitzend. Etwas angeschwipst waren alle. Kati L. so frei, lustig, wie ich sie noch nicht kannte. L. famos, seine Art Sinnlichkeit immer durchblickend. Lore meist in stillem vergnügten Zusehen sprang dann mitunter wie eine Hexe in den Kreis... Und unsere Jungen: es ist merkwürdig — für gewöhnlich ist Peter lustiger; wenn sie getrunken haben aber, ist Hans fast immer lustiger als Peter. Hans war ganz voll Maien gesteckt. Er sprang, tanzte, sang immerfort, meist mit Rele. Ich bin jetzt gewiß: er kann schwärmen. Wie er vier Jahre alt war und wir in Briese eines heißen Sommerabends auf unserem kleinen Balkon saßen — Lise und ich —, sagte ich, wie der Junge werden müßte. Ich weiß nicht mehr, was ich alles sagte, nur zum Schluß: und er muß schwärmen können! Er kann es. Das ist gut. Es wurde immer gesungen und getanzt. Wie wir Gaudeamus sangen, führte er mich wie in der Polonaise, und dann bei einem anderen Lied gingen wir zu dritt, ich in der Mitte, Hans links und Peter rechts. Karl saß singend mit dem Kommersbuch in der Stubenmitte. Zuletzt kam es zu lustigen Fehden: Rele ließ die Wissenschaft hochleben, Hans das Leben; Peter mit Rele, ich mit Hans, auch Hans Schröder. Rele dabei das Leben selbst, strotzend vor Lebensglück. Peter dagegen, nachdem die erste Weinwirkung etwas überwunden war, wurde strenge. Er tadelte Rele. Der Wein machte ihn ganz erhaben und zu großen philosophischen Empfindungen geneigt. Als alle andern fort waren, saßen Karl und ich auf dem Sofa, Rele auf einmal still geworden auf einem Sessel zwischen der Türe und dem Geburtstagstisch. Die Jungen abwechselnd in der Stubenmitte neben dem allein noch brennenden

* Adami: ein Gartenlokal im Pankower Park

Lebenslicht. Sie lasen Gedichte vor. Peter las mit gutem Ausdruck von Nietzsche: »*O Lebensmittag, feierliche Zeit*«, dann »*Die kleine Passion*«. Er suchte sich neben mir sitzend Freiligrath auf: »*Die Toten an die Lebenden*« und Vischer: »*Das Glaubensbekenntnis*«. Er las es nicht vor, aber er sagte mir mit Bedeutung, er läse es morgen. Er wolle morgen auch viel in sein Tagebuch schreiben, nicht äußerliche Erlebnisse, sondern ganz anderes; von dem ganzen Tag sei diese letzte Stunde das einzig wirkliche Schöne gewesen. Aber heute schlief er erst bis neun, aß dann ausgiebig Kaffeekuchen, schmökerte in der Zeitung, nahm die Rollschuhe und ist noch nicht wieder zu seinen philosophischen Beschäftigungen heraufgekommen.

Wie stark habe ich jetzt den Eindruck, dies sind Grenzzeiten im Leben; wie wenig Zeit wird sein und aus dem verliebten Schwärmen der Jungen entwickelt sich etwas sehr Reales. Die Sinnlichkeit blüht in allen diesen jungen Menschen, sie blickt aus jeder Bewegung, aus allem, allem. Nur eine Tür aufzumachen und dann verstehn sie sie auch, dann ist der Schleier weg, und der Kampf mit dem stärksten Lebenstrieb erwacht. Nie wieder werden sie dann die Sinnlichkeit ganz los, oft werden sie sie als Feind empfinden, mitunter werden sie fast ersticken vor dem Glück, das sie bringt. Jetzt sind sie alle noch — auch Hans, auch Georg, auch Rele und Margret — nicht ganz aufgewacht.

Mir ist ernst, beklommen und beglückt zugleich zumut, wenn ich unsere Kinder — unsere Kinder — so entgegenwachsen sehe dem größten Triebe. Er sei ihnen gnädig!

18. AUGUST 1910

Neulich abends die Aufzeichnungen aus Hansens Kinderzeit gelesen. Er kam dazu und ich las ihm allerlei vor, was ihn sehr amüsierte. Über Peter habe ich mir leider wenig aufgeschrieben. In den ersten Jahren schien mir aber wenig über ihn zu sagen. Seine lebhaftere Entwicklung trat erst ein, als er ein größerer Knabe war. Wenn ich zurückdenke, so war er ein feines stilles liebenswürdiges Kind. »Ich will auch wild sein«, sagte er einmal, als er in Rauschen Hans toben sah und fing auch an, hin- und herzulaufen.

Einmal, als Hans fort war, ließ ich ihn mit dessen Farben tuschen. Er tat es zaghaft und als er eine starke schöne Farbe auftuschte, seufzte er beklommen und glücklich und wurde rot. — Dann weiß ich, als die eine Schildkröte gestorben war, verhungert war, wie er auf dem Stuhl sitzend sein Gesicht gegen die Lehne drehte, um nicht zu zeigen, daß er die Augen voll Tränen hatte. — Wie ich ihn in Florenz hatte, war er mir so sehr ans Herz gewachsen; ich weiß, wie ich weinte, als ich seine blaue Grembiale* hängen sah. Er fuhr

---

* Italienisch = Schürze

gern mit Karl nach Hause. Dann war er viel für sich allein auf dem Feld, grub dort und pflanzte, nur Pitti * war mit ihm. Jene Zeit war eine sehr glückliche Entwicklungszeit für ihn. Dann kamen die naturwissenschaftlichen Interessen, das Steine Sammeln.

Jetzt (Peter ist vierzehneinhalb Jahre) ist er sehr groß, ziemlich breit, sein Gesicht hat sich verändert, die Nase ist groß und vorstehend. Für gewöhnlich ist der Umgang mit ihm leicht, weil er liebenswürdig ist und Humor hat. Doch hin und wieder ist er auf unverschämte, provozierende Art ungehorsam. Er gehört einem Rollschuhklub an, zu dem Lotte Laak, die beiden Freundlichs, der kleine Lindemann und Fritz Laak gehören. Die Lotte Laak ist wohl das erste Mädchen, für das er schwärmt. Im Frühjahr kam er öfters mit roten Nelken herauf, die ihm als Sieger im Kunststücklaufen zuerteilt waren.

Peters Humor hat sich schon in ganz früher Zeit entwickelt. Schon als ganz kleines Kind fielen mir die gemütlichen Lachfalten auf, die er um die Augen hat. Als wir einmal in der Elektrischen zusammen fuhren, sagte er nachdenklich: »Eigentlich sind doch alle Menschen komisch«. Nach meiner Stirnhöhlenkrankheit las er mir einen Artikel über mich vor. Als er an Stellen kam, die mein Persönliches schilderten, konnte er vor Lachen kaum lesen. Als ich nach der Krankheit zum ersten Mal abends an seinem Pett saß und über etwas lachen mußte, rief er aus: »Jetzt hast du endlich wieder dein altes Gurkengesicht.« Er hat einen großen Spaß daran, mich zu uzen. Nachdenklich, wenn er mich von der Seite ansieht: »gut fünfzig!« oder: »Fürchterlich bist du in deinem Zorn«, wenn ich ihn schelte. Wenn er so recht in Laune ist, geht er sehr weit, seine lustigen Augen glitzern, doch ist immer noch eine Art Aufmerken da, ob er zu weit geht. Hans und ich sind wehrlos in unserem Lachen.

In körperlichen Übungen ist er recht gut — am wenigsten im Turnen — aber im Rollschuhlaufen, Schlittschuhlaufen, Schwimmen.

Mädchen haben ihn gern, er hat überhaupt viel Liebe. Bis vor kurzem noch waren seine Träume, wenn er von ihnen berichtete ganz jungenhafter Art. Daß sein Geschlechtsleben erwacht, geht — abgesehen von den körperlichen Merkmalen — auch daraus hervor, daß er anfängt zu philosophieren, Gott leugnet. Im »Anfang«** schreibt er unter »Fiascherino«. Seine trocknen, kindlich-sachlichen Abhandlungen werden gern gemocht. — Er malt und zeichnet ziemlich gern, hat etwas Farbensinn. Bei ihm scheint mir aber keine Gefahr dahin vorzuliegen, wie bei Hans, daß er sich in einer Kunst wird ausbilden wollen. Er scheint mir ziemlich kritisch, etwas nüchtern, weniger in Illusionen verliebt wie Hans.

* Pitti = der Hund der Familie
** Zeitschrift, von jungen Menschen (14—18 Jahre) herausgegeben

Hans hat das Abiturium gemacht. Er wußte schon vorher, daß er dispensiert werden würde. Es tat uns fast leid, daß wir es wußten. Am 12. ging er fröhlich morgens weg. Als er um halb elf nicht zurück war, hielt ich es doch für möglich, daß er ins Mündliche gekommen wäre. Peter sah ihn vom Balkon aus mit seinem neuen steifen schwarzen Hut. Er ging mit einem anderen. Wir liefen ihm entgegen und gerade als er auf der oberen Treppe war, lief Karl aus seiner Wohnung, rannte die Treppe rauf, umarmte den Jungen und sprang. Er freute sich so furchtbar. Oben hatte ich eine Flasche Wein, wir saßen alle vier herum und tranken. Dann ging Hans wieder nach der Schule zurück, nach den Andern sehn, Karl wieder an die Arbeit und ich an die vorbereitende Arbeit zum Abend. Vierzig Menschen waren wir abends zusammen.

Bei Tisch las Karl seine Ansprache vor, dann sprach Konrad. Wir sangen.

Bevor getanzt wurde, wurde eine große Polonaise getanzt, die liebe Mutter und Hans führten sie an. Mutter blieb bis halb zwölf Uhr nachts und es hat sie garnicht angestrengt. Als alle gegangen waren, blieben noch Schmidts; sie, Karl, ich und Hans saßen im Balkonzimmer noch zusammen, auf einmal war der Hans eingeschlafen. Er trank immer aus seinem großen Glase. Karl hatte sich zum Abend ganz frei gemacht, er freut sich oft so herzlich, aber so wie bei dieser Gelegenheit habe ich selten ihn sich freuen sehn.

Schon an den Tagen vorher sang er früh immer Studentenlieder.

5. FEBRUAR 1911

Ich las die Feuerbach'schen Briefe aus dem Jahre 40 an seine Eltern. Er war damals ganz jung — spricht von seinem Stimmwechsel — in Düsseldorf auf der Akademie. Vieles erinnert mich so an meine Berliner und Münchener Zeit. Die *große* Liebe, die ich nach Hause hatte, das allgemeine Glühen nach der Kunst, die tiefen Zerknirschungen, Gelübde. Aber Feuerbach drückt sich offener und besser aus. Er war wohl auch glühender und auf seine Sache konzentrierter. — Wie wird Peter empfinden, wenn er jetzt in Wengen wirklich allein sein wird, wie Hans im nächsten Semester? Es ist so gar nicht mehr Mode, so zu den Eltern zu stehn wie Feuerbach es tut. Ich glaube, unsere Jungen fürchteten sich lächerlich zu machen, wenn sie mit so tiefer Zerknirschung wie Feuerbach melden sollten, er hätte nicht alle kleinen Ausgaben notiert. Das Vertraulichstehn mit den Eltern nimmt vielleicht etwas von der Pietät ihnen gegenüber. Ich glaube, daß sowohl die Sternschen Kinder wie auch unsere nicht mit so frommer pietätvoller Liebe zu uns Eltern empfinden,

75

wie noch wir es taten. Keinesfalls würden sie es aussprechen. Sie empfinden
uns etwas mehr als Kameraden, deren Anschauungen sie billigen oder nicht
billigen. Ein Gewinn in der jetzigen Stellung der Kinder zu ihren Eltern ist
vielleicht dieses, daß die Kinder sich moralisch freier fühlen als früher. Eben
das, was ich vorher schrieb, daß ich als junger Mensch nicht aufzumucken
wagte gegen die Eltern, wenn sie meine Handlung mißbilligten, ist jetzt vielleicht gewichen. Das moralische Übergewicht ist nicht so stark.

APRIL 1911

Am Sonnabend, dem 25. März kam Peter von Wengen zurück, sehr verbrannt, wohl aussehend... Seine gemalten Skizzen, die er von Wengen
brachte. Entschieden hat er Talent und der Gedanke, daß er Maler werden
könnte, scheint mir nicht mehr so unmöglich. Ob er aber Fleiß, Ausdauer und
Willen genug dazu haben wird, ist mir die Frage. — Hans modelliere ich jetzt
vormittags. Der Junge! Ich werd mich sehr, sehr nach ihm bangen.

28. JULI 1911

... Einige Stunden, bevor Hans ankam in Ahrenshoop *, ging Peter auf die
hohe Düne, um zu malen. Er hatte seine gelbe Leinenhose und sein grünes
Leinenjäckchen an, im Rucksack sein Malzeug, unterm Arm die Feldstaffelei.
Er stand liebenswürdig vor mir und sagte: »frag mich mal ab, was ich vergessen hab!« Dann ging er. Ich hatte das Gefühl, ihn plötzlich wieder ganz neu
zu sehn und zu lieben. Es wurde mir allmählich so sehnsüchtig zu Mut, daß
ich ihm nachging. Es kam wohl daher, daß Karl am Tage gesagt hatte, er sei
immer in Sorge um Peters Lunge. Zuerst wollte ich nichts darauf geben, allmählich merkte ich doch, daß der Haken saß.

OKTOBER 1912

Am 15. Juni fuhr Peter nach Lubochin. ** In dieser Zeit arbeitete ich stark
an der kleinen plastischen Liebesgruppe. Anfang Juli fuhr ich nach Lubochin.
Ich freute mich vorher gar nicht so auf die Reise, aber schon in der Bahn wurde
ich sehr ungeduldig. In Dritschmin sah ich ihn hinter dem Stationsgebäude
anlaufen kommen und wir fuhren dann in dem kleinen Einspännerchen zurück. Ich war drei Tage da und hatte vom ersten Tage an schon das Gefühl des

* Zu den Semesterferien
** Lubochin = Gut in Westpreußen, im Besitz der befreundeten Familie Plehn

Schmerzes, daß ich Peter wieder verlassen müsse. Ich liebte ihn so stark in diesen Tagen, neben ihm zu sein war mir ein Glück. Am liebsten hätte ich, wie unser Vater es mit uns tat, ihn immer umgefaßt beim Herumgehen. Nachts im Bett weinte ich und sehnte mich und bangte mich, als ob ich schon fort wäre. Er erschien mir vollendet in seiner einfachen kindlich einfältigen Liebenswürdigkeit, dem guten und sanften Lächeln. Sein Wesen mit Tieren, seine heiße enge Stube oben, sein Arbeitsanzug, die Sense, seine Pfeife, sein Tanzen mit den Mädchen, wie wir hinter dem Strohhaufen lagen.

MAI 1913

... Ich schrieb dem Jungen zum Geburtstag und sprach von der ihm drohenden Engigkeit. Daß die angenommene Kälte, die vielleicht ein Schutz gegen sehr große Empfindlichkeit war, sich einnisten könnte. Als dann gar keine Antwort von ihm kam, plagte mich das Empfinden, mein Brief könnte ihn gekränkt haben. Ich meine, mit seiner Kälte und dem Egoismus ist es so: die jungen Leute jetzt finden keine große Bewegung vor, der sie sich anschließen. Sie sind Individualisten, steigen in sich hinein und veredeln sich. Aber mir fehlt dabei das soziale Mitleben. Vielleicht führt dies zur Breite, die individuell wieder auflösend wirkt, jedenfalls vermeidet man damit das kleine Hegen seiner selbst.

Bei Peter ist es wieder anders. Droht für Hans egoistische Einkapselung, so für Peter zu starkes Anempfinden. Er ist weniger persönlich als Hans, darum findet er sich so wunderbar in alle neuen Verhältnisse. In Lubochin lebte er wie ein Tagelöhner mit Tagelöhnern, als Malerlehrling paßt er sich den andern an, als Wandervogel fügt er sich gänzlich in den Brauch, kleidet sich nach Vorschrift, ähnelt Gottfried Laessig im Kopfneigen, Handreichen usw. Doch glaube ich eigentlich, er kopiert das nur so stark, wo er Sympathisches wittert. Was ihm unsympathisch oder fremd ist, das ahmt er nicht nach. Ich hab den Eindruck, er kann ein angenehmer Lebenszuschauer werden, ja ein sehr begabter. Daß er einen starken Willen entwickeln wird, glaub ich kaum, auch wird er es wohl nicht weit bringen mit Geld und Einnahmen. Da ihm die Härte fehlt, er sich aber sehr entzücken und erwärmen kann, wird er im Leben nicht gegen den Strom schwimmen, wird Glück und Genuß sehr zu schätzen wissen und das Leben als Maler mit den Sinnen empfinden. Schmerzen wird er sich ganz hingeben. Ich fürchte, er wird leicht zu nehmen sein von Frauen, und es wird ihm vielleicht viel Leiden daher kommen. Ich kann ihn mir so lebendig denken, wie er weint. Ich hab ihn seit Jahren nicht weinen sehen, nur als Junge, und dieses fassungslose, fast gebrochene Schluchzen, an das denk ich immer. Daß er ebenso weinen wird, wenn ich sterbe. Auch wenn er schon ein Mann ist. Er ist weich und sehr liebenswürdig.

Ich liebe an Peter so, daß er die Tradition weiterführt. Er ist Sozialdemokrat, weil er fühlt, wie seinen Kollegen zumute ist. Er vergräbt sich nicht so wie Hans in seine subjektiven Einzelempfindungen. Statt einzeln für sich empfindet er sozial. Seit ich das entdeckt habe, bin ich ordentlich froh.
Er führt die Linie weiter.

Unser Leben zu Vieren? Meist scheint es mir, es ist eher besser. Mitunter kommen dann solche Sachen, die einen traurig machen. Am Abend vor Weihnachten war Peter bei einem kleinen Anlaß unbegreiflich grob und rücksichtslos gegen Karl. Das verstimmte den gründlich. Hans ist gut und voller Rücksicht gegen uns.

Für Peter ist die geistige Beschäftigung sehr günstig, da er tags auf dem Bau arbeitet. Als wir vom Scharmützelsee kamen, sprach er ganz erfüllt davon, wie gerne er wieder auf dem Bau arbeitet und wieviel er von dem Umgang mit den Handwerkern hat. Er rühmt ihr Selbstbewußtsein, ihre Ruhe und Tüchtigkeit.
Beide Jungen haben jetzt sehr viel voneinander und stehn sich nahe, es ist eine gute Zeit für sie.

Hans hat jetzt eine Fichte-Gruppe gegründet, in welcher die »Reden an die Deutsche Nation« gelesen werden sollen. Auch Peter ist in diesen Gedankengängen ganz drin. Sie leben ein geistiges Leben miteinander, an dem ich leider schon sehr wenig Anteil habe. Ich verkehre mit ihnen über das, was der Tag bringt, psychologische und ästhetische Fragen kommen herein, aber im Philosophischen bin ich renonce. Sie fordern mich auf mit ihnen mitzugehn, aber ich bin zu ungeübt und zu träge dazu.

... Die freideutsche Jugendbewegung *muß* vielleicht den Mund so voll nehmen, weil es ihr an Taten gebrechen muß. Die Freiheitskämpfer, die 48er, die

Sozialdemokraten, fanden sofort Arbeit vor und hatten Worte in Taten umzusetzen. Die freideutsche Jugend kann für ihr Endziel nicht viel *tun* — angegriffen und verulkt wird sie dauernd, also hüllt sie sich in stolze Worte. In Wahrheit ist die einzige Arbeit, die sie leisten kann, gewissenhafte Kleinarbeit und wenn sie sich darin bewährt, ist es anerkennenswerter als große Taten, die der Enthusiasmus ja um die Hälfte erleichtert.

Ob Hans zu seinem gedanklichen Idealismus Karls schlichte Treue dazutun wird? Diese einfache wortlose Pflichterfüllung, seine wahrhaftige Herzensgüte? Er wird es schwer haben damit.

Dadurch, daß die Jungen ihre Bewegung so hoch werten, bin ich ihnen ferner gerückt. Sie schätzen die Kunst nicht mehr so unvergleichlich hoch ein und meine Tätigkeit interessiert sie nicht mehr so. Mich selbst ja auch nicht mehr. Sterben möchte ich freilich noch nicht, bevor ich plastisch etwas Gutes gemacht habe, dann aber auch Karls und der Jungen wegen. Doch rückt wohl die Zeit immer näher, wo es wirklich nicht mehr so schade ist, wenn man stirbt. Wie das Blatt im Herbst sich ganz sacht löst und vom Stengel abgestoßen wird, weil es eben nicht mehr gebraucht wird.

JUNI 1914

Sonntag. Der letzte Tag vor unserem Fahren entweder nach Globsow oder nach Georgenswalde. Ein sehr langweiliger Tag. Ein Tag, bei dem mir Tage zu Hause einfielen, die bleiern und langweilig waren. Ich besinne mich genau auf das Empfinden, das ich oft zu Hause hatte, den Wunsch, fortzukommen, nur um anders und mein eigenes Leben zu leben. Nur nicht in dem hergebrachten fertig eingelebten Stil weiter! Die Stuben waren nicht mehr zum Ansehn. Daran will ich denken bei den Jungen.

6. AUGUST 1914

Ich las in der Rundschau eine gleichgültige, ja widerliche Geschichte. Das plötzliche Gefühl — als ob es einer sagt: die Jungen werden sterben und ich verbringe die Zeit mit Wertlosigkeiten. — In einem Brief vom Großvater, als sein Freund gestorben war: der ewig reiche Gott nimmt nie, ohne mehr zu geben, als er nahm.

In den ersten Tagen vergaß ich oft den Krieg oder hatte das Gefühl: so, nun ist es genug mit dem Druck, jetzt kann wieder gelebt werden. Als ob man von drückendem Traum erwacht.

Aber ich empfand in jener Zeit auch ein Neu-Werden in mir. Als ob nichts der alten Werteinschätzungen noch stand hielte, alles neu geprüft werden müßte. Ich erlebte die Möglichkeit des freien Opferns. Wie Hans war in jenen Tagen! ganz einfach. Bescheiden gab er sich hin ohne Worte. Dabei heiter. Ruhig und liebevoll. Er gibt seine junge unschuldige Brust.

8. AUGUST 1914

... Abends — ich saß bei Tisch — rasche Schritte auf dem Korridor — der Peter!* ein wunderschöner Abend des Wiedersehns. Wir alle drei bis spät Nachts zusammen.

MONTAG, 10. AUGUST 1914

... An diesem Tag war es wohl auch, an dem Peter abends Karl bittet, ihn vor Aufgebot des Landsturms mitgehn zu lassen. Karl spricht mit allem dagegen, was er kann. Ich habe das Gefühl des Dankes, daß er so um ihn kämpft. Aber ich weiß, es ändert nichts mehr. Karl: »Das Vaterland braucht dich noch nicht, sonst hätte es dich schon gerufen.« Peter leise, aber fest: »das Vaterland braucht meinen Jahrgang noch nicht, aber *mich* braucht es.« Immer wendet er sich stumm mit flehenden Blicken zu mir, daß ich für ihn spreche. Endlich sagt er: »Mutter, als Du mich umarmtest, sagtest du: ›glaube nicht, daß ich feige bin, wir sind bereit‹.« Ich stehe auf, Peter folgt mir, wir stehen an der Türe und umarmen uns und küssen uns und ich bitte Karl für Peter. Diese einzige Stunde. Dieses Opfer, zu dem er mich hinriß und zu dem wir Karl hinrissen.

DIENSTAG, 11. AUGUST 1914

Verzweifeltes Aufwachen am Morgen. Gefühl der Unmöglichkeit der Hingabe Peters. Mit Peter nach dem Frühstück gesprochen. Gesagt, daß ich nichts zurücknähme vom gestrigen Abend. Er müsse über sich selbst bestimmen. Aber ob er nicht doch noch warten wolle, bis er gerufen werde. Die Wahrscheinlichkeit läge nahe, daß keiner dieser Jünglinge wiederkäme. Es sei so viel Kulturarbeit zu leisten. Das neu sich regende Jugendleben solle weitergeführt werden. Auf den Jungen, den Krems hingewiesen, daß der Peter folge; wieviel zerstört werde. Während des Sprechens dasselbe Gefühl wie am Abend vorher, als Karl sprach: man spricht umsonst und man findet keine Worte, weil der stumm zuhörende Junge mit Macht sich gegen das eigene Innere durchsetzt. Dann zum Schluß: ich stehe wie gestern. Wir küssen uns und er dankt mir. Ich danke ihm.

* Peter war bei Kriegsausbruch mit Freunden in Norwegen

Er geht herunter und kommt mit Karls schriftlich gegebener Einwilligung zum Stellen zurück. Er trifft seine Jungen in der Stadt. Krems Notexamen. Dann zum Regiment gelaufen. Durch Kochs Empfehlung werden sie vorgemerkt.

Abends ich und Karl allein. Weinen, Weinen, Weinen.

DONNERSTAG, 13. AUGUST 1914

Ich war abends zu Hans gegangen in die Stube, die er sich mit Schönwandt und Rosolio zusammen genommen hat. Es war noch ein blondes junges Mädchen da, dann kamen Walter Meier, Peter, Koch, Krems, ein junger Bruder von Rosolio. Nach dem Essen wurde eine Kriegsnovelle von Liliencron gelesen, die Geschichte, wie Liliencron zu seinem sterbenden Freund gerufen wird.

Nach dem Lesen alle ganz stumm. Dann singen sie. Peter steht an einem Türpfosten links, Koch am anderen. Auf der Chaiselongue Schönwandt und Walter Meier. Rechts am Fenster steht Hans, am Tisch der Bruder Rosolio, auf dem Sopha das junge Mädchen und ich. Sie singen Landsknechtslieder und Kriegslieder.

Die Männer, die in den Krieg gehn, hinterlassen meist Frau und Kinder. Ihr Herz ist geteilt. Die Jungen sind in ihrem Herzen ungeteilt. Sie geben sich mit Jauchzen, sie geben sich wie eine reine schlackenlose Flamme, die steil zum Himmel steigt. —

Diese an diesem Abend zu sehn, runter bis zu Krems, dem Knaben, ist mir sehr weh und auch wunder-wunderschön.

MONTAG, DEN 17. AUGUST 1914

Seit zwei Tagen soll an der französischen Grenze gekämpft werden. Hier bei uns Schweigen. In der Nacht wachte ich auf, weil ich einen langgezogenen metallenen Klang hörte, der sich in kleinen Zwischenräumen mehrfach wiederholte. Ich träumte dann weiter, das sei Nachricht, daß ein Schlachtenführer gefallen sei. Druck und trostloses Gefühl beim Aufwachen.

Sitze abends an Peters Bett, er wünscht, daß ich ihm aus Zarathustra über den Krieg vorlese.

DIENSTAG, DEN 18. AUGUST 1914

Peter geht gleich früh mit den anderen sich untersuchen lassen und nach der Kaserne. Um sechs kommen sie wieder: Peter, Krems, Koch und Lothar

Brandes. Überall abgewiesen. Auf dem Kriegsministerium werden sie nach Krotoschin gewiesen. Wir sind dagegen. Auch Peter und Koch sind nicht unbedingt dafür. Dann zu Hans. Ich bitte Hans, bei den Jungen nicht für Krotoschin zu sprechen. Ich fahre voran nach Hause. Kaum ist Peter zu Hause, hört er telephonisch von Walter Meier, daß in Neuruppin Platz sei. Es wird also in großer Eile beschlossen, sich am nächsten Morgen früh dort zu stellen. Ich packe seine Sachen. Unterdeß kommt Karl. Das Fahrenlassen der Hoffnung, wir könnten Peter noch hier haben, wird ihm so schwer, daß er noch einmal versucht, Peter abzureden. Es ist nicht möglich. Gute Nachtsagen.

MITTWOCH, DEN 19.

Peter früh nach Lehrter Bahnhof.

FREITAG, DEN 21. AUGUST 1914

Nachricht, daß die Deutschen in Brüssel sind.

Ich fahre über Paulinenaue nach Neuruppin. Um fünf Uhr bin ich da. Annie Karbe erwartet mich und zeigt mir die Kaserne, wo Peter sei. In einer Stunde käme er heraus. Die Hauptstraße ist mit Fahnen geschmückt, der große Sieg bei Metz ist amtlich verkündet. Bei Annie ist Lothar Brandes. Er ist telegraphisch zurückberufen, weil sein Vater schlimmer krank ist. Er ist sehr niedergeschlagen über sein Zurückmüssen. Endlich um sieben kommt Peter im Drillichanzug und bunter Mütze, sehr müde, aber ganz glücklich. Er erzählt vom Dienst. Wir sitzen teils in der Stube, dann auch in der Küche, wo Peters Bett steht. Annie hat drei Soldaten schon bei sich einquartiert, Peter ist der vierte. Um zehn Uhr gehe ich in den Märkischen Hof zum Schlafen.

SONNABEND, DEN 22. AUGUST 1914

Nach dem Bahnhof. Schauderhafte Fahrt in überfüllten Coupés mit Annie nach Berlin zurück.

DONNERSTAG, DEN 27. AUGUST 1914

Ich sitze in Annies Stube und warte auf Peter. Als ich gestern kam, sagte er zu mir, sie kämen nach Jüterbog. Wahrscheinlich bedeutet das noch schärferen Dienst. Ich fürchte, er hält das nicht aus, er scheint sich bis zum äußersten anzustrengen. Als wir gestern abend bei Krems und Koch saßen, war er sehr müde. Er brachte mich dann noch zu Fräulein Jung, wo ich schlief. Jetzt warte ich auf ihn. — Ich las Mörike Gedichte. Mörike scheint außer der Liebe nichts Großes erlebt zu haben. Sein Leben klingt ganz ereignislos. Seine wunderschönen Wanderlieder. Zu denken, daß für unsere Jungen es damit aus ist — vielleicht aus überhaupt mit dem Leben. In diese Zeit preßt sich für sie das ganze Leben zusammen, sie nehmen alles vorweg, um mit *einem* Aufflammen zu verbrennen. Und doch kennt Peter noch nicht die Liebe, näherte er sich erst der Kunst — er schien mir so gesegnet für das Leben, es in allen Schönheiten fassen zu können. Immer mußte ich an das Goethesche denken: »Ich sah die Welt mit liebevollen Blicken . . .« und schon wird er ihr entzogen.

In dieser letzten Woche ging es mir merkwürdig, es war gewissermaßen ein Waffenstillstand eingetreten im Gefühl. Ob es auch denen so geht, deren Geliebte schon im Felde stehn? Ich brauchte nicht mehr zu weinen, mitunter war ich ganz froh. Da die Jungen noch leben und sogar noch zu sehn, zu hören und zu fühlen sind, schleicht sich das Empfinden ein: es wird vielleicht nicht so schlimm, sie kommen vielleicht heil wieder. Dazu kommen die guten Kriegsnachrichten aus Frankreich. In einigen Wochen ist es da vielleicht erledigt. Dann bleibt Rußland.

In dem heroisch Starrenden dieser Kriegszeit, in dem fast widernatürlich heraufgeschraubten Seelenzustand berührt es wie himmlische Klänge, süße weinende Friedensklänge, wenn man liest, daß französische Soldaten verwundete deutsche Soldaten schonen, ja, ihnen helfen, daß deutsche Soldaten in den Franctireurdörfern an Häusern Aufschriften machen, wie: »schonen! hier wohnt alte Frau — haben mir Gutes erwiesen — nur alte Leute — Wöchnerin — usw.« Sehr rührend war es mir auch, zu lesen, daß gefangene französische Soldaten, wenn sie eingebracht werden, sich vor Scham das Gesicht bedecken.

Die Gabriele Reuter schrieb im Tag über die Aufgabe der Frauen jetzt. Sie sprach von der Wollust des Opferns, ein Ausdruck, der mich sehr traf. Wo nehmen alle die Frauen, die aufs Sorgfältigste über das Leben ihrer Lieben gewacht haben, den Heroismus her, sie vor die Kanonen zu schicken? Ich fürchte, nach diesem Seelenaufschwung kommt eine desto schwerere Verzweiflung und Verzagtheit nach. Die Aufgabe ist, es nicht nur in diesen Wochen, sondern lange zu tragen, auch im trostlosen Novemberwetter, auch wenn von neuem das Frühjahr kommt, der März, der Monat der jungen Menschen, die leben wollten und dann tot sind. Das wird noch viel schwerer sein.

Ich denke manchmal, seinen Bräutigam oder auch seinen jungen Mann jetzt zu verlieren, ist nicht so schwer, wie seine jungen Söhne verlieren, denn die Zurückbleibende ist jung und nach der Trauer *muß* die Lebenskraft sich wieder erheben. Aber was Karl und ich verlieren, wenn die Jungen sterben, ersetzt sich nicht mehr. Wenn man um die fünfzig ist, hat man keine Spannkraft mehr zu neuem Glück.

Zum ersten Mal nehm ich die Gedichte von der Droste vor und da sagt sie: *»Ach, alles trägt man leicht, ist man nur jung noch und gesund.«* Das Nachhausefahren nachts. Der wundervolle Sternenhimmel.

DIENSTAG, DEN 1. SEPTEMBER 1914

Heute ist Sedan. Es werden die eroberten Geschütze und die russische Fahne eingebracht. Diese, nur noch eine leere Stange, wird von den Landwehrleuten gebracht, die sie erkämpft haben. Berlin steht ganz unter dem Sedanzeichen. Die ganze Stadt ist beflaggt. Menschenmassen unter den Linden, alles in Jubel – und Siegesstimmung, als ob der Krieg beendet wäre.

Diese etwas oberflächliche Jubelstimmung, die so schlecht paßt zu den grausamen Schlachten an beiden Grenzen, zu all dem Scheußlichen und Barbarischen, das man aus Ostpreußen und Belgien hört, zieht sich über Tage hin. Die Leute haben eben die Fahnen gekauft und das Wetter ist schön, also hängt man sie raus. Die Zeitungen bringen die Nachricht von Poincarés Flucht aus Paris und der bevorstehenden Belagerung von Paris. Ich treffe Goeschs in der Stadt, sie sind am Abend bei uns. Heinrichs Prophezeiungen haben sich alle zum Guten gewendet: die Deutschen erheben ihren Geist zum Zeitgeist usw. Er selbst dient nicht seines Knies wegen, aber er redet zu seinen Bauern in Alt-Thymen, sie sollen tapfer fürs Vaterland kämpfen. Am nächsten Morgen habe ich das Gefühl: Worte, Worte ...

Am Sonnabend, den 5. September, fahre ich Peter besuchen. Am Bahnhof sind Koch, Krems und Meier. Peter fehlt. Er hat eine Kniegelenksentzündung. Ich finde ihn hinkend in seinem schönen Obstgarten vor. – Die Nacht zum Sonntag schlafe ich unten bei Fräulein Krüger, Peter schläft unter dem Dach in viel Staub. Ich lese von Gide »Der verlorene Sohn« vor. Sonntag nachmittag kommen Krems, Koch, der Bruder Koch und Fräulein Ziese Peter besuchen.

Abends gehe ich allein nach dem Bahnhof. Der schöne alte Dom. Auf dem Bahnhof die vielen Frauen und Bräute, die ihre Männer zum letzten Mal besucht hatten. Der traurige Abschied. Diesmal waren es die Soldaten, die zurückblieben. Sie singen: »Wer weiß, ob wir uns wiedersehn ...« In Angermünde hält der Zug. Auf dem benachbarten Perron hält ein Soldatenzug. Kavallerie. Uns gegenüber ein Viehwagen, zu den Seiten die Pferdeköpfe. In der offenen Tür ein junger Offizier oder Unteroffizier, ganz jung, rosiges Gesicht, wie alle ausziehenden Soldaten in dieser heiteren selbstverständlichen Ruhe. Frau Meier reichte ihm Schokolade herüber. Er sprach davon, daß sie nicht wüßten wohin, usw.... Dann auf der nächsten Station die Dame in Trauer mit dem alten Stabsarzt. Auch sie beide sachlich, heiter, selbstverständlich.

Am Donnerstag, 17. September 1914, fahre ich wieder nach Prenzlau. Auf dem Wege zu Peter in den Anlagen tritt er mir plötzlich in den Weg, glücklich lachend, und zeigt mir einen Urlaubsschein. Er kann zehn Tage das Bein zuhause behandeln lassen und dann eventuell wieder eintreten. Wir gingen nun nach Hause und packten seine Sachen, Krems half. Dann in voller Ausrüstung mit Gewehr, Säbel und Tornister nach dem Bahnhof zurück. Die Freunde waren da, sie hatten augenscheinlich nicht viel Glauben an Peters Wiederkehr. Sie sahen traurig aus. Aber kein Wort. Als wir nach Haus kamen, schliefen Karl und Hans schon, ich machte Peter oben das Bett zurecht.

Dann kamen ein paar sehr schöne Tage. Bei Tisch wieder ein Junge rechts und einer links, ganz wie früher. Einmal hatte ich wirklich vergessen, daß Krieg war. Wir lasen viel. Die Hebbelschen Nibelungen. Peter las deutsche Gedichte.

26. SEPTEMBER 1914

Um halb eins fährt Peters Zug nach Wünsdorf. Karl und ich bringen ihn hin. In der Droschke. Er auf dem Rücksitz, als ob wir unter Bewachung fahren. Er sieht blaß aus. Auf dem Anhalter Bahnhof die vielen Soldaten. An zwei Verwundeten seh ich zum ersten Mal das Eiserne Kreuz. Peter wartet immer noch auf Hans, der nicht kommt. Dann steigt er ein zu Soldaten, die ihm einen Platz belegt haben.

SONNTAG, 27. SEPTEMBER 1914

Vormittags klingelt es, als ob Peter kommt. Ich gehe heraus, es ist Krems. Auf Urlaub. Wir sprechen über Peter, dann zuletzt über ihn selber. Ich habe den Jungen so lieb, er ist der Jugendlichste von den Vieren, noch etwas wie ein Knabe. Noch ganz der unverdünnte herrliche Idealismus der ersten Wochen. Mit einem Wiederkommen rechnet er nicht, will er kaum, dann wäre die Gabe verkürzt. Opfer kann man das kaum nennen, ein Opfer setzt Überwindung voraus. Dies ist eben ein strahlend stolzes Darbieten des Lebens.

29. SEPTEMBER 1914

Weil Frau Meier am Abend vorher telefoniert hatte, daß die Jungen schon Ende der Woche herauskommen würden, fuhr ich am Dienstag zu Peter nach Wünsdorf. Ich bekam ihn sehr wenig zu Gesicht. Als ich gegen fünf um die Gefangenenlager herumging, sah ich ihn endlich. Er war schon feldgrau. Er hinkte immer noch und war über den Zustand seines Knies ziemlich mutlos. Ich brachte ihn dann bis zum Schießhaus und ging wieder in die Konditorei. Unterdes kam ein neuer Trupp gefangener Franzosen mit einem Zuge an. Sie wurden gleich dem großen Platz zugeführt. Von weitem sah ich, wie dort alle zusammenliefen und hörte das Getöse von Stimmen. Gefangene Engländer habe ich nicht gesehn, nur einige Russen, viele Franzosen und mutmaßlich einige Belgier. Die Franzosen wirken reduziert. Viele kleine elende Menschen. Hin und wieder auch schön und groß gewachsene. Im ganzen und großen wirkt diese Anhäufung gefangener Feinde deprimierend. Es erinnert etwas an Hagenbeck. Hinter einer Baracke, gegen den Wind geschützt, saßen viele Franzosen kartoffelschälend zusammen und sangen die Marseillaise. Abends als es schon dunkel war, sah ich dann noch einmal Peter. Die Stunden vergingen und als ich fortmußte, war ich sehr niedergeschlagen.

30. SEPTEMBER 1914

Kaltes wolkiges Herbstwetter. Diese nüchterne Stimmung, wenn man weiß, es ist Krieg, aber es glückt einem nicht, sich in eine Illusion zu schwingen. Nur das Furchtbare des Zustandes, an den man sich fast gewöhnt, ist gegenwärtig.

In solchen Zeiten kommt es einem so blödsinnig vor, daß die Jungen in den Krieg gehn. Das Ganze nur so wüst und hirnverbrannt. Mitunter den dummen Gedanken: sie werden in einem solchen Tollwerden doch nicht mittun und sofort, wie ein kalter Strahl: sie *müssen, müssen.* Alles ist gleich vor dem Tod, runter mit all der Jugend. Dann könnte man verzweifeln.

Nur ein Zustand macht alles erträglich: die Aufnahme des Opfers in den Willen. Aber wie kann man diesen Zustand sich erhalten?

4. OKTOBER 1914

Mittags fuhren Karl, ich und Hans zu Peter heraus. —

Am Bahnhof erwartet uns Peter feldgrau. Der Junge sah so gut aus. Erst gingen wir, weil es zu stark regnete, in die Konditorei, wo ich zum ersten Mal Krems' Mutter sah. Dann zu den Gefangenenlagern. Viel über Peters Knie gesprochen; er sagte, am Mittwoch wolle er sich definitiv entscheiden. Er erzählte von dem Feldgottesdienst früh. Der Prediger hätte an den römischen Helden erinnert, der sich in den Abgrund stürzte und damit ihn schloß. Das altniederländische Dankgebet. So sind sie nun auch kirchlich eingesegnet zu ihrem Opfer.

Am Abend vorher ist eine allgemeine Kneiperei gewesen mit sehr hochgehender Stimmung. Reden und Gesänge.

Wir fuhren mit dem Neun-Uhr-Zug zurück. Hans und Peter nahmen Abschied. Peters Augen sind manchmal furchtbar traurig.

In unserem Coupé zwei junge Frauen, die von ihren Männern Abschied nahmen, eine mit einem kleinen Jungen. Die endlosen Minuten, — das leise Weinen. Weiterab die Stimme eines angetrunkenen Soldaten. Als der Zug ging, stand Hans lange am Fenster.

5. OKTOBER 1914

Abschiedsbrief an Peter. Als ob das Kind einem noch einmal vom Nabel abgeschnitten wird. Das erstemal zum Leben, jetzt zum Tode. Peter ist am Telefon und teilt mit, daß sein Knie so viel besser wäre, daß er mitginge.

MONTAG, DEN 12. OKTOBER 1914

Ich fahre heraus und sehe ihn noch einmal. Auf dem Bahnhof erwartet er mich. Dann ist Appell. Dann mit ihm und Krems in der Konditorei, wo ich ihnen die mitgebrachten Sachen gebe, Faust 1. und 2. Teil in drei kleinen Bändchen und das Taschen-Schachspiel. Krems kennt noch nicht Faust, er bekommt den 1. Teil. Dann geh ich mit Peter nach der Kaserne zurück. Es ist dunkel, wir gehn angefaßt durch den Wald. Er zeigt mir die Sternbilder, wie er es so oft getan hat. In dem Unteroffiziercasino nähe ich ihm ein paar Knöpfe an. Am Klavier sitzt ein Soldat und singt: »Macht euch bereit ...« Matuschewski kommt mit eingenähten Patronen. Dann geh ich mit Peter fort. Er bringt mich bis zum Bahnübergang. Da nehmen wir noch einmal Abschied, den wirklich letzten. Wir küssen uns und sagen uns, wie lieb wir uns haben, und er sagt, er kommt sicher wieder.

Du geliebter, geliebter Junge.

Auf dem Bahnhof wird Artillerie verladen. Gegen den schwarzen Nachthimmel die schattenhaften grauen Soldaten, wie sie die Kanonen auf die Wagen bringen. Auf der Landstraße Trupps von Infanterie und Kavallerie, alles im Dunkel, Gedränge und Geschimpfe, Rufe. Im Wald Gesang von aufgeregten Soldaten, die in die Kaserne zurückgehn. Im Wirtshaus vaterländische Gesänge und vor dem Bahnhof Abschiednehmende. Weinen.

Er hat die Nummer 115.

DIENSTAG, DEN 13. OKTOBER 1914

Schwerer Tag. Sehr schwerer Tag.

Frau Meier hat es doch fertiggebracht, ihrem Sohn auch das letzte Geleit zu geben und ihn selbst mit Blumen zu schmücken — ich nicht. Ich wollt, ich hätt es auch getan.

SONNTAG, DEN 18. OKTOBER 1914

Hans ist von drei bis acht bei uns. Wertheimer kommt. Er spricht von dem Abzug von Peters Regiment. Er spricht von dem heiter stillen frommen Ausdruck der jungen Soldaten. Die Art ihrer Scherze beim Vorbeireiten. Im Kasernenhof steht ein Häufchen Franzosen und sehn den Soldaten zu. Mit einem Ausdruck fast von Kameradschaft: jetzt seid ihr an der Reihe.

24. OKTOBER 1914

Die erste Nachricht von Peter. Er schreibt, sie hören schon Kanonendonner. Goeschs kommen am Abend und bleiben über Nacht. Heinrich redet und ich denke an Peter. Wo ist er? friert er? hungert er? ist er in Gefahr?

26. OKTOBER 1914

Goeschs noch hier. Ich will an ihrem Sprechen nicht teilnehmen, will für mich sein und an den Peter denken. Ich weiß, daß Goeschs es nicht billigen, daß ich mich abseits halte.

Hans kommt abends und spricht mit mir. Ich empfinde mich verzagt und kleinmütig und eingewurzelt. Er spricht von all dem Neuen, das nachher kommen wird, daß auch die Parteien ihren starren Standpunkt aufgeben werden, daß es jetzt nicht die Zeit ist, sich schon zu rüsten zu neuen Parteikämpfen. —

Wie gern höre ich von den Jungen alles das an. Wenn sie leben bleiben, werden sie mich führen können. Ich brauche sie so.

FREITAG, DEN 30. OKTOBER 1914

»Ihr Sohn ist gefallen.«

Von allem, was Hans Koch uns noch von Peter erzählte, sind mir zwei Dinge so sehr lieb. Sie waren in Einquartierung bei belgischen Leuten und auf Peter sind die Kinderchen herumgekrochen und er hat mit ihnen gespielt.

Und dann dies: Es gibt unter ihnen einen Menschen mit schlechtem Gesicht — sagt Hans Koch — ein übler Kerl. Dieser Mensch sagte, als Peter tot war, er hätte Peter lieb gehabt. Er schlug vor, Rasen auszustechen und auf das Grab zu legen. Das haben sie getan. Wo die Fugen waren, haben sie Eichenblätter zwischengesteckt und oben um das Kreuz herum viele Eichenblätter. »Es sah sehr schön aus«, sagte Hans Koch.

war ich bei Hans in Tempelhof. Er sieht blaß und angegriffen aus. Ich sage ihm, warum ich nicht meine, daß er an die Front gehen muß. Er sagt: »Wenn ich nun aber überzeugt bin, daß ich nachher nur etwas leisten kann, wenn ich durch den Krieg gegangen bin?« Ich sage: »Gehst du nicht durch den Krieg, ob du Kranke verbindest oder in der Front stehst? Sind Karl und ich nicht hundertmal mehr durch diesen Krieg gegangen als manche, die von Granaten umflogen sind?« Mit etwas Hoffnung im Herzen fahre ich von ihm nach Hause.

Gestern abend ist Hans abgefahren nach Köln und weiter nach Spa. In ein Typhus-Genesungsheim.

Karl will ans Kriegsministerium schreiben und bitten, daß der Junge nicht an die Front geschickt wird. Mir ist das so unangenehm. Warum? Karl sagt: »Du hast nur Kraft zum Opfern und Loslassen, nicht die geringste zum Halten.« Ist es, weil Hans damit so ganz und gar beschnitten wird? Er wollte Soldat sein, dann der rückwärtige Schritt zum Sanitäter, dann noch weiter rückwärts in ein Typhus-Heim. Wie anders ist das alles für ihn, als er es sich dachte. Unseretwegen hat er sich nach Spa gemeldet. Darf Karl ihn jetzt so beschneiden, daß er vielleicht von dort während der Kriegsdauer nicht mehr fortkommt? Und wenn ich dagegen spreche, also des Jungen Wünsche wieder meine sind — genau wie es bei Peter war — liebe ich ihn dann nicht weniger als Karl, der sich verpflichtet fühlt, ihn zu erhalten?

Denn dieses ihn durchaus Erhaltenwollen tut ja Karl nicht in seinem eigenen Interesse, sondern in Hansens. Zuerst verstand ich Karl schlecht. Ich nahm das für Egoismus des Betroffenen. Aber es ist mehr, nämlich die große Achtung vor der Jungen wertvollem Leben.

Heut nacht träumte ich, Peter lebte, aber er wäre geistesgestört. Trotzdem ich weiß, daß ich in wachem Zustand lieber seinen Tod als Geistesgestörtheit wählen würde, war ich im Traum froh, daß er lebte — trotz Blödheit.

Diese Nacht war schwer. Ich hörte draußen singen: »Macht euch bereit, macht euch bereit« — und ich nahm es für ein Zeichen, daß auch Hans sterben würde und ich mich bereit machen sollte. Es war auch kein Mensch, der draußen sang, es waren Rufe vom Schicksal.
Die Nacht rang ich wirklich.

In den verschneiten Grunewald gegangen und den Platz für Peters Denkmal gesucht.
Ich träumte, wir waren viele in einer großen Halle.
Einer rief: »Wo ist der Peter?« Er selbst rief es. Ich sah das dunkle Profil seiner ganzen Gestalt gegen etwas Helles stehn. Ich ging zu ihm und faßte ihn unter, wagte aber nicht, ihn anzusehn, aus Furcht, er wäre es doch nicht. Ich sah auf seine Füße und es waren seine, an seinen Arm, seine Hand, es war alles seins, aber ich wußte, wenn ich sein Gesicht sehn wollte, würde ich wieder wissen, daß er tot sei.

1896—1914. Dann war dein Leben beendet. Ein zartes, kleines Kind wie ein Mädchen mit langen gewellten blonden Haaren und einem sanft ernsten Gesicht, das an die Ernestine Castell erinnerte. Zärtlich als Kind. Dann kam der Junge in den grauen Trikotanzügen und dem weißen Kragen. Murmelspiel, Rennen, Zusehn, wo Feuer war. Einmal gingen wir beide nach Weißensee, du hattest deinen kleinen Arm um meine Taille und ich meinen um deinen Hals. Deine Scherze mit mir. Dann wurdest du größer und revoltiertest gegen die Schule. Du kamst nach Wengen, weil wir dich für lungengefährdet hielten. Und aus Wengen brachtest du dein erstes Gemaltes mit nach Hause. Du tratest aus der Schule mit dem Einjährigen-Zeugnis. Du solltest Künstler werden. Lubochin.* Deine handwerkliche Arbeit. Kunstgewerbeschule. Wandervogel und Jugendbewegung, Fichtegruppe mit Hans gemeinsam. Norwegen. Kriegserklärung und Flug da hinein in das, was dir das wahre Leben schien. Es war dein Leibestod. Mit dem Gewehr im Arm, in voller Ausrüstung, in deine Zeltbahn gehüllt, schlank, stark und schön, wie der Krems sagt, bist du in dein Grab gelegt. Die achtzehn wunderschönen Jahre sind beendet. Der Karl tut seine Arbeit, aber er weiß dich zu behalten, nachts nach der Tagesarbeit ist er bei dir.

Ich, mein Junge, hab dich so furchtbar lieb gehabt, aber manchmal bist du nicht da. Du stehst irgendwo im Dunkeln und es ist, als ob du mich nicht freundlich ansiehst. Das kann nur sein, wenn ich nicht recht an dich denke.

Ein neues Jahr kommt. Ich kenne meine Aufgaben. Dem Hans treu zu dienen, das wird mir nicht schwer fallen, dem Karl alles zu geben, was ich ihm geben müßte, ist schon schwerer. Mein Peter — *ich will* versuchen, treu zu sein.

Den Karl mit ganzer Seele lieben. Euch Brüder umschling ich mit aller meiner Liebe.

Dein Vermächtnis zu erkennen und zu bewahren. Was ist das?

Mein Vaterland so zu lieben auf meine Art, wie Du es liebtest auf Deine. Und diese Liebe zu betätigen. Auf die Jugend zu sehn und ihr liebevoll treu zu bleiben.

Außerdem will ich meine Arbeit tun, dieselbe mein Kind, die Du nicht mehr tun durftest.

Ich will Gott die Ehre geben auch in meiner Arbeit, das heißt, ich will wahr sein, echt und ungefärbt. Wenn ich versuche so zu sein, mein Peter, dann bitte ich Dich, sei um mich. Hilf mir und *zeige Dich mir*. Ich weiß, Du bist da, aber ich erkenne Dich nur durch einen Nebel. Sei bei mir.

4. 1. 1915

Lieber Erich Krems! . . . Vor nun sechs Wochen brachte uns Walter Koch die erste Nachricht. Dann waren wir bei Hans Koch im Lazarett, und er sagte uns das Nähere. Ihr Brief berichtete uns das auch, und was in Hans Kochs Bericht nicht drin war, war in Ihrem Brief, die Liebe und der Schmerz um Peter. Ich habe Sie lieb, Krems, weil Sie Peter lieben und er Sie liebte. Sie haben den Freund verloren. In unser Leben ist ein Riß gekommen, der nie wieder heil wird. Soll auch nicht. Ein Kind gebären und groß zu ziehn und nach achtzehn köstlichen Jahren zu sehen, wie alle Anlagen sich entfalten, wie reich der Baum

* s. Oktober 1912

91

Frucht tragen will — und dann aus. Ich habe eine Arbeit im Sinn, Peter zu Ehren. Das ist ein Ziel. Sie schreiben, Sie halten Peter die Treue. Sie tun es, ich weiß es. Hier haben Sie ein Bild, das Regula Stern damals aufnahm. Auf Wiedersehn, Erich Krems.

6. FEBRUAR 1915

Immer derselbe Traum: er wäre noch da, es wäre noch eine Möglichkeit, daß er lebte und wiederkäme, und dann noch im Traum die Erkenntnis, *er ist tot.*

»Saatfrüchte sollen nicht vermahlen werden.«

JULI 1915

Es kommen Zeiten, wo ich Peters Tod fast nicht mehr fühle. Es ist ein gleichgültiger Seelenzustand, ich fühle statt einem Gefühl Leere. Dann kommt allmählich ein dumpfes Sehnen — durch Tage. Endlich dann bricht es durch, dann wein ich, wein ich, dann fühl ich wieder mit meinem ganzen Körper, meiner ganzen Seele, daß der Peter tot ist.

Soll das wirklich später so sein, daß ich ganz gewöhnt bin an sein Fortsein, daß nur noch hin und wieder das lebendige Empfinden kommt von dem, was verloren ist?

AUGUST 1915

An Peters Bett stehn Astern. Lila, tief gelbrote, dunkelrote auf dem braunen Stuhl. In diesen Farben liegt ein so starker Ausdruck, wie ich nie geglaubt hatte, daß Farben haben können. Etwas ganz zuversichtlich Festes, Getröstetes und Starkes.

NOVEMBER 1915

Hansens Brief: »Ich bin an Peters Grab gewesen.«

Neulich im Einschlafen hörte ich Peters Stimme sagen: »Mutti«. Freundlich, wie er sprach, wenn wir in seiner Stube zusammen waren oder ich war nebenan und hörte ihn aus seiner Stube sprechen, mir etwas von seiner Arbeit erzählen.

Das Tannenbäumchen, das der Hans dem Peter gebracht hat, hab ich auf seinen Holztisch gestellt. Der steht an der Wand unter dem van Gogh. An der Stelle, wo er bisher stand, steht jetzt der Pfaeffingersche Schreibtisch. Auf dem grünen Tisch in der Mitte steht ein rosenroter Tulpentopf. Um sein Bett liegen Tannen. Auf dem Stuhl am Bett liegt Tanne und die Wachskerze steht darauf. Eine gleiche Kerze hab ich dem Hans geschickt und eine gleiche Julius Hoyer. Auf dem Tannenbäumchen habe ich neunzehn Wachslichte angebracht.

Ich ging in den Dom. Die Glocken rufen und dröhnen. Die Chöre singen. Es ist ein Ros entsprungen. Der Prediger liest die liebliche Legende; die Gemeinde singt abwechselnd mit dem Chor.

Zuhause lese ich die Totenrede, die Michael Kramer seinem Sohn hält. Karl kommt ganz spät. Wir gehn in die weiße Stube zu unserm stillen Jungen herein. Wir stecken die neunzehn Lichtchen an. An seinem Bett brennt die Kerze, kein *Lebenslicht*, ein anderes fernes feierliches Licht. Wir sitzen auf der Bank seines Bücherbretts. Der Karl spricht von ihm. Wir sprechen beide von ihm.

2. JANUAR 1916

In der Neujahrsnacht saßen Karl und ich zusammen. Wir lasen Bonus: Die Religion als Wille. Als die Glocken läuteten, brannten wir das Licht an an Deinem Bett und noch einmal das Tannenbäumchen. Wir waren bei Dir und Hans — aber wir waren auch bei den Freunden im Feld. Frieden!

Das erste Jahr ganz ohne Peter. Daß es viel Tränen und Schmerz gebracht hat, ist klar. Was hat es Gutes gebracht? Haben wir erfahren, daß »Gott nie mehr nimmt als er gibt«? Sind wir besser, wesentlicher geworden? Vor einem Jahr schrieb ich, daß ich Dein Vermächtnis erkennen und ehren wollte. Was sei das? Den beiden nächsten Menschen alles zu geben, was ich könnte. Ja, der Karl und ich, wir sind auf eine neue Weise aneinander gefügt, auf eine feste, unzerreißbare. Das empfinde ich immer mehr. Den Hans lieb ich.

Deutschland so zu lieben auf meine Weise, wie Du es tatest auf Deine. Da liegen Zweifel. Deine Stellung zum Krieg wollte ich zu meiner machen. Meine Stellung zu ihm ist immer noch keine einheitliche. Die Liebe zu dem Vaterlande ist leicht, soweit sie wie Familienliebe auf natürlichen Gefühlen beruht — eine Arbeit, sobald sie die Forderung der Mitgestaltung einschließt. Eine nicht zu umgehende nötige Arbeit.

Treu zur Jugend halten. An Erich, Hoyer, Noll Briefe zu schreiben, das Band, das durch Peter mit ihnen geknüpft ist, lebendig zu halten, darum habe ich mir Mühe gegeben. Wo aber so ein ganz andrer junger Mensch wie die

Kathrine mit innerlichen Ansprüchen an mich herantrat, war ich nicht so eifrig, ein Band zu knüpfen. Fast ist es loser geworden als es war, und doch war sie »der Nächste« aus dem Testament.

In meiner Arbeit mehr noch als je echt und wesentlich zu werden. Ja, das war und ist mein Streben.

14. JANUAR 1916

Tilla erzählt von einer Studentin, die mit einem jungen blindgeschossenen Studenten zusammenarbeitet. Der junge Mann hat das Studium — Nationalökonomie — erst begonnen nach der Erblindung. Er soll heiter und ganz zuversichtlich sein.

Ich denke mir, Peter wäre blind und läge auf seinem Bett. Ich stehe am Fenster und sehe den Abendhimmel. Er fragt mich, wie die Wolken aussehn, und ich beschreibe ihm alles. Und er sieht die Wolken mit seinem inneren Auge und sagt mit ernstem Gesicht und ernster Stimme: »Schön!«

17. JANUAR 1916

In alten Briefen gekramt. Mein Aufgeschriebenes vom Jahre 1912 in die Hand bekommen. Was ich damals über Hans aufgeschrieben habe. Sein Brief, den er aus Freiburg schreibt, als er sich so sehr bangte. Der Junge steht vor mir. Er gehörte mir so. Oft empfand ich es als bedrückend, wie sehr er an mir hing. Und jetzt fühl ich mich so arm, fast als ob ich beide verloren hab. Was bin ich dem Hans noch? Was kann ich ihm jetzt geben? Dies innigste Mirgehören ist aus, er hat sich auf sich gestellt und ich sehe von hier aus zu, wie er fern und für sich lebt. Dies Loslösen von mir geschah schon in den letzten Jahren, es fing vielleicht an mit seinem Fortgehn von Berlin, aber da kamen noch Zeiten, wo er wie ein Kind sich nach mir sehnte und nach mir rief. Als dann die Jugendbewegung die Jungen erfaßt hatte, fühlte ich schon, sie gingen für sich, aber ich wußte, sie waren zu zweit, und es war mir recht, wenngleich ich mich auch oft allein fühlte. Aber nun ist Peter hin und Hans ist uns nicht wieder nähergekommen. In mitleidiger Liebe schon, aber wir sind die Eltern, die zusammengehören und er ist allein. Wo sind nun meine Kinder? Was bleibt eigentlich der Mutter? Ein Junge rechts und einer links, mein rechter Sohn und mein linker, wie sie sich nannten. Einer tot und einer so fern und ich kann ihm nicht helfen, kann ihm nicht von mir abgeben. Das ist alles verändert für immer. Verändert und ich bin ärmer geworden. Mein ganzes Mutterleben liegt eigentlich schon hinter mir. Ich habe oft eine fürchterliche Sehnsucht danach zurück. Kinder — meine Jungen — zu haben, einer rechts und einer links, mit ihnen zu tanzen wie früher, wenn der Frühling kam und Peter mit Blumen kam und wir einen Frühlingstanz machten.

12. FEBRUAR 1916

Heut nacht ging die Nachtglocke. Ich wachte plötzlich auf mitten aus einem Traum. Ich träumte vom Peter. Ein großer Aeroplan kam von oben, hielt an und es sollte jemand einsteigen. Der Peter kam und wollte schon einsteigen. Wir standen auf einer Art von Ufer, getrennt vom Flugschiff. Er kam herumgelaufen, um uns Adieu zu sagen, gab uns die Hand und lachte. Ich wollte ihn küssen, aber ich wußte nicht, ob ich es könnte, weil andere Menschen da waren. Ich tat es nicht. Wir gaben uns nur die Hand. Dann lief er ein paar Schritte auf das Luftschiff zu, es war im Begriff loszufahren, mit einem langen Satz sprang er auf ein Trittbrett und es ging los. Der Himmel war ein Licht, alles verschwand in diesem Licht.

SONNTAG, DEN 9. APRIL 1916

fahre ich nach Buch heraus. Ich suche Weidenkätzchen und blaue Anemonen für den Peter. Auf dem Rückwege geht hinter mir eine junge Witwe mit ihrem kleinen Jungen, die auch Blumen gesucht haben. »Warum trägst du all das?« »Das kommt alles um Vattis Bild.« Sie erzählt ihm immer mehr vom Vatti: »Hier vor einem Jahr haben wir dich angefaßt, einer rechts und einer links und sind mit dir den Berg runtergelaufen. Und hier bist du hingefallen, da hat der Vatti dich auf den Arm genommen und hat gesagt: so ein großer Junge weint nicht mehr.« »Ja und nun werd ich bald ein großer Junge sein und wenn ich ganz groß bin« — »dann bist du ganz wie Vatti.« Es ist eine junge blonde Frau aus unsern Kreisen. Sie erinnert mit ihrem Jungen an Paula, sie ist frisch und liebevoll mit dem Kind.

DIENSTAG, DEN 11. APRIL 1916

Paul Hofferichters Geburtstag. Ich schicke dem kleinen Rolf ein Bilderbuchchen von Richter. Vorn herein hat Peter, als er anfing zu schreiben, versucht, seinen Namen einzuschreiben. Ich schenkte es ihm, als er klein war. Ich weiß nicht, ob ich das Buchchen hätte fortgeben dürfen — wenn auch an Rolf.

In der Nacht träumte ich wieder, ich hätte ein kleines Kind. Es war viel Quälendes in dem Traum, aber auf ein Gefühl besinne ich mich: ich hatte das ganz kleine Kindchen auf dem Arm und ich hatte ein Wonnegefühl in der Vorstellung, ich könnte es nun immer im Arm behalten, es würde ein Jahr werden und zwei, und ich brauchte es nicht fortzugeben.

SONNABEND, 22. 4. 1916

Abends war Hans Koch hier. Wir saßen in Peters Stube. Er las mir Briefe von Erich und Noll vor. Er sprach von Norwegen und ihrem Freundschaftsbund.

Hans Koch griff in seine Tasche und sagte: »Ich hab dir zu Ostern etwas mitgebracht.« Es war der kleine Goethe, den ich Peter mitgegeben hatte. So habe ich es wieder, das Buchchen. Am 12. Oktober in der kleinen Konditorei in Wünsdorf saß ich mit Peter und Erich. Ich packte die paar kleinen Sachen aus, die ich ihnen mitgab. Ich schrieb in die Bücherchen: »Oktober 1914«. Erich nahm den 1. Teil Faust, er kannte ihn noch nicht, mein Peter den 2. Teil, die erste Hälfte, dasselbe Buchchen, das Hans Koch mir zurückgab.

Seine lieben Hände haben es gehalten. Zwei Federnelken, die letzten Blumen, die ich fand, gab ich Peter. Er sah auf Erich, ob der nicht eine davon haben sollte, ich sagte: »Diese sollst du beide haben.« Draußen vor der Tür steckte ich sie ihm an.

DONNERSTAG, DEN 27. APRIL 1916

Gearbeitet. — Von Hoyer ein Brief. Er nennt mich Mutter Kollwitz.

1. MAI 1916

Von Hans eine Karte. Er meldet sein Kommen an. Schreck und Freude. Am Tage alles für ihn vorbereitet. Merkwürdig, wie sein Kommen bei aller Freude auch immer so heftig den Schmerz um das Nichtkommen des anderen erregt. Alles ist dann wieder so aufgewühlt.

Wenn ich an Prenzlau denke, die drei Jungen, der Peter, der Erich, der Gottfried, alle drei strotzend vor Lebensfülle. Und dieses Stummsein. — Heut hört ich zum erstenmal wieder seine Schwalben, sie schossen an seiner Balkontür vorbei.

Der Hans ist da. Gestern nacht um zwölf kam er auf dem Friedrich-Bahnhof an. Feldmarschmäßig. Er sieht gesund und frisch aus, sein Wesen ist ruhig und gut. Still ist er immer, aber man muß sich daran gewöhnen. Er war ja auch früher still, nur war damals immer Peter dabei und dadurch war alles ganz anders. Der sprach und es war immer Bewegung und Lustigkeit.

Heut nacht wieder von Peter geträumt. Ich träumte, er stände vor mir und halb war es der Hans und halb der Peter. Ich faßte ihn um den Leib, der ganz schlank war wie von einem Kind. Ich faßte ihn mit beiden Armen und er bog den Oberkörper etwas zurück. Ich weinte und fragte ihn nach den Tagen in Flandern und wie es war, als er starb. Er war so sanft und still und lächelte.

Im Oberbewußtsein ist Hansens Gegenwart, daß er lebt und da ist. Mitunter wenn er lacht, singt, pfeift, hab ich das wohlige Gefühl von früher, wenn die Jungen da waren. — Aber der Peter.

Am Tage darauf schickte mir Hans Koch den Brief, den Erich an Peter schrieb, nachdem Peter mit mir von Prenzlau seines Knies wegen nach Haus fuhr. Er hat ihn damals nicht abgeschickt. Ich habe ihn nicht gelesen — er gehörte Peter allein. Ich will ihn zu Peters Sachen legen.

Das Bild von Erich, das seine Mutter uns schickte.

mit Hoyer im Kaiser-Friedrich-Museum gewesen bei gotischer Plastik. Hoyer sagt, oft ist er da mit Peter gewesen. Bei Tippel schwänzten sie und gingen ins Museum. Einmal hätte er sie dort getroffen und gesagt, wenn sie statt bei ihm im Museum wären, wäre es gut. Dann bei den Deutschen oben. Wir stehn vor Niederländern: Konzert und Mädchen, die sich die Kette umlegt. Ich sage, so bewundernswert die Sachen seien, hätte mein Interesse für sie doch eine Grenze.

Schließlich seien auch diese figürlichen Darstellungen Stilleben und außerdem wären sie zu vollendet, zu fertig. Da sagte Hoyer: »Genau wie Peter, er schlug mit der Hand und sagte: fertig!«

Ich seh ihn und hör ihn. »Mußt Deiner Sendung wandernd entsagen.« Was wäre aus ihm geworden? Warum ist das so abgebrochen? Wo sucht und arbeitet er weiter?

Der Hoyer ist noch da. Als ob diese zwei Jahre nicht dazwischenliegen, steht er vor denselben Sachen und läßt sich von ihnen erregen. Träumt seine Träume von seiner kommenden Kunst. — Wo ist der Peter?

Nachmittag kommt Julius Hoyer, liest. Ich finde ihn in Peters Stube. Ich gebe ihm Nolls Gedichte. Er gibt mir einen Brief von Peter, der aus Stettin an ihn geschrieben hatte:

»Osternothafen. Lieber Julius, ich liege hier auf der Mole, Wind und Meer vor mir. Ich fühle mich wieder froh, ja glücklich, denn die bleischwere beklemmende Luft, die Wasser und Himmel zu einem trostlosen unheimlichen Grau verband, hat einem frischen Sturmwind Platz gemacht.

Das war gestern abend. Ab und zu fuhr ein Dampfer lautlos, nur selten ein angstvolles Geheul ausstoßend, ins Dunkel hinein.

Ich war aus Berlin geflohen, weil ich mich selbst verloren, weil ich mich meiner Halbheiten schämte, wo ich ganz oder garnicht sein sollte, weil ich mich in dem großstädtisch zersplitternden Optimismus selbst nicht mehr kannte. Der verließ mich auch gestern noch nicht. Ich sehnte mich danach, aufgehen zu können in der bleiernen Verzweiflung der Natur, mein Ich zu verlieren. Es gelang mir nicht.

Ich habe das ›Weiße Haus‹ gelesen. Ich würde Dir Stellen daraus schreiben, wenn Du es nicht so gut kenntest. Gestern abend verstand ich es erst.

Jetzt fahre ich zurück übers Haff. Über dem bleichen Wasser steht die glutrote Abendsonne. Schon verengen sich die Ufer und die rostroten Segel der dänischen Schiffe werden seltener.

Wenn mich nicht an Berlin so viel bände — weniger Persönliches als die Idee — ich wollte alle Kultur und Halbheit hinter mir lassen und aufs Meer.

Ich wollte Dich wieder singen hören. Gestern hab ich an Dich gedacht. Ich steh in Deiner Schuld wie in so vieler anderer. Leb wohl!«

Lily Braun sagt in ihrem Testament: »... habe ich niemals aufgehört, trotz der ungeheuren Härte meines Schicksals, das Leben und mit vollster Überzeugung auch das Leiden zu bejahen. Allem, was ich erfuhr, sei es noch so schwer gewesen, bin ich dankbar, denn alles hat letzten Endes meine Kraft gestärkt, meine Entwicklung gefördert.«

Der Otto lebt. Wenn er gefallen wäre, würde sie das auch bejaht haben, weil es ihre Entwicklung gefördert hätte? Kommt das überhaupt dabei in Frage? Kommt das, was sie sagt, aus höchstem Egoismus, oder ist es dasselbe, was Rupp sagt: »Der ewig reiche Gott nimmt nie, ohne mehr zu geben als er nimmt?«

Kann ich bejahen, daß eines Menschen Erdenleben abgerissen wird und dieses Erleben — sein Tod — meine Kraft bereichert? Mir scheint, so spricht man nicht mehr, wenn die Kinder sterben. Ihre Erlebnisse in der Partei, in ihrer Familie, auf so etwas ist wohl anwendbar, wenn sie von der »ungeheuren Härte« ihres Schicksals spricht, das sie doch zur Weiterentwicklung geführt hat.

Als ich ganz voll Traurigkeit auf den Balkon herausgehe, seh ich, daß eine von Peters Rosen blüht. Wie ein lächelndes Trösten.

15. AUGUST 1916

Richard Nolls Brief hat mich in eine Verlegenheit gebracht, die auch heut nach Tagen noch da ist. Bis jetzt hab ich keinen Brief an ihn fertiggebracht. Ich habe das Gefühl, mich in eine Sackgasse verlaufen zu haben oder keinen sicheren Boden mehr unter den Füßen zu haben. Bin ich schuld, daß es so gekommen ist? Vor dem Kriege, als beide Jungen noch da waren, waren mir ihre Freunde lieb, vor allem der Erich. Aber doch fern. Dann kam Peters Tod, der alles veränderte. Seine Freunde wurden mir Wesen, die noch etwas von ihm hatten, ich liebte sie. Gemeinsam pflegten wir das Gedenken an ihn und Erich. Aus einem solchen gesteigerten Gefühl heraus schrieb ich an Noll einen Brief, der zur Antwort diesen letzten von ihm hatte. Er nennt mich Mutter. Mit all seinem Überschwang wirft er sich mir entgegen. Auch Hans Koch nennt mich Mutter Käthe, Hoyer nennt mich Mutter Kollwitz, noch nie aber wie bei Richard Noll empfand ich darin so deutlich das etwas zu weit gehende. *Meine Kinder. Mein Hans, mein Peter.* Wohin habe ich mich mit Noll begeben? Wie ist es verwunderlich, daß jetzt in meinen Jahren, mit all dem, was hinter mir liegt, ich in Verwirrung gerate. Warum? Weil Richard das, was von mir ausging, in der für ihn charakteristischen Art gewaltsam und stürmisch weiterführte und ich mich plötzlich hinversetzt fand, wohin mein Gefühl mir eigentlich nicht erlaubt zu gehn. Ich bin keine Ernestine Castell, die leidenschaftlich geistigen Verkehr mit jungen Männern pflegte. Ich will meine Kinder lieben und die, die ihre Freunde sind, aber in den Grenzen, die mein Naturell mir zieht. Das ist es, worunter ich jetzt leide. Es ist dürr in mir. Peters Bild ist nicht mehr so allgegenwärtig und so lebendig. Und empfinde ich ihn nicht, so kommt mir der Tag nicht richtig verbracht vor. Werde ich lebhaft an ihn durch etwas erinnert, so kommt der Schmerz wieder, aber dieses Hervorbrechen des Schmerzes in einer Zeit, die im übrigen mit anderem ausgefüllt ist, hat etwas, wovon ich wieder das Empfinden habe, es ist nicht mehr innerste

Notwendigkeit. Früher lebte ich im Peter, immer war er um mich, alles, alles erinnerte mich an ihn. Da war ich eins mit ihm. Der Schmerz wird einem wirklich entwunden mit der Zeit — für so unmöglich man es zuerst hält. Dann habe ich noch die Arbeit — Gottseidank. Die führt mich zu ihm. Aber in den Stunden außer der Arbeit, da ist es oft so trocken in mir. Die fließende strömende umfassende Liebe für Peter, für Hans und für Karl, die ist manchmal weg und dann ist es öde. Dann wenigstens *wahr* sein. Wahr auch im Verhältnis zu den anderen Jungen. Es darf nichts Gekünsteltes und Geschraubtes und Gestelztes da sein.

22. AUGUST 1916

Von Hoyer Antwort auf meinen Brief. Ein lieber Brief. Auch er sagt: Mutter. Aber sein Mutter-Sagen ist nicht fordernd. Nun nennen sie mich alle drei so, Hans Koch, Noll und Hoyer. Erschrecken hab ich zuerst empfunden, dann Glück, und jetzt wieder das zage Gefühl: Was kann ich geben? Mutter sein kann ich doch niemand als meinen eigenen. Wohl ist es denkbar, daß man sich so erweitert, daß man mit großer Liebe noch andere als die leiblichen Kinder ans Herz nimmt, aber wieder wie bei der Arbeit empfinde ich: *ich nicht*. Ich bin nicht weit genug dazu. Meine Kraft langt nicht.

23. AUGUST 1916

Nach Hause gekommen, ruft mich Karl in die Sprechstunde herunter. Ein langer Soldat mit Trauerflor ist bei ihm. Seine Frau ist plötzlich gestorben, zwei Kinder sind da. Karl möchte, daß wir das kleine Mädchen zu uns nehmen, bis der Vater aus dem Felde kommt und — falls er nicht kommt — weiter für das Kind sorgen. Es wird so beschlossen. Und nun wird ein Kind wieder bei uns sein — in Peters Stube.

27. AUGUST 1916

Aufsatz von Leopold von Wiese gelesen über Liberalismus. Alles Widerspruchsvolle in mir gezeigt. Meine unhaltbare widerspruchsvolle Stellung zum Kriege. Wie ist die gekommen? Durch Peters Opfertod. Was mir damals klar wurde und was ich in meiner Arbeit halten wollte, das wird mir jetzt wieder so schwankend. Ich glaube, Peter nur behalten zu können, wenn ich, was er mich damals lehrte, nicht mir entziehen lasse. Nun dauert der Krieg zwei Jahre, und fünf Millionen junge Männer sind tot, und mehr als nochmal soviel Menschen sind unglücklich geworden und zerstört. Gibt es noch irgend etwas, was das rechtfertigt?

Und nun spricht der Wiese von der Notwendigkeit, »Totfeind zu sein aller Hinopferung des Lebendigen an die leblose Idee.« »Für ein paar glückliche Augen sämtliche Doktrinen der Weltweisheit.« Das ist freilich etwas anderes als die Gesetzesfreude, unter der Peter und seine Jungen ins Feld zogen. Und etwas anderes als wie Rupp sagt: »Der Mensch ist nicht zum Glück geboren, sondern daß er seine Pflicht erfülle.«

Aber etwas anderes noch in dem, was Wiese sagt, quält mich. Er spricht von den Abgebogenen, die nicht von Haus aus hereinpassen in unsere Gesellschaft. »Die Summe des Leides und der Verschwendung, in der zur Blüte Fähiges verkommen oder gebrochen worden ist, geht über menschliche Vorstellungskraft heraus. Die Mehrzahl der Menschen wurde erst nach Resignation nutzungsfähig für die Gesellschaft.«

Wieder empfinde ich das Unrecht gegen Hans. Nichts von Zwang war selbstverständlich, aber unser schwerer als Zwang wiegendes moralisches Gegengewicht. Könnte ich den Jungen noch einmal haben wie damals, noch als Knaben mit meiner jetzigen Erkenntnis, — anders würd ich es machen. Die Lise hat es richtig gemacht, als sie die Hanna Schauspielerin werden ließ und die Katta Tänzerin. — Damals glaubte ich recht zu tun und sagte mir, wir nötigen den Jungen ja nicht — ist sein Wunsch stark genug, so setzt er es durch. Er war nicht stark genug. Der Hans hat resigniert. Damals und im Kriege wieder. Jetzt sitzt er an gesicherter Stelle hinter der Front und wird nachher Arzt werden. So schön könnte das sein, aber ist es *Hansens* Arbeit? »Die Mehrzahl der Menschen wird erst nach Resignation nutzungsfähig für die Menschheit.«

Für die beiden Kinder wäre man — das ist wahr! — gestorben, hätte der eigene Tod ihr Leben bedeutet. So liebte man sie. Der eine ist tot, weil er sich einer »leblosen« Idee — nach Wiese — hingeopfert hat. Der andere sucht sich schwer seinen Weg. Er ist erst 24 Jahre und hat sein Leben unter »Pflicht« gestellt. Und wir selbst — der Karl und ich? Früher sah ich meinen Weg so klar. Jetzt scheint es mir, ich bin zerschlissen. Ich kann das nicht alles mit eins sein. Ich Mutter bin etwas anderes als Rupp Enkelin. Es gäbe die Zusammenfassung in der Kunst. Zur Zeit scheint mir, daß ich sie auch da nicht mehr finden kann — weil ich die Kraft nicht mehr habe.

Das ging vielleicht doch alles über meine Kraft — diese zwei Jahre. So daß man wohl noch lebt, aber vielleicht im Hebbelschen Sinn »über seinem eigenen Grabe«.

Mein lieber Hans! . . . Mit Julius Hoyer und Richard Noll nenne ich mich
jetzt auch »Du«. Dem Erich sagte ich immer Du in meinen Gedanken. Aber
doch ist das liebe Wort nie von ihm zu mir und mir zu ihm gebraucht. Er war
mir von Peters Jungen der Nächste. Aber nun will ich die halten, die noch
leben, und will sie lieb haben. Hans Koch habe ich seit seiner Reise noch nicht
gesehen. Er kommt am Montag und will viel erzählen von einem neuen Bund
als Fortsetzung des alten. Er ist sehr jung und so elastisch. Das ist schön. Richard Noll ist anders. Er ist eben schon um sechs Jahre älter. Ihm werde ich ja
nun auch näherkommen. Du weißt, daß mich seine Art nicht anzieht. Aber
darauf kommt es nicht an. Wenn durch das »Du«, das ich ihm gebe, ich ein
Versprechen gegeben habe, ihm nahekommen zu wollen, so weiß ich, daß ich
dieses Versprechen halten kann. Ein anderes ist die Treue in jungen Jahren
in Liebesangelegenheiten, die ist oft schwer zu halten, man kann da schlecht
versprechen, und ein anderes ist die Treue, zu der ich mich innerlich ihm gegenüber bereit fühle. Er war Freund Euch beiden und dem Erich und bleibt
Freund. So bin ich dankbar, wenn er vertrauensvoll sich auch mir aufschließen
will. Daß das, was Ihr — meine Kinder — mir seid, *nie* ein Dritter sein kann,
das weiß er. Seine eigene Mutter lebt und er liebt sie.

Und der Julius Hoyer? Den liebe ich, weil er so verlassen ist und mit so
inniger Treue an Peter hängt. Ihm gibt es ein Gefühl der Wärme und der
Heimat, daß ich ihm mehr sein will als die »gnädige Frau«, mit der er mich
immer noch benannte. Er ist so früh mutterlos geworden, und der erste
Mensch, der ihm Liebe entgegengebracht hat, war der Peter. Er ist ein innerlichst bescheidener Mensch, verkapselt in seinem Gefühl — einsam. Ich bin
froh darüber, daß er sich nun nicht mehr so verlassen weiß.

So, mein liebes Kind, das wollte ich Dir noch sagen. Mir kommt es jetzt in
dieser Zeit so vor, als ob es die wichtigste Aufgabe des alternden Menschen
ist, Liebe und Wärme zu geben, wo er kann. Das Leben ist so furchtbar schwer
jetzt. Leb wohl, mein geliebter Eigener.

SONNTAG, DEN 10. SEPTEMBER 1916

Alte Platten neu kopiert. Immer die Erinnerungen. Die Parzelle, die Jungen in ihren roten Blusen. Die Jungen, die Jungen. — Ich weiß, daß auch früher — vor dem Kriege — mich manchmal eine fürchterliche, schmerzhafte
Sehnsucht überkam nach der Zeit, als die Jungen noch kleiner — meine *Kinder* — waren. Daß ich mir auch damals schon allein vorkam. Und doch lebten
sie beide.

Ich war bei der Großmutter der kleinen Trudchen Prengel.* Ich habe ihr und dem Kinde nichts von unserem Vorhaben gesagt, sondern wollte das Kind nur sehn. Es ist groß und ziemlich kräftig gebaut, blond und blaß, mit etwas kalt blickenden hellblauen Augen, etwas spitzer und vorstehender Nase und etwas Mäuschenmund. Sie war zutraulich und gesprächig. Ich weiß doch nicht, ob es gut für das Kind und für mich ist, es hierherzunehmen.

17. OKTOBER 1916

Heut ist der siebzehnte. Vor zwei Jahren wo warst Du da? Schwere Märsche, fast über die Kraft gehend. Die nächtliche Wacht unter dem großen Baum. Das brennende Dorf. »O große Lieb, Lieb über alle Maßen, die Dich geführt auf diese Marterstraßen.«

Hans Koch und Margret Ahrends waren hier. Hans K. gab mir einen Brief Wynekens zu Nolls Tod. Er sagt darin: »Kein Mensch in Deutschland glaubt mehr an unseren Sieg.« Hans Koch war mir diesmal garnicht so nah. Ich fürchte, er wird mir immer weiter rücken. Woran das liegen mag? Ich denke mir daran, daß er so eifrig in dem neu geschaffenen Kreis lebt und ich keine Fühlung zu dem habe. Wenn ich ihn von den gymnastischen Abenden sprechen höre und von den Kleidern, die sie dazu brauchen, kommt mir das garnicht so wichtig vor.

Das, was in Norwegen begann und mir offenbar wurde durch Peter in der Ausbildungszeit, war auch nach Peters Tode noch da. Ich war mit den Jungen nach Peters Tode innerlichst verbunden. Als Erich fiel, blieb Hans Koch und dann kam als letzter Richard Noll. Er versprach mir, mich zu führen auf geistige Höhen, er war noch einmal ganz zusammengefaßt 1914. Da fiel er. Hans Koch lebt noch. Er, der allerletzte, könnte das alles noch in sich tragen. Er meint es auch zu tun, aber ich kann es nicht mehr finden.

Da war etwas in meinem Leben von der Mobilmachung an bis zu Peters Tod und dann nachglänzend durch zwei Jahre in seinen Freunden. Das ist jetzt beschlossen. Ist vorüber. Ich arbeitete an diesem selben durch meine Arbeit. Sie ist für mich dieselbe wie von Anfang an, die Möglichkeit zu danken und für den Geist zu zeugen.

Aber Zeugen jener Zeit? Hans Koch wäre der nächste dazu und ist es, fürchte ich, doch nicht. — Unser Hans, unser geliebter Hans. Warum nenn ich ihn nicht? Er gehört nicht dazu dadurch, wie das Schicksal ihn führt. Wäre

* s. 23. August 1916

er in Norwegen gewesen, so wäre er mit den andern eingetreten, vielleicht, wahrscheinlich, mit den andern gefallen. Das Schicksal führte ihn anders. Er darf — so es so beschlossen ist — leben. Aber nun gehört er auch nicht zu jenen. Er steht neben mir und Karl auf der Lebensseite. Das ganz Geheimnisvolle, Andere, was durch Peter sprach und das eben das eine einzige Mal in meinem Leben war und jetzt vorüber ist, das spricht durch ihn nicht ...

WEIHNACHTEN 1916

Dann zuhause mache ich Peters kleinen Baum zurecht. Er steht wie in den beiden verflossenen Jahren hinter seinem Bett, zwanzig kleine Wachskerzen, zwanzig kurze Jahre, brennen ab. Wir sitzen auf der Lade seines Bücherschrankes. Dann sehn wir die Bilder an, die ich gesammelt habe von unsern beiden lieben Kindern. Und dann holt Karl noch Briefe aus dem Tischkasten. Von ihm und von uns. Einen Brief von mir nach Prenzlau liest er. Damals, als ich den schrieb, saß ich genau an derselben Stelle wie jetzt. Am Ende des Briefes schrieb ich von dem Glück, wenn es ein Wiedersehn nach dem Kriege geben könnte. Ich weiß, daß ich damals schon empfand, ich hätte das nicht schreiben sollen, es war etwas zu weich Menschliches, zu weich Machendes. Als ich Peter dann danach sprach, beim Essen bei Fräulein Krüger in ihrer Wohnstube neben der Küche, erwähnte ich auch den Brief und die Stelle und hatte wieder dasselbe Empfinden.

1. JANUAR 1917

In der Nacht von gestern auf heute mit Karl zusammengesessen. Erst in der Wohnstube. Ich las Karl aus meinem Tagebuch vor, das ich schrieb, während Hans auf Urlaub hier war. Um zwölf gingen wir herüber und steckten seine zwanzig Lichtchen an. Sie brannten so feierlich. Wie rein ist es in seiner Stube. Das Bäumchen steht hinter seinem Bett und die Kerzen leuchten durch die dunkle Stube.

»*Sagt es niemand, nur den Weisen,*
Weil die Menge gleich verhöhnet.
Das Lebendge will ich preisen,
Das nach Flammentod sich sehnet.«

Die Glocken. Wir sind eins, der Karl und ich in unsern Wünschen. Wir wünschen besser zu werden, näher an Peter heranzukommen. Wir wünschen Frieden. Wir wünschen unsern Hans lebend und in Vorwärtsentwicklung. Wir wünschen, daß wir zusammenbleiben dürfen und Kraft zur Arbeit behalten.

Wir denken an die Toten.

Wir denken an die Freunde.

Das Jahr sechzehn war sehr schwer. Wohl geht man in das nächste mit dem Gefühl, es wird den Frieden bringen. Aber noch keine Freude. Die Menschen sind zu sehr zu Boden gedrückt.

Aber was hat es Gutes gebracht? Wir sind gesund gewesen und haben arbeiten können. Hans lebt und wir sind Wochen mit ihm zusammen gewesen. Die Mutter lebt und Sterns, Schmidts, Julie und Kaches.

Die Freunde. Es hat mir Hans Koch nicht ferner gerückt und es hat mir Julius Hoyer gegeben. Es hat mir auch Richard Noll für kurze Zeit gegeben, bevor es ihn nahm.

Es hat den Richard, den Erich, den Gottfried, Walter Meier und Lothar Brandis genommen.

21. JANUAR 1917

Ich habe in zwei Nächten von Peter geträumt. Das erste Mal träumte ich, er kam zurück aus dem Feld und wir waren so selig und küßten und drückten ihn immer. Er selbst war glücklich, wieder da zu sein. Er wollte gar nicht wieder heraus und wir überlegten nur, wie er reklamiert werden könnte. Peter, das warst Du nicht in diesem Traum, das war ein kriegsverzagter Mensch. Aber Dein Körperliches war es. Und wir waren so glücklich, Dich wiederzuhaben.

Die Nacht darauf sah ich ihn nur in Bildern, Kinderbildern. Er war darauf ein schönes und zartes Kind.

18. AUGUST 1917

Karl will durchaus, daß Hans sich in ein Lazarett aufnehmen läßt.* Er hält das Fieber für Malaria- oder Typhusfieber. Hans will nicht. Will durchaus weiter arbeiten. Wir sind in Sorge, daß die geistige scharfe Arbeit bei dauerndem Fieber ihn schädige, mehr als man überblicken kann. Aber ich liebe seinen steifen Willen. Der Junge hat wirklich Willen. Als kleines Kind schob er einmal Stühle an ihren Platz, jeden wo er hingehörte. In der Art und Weise lag ein solch fester Wille, wie er ihn jetzt zeigt.

* Hans war beurlaubt von der Truppe in Rumänien zur Ablegung des Physikums in Berlin

Vor drei Jahren zum letzten Mal.

Jetzt mein ich manchmal, ich hab damals alle Kraft ausgegeben. Von da an datiert für mich das Altsein. Das dem Grabzugehn. Das war der Bruch. Das Beugen bis zu einem Grade, daß es nie mehr ein ganzes Aufrichten gibt. Es zeigte sich, daß ich von nun an nach unten zeige.

Ich träumte in dieser Nacht, die Mutter sagte, sie hätte so wunderschöne Briefe vom Vater bekommen, sie wolle ihm jetzt nachreisen.

26. OKTOBER 1917

Am 22. Oktober schmückten wir Peters Bett. Oben auf dem Bett liegt das Laub, das wir von dem Gang nach Schildhorn mitbrachten. Ein schöner Herbstlaubkranz. Weiße Rosen, rote Rosen und Erika auf dem Stuhl neben dem Bett. Gegen Abend sind wir zusammen bei ihm in seiner Stube. Alles ist wieder neu. Lebendiger Schmerz.

10. MÄRZ 1918

Mir ist jetzt so schwer und beklommen zumut, was bedeutet das? Kommt noch einmal Schlimmes? Ich sehne mich so nach dem Hans und ich fürchte für Julius.

KARFREITAG 1918

Heut ist kaltes, frisches Wetter. Karl macht noch Besuche. Ich lese im Buch Samuelis.* »Aber Hanna gab er ein Stück traurig, denn er hatte Hanna lieb; aber der Herr hatte ihren Leib verschlossen.« Der traurigen Hanna sagt ihr Mann: »Bin ich Dir nicht besser denn zehn Söhne?« Nein, er ist nicht besser. Sie gelobt dem Herrn, wenn er ihr einen Sohn gäbe, ihn ihm zurückzugeben fürs ganze Leben, — nur haben will sie einen. Gott erhört sie. Als dann ihr Mann nach dem Tempel geht opfern, geht sie noch nicht mit, ihr Kind dem Herrn bringen, bis es entwöhnt ist, will sie es behalten. Wie es endlich entwöhnt ist und sie ihn nun geben muß — da tut sie es.

* 1. Buch Samuelis. 1. Kapitel

Durch sechs Wochen nichts aufgeschrieben. Hans ist seit dem 11. Mai wieder fort. Einige besonders schöne Stunden...

Vor allem aber der Himmelfahrtstag, 9. Mai, in Ferch. Als wir in Caputh ausgestiegen sind und über die Höhe gehn, sagt Karl Hans das, was er mir am selben Tage früh sagte, daß er für Hans im Felde einspringen will. Hans sagt erst fast garnichts. Karl und ich sprechen. Dann hören wir auf davon zu sprechen. Mir ist zumut, als ob mich etwas in die Höhe hebt. Ich hab Karl unaussprechlich lieb. Auch Hans ist so zumut, ich weiß es. Sein liebes Gesicht leuchtet. Wir sind alle drei glücklich. Wir sprechen dann nur noch einmal davon. Am Abend vor Hansens Abfahrt. Wir trinken Wein. Karl sitzt auf dem Lehnstuhl zwischen Sopha und Schrank, Hans auf seinem Platz am Tisch, ich auf meinem Platz. Ich weiß, daß Hans davon sprechen wird. Endlich nach langem Stummsein kommt es heraus, er könne das nicht annehmen.

Karl spricht dann wieder. Und wieder wie in Ferch findet sein einfaches starkes Gefühl die wahrsten Worte. Später nach Hansens Fortsein, wie Karl und ich die »Seeschlacht« lesen, da ist mir, als versteh ich erst ganz, was da gemeint ist in dem, was zwischen Mensch und Mensch sein kann. Was an dem Abend war zwischen uns Dreien. Dann lasen wir noch jeder ein Gedicht. Karl las das Schillersche »Siegesfest«, Hans Goethe »Ein zärtlich jugendlicher Kummer«, ich las »Wiederfinden« von Goethe und ich glaub auch noch »Die selige Sehnsucht«.

Dann tranken wir die Gläser aus und ich stellte sie wieder mit *einem* Bande umbunden weg. Ist es uns gegeben, daß bei dem nächsten Zusammensein wir noch alle drei leben, dann trinken wir wieder aus denselben Gläsern.

Am Tage drauf, am 11. Mai, fährt Hans abends um neun Uhr ab. Wir bringen ihn nach dem Schlesischen Bahnhof.

9. JULI 1918

Heut als ich Annie Karbe vom Stettiner Bahnhof abholte, stand auf dem Perron ein Junge, der angekommen war. Ich sah gerade, wie die Eltern auf ihn zuliefen. Die Mutter voran. Umarmte und küßte ihn und dann der Vater. Alle waren umschlungen. Es ging mir durch und durch, *wie* die Mutter ihn umschlang und küßte. Einmal holte ich Peter auch an derselben Stelle ab. Da kam er von Stettin. Er war in Kluft und ohne Hut. Er ging rasch und schwingend zwischen den andern durch, war größer als die andern und so kam er auf mich zu voll Elastizität. Er sah mich zuerst nicht. Und dann sein überraschtes freundliches lachendes Gesicht.

107

Immer muß ich an den Peter denken ... Ich glaube, wenn er lebte, würde er mittun. Auch er würde seine Kokarde abreißen. Aber er lebt nicht und als ich ihn zuletzt sah und er am schönsten aussah, hatte er die Mütze mit der Kokarde auf und sein Gesicht leuchtete. Ich kann ihn mir nicht anders denken ...

Wie wird Hans das alles erleben? Statt hier zu sein oder an der Front zu sein, in einem Etappen-Lazarett. Wird er mitkönnen? der langsame, schwer zu bewegende, gewissenhafte treue? wär er hier, könnten wir gemeinsam alles erleben.

AM MITTWOCH, 20. NOVEMBER 1918

Bußtag — kommt abends unser Hans zurück. Der Zug hat sehr viel Verspätung und wir warten im Wartesaal. Bahnsteig abgesperrt. Ich steige auf ein Geländer und sehe ihn zuerst im Gedränge der vielen Soldaten. Er erkennt mich und winkt.

Zuhause haben wir seinen Platz mit Blumen geschmückt. Als wir gegessen haben, trinken wir Wein, den schönen Wein von Frau Nestel. Karl begrüßt ihn besonders. Wir trinken auf Deutschlands Leben und Zukunft. Wir gedenken Peters und der vielen Toten.

So ist er da. Wird das Schicksal ihn uns lassen? Ich denke ja. Er ist da und wir haben das gute, ruhige befriedigte Gefühl, daß der Krieg aus ist für uns. Seltsam, wie das Denken an Peter so wenig schmerzlich jetzt ist. Früher dachte ich, es würde anders sein. Aber es ist nicht so. Und wann kommt Hoyer? Kommt er?

29. NOVEMBER 1918

Julius Hoyer!*

12. DEZEMBER 1918

Hans sitzt mir gegenüber und liest. Das ist das Grundgefühl, das ich jetzt habe: wie gut es ist, daß er jetzt hier ist. Und nicht in zwei Wochen wieder fort. Nein, er bleibt hier und wir bleiben zusammen — wenn nicht das Schicksal etwas ganz Böses vorhat.

* Gefallen

108

Es ist ein so befriedigtes, gestilltes Gefühl: der Junge ist da. Ist gesund, lebt, arbeitet, ist freundlich, gut und liebevoll. Dahinter steht wohl der Peter und der Julius, aber es schmerzt nicht sehr — *einer* ist da, ist zurück und lebt. Der Peter und der Julius.

1. FEIERTAG 1918

Nachmittags bei Sterns. Georg und Max spielen und singen wunderschöne Weihnachtsmusik. Hanna und Maria singen. Sie singen: O Maria hilf.

Julius, Julius Hoyer — es ist nicht zu fassen, daß Du das nie wieder singen sollst.

2. FEBRUAR 1919

Träumte wieder mal von Lisbeth Kollwitz. Ich ging in ihre Stube — Peters Stube. Da, wo der van Gogh hängt, stand ihr Bett. Sie lag darin, sehr krank und sehr verwahrlost. Ich freute mich so furchtbar, daß sie lebte und lief in die Wohnstube Karl holen. Er kam auch gelaufen und Lisbeth stand schon und wartete auf ihn. Sie fielen sich um den Hals und sie rief immer: »Mein lieber Bruder!« Wir empfanden alle drei die Wonne des Wiedersehens, das Nichtwahrsein des Gestorbenseins!

Nach achtzehn Jahren Totsein träum ich so lebhaft von ihr und hab sie im Traum so lieb. Im Traum fühlte ich aber auch schon durch, daß ich vielleicht eigentlich die Lisbeth nicht meinte, oder wenn ich sie meinte, daß außerdem das Gedenken oder das Gefühl von Peter da war.

Und jetzt kommt wieder sein Geburtstag.

6. FEBRUAR 1919

Lieber Peter, Dein Geburtstag.

Dreiundzwanzig Jahre.

Es ist ein schöner Tag. Nach langer Zeit zum ersten Mal wieder fühl ich, daß ich viel kann. Ich arbeite »die Mutter«. In den vorigen Tagen rührte es sich in mir. Gestern den Versuch beschlossen, die Kriegsblätter in Steindruck umzuarbeiten. Und heut an Peters Geburtstag kann ich es. Ich habe die Mutter gezeichnet, die ihre beiden Kinder umschließt, ich bin es mit meinen eigenen leibgeborenen Kindern, mit meinem Hans und meinem Peterchen. Und ich hab es gut machen können. Danke!

Mittwoch — Donnerstag — bis Freitag Mittag Wanderung mit Hans gemeinsam. Das war *wunderschön*. Von Fürstenberg hoch gelegener Feldweg nach Globsow. Lerchen. Wir geben uns die Hand und waren so froh. Rudern und Baden im Stechlin. Weiterwandern bis Rheinsberg. Der Junge singt und ist so fröhlich und gut und mir ist fast so froh zumut wie damals Ostern, als ich mit beiden wanderte.

In diesen Tagen räum ich Peters Stube aus, damit die Mutter einziehn kann. Das ist eine so wehmütige Arbeit. Heut den roten Schrank. Seine Malsachen. Seine Fortschritte zu sehn. Die Skizzenbücher halb voll Zeichnungen, halb voll Betrachtungen, halb Briefe an Freunde. Ein angefangenes Tagebuch von der Thüringer Reise, das Erlebnis mit dem bösen Hund. »Mein Vater traf ihn mit dem Stock auf den Kopf.«
Noch steht sein Bett mit den letzten Blumen daran.
Heilig war seine Stube.

Heut ist der 12. Oktober. Heut sah ich ihn zum letzten Mal.
Karl und Hans sind im Theater. In der Tollerschen »Wandlung«. Ich hatte Furcht mitzugehn, weil alles Entsetzliche des Krieges einem da wieder vorgeführt wird. Ich will nicht das Leiden aufsuchen.

Heut nacht träumte ich vom Peter. Es fiel mir ein, was ich ganz vergessen hatte, daß er in Wengen war. Es war mir unbegreiflich, daß wir die Ferien nicht zusammen verlebt hatten und ich dachte, *diese* Ferien sind wir bei ihm. Ich fing an, mich so fürchterlich zu bangen nach ihm und mich zu sorgen, wie es ihm ginge, daß ich, obwohl ich mitten unter Menschen war, sehr zu weinen anfing. Dann sah ich ihn noch einmal. Er stand mit nacktem Oberkörper da, war mager. Ich sorgte wieder um seine Lunge. Gott, wie fern, wie fern ist er mir schon, wie selten träum ich von ihm.

Am 14. Dezember war in der Kunstgewerbeschule die Gedächtnisfeier für die gefallenen Schüler. Karl, ich und Hans saßen zusammen. Es war in der großen Halle der Kunstgewerbeschule, wo ich einmal auf Peter wartete. Bruno Paul sprach einfache Worte. Döpler sprach und ein Schüler aus dem Schülerrat. Es wurde Musik gemacht. Hans Hoyer stand bei uns.

Dann ging man in die kleine Ausstellung, wo zwischen andern auch unser Peter hing. Sein Selbstbild, sein Akt und zwei Landschäftchen.

23. DEZEMBER 1919

Der Abend vor Weihnachten. Der Peter wieder so ganz nah. Ich hab Telaro * eingerahmt für den Karl. Gott, was hängt für eine Erinnerung an dem Bildchen. Mit Hans das Bäumchen für den Weihnachtsabend geholt.

Die 23 Lichte für Peter sind auch schon da.

KARFREITAG 1920

Peter, Dein Tag! Da gingst Du nach Buch mit Faust und dem Neuen Testament. Da feiertest Du Frühling.

Wie ist das alles fern, fern. Auch Deine Stube existiert nicht mehr mit Deinem Bett und den Frühlingsblumen auf dem Stuhl daneben. Fern und blaß ist alles geworden.

Ich hab den Schreibschrank aufgemacht meinem Tisch gegenüber. Da steht Dein kleines lächelndes Soldatenbildchen und dahinter die Beweinung Christi. Wie oft sah ich die an, wenn ich an dem Tisch saß und schrieb an Hans, an Julius, Erich, Richard, Hans Koch.

17. JUNI 1920

Jetzt ist Leben bei uns. Außer Riele ist Susanne mit ihren beiden Jungen für drei Tage hier. Das ist schön. Aber sehnsüchtig macht es nach jenen Zeiten, als *ich* einen rechts, einen links hatte, mein linker Sohn nanntest du dich, Peter. Von der Elektrischen aus sah ich heut die drei: Erwin mit Susanne und der Kleine daneben, um alle Laternenpfähle sich rumschwingend. *Das* war wohl die allerschönste Zeit meines Lebens, als die Jungen so in den Jahren waren. Glücklich, glücklich war ich.

* Vom Peter mit 11 Jahren auf einer Italienreise gemalt

Paula mit den Jungen war da. Sie ist wieder guter Hoffnung. Ich hab Sorge, wie sie das alles schaffen wird. Ihr Ton mit den Kindern ist schon nicht mehr der alte. Sie kommandiert mir zuviel, meint, es muß sein. Die ersten Anzeichen der gefährlichen Zeit, wo das erste Kind einem nicht mehr so durch und durch sympathisch ist...

Heut ist wieder der 22. Oktober. In der kommenden Nacht vor sechs Jahren starb Peter. Und fünf Tage darauf ist Julius Todestag. Ich schrieb an Hans Hoyer, die beiden gehören für mich zusammen. So ist es auch.

Warum bin ich so stumpf und kann so wenig *fühlen* diese Tage? Nur eine dumpfe und etwas traurige Lähmung ist da, die würde Peter sicher nicht billigen.

Gestern mit Karl im Kirchenkonzert gewesen. Da sang ein Knabe den Jesus. Wie Julius als Kind in der Kirche, wenn seine Mutter vornan saß, um ihn zu hören.

»*Doch manchmal auch hat uns das Herz geblutet,*
Geblutet — ach — und blutet noch.«

Meine Zeichnungsmappe, die mit den sehr schönen Vervielfältigungen, hab ich dem lieben Karl geschenkt.

Das letzte Blatt ist »Die Eltern«. Ich weinte, auch wie ich es jetzt wieder sah. Wie hab ich geweint, als ich es machte.

Die Worte von Claudius hab ich für den Karl daruntergesetzt.

Am Abend des 22. sehen wir sie gemeinsam an. Vorher lasen wir die Achilleis.

Am Heiligabend, als wir den Baum schmückten, waren Hans und ich eine Weile allein. Karl war unten, Otty oben. Hans war so freundlich und fromm, recht wie ein Mensch, der innerlich glücklich ist. Mit Liebe und Bedachtsamkeit schmückte er den Baum. Als dann alles fertig war und die Kinder uns holten — nicht wie früher wir sie — uns und die liebe alte Mutter und die Mädchen und der Baum so feierlich und still brannte, stellte Karl sich zwischen Baum und den offenen Schreibschrank, wo Peters Bild herübergrüßte, und las gute Worte vor und gedachte des Peter...

Aber erst lasen wir noch das wundervolle Meyersche Gedicht: »Friede, Friede auf der Erde.«

10. JULI 1921

Heut ist Sonntag, die Glocken läuten. Nun sind wir Großeltern und ein *Mensch* ist da, ein neuer aus der Hand Gottes. Liebes Kind, das Peters Namen trägt. Segen, Segen über Dich!

Früh kommt Walter Neumeister, um mir zu meinem Geburtstag noch Glück zu wünschen und bringt wundervolle Rosen. Er wartet zuhaus auf Karl, während Hans und ich zu Otty gehn. Sie liegt ruhig und glücklich aussehend mit frohen Augen im Bett, wir legen ihr unsere Rosen auf ihre Brust, an ihre Seite. Zu Fußend steht das Körbchen und da liegt das Peterchen drin. Es liegt auf dem Rücken, die Fäustchen hoch. Ein gut geformtes Köpfchen, die kleinen Augen festzugeschlossen, das Näschen vorstehend und etwas groß, ein allerliebster Mund, ein kleines zugespitztes Kinnchen, das rechte Ohr etwas geknüllt. Vorläufig nicht hinterkopflos. Aber etwas böse und verdrossen sieht es aus. Als der Karl kommt, steckt er ihm rechts und links neben dem Köpfchen ein rotes Rosenknöspchen an. Das ist nun Peter Kollwitz, der zweite Peter Kollwitz, der die Kollwitz Linie weiter fortführt, Sohn von Hans und Ottilie.

Sonntag nachmittag. Hans wieder bei Otty, Karl macht Besuche, Fräulein Schumann ist ausgegangen, die liebe Mutter geht von Stube zu Stube und faßt nur einen Moment, daß sie zum fünften Mal Urgroßmutter geworden ist. Ich hab soeben meine ersten Windeln durchgewaschen.

10. AUGUST 1921

Von Fangschleuse gekommen, wo ich zwei Wochen bei Hans und Otty lebte und half. Ganz stille Wochen. Arbeit von morgens bis abends und das befriedigte Gefühl, geholfen zu haben. Am schönsten war, wenn der Kleine an Ottiliens Brust trank, diese rührenden Tönchen.

MONTAG, 3. OKTOBER 1921

Sonnabend nach Lichtenrade gefahren und dort übernachtet. Überrascht und so sehr erfreut vom Peterchen. Er hat zugenommen und sich sehr entwickelt. Beweglich dreht er sein Köpfchen, die schönen klaren, klugen Augen schauen sich alles an, sein Lachen ist reizend und seine weichen Krähtönchen. Prachtvoll, wie er bei Ottilie im Bett lag. Jetzt ist er ein nicht nur gesundes, auch ein entzückendes Kind. Früh nach dem Trinken bekam ich ihn ein Weilchen ins Bett, da lag er neben mir und die kleinen warmen Füßchen stießen mich, das liebe weiche Stimmchen bildete alle möglichen Laute. Am schönsten aber das Lachen.

Dann machte er mich naß.

Zum siebenten Male Peters Todestag. Es ist Sonntag. Ich sitze oben in der Stube, die Hans und Ottilie bewohnt haben und in der ich jetzt schlafe und wo Peters Steinschrank steht mit dem Kopf vom Narziß. Ich schreibe an Mutters Schreibtisch.

Vorgestern las ich im Tagebuch von 1916. Schon da die Klage, daß ich nicht mehr bei Peter bin. Jetzt sind sieben Jahre um. Wie sein Leib ganz zu Erde geworden ist, so ist sein Bild ganz aufgelöst. Der Schmerz ist verschwunden. Ich lebe gern, intensiv gern, wenn ich arbeiten kann. Aber wenn ich diese Zeit vergleiche mit der damaligen, dann kommt sie mir nicht so gehaltvoll vor. Damals lebte ich in mich hinein, jetzt allzusehr nach außen. Der kurze Vormittag gehört der Arbeit, der Nachmittag gehört allem anderen. Wirtschaft, Briefen, Umgang, Allgemeinem. Die Tage laufen immer geschwinder, die Zeit der Einkehr wird knapper. Ich komme mir vor wie ein Mensch, der nur flach, aber rasch atmet, und eigentlich tiefe ruhige Atemzüge machen sollte.

Das muß auch anders werden.

Ottilie war krank und ich war fünf Tage draußen, um zu helfen. Das war mir so sehr nett mit dem Jungchen. Einmal hatte ich ihn auf dem Schoß und er hatte vor sich den Griff seines Wagens. Da hat er folgendes Spiel getrieben: Erst an dem Griff gerüttelt, dann langsam den Kopf nach mir umgedreht und mich groß, ernst und freundlich angesehn. Dann nickte ich ihm zu. Dann er mit dem Kopf wieder herum und am Griff gerüttelt, dann wieder umgedreht und mich angesehn. — Immer dasselbe wohl fünfzehnmal. Es war mir immer von neuem schön, wenn sein Gesichtchen herumkam und seine Augen mich ansahn.

Ich habe einen guten Brief von Romain Rolland bekommen. Er denkt an Peter. Aber ich bin nicht gesammelt und fühle nur so flach ihn und seine Passionszeit, die jetzt begonnen hat. Am 17. Oktober vor acht Jahren war er in

114

Flandern. Damals schrieb er an Karl Hannemann die letzte Karte: Kaum gedacht — kaum gedacht — Und ich hab so andere, so kläglich kleine Gedanken im Kopf.

OKTOBER 1922

Peter, du bist doch bei mir. Wenn ich ganz an dich denken kann, dann fühl ich dich auch wieder.

Morgen — die Nacht von morgen zu übermorgen — vor acht Jahren.

DEZEMBER 1922

Gestern wieder einmal draußen in Lichtenrade gewesen. Ottilie saß am Tisch mit der Lampe und machte Handarbeit. Peter auf dem Kinderstühlchen, auch am Tisch, mit dem Rücken gegen mich. Rings um seinen Kopf die weißen, vom Licht durchleuchteten Härchen. Da war es ganz wie unsere Kinder früher. Nachher, wie ich ihn auf dem Schoß hatte, zeigte er immer auf mich und sagte: »Da, Goßmutter.«

Zwischen Goß- und -mutter eine Pause. Ganz schnell und leichtsinnig kam das Mutter dann herausgeschlüpft.

5. AUGUST 1923

Sonntag endlich in Lichtenrade gewesen. Ich ging vom Atelier hin und kam zum Mittagessen zu spät. Alle schliefen. Im Zimmer fand ich die Körbe mit den Zwillingen und stellte mich zwischen die Körbchen. Beide Kinderchen drehten ihre Köpfchen mir zu und beobachteten mich. Beide sahen blaß aus, weil beide darmkrank gewesen waren. Jördis und Jutta haben dasselbe Gesicht, nur Jördis ist wie durch einen Langspiegel gesehen, Jutta wie durch einen Breitspiegel. Sie hat ein breites Näschen, breites Mündchen, der Schädel ist breiter, die Augen sind groß und sehr schön, blicken aber ernst. Auch der Jördis Augen.

... Dann, als Hans und Ottilie aufwachten und auch Peterchen, brachte ich den kleinen Leinenanzug, den Julie einmal für unseren Hans gemacht hat und den der Junge trug, als er in seiner entzückendsten Zeit war. Als Peterchen ihn anhatte, sah er fast so aus, wie Hans damals, besonders da seine Haare ihm jetzt auch kürzer geschnitten sind. Es war mir rührend und so wunderschön, so meinen kleinen Hans in seinem Kindchen wiederzusehen. Aber wieviel zärtlicher ist sein Junge als Hans war. Dieser Peterjunge wirft sich einem immer wieder in die Arme, küssen kann er noch nicht recht, aber er legt sein rundes Köpfchen an und ist so zärtlich.

115

Heut vor neun Jahren war Peter einen Tag von uns. Seines Julius Geburtstag ist heut. Und wir leben noch, leben wieder und leben stärker als vor Jahren. Das Leben ist auch für uns wieder ein Kampf um die Erhaltung der Existenz geworden.

Abends geh ich in ein schönes Konzert, wo Edwin Fischer Beethoven spielt.
Ich bin mit Frau Timper, Hans und Ottilie gemeinsam da. Karl kann nicht
dabei sein.
Ich sitze neben Hans und fühle mich ihm so ganz nah und verbunden.
Abends sitzen Frau Timper und ich noch zusammen. Sie spricht von ihrem
Kurt und ich vom Peter. Aber alles war früher lebendiger. Wenn ich früher
von ihm erzählte, bebte ich.

Heut wird unser Hans 32 Jahre alt.
Ostern waren wir über Nacht draußen. Da war das nähere Zusammensein
mit den Kindern sehr schön. Abends lasen wir etwas in der Montessori. Ottilie
gefiel mir in dem anschließenden Gespräch so gut. Es ist ein strebsamer
Mensch, der es sich nicht leicht macht. Bald darauf fuhr sie zur Erholung an
den Bodensee. Sie wünscht sich oft fort und bangt sich, wenn sie fort ist.
Wie sie stehn mögen zusammen, die Beiden? Nach außen sieht man vor
allem die gemeinsame Arbeit an Kindern und Haushalt. Sie haben beide viel
zu arbeiten. Wenn Ottilie runter ist, ist sie wohl sehr verzagt und hat Depres-
sionszustände, die auch die Kinder deutlich merken ...

Der erste Pfingstfeiertag ein glückseliger Freudentag für mich bei den
Kindern draußen. Das schönste Wetter. Goeschs auch wieder da. In der großen
offenen Polygonumlaube sitzen wir alle auf dem Boden, Hans und Heinrich
lesen aus Morgenstern vor, aber das ist mir ganz gleichgültig. Ich bin vegetativ
glücklich, das alles zu sehn und durcheinanderkrabbeln zu sehn. Die Ältesten
sind Karl und ich. Dann Heinrich und Gertrud, dann Hans und Ottilie, Gerda.
Und dann das Gekrabbele der Kinder. Und all die Farben! Ottilie weiß, Gerda
hellgelb, Hans hell-leinen, Manon rosa, Veronika blaßorange, Peterchen weiß

und bunt und rote Freudenbäckchen und die Zwillinge in tollroten Kleider-
chen. Die Zwillinge sind köstlich. Derb, und drollig, unschuldige Weißköpf-
chen. Plappern ihre eigene Sprache. Wenn Ottilie zur Fütterung zwischen
ihnen sitzt, jedem sein Breilöffelchen gibt und das, das nicht dran ist, Fäustchen macht und einen zornroten Kopf über das Wartenmüssen kriegt, während das andere in breitestem Behagen seinen Mund dem Löffel öffnet, das ist
ganz wundervoll. Glückliche Ottilie, die so stark Mutter ist. Was auch später
kommt, diese drei Jahre Kleinkinderarbeit werden ihr immer eine Art gesät-
tigsten Gefühls geben. Sie ist saftig Mutter, so sehr sie manchmal auch dagegen anpoltert.

Das Peterchen schenkt mir die Nelke.

24. SEPTEMBER 1924

Die Kinder haben über Nacht uns den Jungen hiergelassen, er schlief bei
mir oben. Als er früh aufwachte, rief sein Kinderstimmchen mich. Ich sagte,
er möchte kommen. Da stieg das weißköpfige blühende Kerlchen aus dem Bett
und lief im langen Nachtröckchen mit seinen bloßen Füßchen zu mir her.

Wir bringen ihn erst nachmittags wieder heim. Jetzt spielt er hier in der
Stube und spielt so für sich und ist so versonnen wie das Ernstchen am Grundlsee.

Ottilie erzählt, wie sie ihn einmal anherrschte, daß er essen sollte. Da sagte
er: »Sprich nicht so deutlich!« Das ist glänzend. Besser hätte er Ottiliens Art
nicht charakterisieren können. Als Ottilie ein Loch im Kleid hat, sagt er: »Du
hast ein Loch, Mutter — das sollte doch nicht sein — Ottilie!«

21. OKTOBER 1924

Heut ist »Gesetzesfreude« der Israeliten. Dies Wort richtete mich auf, als
am 13. Oktober vor zehn Jahren, an Peters Auszugstag, ich es im Kalender
las. Er ging mit Freude seinem Gesetz — seinem inneren Gesetz — nach.
Heut ist der 22. Oktober. Ich arbeite und damit bin ich auch bei dir.

MÄRZ 1925

Wundervoll ist die Zeit bei ihnen, wenn ich im Lehnstuhl sitze, entweder
alle drei auf mir drauf oder ein Zwilling rechts auf dem Schemelchen, einer
links und Peter zu reiten auf meinen Knien, drängend, daß ich ihm von der
Geiß und den Zicklein erzähle, ungeduldig mit seinen Kinderhändchen meine
Backen streichelnd, wenn ich von den beiden andern unterbrochen werde.

117

Frau Klingelhof will ihnen das Bitte- und Dankesagen beibringen, bei Jutta klingt das Bitte aber wie ein böses Kommandieren. Jutta kann toll energisch aussehn. Manchmal sind die beiden Kleinen recht unschön, manchmal sind sie reizend mit ihren so frommen einfältigen Gesichterchen. Peter ist ganz anders. Um den Jungen hab ich öfters innensitzende Sorge. Er ist so sensibel, vielleicht energielos. Hans meint, er ähnt unserm Peter. Wundervoll ist, wenn beim Geschichtenerzählen alles in seinem schönen Gesichtchen wiederspiegelt, wenn er vom Wolf ausruft: »er lügt!«, wenn das glückliche Ende die Düsternis und schwere Besorgnis und Spannung in seinem Gesichtchen auflöst und dann sein entzückendes Lachen da ist.

APRIL 1926

Vom Karfreitag bis Montag abends in Lichtenrade bei den Kinderchen gewesen, Hans und Ottilie in Teupitz. Riesig nett mit den Kindern, am allernettesten Jutta. Ihr rasches Sprechen, der merkwürdige Stimmklang (eigentlich Tenor), ihre geistige und körperliche Beweglichkeit, der wechselnde Gesichtsausdruck, ihre überraschenden Einfälle — ein seltsames feines Kind ist das.

11. APRIL 1926

Hans erzählt so nett vom Peterchen. Sie gehn zusammen auf den Boden, die Schaukel holen und anmachen, und Peter ist immer um ihn. Abends bittet er Hans, daß er mit ihm zusammen in seinem Bettchen schlafen kommt. Hans sagt, das geht nicht. Dann kommt er nach einer Weile und fragt, ob *er* dann nicht in Hansens Bett mit ihm schlafen kann. Darauf geht Hans ein, legt das Kerlchen in sein Bett und legt sich noch eine Weile zu ihm.

Ach, das geliebte Peterchen!

HEUT IST DER 14. MAI 1926

heut vor 34 Jahren wurde unser Hans geboren. Der liebe Hans. Wir waren gestern draußen, weil Himmelfahrtstag war. Es war ganz riesig nett. Die Kinder blühen auf solider Basis. Ottilie ist munter, Hans wirkt froh. Doch erzählte Ottilie Merkwürdiges von Jördis Eifersucht. Schadet alles nichts — jetzt, einstweilen blüht da ein Glück, eine Insel von Glück.

118

Wunderschöne Geburtstagsfeier von Jördis und Jutta. Schönstes Wetter. Ich vormittags raus, finde alle auf dem Acker in der Sonne, das Schaukelgerüst steht. Die Kinder strahlend in ihren Rosenkleiderchen, dann nackt. Herrlich gesund und blühend alle drei. Ein Glück, ein so großes reiches Glück. Und Ottilie, die junge, frische, saftige Ottilie mit all ihren großen Liebenswertigkeiten und ihren Unzulänglichkeiten. Und Hans — etwas, aber nur ganz etwas daneben, viel weitblickender mit seinem so guten, so lieben Gesicht.

OKTOBER 1926

Als ich in Dresden war, gingen wir abends zu Frau Tillich, wo Heinrich lebt. Wir fanden um den Tisch beim Abendessen Heinrich, eine Malerin und Frau Tillich. Zuerst wußte ich nicht, was das mit Frau Tillich war, wenn ich sie ansah. Mit einem Mal wußte ich: sie hatte Peters Augen. Peters etwas beschattete, etwas traurige Augen. Auch ganz seine Augenbrauen. Und das kurz geschnittene Haar hing ihr auch so um die Stirn wie Peter. Sogar der Nasenansatz und das länglich gezogene magere Gesicht. Zuerst sah ich sie immer an, damit sie ihre Augen auf mich richtete und Peter mich ansah. Allmählich konnte ich es kaum aushalten.

SONNTAG, 24. OKTOBER 1926

Ottilie läutet an und erzählt, wie begeistert die Kinder vom Kindergarten und dem Fräulein dort sind. Peter nennt sie seine Freundin und Jördis sagt, sie sei ihre Schwiegermutter — als höchstes Lob.

AUGUST 1927

Am nächsten Morgen früh das Abfahren mit dem Dampfer.* Die drei Kinder: »Großvaterchen, Großvaterchen, Großmutterchen!«...
Das Gefühl der Liebe zu diesen fünf Menschen ist manchmal schmerzlich stark. Und von den drei Kindern ist es doch der Peter, der uns zu allernächst am Herzen sitzt. Ich weiß nicht recht, wie es kommt, daß um den Jungen Karl und auch ich manchmal in Sorge zittern. Sein Gesichtchen sah so hold aus, wenn er an Karls Hand ging und den Geschichten zuhörte. Die weißen Haare, die roten Bäckchen, die kleine zarte Hand, die sich in unsere legte. Das schöne nackte Körperchen.

* Nach einem Zusammensein auf Hiddensee

Ich arbeite am Kopf und oberen Teil der Mutter. Es geht im ganzen langsam vorwärts. Um ein Blatt zu finden, nahm ich die Mappe herab, in der die zeichnerischen Arbeiten für die erste große Arbeit für Peter sind. Wie ich aufschlug, stand da: Peter. Und wie ich Blatt für Blatt ansehe, kommt überwältigend jene Zeit mir nahe. Jene Zeit, in der ich ganz im Peter *lebte* vom Morgen bis zum Abend. Wo er mich umgab, mir ganz nah und gegenwärtig war, wo Schmerz, Liebe, strömende Liebe und Sehnsucht mein Mantel war, der mich ganz umhüllte. Wo ich *weinte*. Das alles war mit einmal da beim Aufmachen der Mappe, schmiß mich hin und riß mein Herz noch einmal auf.

Hans kommt und bringt Rosen. Ich habe den Tag vergessen ...
Wir dachten an unsern Peter. Aber der ist jetzt fünfzehn Jahre tot und heut vergeß ich, daß sein Todestag ist. Doch bin ich an der Arbeit für ihn.

Am 4. Juli fahren die Lichtenrader an die Ostsee. Wir sind bei der Abfahrt. Der Kleine voll Abreiseglück und Spannung. Ottilie hat wieder ihr Gesicht, das ich am liebsten bei ihr habe, das kluge, gütige, humorvolle Muttergesicht.

Heut träumte ich, Annie Karbe besuchte uns und wir wollten uns die Hand geben. Ich hatte vor mir am Rock ein neues, etwa fünfviertel Jahr altes Enkelkind, das sich am Rock festhielt. Ich reichte über es nach vorn gebeugt Annie die Hand und sagte: »Das ist unser Reingewinn, unser absoluter Wertzuwachs.«

Unterdes ist die Nachricht gekommen, daß Peter an Gelbsucht erkrankt im Lazarett Kielce liegt. Am Weihnachtsabend ist er in der Sammelstelle von Smolensk, drei Tage später in Kielce. Dort ist er gut geborgen: entlaust, unter Pflege von Schwestern, im warmen Raum, dem furchtbaren Kriege zur Zeit entzogen. Von dort kommt der erste Brief an die Eltern, so geöffnet, so weich und liebevoll, wie er schon seit Jahren nicht mehr gewesen ist. Auch an mich ein lieber Brief.

Unterdes war Hans hier. Am Mittwoch, den 14. Oktober. Er kam ganz still zu mir herein. Da wußte ich, daß Peter tot ist.

Am 22. September ist er gefallen.

Seit über einem Monat wissen wir es nun.

In den ersten Tagen trat diese merkwürdige Steigerung ein. Als ob eine Kraft in mir heranwüchse, die nicht nur mir hülfe tragen, sondern auch den andern. Vor allem Ottilie.

Am Tage darauf waren sie hier, Ottilie, Hans und Lise. Furchtbar, wie Ottilie sagte, wie wenig sie in den letzten Jahren von einander gehabt hätten, wie stumm und abgeschlossen er war. »Mutter, ich hab ihn nur satt machen können. Er saß am Tisch, die beiden Fäuste neben dem Teller, und wartete.« Und dann: »Er ist wie ausradiert.«

Dieser Jammer, dieser furchtbare Jammer in diesen ohne Tränen gesagten Worten.

Da schien es mir, ich könnte ihr etwas unter die Arme greifen. Ich sprach aus meinem *doppelten* Erleben heraus so stark wie ich konnte, so mit Liebe wie ich konnte, und es schien mir, ich hätte ihr etwas gegeben. Aber in den darauf folgenden Tagen merkte ich, wie die Kraft in mir nachließ, und daß ich ihr nicht helfen konnte. Es fehlt ihr nicht an Arbeit und an Ablenkung. Sie betreute den so sehr erschütterten Arne. Jördis und Jutta waren telegraphisch herbeigerufen. Sie hatte eine bestellte und versprochene Arbeit fertigzustellen.

Es hilft eben nichts. Von einer solchen Wunde kann man sich nur selbst — von innen heraus — heilen.

Beziehung zu anderen Menschen

Eine wirklich mir ganz nahestehende Freundin habe ich außer Lise eigentlich nie gehabt. Nur ein paar Jahre später die Lisbeth Kollwitz, die war unser beider Freundin. Sie hatte das glücklichste Temperament und war viel lebhafter als wir, mit ihr zu bummeln, erhöhte noch das Vergnügen.

Auch Karl Kollwitz und seine Freunde lernten wir damals kennen. Sie waren noch Schüler, aber schon Sozialdemokraten. Der Hans Weiß, älter als Konrad und Karl, eine fanatische politische Natur, drang mit seinen Ideen über freie Liebe bis zu unserer Familie vor und bearbeitete Julie mit all den Auffassungen aus der Bebelschen Frau. Julie, der das fern lag, wurde aber nicht sehr davon berührt. Lise und ich kamen für ihn noch nicht in Frage.

AUS DEN TAGEBÜCHERN

20. MAI 1910

In Friedenau auf dem Wege zu Prengels achtet Mutter auf die Häuser, die Anpflanzungen, die Gärtchen. Wie nachher Onkel Prengel sagt, hat auch er diese simple Freude z. B. an dem Grün der Kastanienbäume vor seinem Fenster. Es ist eine Art Stumpfwerden. Das Geistige schläft ein, es bleibt die Sinnenfreude vor allem für das, was durch die Augen geboten wird. Ich muß immer an Niels Lyhne * denken, von dem gesagt wird, daß er in den letzten Jahren »in seltsamer vegetativer Ergriffenheit« am Wegrand sitzend auf das Getreidefeld sehen konnte. Es ist wirklich eine Art vegetatives Leben, das die Alten führen, ganz entfernt von dem unnötig leidenschaftlichen Gemütsleben der Jungen. Auch beunruhigende Erfahrungen werden von ihnen abgelehnt.

* Roman von J. P. Jacobsen

Frau Naujoks sitzt mir seit drei Wochen zu der Gruppe Modell. Sie gefällt mir gut, ist treuherzig, gutmütig. Ernährt gänzlich ihren kranken Mann. Seit sieben Jahren ist er krank, ich glaube kaum, daß sie noch hofft, daß er gesund wird. Sie wünscht es — wird er aber nicht gesund, dann will sie einen gesunden Mann heiraten und aufs Land ziehen. Ihr Mann ist 34 Jahre, sie 28. Ein Kindchen ist ihr gestorben. Sie saß erst mit dem kleinen Hermann Sost. Prachtvoll war sie mit dem Jungen, wie sie ihn auf dem Schoß hatte und mit ihm tollte. Dem Jungen gefiel es sehr wohl bei ihrer Nacktheit, wie ein kleines Tier, wie ein Fäunchen benahm er sich mit ihr. Und sie auch voll animalischer gutmütiger Lust. Sie hat diese sinnlose Art, mit Kindern zu schwatzen, die ihnen so angemessen ist. Weil der kleine Kerl Läuse hatte und überhaupt nur still saß, wenn er schlief, nahm ich die Trudchen Schulz als Modell. Sie ist so alt wie der Junge, sitzt aber ganz still, und es ist nach ihr zu arbeiten. Auch ist sie wohlgeformt und ganz rein. Aber sie denkt immer noch an das Hermannchen, den »Bowke« »mit seinen dicken Negerlippen« und »der blanken Nase von all dem Essen«.

Frau Naujoks unterbrach am Donnerstag ihr Modellsitzen bei mir, um zu dem alten Begas zu gehen. Der soll auf dem Sterbebett liegen. Er habe — erzählt Frau Naujoks — zum Donnerstag sie und noch ein anderes Modell hinbestellt — er wolle sie noch einmal nackt sehen und jede solle 10 Mk zum Abschied bekommen. Als sie nun hingingen, fanden sie schon dreizehn andere Modelle dort, aber kein einziges wurde vorgelassen. So gingen sie alle betrübt ohne ihr Goldstück wieder fort. Wahrscheinlich hat man von der Abweisung Begas gar nichts gesagt.

Bei Singers Begräbnis ging der ganze 4. Wahlkreis dem Sarge voran. Der Zug dauerte, bevor der Leichenwagen kam, wohl eine Stunde. Die Physiognomien wirkten allmählich betrüblich. So *viele* schlecht entwickelte Menschen. So viele häßliche, unintelligente Gesichter. So viel Kränklichkeit und Verunstaltungen. Und doch waren sie noch als Sozialdemokraten eine Auslese nach oben aus dem Volk.

Hinter dem Sarge kamen dann die Stadtverordneten. Viele davon konnten wir nicht sehn, weil wir unglücklich hinter die Elektrische gedrängt wurden.

Aber soviel man sehn konnte, waren die Physiognomien unter ihnen — selbstverständlich — ganz andere.

TOTENSONNTAG 1913

Ich sah neulich auf dem Platz einen kleinen Jungen, der seinen Schatten entdeckt hatte. Er machte wunderliche Stellungen und freute sich, daß der Schatten sie auch machte. Lief rasch weg und sah hinter sich, ob der Schatten nachkäme.

MÄRZ 1914

Fanina Naujoks ist nach Paris gegangen, hat dort Modell gestanden, auch Maillol, und ist ihrem Männchen untreu geworden.

Sie sagt: »Gott, gnädiges Frauchen, mein Männchen, das ist so, als wenn ein Vogel auf den Ast fliegt und macht ein kleines Geschäft. Hopps ist er fertig und fliegt wieder weg. Und ich Kerl lieg da − − —«

AUGUST 1915

Susanne schickt Photographien ihres Mannes auf dem Totenbett. Der Ausdruck ist ganz groß, unirdisch, erhaben. Mir fällt Riele ein, die einmal sagte, nie beneide sie Menschen mehr, als wenn sie einen vollgemessenen großen Schmerz erfahren. Susannes Leben war ein solches, wie Riele es beneidet. Gerüttelt und geschüttelt voll das Maß von Unglück und doch ein Triumph über alles irdische Leid.

Ein »Tod, wo ist dein Stachel − Hölle, wo ist dein Sieg?«

6. JANUAR 1916

Vormittags Jury für die Freie Sezession. Ich bin zaghaft, Sachen von Bekannten, z. B. Änny Löwensteins Porträt, durchzudrücken. Wären die Sachen *sehr* gut, daß ich davon überzeugt wäre, würde ich — ich hoffe es — mit mehr Eifer dabei sein. So aber sind die Sachen, für die einzustehn mir nahegelegt wird, fast alle mittelgut, ja höchstens mittelgut. — An den ganzen eingelieferten Arbeiten war fast nichts Außergewöhnliches, was von einer Frau stammte, die einzigen originellen Arbeiten stammten von Männern.

Abends wieder mit T. und K. — Wieder dies unzufriedene Gefühl der K. gegenüber. Wie kommt es nur, daß ich, solange ich nicht mit ihr zusammen bin, sie verstehe und würdige? Bin ich mit ihr zusammen, ist es unbegreiflich, bis zu welchem Grade ich mich durch momentane Antipathie beeindruckt gehen lasse. Dann immer nachträglich dies Empfinden, mich — ja — nicht würdig benommen zu haben. Auf eine Weise, die ihrer Jugend nachgesehn werden dürfte, aber nicht meinen 48 Jahren. Falsch, falsch, falsch.

SONNTAG, DEN 23. JANUAR 1916

Abends mit Anna Plehn und Ackermann bei Josty. A. geistvoll. Karl und ich gegen ihn recht langweilig. Es ist eben wieder die alte Sache, das ganze Gefunkele und Gespiele hat aufgehört für uns. Zuerst will man nicht mehr und nachher kann man nicht mehr.

4. MÄRZ 1916

Wenn ich an Hause dachte,* sah ich Karl. *Immer* überarbeitet. Mir wurde allmählich bang bei Rautenbergs. Das Gefühl wie oft früher, ich müßte nach Haus, ich versäumte etwas bei den Kindern. Was war zu Haus? Kein Kind und der Karl von der Arbeit verschlungen. Doch wußte ich, wenn ich kam, würd er sich freuen. Vielleicht kommt noch die Zeit, wo absolut niemand zu Hause ist, der sich freut, wenn ich komm.

Als ich Mittwoch Abend nach Hause kam, war Karl nicht da. Kathrine lag mit einer Halsentzündung im Bett. Eine Schwester, die unsere ganze Schlafstube und Badestube für sich und die Kathrine belegt hat. Karl und ich schlafen oben. Karl in Hansens liebem Bett, ich auf dem Sopha, auf dem der Junge Jahre geschlafen hat. Trotzdem bezwinge ich nicht meine böse Stimmung, daß Kathrine und die Schwester unten so breit alles beherrschen.

5. MÄRZ 1916

Gleich früh mit Karl darüber gesprochen, mache ihn runter, daß er Kathrine verwöhnt, alle sie wie die Prinzessin auf der Erbse behandeln. Karl geduldig, gütig. Mich bost es, daß er so ist, er kommt mir vor, wie ohne jeden erhaltenden Egoismus, er wehrt sich gegen nichts; wer es ist, der sich an ihn wendet, er

* Sie vertrat eine Kusine für einige Tage in deren Familie

gibt sich jedem und vollständig, ohne daß er je sagt: von hier ab beginne *ich* und werde mich behaupten.

Es frißt direkt an mir, daß das mit ihm so ist. Er läßt sich aufbrauchen, löst sich auf wie Zucker im Wasser. Das Wasser wird süß, aber der Zucker ist fort.

JUNI 1916

Am Sonntag den ganzen Tag fort im Walde.* Heißer schöner, schöner Tag. In Rotenbuch, wo wir zu Mittag einkehren, hören wir aus einem Gasthaus eintönig schreienden Gesang junger Männer. Dieselben kommen nachher in unser Gasthaus und singen da wieder. Besonders ein junger Mensch: er schreit seinen Gesang lauter als alle andern mit monotoner Traurigkeit, durchdringend. Nachher hören wir von der Wirtin, daß es der dritte Sohn einer Tagelöhnerfrau ist, der jetzt als letzter eingezogen ist. Es war dies der Abschied von seinen Freunden.

5. 12. 1916

Wertheimer zeigt mir unterdeß das Spiegelexperiment, wonach man zwei Gesichter zugleich sehn kann, sie sich nähern und decken lassen kann. Dann kommt etwas Seltsames und meist Unangenehmes heraus. Wir machen verschiedene Proben. Lises und mein Gesicht sollen zusammen Ähnlichkeit mit der Tante Bennina ergeben. Lise und Wertheimer merkwürdig, etwas nach Heinrich oder Baudelaire oder Steiner, unten Lises langes Gesicht und weicher Mund, die Augen sehr dunkel und glanzlos, über den Augen eine steile, hohe weiße Stirn mit Lises Seitenlöckchen. Wertheimers Bart ist fort. Lise und Georg zusammen passen nicht, gibt unangenehmes Zwischengesicht.

9. MÄRZ 1917

Gestern und in der Nacht dauernd Schnee gefallen. Heut sieht man ganze Trupps von Schuljungen den Schnee wegschaufeln. Eben kam ein Zug von dreißig Jungens die Treskowstraße runter, sie hatten Schippen über der Schulter, marschierten singend.

Wie riesig gern sich Kinder nützlich machen. Sie müssen nur den Eindruck haben, daß ihre Arbeit gewertet wird, und die Arbeit muß nicht zu lange dauern. Hier nun noch die Gemeinsamkeit. Ich glaube übrigens, sie werden bezahlt mit 35 Pfennig die Stunde.

* Auf einer Reise im Spessart

Ein ellenlanger Brief von Hans Koch. Mit der Verkündigung, garkeinen festen Beruf ergreifen zu wollen. Seinem Werk »nachleben«. Teile in dem Brief muten überspannt an. Doch riß der Brief mich hin. Er ist so jung und glaubt so stark an sich, seine Kraft auf andere Menschen. Ich schrieb an Walter Koch und sagte ihm, daß meiner Meinung nach es das Richtige wäre, seine Eltern ließen ihm einstweilen ganz Ruhe. Er wird schon später von selbst zu einem Beruf kommen.

... Neue Formen für Liebe will er finden. Alles das übersteigert sein Empfinden. Wenn ich etwas fürchte, dann ist es, daß er sich überreizt.

5. DEZEMBER 1917

Auf der Auktion Kaufmann gewesen und den alten Seydlitz kennengelernt. Die Leute sollen wie unsinnig gekauft haben. Schwindelnd hohe Summen.

Ein Kontrast dazu. Auf dem Nachhausewege treffe ich die kleine Frau Dr. Magnus. Sie ist ganz klein und mager geworden. Sie arbeitet jetzt im vierten Jahr ohne irgendeinen Entgelt in Volksküchen usw. Selbst wohlhabend, ist sie hart gegen sich. Gibt viel Geld an Arme. Im vorigen Jahr, sagt sie, hat sie oft gehungert, weil sie nur gemäß den Karten leben wollte. Ich glaub es, wie ich sie kenne. Sie ist gerecht, unermüdlich und streng in den Forderungen an sich selbst, ein moralischer Mensch. Vielleicht aber zu ernst und schwer. Wohl mit sehr wenig Freuden im Leben und am Leben.

18. MÄRZ 1918

Früh bei Frau Soost gewesen. Ihr Röschen ist gestorben. Liegt wachsbleich mit tiefeingesunkenen Augen und offenem Mündchen im Wagen. Sie hat ein weißes Kleidchen an mit rosa Bändern und Gürtel. Da hinein hat Frau Soost ihr eine rosenrote Hyazinthe gesteckt. Die grünen Blätter reichen bis zu dem gelb-weißen Köpfchen. Frau Soost muß fortgehn. Ich zeichne das Kindchen. Lotte ist dabei. Nachher kommt die vierzehnjährige Lene und erzählt alles Mögliche. Auch, daß das dreijährige Kind vor dem Tode zu Frau Soost gesagt hat, indem es sich abwandte: »Mutter laß mich, ich will sterben.« — Mir kommt das unglaublich vor. Erinnert mich an das, was eine Siewert mir einmal erzählte, daß ihre gestorbenen kleinen Geschwister vor dem Tode die Hand der Mutter weggeschoben hätten.

Gestern bei Kapellmeister Levy zu einer Debatte gewesen. Es waren Pfemfert da, Dr. Bernstein, Oberlehrer Berger, Rechtsanwalt Fränkl. Ausgesucht häßlich und absonderlich aussehende Menschen, Pfemfert und Fränkl fanatisch, schreiend. Sehen in Sozialdemokratie, auch den Unabhängigen, eine verrottete Bande, mit der man nichts zu schaffen hat. Ziel ist der Anationalismus. Karl sprach als Sozialdemokrat, kam schwer auf gegen die andern. Sympathisch war mir nur Bernstein.

SONNTAG, 22. DEZEMBER 1918

Hans ist in der Stadt gewesen und erzählt von der Demonstration der Kriegskrüppel. Ein großer langer Zug zum Teil im Wagen. Plakate sind getragen worden: »Wir wollen keine Barmherzigkeit, sondern Gerechtigkeit! Wo ist die Ludendorff-Spende?« Gern hätte ich den Zug gesehen. Es ist scheußlich beschämend für die Beschädigten wie für die Zuschauer, daß die Menschen da ihre Schäden demonstrativ zeigen. Ich denke mir, das ist nur möglich in einer gewaltig zornig wirkenden Demonstration. Sonst ist es scheußlich. — Ich hab jetzt schon zweimal junge kriegsblinde Soldaten mit dem Leierkasten gesehn. Einer steht am Bahnhof Börse. Hat die Mütze zum Einkassieren auf den Leierkasten gelegt und dreht mit dem linken Arm. Mußt an Simpel denken, der vor vielen Jahren das Bild eines 70er Invaliden brachte, der den Leierkasten dreht und dazu singt »Was ich bin und was ich habe, dank ich dir, mein Vaterland!«
Diesmal also auch wieder dieselbe Geschichte. Und doch hieß es zu Anfang des Krieges, daß der Leierkasten-Invalide nie wieder auf der Straße gesehn werden sollte.

27. JANUAR 1919

Der junge Robert Liebknecht war mit seinem Freund Goldstein hier. Er brachte seine Skizzenbücher. Frau Liebknecht hatte am Abend vorher mich telephonisch gebeten, dem Jungen nicht zuzureden, das Abitur zu lassen, weil der Vater wünschte, daß er das Abitur mache. Der Junge ist *sehr begabt*.
Von ungeheurem Temperament, Liebknechtschem Ungestüm, sind seine Zeichnungen. Sein Gesicht ist dem Vater ähnlich, aber jüdischer. Er macht einen nervösen, etwas gepeinigten Eindruck. Er nimmt meine Liebknecht-Zeichnungen für seine Mutter mit.

Soeben lese ich, daß Lehmbruck sich getötet hat und zwar wegen Zerwürf-
nissen mit seiner Frau. Das ist mir kaum glaubhaft. Wie kann ein Mensch, der
so an sein Werk glaubt, so ein kolossales Selbstgefühl hatte, sich wegen Zer-
würfnissen mit der Frau töten? es muß denn sein, daß er als Künstler gebrochen war. Wer kann das wissen?

Lehmbrucks Begräbnis. Ein Freund und E. R. Weiß sprechen an seinem
Grabe. Als Freunde und Kameraden. Die Frau jung, in hohen Stöckelschuhen,
mit ratlos verweintem Gesicht, steht für sich allein.

Auf der Reise von München nach Berlin der junge Berliner Arbeiter, krank,
wohl lungenkrank. Ganz erregt kam er immer wieder auf seine Reise zu sprechen. Auf das Leben oben auf der Alm. Übers Jahr müßte er bestimmt wieder
hin. Dann holte er aus dem Rucksack eine Rolle und rollte ein Aquarell auf,
das er besah und wieder beiseite steckte und wieder besah.

Ganz ergriffen von Otto Brauns Nachlaß. Wie breit war da alles angelegt,
wie ruhig und weit deuteten die Linien in die Höhe und Weite. Noch am
17. März schreibt er an den Vater: »Das wird das Schicksal nicht wollen, mein
Gefäß zu zerschlagen.« Am 29. April ist es zerschlagen.
»Wie ich schon bei meinem diesmaligen Ins-Feldrücken das Gefühl von
einem großen Wechsel hatte, der mich erwartete, so auch jetzt. Es ist so schön:
die Zukunft ganz undurchsichtig und man kann sich allerlei bunte Farben mit
Zauberlandschaften hineinmalen.«

Um ein Uhr kommt Karl zurück und zu gleicher Zeit Hans Koch mit Helene... Dieses Mädchen gefällt mir außerordentlich. Sie ist aus masurischer
Gegend, das heißt ihre Eltern. Sie leben in Hamburg. Sie ist Kind einer ganz
jungen Ehe, die Mutter 18 Jahre, der Vater 23. Sie hat eine gelbe Seidenjacke
an und genau so gelb glänzende Haare, die sie einfach zurück und geknotet

trägt. Sie ist mittelgroß, hält sich gerade. Ist voll. Ihr Gesicht ist rund und voll (Schädel Rundform), Augenbrauen stark und gerade. Augen hellblau und mit geradestem Blick. Die Nase nicht schön. Der Mund besonders beim Sprechen und Lachen wunderschön. Und eine klingende wohltuende Stimme. Sie könnte wohl eine Tochter der Rose Plehn sein. Dieses Mädchen scheint mir ganz ungewöhnlich. Als unser Hans und Hans Koch weggingen, um die Versammlungen zu sehn, blieb sie bei mir und wir sprachen. Sie sprach über das, was mir immer eine Frage gewesen ist: Wie die jungen Menschen jetzt leben können? Sie sagt, daß sie sehr unglücklich gewesen ist, als das Leben, wie es in früheren Zeiten in der Regel gewesen ist, nach Krieg und Revolution einfach zusammengebrochen ist. Weder Mann noch Kind steht ihr jetzt als möglich vor Augen. Wie sie nun zu leben gedenkt? Ganz vertrauensvoll immer nur der inneren Stimme folgend will sie sich dem brausenden Zeitstrom hingeben und sich tragen lassen. Weiß nicht, wohin er sie führen wird. Eine große Wanderung nach dem Osten steht ihr unbestimmt vor Augen. Mit Hans Koch scheint sie einstweilen verbunden zu sein, nach Blankenburg aber will sie nicht, nur besuchsweise. Fürs erste nach der Schweiz. Geld ihres reichen Vaters will sie nicht annehmen.

Für mich hat sie etwas Verwandtes mit den russischen Frauen, wie Nadja Strasser sie schildert. Nur daß die sehr positive Arbeit vor Augen sahen und Helene nur erst Nebel vor Augen hat. Aber selten hat mich ein Mädchen dieser Generation so getroffen wie diese. So schön, so rein, so verheißungsvoll.

Wie suchen sie alle verschieden den Weg durch das komplizierte krampfige jetzige Leben zu finden: Diese Helene — Regula — Elsbeth Kühnen — Margret Bartsch — Margret Ahrens — Kathrine Laessig — Hilde Rautenberg — Annie Bender — die Ehlersschen Mädchen — Anna-Erika — Helga. Auf der andern Seite steht nur Paula mit ihrem alten schlichten Mutterinstinkt. Für sie hat sich nichts verändert. Sie hat ihren Mann und ihre Kinder, die bedeuten für sie die Welt. Sie gibt sich dieser Welt mit mehr Inbrunst hin als wir in unserer Generation es taten. Sie ist eine wundervoll vollendete Frau nach dieser Seite.

Aber sie ist auch nicht zwanzigjährig, sondern dreißigjährig. Die Krisen der letzten Jahre fanden sie schon in festen Lebensverhältnissen.

4. JUNI 1920

Bei E. R. in der Heilanstalt gewesen. Fand sie zum Erbarmen, mager, demütig, leise sprechend, eigentlich ganz gebrochen. Suchte gleich noch R. auf. Er gab mir zu, daß sie da nicht bleiben könnte, sagte, er würde heut hin, sie da fortnehmen, in eine andere — offene — Anstalt geben und eine geeignete Wärterin suchen, die mit ihr lebt. Wenn es nur geschieht und *bald* geschieht.

Da geht die Ehe zu Grunde. Grauenhaft, grauenhaft muß es sein, wenn man noch soweit wie E. seinen Verstand zusammen hat, gewaltsam in einer Irrenanstalt gehalten zu werden!

Dieses: *Was* man auch tut, *was* man auch sagt, *wie* man auch blickt, Personen gegenüberzustehn, die unbeirrt und unbelehrbar den Irren in einem sehn, Personen, die immer gleichmütig bleiben, nie aus der Haut fahren, die immer auf alles mit dem larvenhaften unbeseelten stereotypen vorschriftsmäßigen glatten Lächeln der Irrenwärter antworten. Die immer *da* sind, wenn man sie auch vorher nicht gesehn hat, mit ihrer unerträglichen Freundlichkeit, für die man sie ins Gesicht schlagen möchte. Überhaupt, wer gibt einem Menschen das Recht, einen Paranoiker, der nicht bösartig und gemeingefährlich ist, ins Irrenhaus zu sperren? ich finde das unerhört.

Boshafte Menschen, die dauernd vom Klatsch und Verleumdung leben, die ihre Kinder und Angestellten plagen und prügeln, bleiben unbehelligt und Menschen, die fixe Ideen haben, mit denen sie ihre Umgebung plagen — aber nichts Verbrecherisches tun — dürfen, wenn zwei Ärzte sagen, daß sie Paranoiker sind, lebenslänglich mit Irren eingesperrt werden.

JUNI 1921

Mit der alten Nähfrau Heling etwas Nettes erlebt.

Ich ging zu ihr, sie zu bezahlen. Sie wohnt vier Treppen hoch mit dem Blick über den Friedhof. Sie ist zum ersten Mal zu Ferien fort gewesen. Im Harz. Von ihrer Tochter mitgenommen. Sie hat geweint vor Freude, als sie auf den Brocken kam. In ihrem Zimmer hängen die Bilder der beiden gefallenen Söhne. Der jüngere war mit Peter mit. Er war neunzehn Jahr. Ein so liebes, schönes Gesicht, das an Peter erinnert. Der andere war »wie besessen« — sagt sie — »von Liebe zum Malen«. Mit zwei Brötchen lief er morgens oft weg, blieb den Tag weg und malte, malte. Aquarelle von ihm hängen noch in der Stube. An den und seine Verzückungen in der Natur hat sie bei ihrer Reise immer denken müssen. Darum sind ihr immerfort die Tränen gelaufen.

JUNI 1921

Alexander sprach in dem Arbeiter-Diskutierklub. Mir gegenüber saß der Arbeiter Braun, ein fabelhafter Kerl. Ganz verbiestert, Grüblerkopf, gewaltiger Schädel, von der Nase am Mund runter scharf eingeschnittene Falten, Ausdruck der Augen vergrübelt und fern. Dazu ein kurzer breiter Körper, breite Schultern, kurze Arme und Pranken von Händen, in die er seinen Kopf vergräbt.

Jetzt wieder zuhaus, wo Karl schon sehr wartete. Schreckliche Müdigkeit, die mich wieder überkommt, lähmende Müdigkeit. Gleich am ersten Tage Besuch von Wittfogel. Das ist ein feiner Kerl, schön in seiner reinen germanischen Rasse.

SEPTEMBER 1921

Kögel* zu sehn war mir sehr interessant. Verkrümmt und verbogen wie sie ist — mit entstellten Händen — arbeitet sie vom Bett aus doch schon wieder für die Lister Kirche. Der Kögelsche starke Wille. Bei all ihrem Leiden ist ihr Kopf frei geblieben und kann wieder arbeiten.
Mein Kopf ist dagegen so verbraucht.

23. OKTOBER 1921

Heute am 23. Oktober ist Gauls 53. Geburtstag. Gestern haben wir ihn begraben auf dem Dorffriedhof in Dahlem. Auf dem Sarg lag ein vergoldeter Lorbeerkranz und Blumen von seiner Frau und den drei Kindern. Unten herum Kränze von den leuchtendsten Herbstblumen. Am Sarge sprach Liebermann, warm, als Freund. Besser noch sprach Scheffler am offenen Grabe. Ich stand neben Barlach und der sagte, er wäre vor kurzem noch bei Gaul gewesen. Und es wäre erschütternd für ihn gewesen, wie er da im Atelier zwischen all den Arbeiten vor der großen unvollendeten des Menschenaffen gesessen hätte: unfähig, eine Hand zu heben, hätte er mit den Augen gearbeitet.
Du lieber August Gaul, ich habe dich sehr, sehr gern gehabt. Von all den Künstlern, mit denen ich seit 25 Jahren in Verbindung bin, warst du mir lieb wie ein Freund. Immer gut zu mir. Ein so freundliches Licht wie aus deinen Augen kam, hab ich selten bei anderen gesehen. Bescheiden, gut und so liebevoll freundlich warst du wie der Franz von Assisi.

13. NOVEMBER 1921

Ganz lieb ist mir der Josua Gampp. Das ist ein richtiger Schwarzwaldmensch wie der alte Thoma, bei dem er auch gearbeitet hat. Er hat dieselben braunen offenen kindlichen Maleraugen. Seine Stimme ist vibrierend und hat viel hohe Töne und klingt froh, ja jubelvoll. Das ist ein reizender Mensch und

* Kögel = Studienfreundin aus München

135

gut für Anna-Erika, die norddeutsch schwer ist. Auch ihre Mutter macht einen schweren, guten Eindruck. Wenn Josua den Kleinen auf dem Arm hat und mit ihm spaßt, das ist furchtbar nett.

3. JANUAR 1922

Soeben habe ich Annies Brief gelesen und da fühlte ich diese Verflachung weichen. Da *fühlte* ich wieder. Ich kann nichts über den Brief schreiben. Wenn ein Mensch so wahrhaftig und restlos sein Herz auftut und einen hineinschauen läßt in das pulsende, liebende, bewegte Herz, da soll man keine Worte machen darüber.

Weihnachten waren wir draußen in Lichtenrade. Es war ein schöner Abend. In der oberen blauen Stube stand das kleine, apfelbehangene Christbäumchen. Der Hans hatte die Lichter angesteckt und die Spieluhr aufgezogen. Da kam die Ottilie und sagte: nun gib mir mal meinen Jungen — nahm ihn auf den Arm und dann gingen wir herein und freuten uns alle. Peterchen aber hat so sehr gestaunt, daß er zu keinem Lächeln zu bringen war. Und als nachher wieder die Spieluhr ging und Karl ihn auf dem Arm hatte und ihn herumtrug, schlief das Kerlchen ein.

Dem Karl hatte ich das Selbstbild (radiert für Bruckmann) geschenkt und Ottilie die Mütter, den Holzschnitt.

ANFANG FEBRUAR 1922

Tilla Rupp auf der Reise nach Königsberg hier vom Streik überrascht, bleibt bei uns. Sie ist ein tüchtiger, feiner Kerl. Aber etwas mag ich an den Ruppschen Mädchen doch nicht oder reizt mich. Sie haben viel Charakter, aber sie haben wenig Temperament.

Sie haben auch Leidenschaft, aber doch wenig Temperament.

2. OSTERFEIERTAG 1922

Finden noch Karl Förster * draußen, den ich mir ganz anders gedacht hatte. Garnicht geistreich. Er sagte Karl, daß er sich eigentlich in dauerndem Glückszustand befinde. Einmal ruft er Tom an, der elend und entzwei sich fühlt. Der will nicht kommen. Da sagt Förster am Telephon leise, aber ganz bestimmt: »Stehn Sie gleich auf und kommen Sie — Sie sind zur Glückseligkeit geboren.« Sofort war Tom auf den Beinen. Auf dem jüdischen Friedhof, wo Fräulein Schumann mit der Mutter so gern hingeht, zwei schöne Grabsprüche gesehn:

---

* Karl Förster: Staudenzüchter und Schriftsteller

»Ernst in der Pflicht — ehrfürchtig vor Gott — für die Menschen voll Liebe.«
Und auf dem Grabstein einer Frau: »Ich wehrte meinem Herzen die Freude
nicht. Ja, mein Herz war fröhlich ob all meinem Tun.« Was muß das für eine
feine Frau gewesen sein.

Auf einem Kindergrabstein: »Hier ruht ein herziges Kind« — (nicht: »unser
herziges Kind«.)

NOVEMBER 1922

Nachmittags saßen wir mit Goeschs, Goetzens, Frau v. Deppschütz und
noch jemand, mindestens sechzehn Personen, alle in einer Stube, Mensch an
Mensch. Ich hatte wieder dies starke Gefühl, wenn so viele Menschen von uns
Älteren bis zu Säuglingen herunter, alle animalisch eng zusammenhocken
und doch etwas Geistiges da ist. Wie hier, wo Goetz Heinrichs und nachher
Pauls Gedichte vorlas. Auch die Kinder so ruhig eingefügt sitzen und sich
wohl fühlen.

24. SEPTEMBER 1923

Bonus' sind hier bei uns. Sie sind — beide — von einer Gefaßtheit, die ich
fast nicht verstehe.

Bonus', fast seit ich sie kenne arm, haben es immer verstanden, trotz Armut
das Beste aus dem Leben herauszuholen. Sie haben sich lieb gehabt und hoch-
gehalten, Freude herausgezogen, wo sie nur möglich herauszuziehen. So
bringt Jeep es fertig, unter Helgas Tod nicht zusammenzubrechen, sondern
mit ihr mitzugehn, mitzu»fliegen«. Daß Helga fliegt, fühlt sie, glaubt sie.
»Wie schön« denkt sie, »da darf ich doch nicht weinen.«

AM MONTAG, DEN 19. MAI 1924

Die Schumannschen Mädchen sind hier und Rose erzählt sehr amüsant und
interessant aus ihrer Fürsorgetätigkeit. Eine Mutter sagt von ihrer Tochter,
die mehrere uneheliche Kinder hat: »Sie ist hochanständig, hat nur immer das
Pech mit die Kinder«. Eine beklagt sich über den Bräutigam, der keine Ali-
mente zahlen will und der fort ist. Rose fragt sie, ob sie gar keinen Anhalt hat,
z. B. ein Bild von ihm als Soldat, wo vielleicht seine Regimentsnummer drauf
ist. Sie: »Erlauben Sie mal! So intim bin ick mit ihm nich gestanden!« — Eine
andere, wo der Vater Dienstmann ist, »hat seine Nummer sich nicht gemerkt«.
Am interessantesten aber die Arbeiterin, die acht uneheliche Kinder hat, alle
von anderen Vätern und die sie alle allein durchbringt. Die Ältesten verdienen

schon. Und was für ein Geschrei der Anerkennung macht man schon, wenn ein bürgerliches Mädchen ein — höchstens zwei — uneheliche Kinder durchbringt.

Von einer andern erzählt sie, die hat sechs uneheliche Kinder, aber die sind von einem Vater, der kommt alle Frühjahr sie besuchen.

MAI 1924

Ein kleines Jungchen läuft seinem Vater entgegen, der mit dem Auto abends nach Hause kommt. Der Vater kommt ausnahmsweise eine Stunde später, aber das Jungchen hat er nicht getroffen. Das bleibt weg, ist vielleicht ermordet. Das liebevoll zärtliche Kerlchen, das wie alle Tage seinem Vater entgegenläuft.

Nein, Gott sei Dank, ermordet ist er nicht und geschändet und gequält, aber ertrunken ist er, man hat die kleine Leiche aus dem Fluß ausgefischt. Er wird, als der Vater immer nicht kam, seinem Vergnügen nachgegangen sein, vielleicht einem Schmetterling nach. Vielleicht ist er im Spiel, sein kleines Seelchen voll Freude, ins Wasser geplumpst und hat dann nur den kurzen Schreck gehabt.

Liebes, zärtliches Jungchen.

1. NOVEMBER 1924

Grete Wiesenthal hier. Sie und Thildi und Stan, das sind die drei Frauen, für die ich eine besondere Sympathie habe. Nicht Liebe, wie für Lise und Ottilie, sondern so eine kleine Schwärmerei. Wie lieblich und reizend ist die Grete Wiesenthal, dabei wie klug und fein. Für sie ist die Liebe immer die Hauptsache im Leben gewesen, sagt sie, und nun hat sie auch noch das Glück einer neuen Liebe und Ehe.

JANUAR 1925

Jeep ist ein seltsamer Mensch. Früher mißachtete ich ihre spielerische Art, alles mit Niedlichkeiten zu umgeben, ihr Gehüpfe und das alles. Jetzt, nachdem ich lange weiß, wieviel Klugheit und Ernst und auch Größe hinter all den Zierlichkeiten und Niedlichkeiten steckt, hab ich Respekt vor ihr. Karl sagt ganz richtig, sie ist ein Filigranarbeiter des Lebens.

Gestern stirbt an einer Lungenentzündung Heinrich Braun, 72 Jahre alt. Der Vielgeliebte, der Frauenfreund, der wie der Landvogt von Greifensee aussah. Der immer Ritterliche, Noble, Lilys Mann und Ottos Vater. Von seiner geistigen Schärfe weiß ich nicht viel zu berichten. Aber wie entzückend war sein Lachen, als ich in Paris bei ihm anklingelte. Von seiner Stimme sagt Lily: »Nur ein Mann in der Welt hat eine solche Stimme.« Wenn er einen anlächelte, fühlte man sich schön, geliebt, von ritterlicher Courtoisie umwoben. Ihn sollten wirklich Frauen zu Grabe tragen, denn er machte Frauen strahlend und schön sein. — Viermal war er verheiratet, er hat wohl auch die Julie Vogel, seine letzte Frau, glücklich gemacht.

Den Erlös aus Ottos Tagebuch gab er armen Studenten. Hilfsbereit war er immer, wie hat er Konrad geholfen. Ich weiß, daß er auch sehr grämlich sein konnte, d. h. ich hatte es gehört, erfahren hab ich's nicht. Immer, wenn er mich sah, lächelte er sein entzückendes Lächeln über sein ganzes Gesicht. In München, als ich 22 Jahre alt war, suchte er mich auf, Marianne Fiedler war auch dabei. Er lehrte uns den Sozialismus.

Als ich abends in Kassel ankam, holte Aute Schreiner mich am Bahnhof ab und ich ging mit ihr zu den Leuten, wo sie jetzt die Kinder versorgt. Der Mann ist Architekt, drei Kinder. Die Kinder sind Ulla, Andreas und Michael. Die Ulla lag noch wach und wartete auf mich. Ich fand sie auf ihren linken Arm gestützt im Bettchen. Dies Kind war mir das bei weitem Schönste in Kassel. Sie empfing mich freundlich und ruhig: »Ich hab gewartet, bis du kommst.« Dann erzählte sie mir vielerlei, immer ruhig, eins nach dem andern mit leiser Kinderstimme.

Sie ist elf Jahre alt. »Ich knet nämlich auch« sagte sie und zeigte mir einen Hund, den sie gemacht hat. Aber ganz erstaunt war ich, als nachher der Vater ihre Plastiken zeigte, die er sich alle aufhebt. Fein, zart, aber nicht im geringsten süß, ganz ungemein gut. Besonders eine liegende Ziege, ein Eichenblatt, eine Kleinigkeit von Kiefernnadeln. Seltsam. Der Vater hebt sich sorgfältig alles auf.

Frau Kawerau war hier und lud wieder etwas ab...
Frau K. mit ihrem mystischen Mitklingen mit dem Schicksal anderer. Vor

zwei Jahren im Frühling. Sie kocht. Plötzlich das Gefühl, sie muß in den Grunewald. Wird so stark, daß sie Essen auf Herd stehn läßt und losläuft. Im Grunewald weiß sie nicht wohin. Ein Mann auf sie zu und fragt, was sie sucht? Sie: »Das Wasser.« — Er: »Das ist nicht wahr. Sie suchen mich.« — Bleiben zusammen, er erzählt ihr alles haarklein. Hat Revolver bei sich, um sich zu erschießen. Sie bringt ihn noch nach Hause, es zeigt sich, daß sie und er dasselbe Geburtsjahr und -datum haben. Ähnlich merkwürdige Sachen passieren ihr andauernd. Immer rettet sie jemand das Leben, seelisch oder körperlich. Als sie zu mir kam und an der Elektrischen stand, läuft jemand über den Bahndamm gegen ein Auto, wird von diesem hochgeworfen und fällt so runter, daß er sich nicht den Schädel zerschlägt, sondern an Frau Kawerau aufschlägt. — Von einem ihrer Kinder erzählt sie, daß es merkwürdige Rückerinnerungen an ein früheres Leben zu haben schien. Die Frau ist klein und gänzlich unscheinbar, hat nur freundlich und schön blickende hellblaue Augen.

Agnes Smedley gibt mir einen Zeitungsaufsatz, in dem sie von ihrem Leben berichtet. Eine Kindheit und Jugend voll fürchterlicher Not. Später Liebe, viel Beziehungen zu Männern, aber keine Ehe, kein Kind. — Smedley ist mir sehr sympathisch, war es, seitdem ich sie kennenlernte. Es sind mit die feinsten Freuden des Lebens, die Freuden an Menschen und das mit ihnen Sympathisieren. Liebe oder Verliebtheit braucht da gar nicht mitzuspielen. Ich weiß, daß ich einige Male in späteren Jahren dieses feine Gefühl haben durfte und es sehr bewußt als beglückend wertete, merkwürdigerweise sind mir jetzt nicht die Menschen mehr so gegenwärtig, die dies Gefühl auslösten. Es gehörten zu diesen Menschen wohl: Bonus, Goesch, Geyso, Paga, Frau Kawerau, Smedley, Stan, Frau Kalmikow, die Warefkin, vor allem die Lise — trotz Blutsverwandtschaft.

Sehr selten steh ich zu jungen Menschen so, keinen einzigen Fall wüßte ich. Es ist da immer Arbeit, mich zu ihnen hinzufühlen. Man merkt so den Generationsunterschied. Ihre Erlebnisse sind mir nicht interessant. Sie wären es wohl, vielleicht, wenn sie sich öffneten, aber das tun sie ja nicht.

17. FEBRUAR 1930

Der Heinrich ist tot. Heut bekommen wir die Nachricht: Eine Diphterie gehabt, in wenigen Tagen.

Worte bei der Einäscherung des Freundes Heinrich Goesch:

Über Heinrich Goeschs geistige Kraft haben andere geschrieben. Ich möchte von dem Freund Heinrich Goesch sprechen.

Er trat in unsern Kreis, als er ein ganz junger Mann war. Er mochte etwa

22 Jahre alt sein. Er war schön und er war besonders. Eigentlich war damals alles schon vorhanden, was jetzt in seinem fünfzigsten Jahr ausgereift vor den Augen der Freunde liegt. Es war vor allem vorhanden der Drang zur Mitteilung und die Einwirkung auf Menschen. Er lehrte damals, wie er vor kurzem noch im Gespräch lehrte, aber sein Lehren war Mitteilungsbedürfnis über das, was er innerlich erlebte. Heinrich Goesch erlebte rasch und reich und in ununterbrochenem Strom. Stets floß sein Mund über von seinen Erfahrungen und Erkenntnissen, stets warb er um Menschen und stets, solange ich ihn kannte, folgten ihm Menschen. Seine Macht über Menschen erschien oft gefährlich, denn die, die mit ihm gingen, hatten selten den Sturmschritt seiner Entwicklung. Sie glaubten noch mit ihm an seiner Seite zu sein, wenn er bereits woanders, weiter war, und dann hieß es, sich zurückfinden von den oft verstiegenen Wegen. Dieser Mensch war genial, das spürte jeder, der seinen Weg kreuzte, aber wie kam es, daß dieser geniale Mensch sich nicht zusammenballen konnte zu einem Werk? Eine kleine Tür, so schien es mir, wäre aufzustoßen gewesen, und seine herrlichen Gaben hätten Festes geformt. Jetzt, wo sein Leben abgeschlossen vor uns liegt, sehe ich, daß seine geniehafte Bedeutung im Ausstreuen lag, im Schenken, im Befruchten, im verschwenderischen Geben.

Unvergeßlich die langen Gespräche mit ihm. Unvergeßlich eine unter Gesprächen verbrachte Nacht in der Weihnachtsstube. Die Lichter brannten ab, die letzten Schatten der Zweige schwankten an der Decke. Wir saßen und sprachen und sprachen. Welche Perspektiven taten sich da auf, welche Ausblicke auf bis dahin nicht Gekanntes oder nur Geahntes. Denn es war so, daß Heinrich Goesch nicht hochmütig war. In dem, mit dem er sprach, erhöhte er Intellekt und Gefühl der eigenen Wertigkeit. Es entstand ein beschwingtes Lebensgefühl.

Wie ein bunter, gewebter Teppich ziehen die gemeinsam verlebten Stunden vorüber. Zeitliche und räumliche Entfernung der letzten Jahre schien uns noch kein Verlust, wir wußten, der Freund kommt wieder und gibt wieder. Der Freund wird uralt werden. Sein Drang nach neuen Erlebnissen, neuen Erkenntnissen, wird ihn Neuland finden lassen und wenn der Wanderer von da zurückkommt, wird er uns wieder beschenken. Es war so ganz Heinrich Goesch, wenn er in allerletzter Zeit geäußert hat, er habe das Gefühl, vor einer ganz großen Umwandlung zu stehn. Diese letzte große Umwandlung war der Tod. Aber bei Heinrich Goesch hat das Wort Tod den Sinn, den wir ihm meist geben, verloren. Es gibt Menschen, denen wir restlos die Ruhe des Todes gönnen — Aussein —, und es gibt Menschen, bei denen der Tod uns doch nur Umwandlung bedeutet.

»Zu neuen Ufern lockt ein neuer Tag.«

Toni Pigour ist da. Unerschütterlicher Glaube an ihren Mann trotz der Denunziationsbriefe, von denen mir Sandkuhl Mitteilung macht. Ihre vier Kinder hat die Wohlfahrt im Heim untergebracht. Der Mann bekommt von der Wohlfahrt wöchentlich 8.—, Toni wöchentlich 4.— Mark. Dabei will sie ein Atelier mieten für monatlich 25 Mark und arbeiten. Sie meint, sie sei jetzt so gereift, daß sie Wesentliches zu sagen hätte. Ich rede rückhaltlos mit ihr. Spreche von dem ungeheuren Hochmut von ihr und ihrem Mann, die sich für so wertvoll halten, daß sie meinen, sich von der Gesellschaft unterhalten lassen zu dürfen. Sie sieht mich immer fest an, ihr rundes Kindergesicht fängt an mit Tränen zu kämpfen. Ja — sie hält sich für wertvoll und ihren Mann auch. Nun gut — soll sie es beweisen. 23 Jahre ist sie alt und hat schon vier Kinder.

Nun ist Liebermann tot. Am 8. Februar abends um sieben still eingeschlafen. Es ist merkwürdig: selbst wenn man für einen Menschen den Tod wünscht * — ist er da, dann bekommt man doch einen Schlag. Ich ging heut vormittag, am Tag nach seinem Tode, hin und konnte ihn sehn. Furchtbar mager. Gereckt liegt er da und das verändert den Eindruck, weil ihm der Kopf so überhing. Stirn, Schläfen, Nase sehr gut und vornehm.

Seine Frau einfach und gut. Die Tochter Käthe und die Enkelin. — Als ich die Treppe runterging, begegnete mir sein Teckel.

Der Georg ist tot. Am Palmsonntag, 25. März 1934 mittags drei Uhr stirbt er. Und am Gründonnerstag — 29. März — an unseres Vaters Todestag — wird er verbrannt. Und Hanna ist in London und kann nicht kommen und Wertheimers sind in Amerika.

An seinem Sarge:

Lieber Freund Georg. Nun wir von Dir Abschied nehmen, möchten wir hier an Deinem Sarge sagen, daß wir Dir danken. Daß Du so ein Mensch warst, wie Du warst, ein *wesentlicher* Mensch. Das alte Wort: Mensch werde wesentlich — hast Du erfüllt.

Und wenn wir Dir danken, so ist es sicherlich auch für all das Gute, das unerschöpflich von Dir zu uns herübergeströmt ist, aber vor allem dafür, daß wir in Dir einen Menschen in unserer Mitte hatten, der diesen Mahnruf, we-

* Liebermann litt sehr unter der Verfemung durch den Nationalsozialismus

140

sentlich zu sein, in der Stille, in die Du Dein persönliches Leben hülltest, nach-
lebte. Georg, wir danken Dir und grüßen Dich und nehmen Abschied von
Deinem Irdischen. Du bleibst bei uns.

JUNI 1938

Karl und ich in Reinerz. Es sind sehr schöne Wochen. Gerade deshalb so
schön, weil wir allein sind und uns ganz aufeinander einstellen. Karl wird
75 Jahre alt...
Sehr lieb ist uns der Umgang mit einer Arztfamilie Dr. Freund. Der alte
Dr. Freund. Er singt vor sich hin. Über Politik, die jetzigen Zustände, lacht er.
Er wird achtzig Jahre alt.

Das Ewige ist stille
Laut die Vergänglichkeit,
Schweigend geht Gottes Wille
Über den Erdenstreit.
(Wilhelm Raabe)

Der alte Dr. Freund stirbt am 4. August 38 in Reinerz bei seinen Kindern.
Nach dem neuen Verbot gegen Arbeit der jüdischen Ärzte. Ob Dr. Freund freiwillig ging, weiß ich nicht. Er sprach einmal in solchem Sinn von: corriger la
fortune — er lachte dabei wie immer.

OKTOBER 1938

Es sind Peters Tage.
Barlach stirbt am 24. Oktober im Krankenhaus in Rostock. Am darauffol-
genden Donnerstag ist eine Trauerfeier in Güstrow. Ich fahre hin. Dort trifft
es sich, daß ich vor den anderen in seinem Haus und auch in seinem Atelier
bin. Ich gehe durch eine Seitentür herein und habe seinen Arbeitstisch mit
den zusammengeräumten Werkzeugen, dahinter eine Wand mit Arbeiten von
ihm, vor mir. Wie ich mich zur Seite wende, dem eigentlichen Atelierraum zu,
sehe ich Barlach im offenen Sarg liegen. Der Sarg steht in der Mitte des Rau-
mes. Er ist feierlich und kostbar aufgebahrt. Ein schwarzer Teppich und weiße
Atlasdecken. Barlach ist ganz klein. Er liegt mit ganz zur Seite gesenktem
Kopf, als ob er sich verbergen wolle. Die weggestreckten und nebeneinander
gelegten Hände ganz klein und ganz mager. Ringsherum an den Wänden
seine schweigenden Gestalten. Hinter dem Sarg Tannen aufgebaut. Über dem
Sarg die Maske des Güstrower Domengels. Um den Sarg läuft sein kleiner
Hund herum und schnuppert zu ihm auf.

141

... Wie oft wollte ich schon an Dich schreiben, und ich tu und tu es nicht. Dein Brief war so gut, daß Du Dich zu uns setzest und uns etwas erzählst, während mein Mann und ich auf den leise kommenden Schritt der Genesung lauschen. — Ach Jeep, wie leise ist er, manchmal meint man ihn kaum zu hören.

AUS DEN TAGEBÜCHERN

DEZEMBER 1939

Am 14. Dezember nachts früh halb vier Uhr, stirbt Frieda Winckelmann im Hedwigskrankenhaus. Im Februar d. J., ungefähr zur gleichen Zeit, als Karl so schwer krank war, erkrankte Frieda Winckelmann von neuem an ihrer überwunden geglaubten Krebskrankheit. Sie hat durch ihren starken Willen, durch die Beschwingungen, die sie durch den katholischen Glauben erfuhr, durch die tragende Mithilfe ihrer Freunde, vor allem des Pfarrers Krajewski, es möglich gemacht, ihre besten Arbeiten in dieser Zeit zu leisten. Als ich am 20. September in ihrem Atelier war, sah ich ihre Pietà. Verwandt mit meiner nur darin, wie die Mutter die tote Hand des Sohnes hält. Aber meine ist nicht religiös. Frieda Winckelmanns dagegen ist religiös, katholisch religiös. Sie hat mehr Größe und Gewicht dadurch. Der Kopf der Maria ist nicht leer, wie Hans ihn nannte, er ist nur heraufgehoben in die Heilandsmutter. Meine Mutter bleibt im Sinnen darüber, daß der Sohn nicht angenommen wurde von den Menschen. Sie ist eine alte, einsame und dunkel nachsinnende Frau. Der Winckelmann Mutter ist daneben noch Himmelskönigin. Im Sohn ist ihre Arbeit und die meine ähnlicher. Aber ihre ist im Sohn besser. Auch Frieda Winckelmann war sicher derselben Ansicht, obwohl sie nichts sagte. Diese ihre Arbeit ist groß und gut. Sie ist ihre beste. Dann hat sie nur noch eine Heilige begonnen und nicht mehr vollenden können. Am 20. November gab sie den Kampf auf und legte sich ins Hedwigskrankenhaus, um nicht mehr aufzustehn. Sie hat es gut dort gehabt in den drei Wochen. Sie war unter Glaubensgenossen, die liebevoll zu ihr waren. Am 12. war ich noch bei ihr. Sie war sehr matt, aber voller Teilnahme. Am 13. läutete Lise mich an. Sie war zu ihr gekommen, als der Geistliche mit ihr oder vor ihr betete. Sie war teils bewußtlos. Einmal hätte es geschienen, als ob sie die Lise erkennt. Dann die Augen wieder geschlossen. Heut sagte mir früh die Oberschwester, daß sie eingeschlafen sei. Sie sagte, sie hätte vielleicht nie einen so sanften Tod gesehn wie sie ihn gehabt hat.

In der Weihnachtszeit haben wir für drei Tage Josef Faaßen hier. Dieser Mensch ist mir sehr lieb geworden. Sein einfaches menschliches Wesen, natürliche Güte, seine Unerschöpflichkeit im Erzählen von dem Leben mit seinen Kameraden und die minutiöse Begabung, mit der er das tut, ist so nett. Kathrine, Klara, Lina und ich, wir alle sind ihm gut. Auch Hans und Ottilie mögen ihn sehr.

In seinem letzten Brief Januar 43 teilt er mit, daß er jetzt als Sanitäter arbeitet, zum ersten Mal eine Arbeit im Krieg, bei der er gern ist, weil er helfen kann.

ZWEI HOCKENDE FRAUEN, UM 1904

SELBSTBILDNIS MIT DER RECHTEN HAND, 1905

AN DER TÜR DER KNEIPE, UM 1904

PARISER KELLERLOKAL, 1904

MANN MIT MELONE, UM 1904

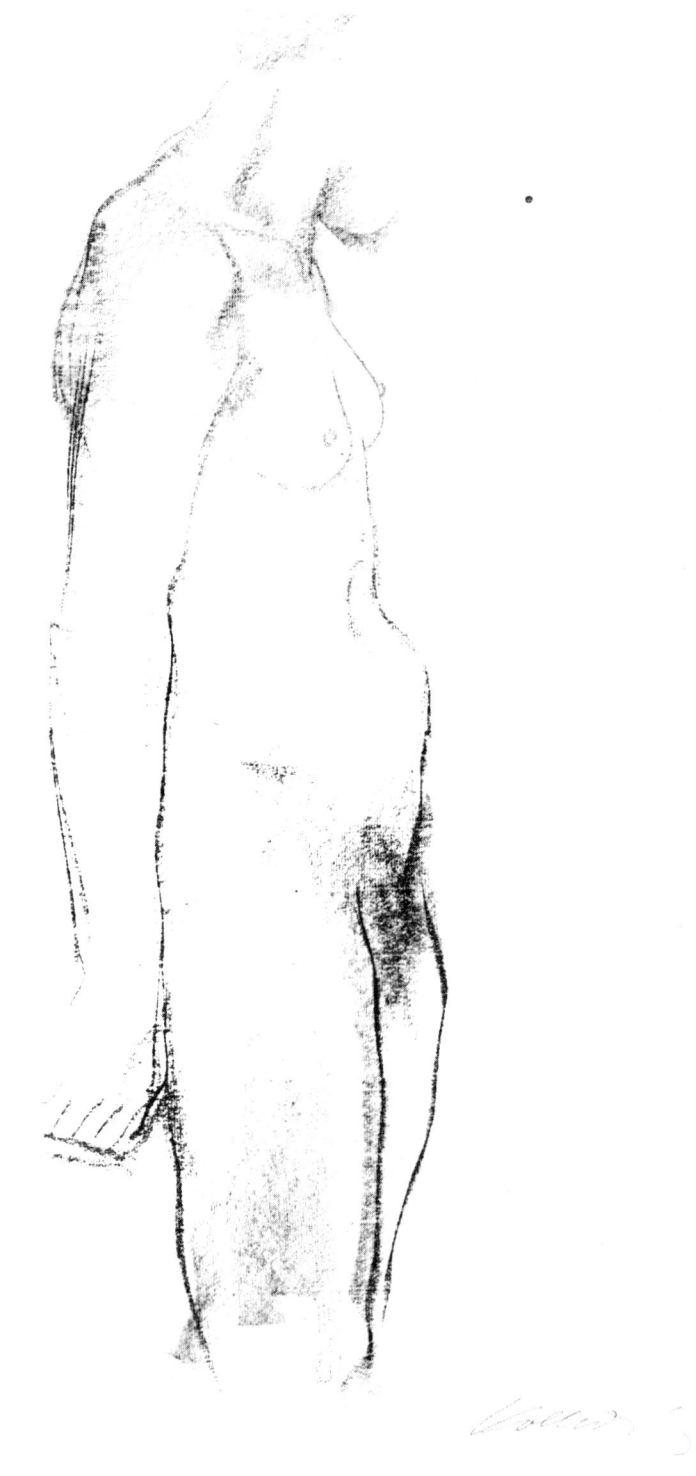

STEHENDER WEIBLICHER AKT NACH RECHTS, 1904/06

RUHENDER KNABE, UM 1905

KNABENAKT, AM BODEN EINGENICKT, 1904/06

FRAU MIT TOTEM KIND, 1903

MUTTER AM BETT DES TOTEN KINDES, 1911

FRAU, IHR TOTES KIND UMKLAMMERND, 1911

TOD ENTREISST DER FRAU DAS KIND, 1910

MUTTER MIT TOTEM KIND IM SCHOSS, 1921

TOD GREIFT IN KINDERSCHAR, 1920

ALTE FRAU, DIE HAND DES TODES ERGREIFEND, 1934

LETZTE FASSUNG: ALTE FRAU, DIE HAND DES TODES ERGREIFEND, 1934

Über Bildende Kunst, Musik, Literatur

In den Entwicklungsjahren nährt sich das Talent von dem, was von allen Seiten zuströmt. Fast jeder Mensch ist in dieser Zeit begabt, weil empfänglich. Die Eltern verfolgten die Methode, uns Gelegenheit zur Weiterentwicklung zu geben, ohne uns mit der Nase darauf zu stoßen. Zum Beispiel stand der Bücherschrank uns Kindern offen, und es wurde nicht nachgeforscht, was wir uns daraus holten. Es waren auch alles gute Bücher. Ich las Schiller in einer großen, schönen Ausgabe mit Stichen von Kaulbach und ich las Goethe. Goethe hat sehr früh bei mir Wurzel gefaßt. Ich habe ihn mein ganzes Leben lang nicht mehr gelassen.

Auch las Vater uns mitunter vor. Einmal las er — ob das jetzt oder doch erst später war, weiß ich nicht —»Die Toten an die Lebenden« von Freiligrath. Dies Gedicht machte einen unverwischbaren Eindruck auf mich. Barrikadenkämpfe — Vater und Konrad dabei beteiligt, ich ihnen die Flinten ladend, das waren heroische Phantasien.

AUS DEN TAGEBÜCHERN

18. 9. 1908

Etwas im Homer gelesen. Die wundervollen Adjektive.

19. SEPTEMBER 1909

Ich lese von Stehr: *Drei Nächte*. Eine schwere, überladene, komplizierte Sprache. Absolut weit entfernt von Einfachheit und Klarheit. Sehr wirksam, jedoch beklemmend, beunruhigend und mühsam, und zwar hängt das wohl gar nicht mit dem Stoff zusammen. Stehr könnte über Themen schreiben, über welche er wollte, sein Stil würde wohl immer dies überladen Leidenschaftliche, arabeskenhaft Verschnörkelte haben. Freilich ist auch nicht zu denken, daß er sich je andere Stoffe wählt als die schwer lastenden. Inhalt und Stil sind bei ihm wie bei jedem natürlich eins.

24. SEPTEMBER 1909

Dürersche Handzeichnungen im Kupferstichkabinett besehn. Bis auf ganz wenige Sachen bin ich gar nicht sehr entzückt von Dürer. Sein Strich ist mir unangenehm und sein übermäßig subjektives Empfinden der Form.

Im Vorraum sehr schöne Sachen von einem Engländer Josef Pennell gesehen (geboren 1858 in Philadelphia, lebt in London). Gesamtansichten von Hüttenwerken mit einer Unmasse rauchender dampfender Schlote, die den ganzen Himmel mit Rauch verqualmen und die Wolkenkratzer von New York bei Tag und bei Nacht.

MITTE NOVEMBER 1909

Arbeiter-Ausstellung höchst interessant. Meist ledige junge Leute, die oft die Schönheit der Großstadt, Fabrikhäuser mit erleuchteten Fenstern usw. begreifen. Für gewöhnlich sind die Motive abgewandt dem gewöhnlichen Arbeitsleben, besonders bei den älteren Arbeitern. Sehr gut sind die Malereien eines Dresdener Tischlers (Selbstporträt, Schlafende Männer in der Pause in der Fabrik, ein Drechsler). Dieser Tischler heißt Rothe, ist 28 Jahre alt, verheiratet und hat drei Kinder. Ein Umsatteln wäre für ihn, wenn nicht unmöglich, doch nicht rätlich, vielleicht käme er nur aus einem Proletariat in ein anderes, womöglich noch schlimmeres.

MITTE NOVEMBER 1909

Zur Bußtagsfeier in der Marienkirche »O Ewigkeit, du Donnerwort« gehört. So sehr schön. Interessant sind mir die alten Texte. Das Leben kann nicht schwarz genug gemalt werden: »Weinen, Klagen, Angst und Not sind des Christen Tränenbrot.«

Dafür wird die himmlische Seligkeit rührend und schön gepriesen: »Der Geist darf einen Blick in jene Freude tun« — und »Da wischt mir mein Heiland die Tränen selbst ab.« Mitunter eine nüchtern kräftige Ausdrucksweise: »Das offene Grab sieht greulich aus.« Oder: »Der Tod bleibt doch der menschlichen Natur verhaßt.«

Gestern abend war ich zu einer Sitzung mit Leuten geladen, die die juryfreie Ausstellung wieder von neuem in Angriff nehmen wollen. Interessant
war mir dabei, Pechstein kennen zu lernen, Kober und noch zwei andere von
der Sezession refüsierte Jünglinge. Ihre Arbeiten sagen mir garnichts, ich
halte sie für talentvolle Schmierereien, wie jeder begabte Akademieschüler sie
fertigbringt. Doch halten sie sich für kommende Manets.

P. sagt: *meinetwegen* ist mir die juryfreie Ausstellung schnuppe, ich setze
mich doch durch usw. — Jetzt gehöre ich selbst schon zu der älteren Generation, die lange arrivée ist und der Jugend Platz und Licht wegnimmt. — Sehr
interessant, die immer wieder anschwellende Woge der jüngsten Jugend. Sie
kann den Gereifteren und denen mit Können und Handwerk nicht verständlich sein, denn sie bringt fast nie positive Vorzüge. Diese liegen in der Phantasie der Jugend. Doch hat die Jugend das Recht, sich mit diesen phantasie-
vollen Zukunftsaugen anzusehn, ebenso wie die Nicht-mehr-Jugend das Recht
hat, über die illusionistischen Werte der Jüngsten zu lächeln und sich davon
abzuwenden ihren ausgereiften Sachen zu.

In Hugo von Hofmannsthal gelesen mehrere kleine Geschichten und *Das
gerettete Venedig*. In den kleinen Geschichten ist er sehr charakteristisch. Er
erzählt in einer von einem reichen jungen Mann und seinen vier Dienern.
Diese Geschichte hat viel Grauen in sich und ist sehr hofmannsthalsch. Das
Abenteuer des Generals Bassompiére, wozu er die Anregung aus den Goetheschen Erzählungen Ausgewanderter genommen hat, ist meinem Geschmack
nach sehr schön, in blühender sinnlicher Sprache geschrieben, es erinnert mich
ein wenig an Decamerone. Dann ist noch die Geschichte von einem italieni-
schen Hauptmann darin, die ich auch noch gut finde, obgleich das Grauen, das
in ihr ist, schon etwas outriert ist. Dann der schöne Brief, den er aus Anlaß seines produktiven Unvermögens geschrieben hat. — *Das gerettete Venedig* dagegen gefällt mir nicht. Hier wie auch in der Elektra nimmt er den Mund sehr
voll, um den Eindruck einer Kraft hervorzurufen, die er nicht besitzt. Es wirkt,
als ob ein Mensch mit zarter Stimme zu schreien anfängt. Impotent wirkt auch
sein Versuch, durch Schilderungen von Grausamkeiten, Wollüsten den Eindruck von Kraft zu geben. Die hat er eben nicht.

In Dresden Forain gesehn. Am schönsten die in der Behandlung sehr groß-zügigen Radierungen und Lithographien aus der Passion, dann die Scenen aus dem Gerichtssaal und die kleinen frechen antisemitischen Zeichnungen in Pastell. Eine Litho ist mir erinnerlich: ein Ballettmädchen und hinter seinem Stuhl, ganz im Schatten, der Herr.

War in der Schwarz-Weiß-Ausstellung der Neuen Sezession. Allmählich bekomme ich doch etwas Ahnung davon, was diese neue Richtung Gutes haben könnte. Eben »sie reizt und wirkt und muß als Teufel schaffen«. Als ich hinterher in das Nebenkabinett kam, wo einige Arbeiten der Refüsierten hingen, wirkte die dort vorherrschende, platte glatte Talentlosigkeit noch viel schlimmer als die Sauereien der Neusezessionisten.

Die Ödipus-Aufführung am 7. November. Ganz grandios, ganz gewaltig. Wenn auch nicht sophokleisch und antik, wenn auch Zirkusstil — ›King Ödipus in Karlshorst‹ —, so doch neu, aufregend, kolossalisch in den Dimensionen, tragisch wirkend. Das Volk nach der Kunde von Jokastes Tod hin- und zurückgeschleudert am Palast wie tosende Brandung. Der Strudel. Als dann der geblendete Ödipus erscheint, der aufseufzende Schrei, mit dem das Volk zurückbebt bis aus der Arena heraus. Ödipus, wenn er aus seiner Sonnenhöhe zum Chor sprach, ebenso wie er den Chor nur als dämmernde Masse sah, schien er ihn zu hören, nur undeutlich, nur halb willig hörte er hin mit dem ärgerlich ungeduldigen Gesichtsausdruck eines Menschen, der Unliebes hört. Dann sein Schreien, als er aus dem Palast kommt, sein fassungsloser Jammer. Jokaste mit dem blutroten Munde, wie sie beide Arme horizontal von sich streckend das Unentrinnbare sieht. Und zuletzt der Beifall, wert einer solchen Aufführung. Tagelang hat es mich gehoben, als ob ich die 9. Symphonie gehört hatte.

Von Tolstoi in *Briefe an Nazarener* gelesen. Ein österreichischer Militärarzt Scarvan hatte den Dienst verweigert und diesetwegen viel auszustehn gehabt. Tolstoi schreibt an ihn voller Liebe und Freude an seinem Tun. Als aber

Dr. Scarvan noch einmal vor die Wahl gestellt wird, ob er den Dienst verweigern solle oder nicht, schreibt Tolstoi ihm, er solle versichert sein, daß auch im Falle des Sich-Fügens ihm seine ganze Liebe und Sympathie bleiben werde. Aus späteren Briefen geht hervor, daß Scarvan mit einem Mädchen geschlechtlich verkehrt habe und schwanke, ob er es heiraten solle. Tolstoi bedauert sein »Niedersinken auf eine niedere Stufe«, tritt aber unter diesen Umständen unbedingt für die Heirat ein: »Hat man einmal Geld entliehen und versprochen, es zu einem bestimmten Datum zurückzugeben, so darf man sich nicht plötzlich in jene Sphäre versetzen, wo es weder Mein noch Dein gibt, und seine Schulden nicht bezahlen wollen. Ebenso ist es, wenn man Liebe für sich erweckt, und — schlimmer noch — jene Beziehungen gepflegt hat, die, falls sie nicht zur Ehe führen, wahrscheinlich eine Ursache der Schande und der Reue werden. Dann darf man sich nicht um die unmittelbaren Pflichten drücken und frei bleiben wollen, um Gott und den Menschen zu dienen.«

ANFANG OKTOBER 1911

Wilhelm Meisters theatralische Sendung mit unglaublichem Vergnügen zu lesen angefangen.

OKTOBER 1913

Belinde im Kleinen Theater gesehen. Beim Lesen viel schöner. Ihr Mann sagt von Belinde, sie hätte die treuesten Augen, die es gibt. Bedürfnis nach Treue ist der Kern ihres Wesens. Und Liebe. Eine große Liebesfähigkeit. Diese macht sie auch nur so begehrenswert, denn keine Frau wird so geliebt, als die selbst intensiv lieben kann wie Caroline. Das starke Quantum Sinnlichkeit, das zu dieser Liebespotenz gehört, läßt sie dem anderen Zug ihres Wesens, der Treue, untreu werden. So entsteht der Konflikt ihres Lebens. Caroline fand sich mit ihrer Untreue zurecht, sie liebte immer neu mit derselben unverwüstlichen Kraft. Belinde kennt sich nicht aus. Sie empfindet sich als ein rollendes Rad. Ist sie einmal untreu gewesen, so kann sie es auch noch öfter sein. So lehnt sie ihre stärkste Kraft, die Liebespotenz, ab und vernichtet sich. — Eine wunderschöne Sprache ist im Eulenberg. Lise, als sie jünger war, müßte die Belinde spielen, der Jüngling muß sehr schön, sehr zart und empfindlich sein, der Mann ganz aus einem Guß. Entgegen der Belinde liebt er nur einmal ganz einfach unzweideutig und wie angenagelt. Er pocht auf sein Recht, weil er mit fast dummer Einfachheit an ihr Versprechen glaubt, er könne wiederkommen wann er wolle, er fände sie immer dieselbe. — Aus Hyacinth weiß ich nichts zu machen.

Von Barlach den *Toten Tag* gelesen und einen starken Eindruck davon gehabt. Die Deutungen, die man dem Inhalt geben muß, sind wohl theosophisch
und mir zum Teil verschlossen. Was mich packt, ist die Mutter und ihr Sohn.
Wie er sich ihr dann entwindet und nach dem Vater ruft. Und doch nicht bis
zu Gott in all dem Nebel dringen kann. Und zur Art der Mutter zurückkehrt.
— Was bedeutet Steißbart, was der Blinde?

Was für gute Ausdrücke das sind: »jemandem einen Menschen oder eine
Sache auf die Seele binden« und: »einem etwas ans Herz legen«.

Klares Wetter. In Ausstellungen gegangen. Slevogt bei Cassirer, eine schöne
Ausstellung. Sehr schön eine bayrische Landschaft im letzten Raum. Doch hat
mich Slevogt noch nie hingerissen, auch diesmal nicht. Am schönsten find ich
eigentlich seinen Lederstrumpf, der im oberen Saal ausliegt. Hätte ich noch
Jungen und hätte ich sehr viel Geld, dann würde ich ihnen den schenken.
Oben lag ferner aus: *Don Juan* von Meid. Sehr gut. Hettner: *Das Erdbeben
von Chile*. Auch sehr gut. Hettner interessiert mich jetzt immer mehr, es ist
entschieden Schwung und Kraft in ihm. Corinth: *Das Hohe Lied* und ein anderes Buch aus der Bibel. Ganz wenig Gutes, meist unerträglich roh. — Barlach: *Der tote Tag*.
Von Cassirer in die Wiener Kunstschau gegangen. Recht verstimmt. Wie
verkünstelt und verstiegen kommt mir das vor. Im oberen Saal Graphik von
Munch. Ob es an meiner Müdigkeit lag, weiß ich nicht, jedenfalls gab er mir
nicht viel.

Es ist kein einziger in der Jury, mit dem ich im Urteil immer überein-
stimme. Am ehesten mit Gaul, aber G. ist tolerant. Er ist gütig und lehnt
ungern ab. Er hat den müden Standpunkt, es ist ja doch alles so gleichgültig,
was gemacht wird, Meisterwerke gibt's nicht. Wo Arbeit ist und Mühe und
obendrein noch gar Not, das solle man immer annehmen. Auch wenn die Arbeit mittelmäßig ist. Die andern sind im Ablehnen und Annehmen mir oft
unverständlich. Ihr Urteil ist mit Sicherheit gegeben. Sie sind mehr geübt und

gebildet im Sehn als ich. Aber wirkliche Folgerichtigkeit kann ich in ihrem Urteil nicht immer sehn.

Den ganzen Tag Hängen in der Sezession. Jurieren, auch Hängen sehr lehrreich.

Eine Ausstellung soll ein Gesicht haben, und Bilder, die sie zeigt, müssen sich in dieses Gesicht einfügen lassen. Daraus kann folgen, daß mittelmäßige Bilder, die Züge haben, die in dies Gesicht hineinpassen, oft angenommen werden müssen, bessere Bilder, die Züge haben, die nicht hineinpassen, mitunter zu Recht abgelehnt werden müssen. Notwendige Ungerechtigkeit aller Ausstellungsveranstaltungen.

Abends mit Kathrine etwas aus der Bibel gelesen. Sie hatte nicht viel Eindruck davon. Es scheint wirklich, daß die Bibel in ihrer wundervollen Schönheit nur von älteren Menschen gefaßt werden kann.

Weiß regt in der Jury an, daß der Vorstand nicht mehr als drei Bilder ausstelle, um dem ein Ende zu machen, daß er beliebig viel ausstelle und die besten Plätze belege. Dem wird von Moll erwidert, daß, da jeder Gründer einmal zum Vorstand gehöre, auch jeder einzige einmal in diese Vorzugslage komme. Es müsse dem Takt des einzelnen überlassen bleiben, wie weit man davon Gebrauch mache.

Immer mehr habe ich den Eindruck, daß, sobald eine Ausstellung einer Jury unterliegt, damit notwendigerweise Vetternschaft, Laune, Zufälligkeiten mitspielen. — Von Gerechtigkeit kann keine Rede sein. Es ist aber die Frage, wie weit man in Fragen der Kunst überhaupt mit Gerechtigkeit kommt. Ob es ein Begriff ist, der auf ihrem Gebiet anwendbar ist?

Mittags in der Oper *Judas Makkabäus* gehört. Ganz wunderschön. Vor allem des Makkabäus Aufruf zum Kampf: »*Blast den Alarm...*« Dann der Chor der Jünglinge, dann Jungfrauen, dann schallender, brausender gemeinsamer Chor: »*Seht, er kommt mit Preis gekrönt*« — und das wundervolle

Schlußduett (Alt und Sopran): »*O holder Friede*« — und »*Lachend wallt das goldene Korn.*« Dann das letzte Halleluja — Amen.

28. JANUAR 1916

Meine unangenehme Stellung in der Jury. Immer habe ich die Sache einer Frau zu vertreten. Weil ich das aber eigentlich nie mit Überzeugung tun kann, da es sich stets um mittelmäßige Leistungen handelt (darüber herausgehende fänden die Zustimmung auch der andern Jury), kommt etwas Doppelzüngiges heraus.

22. JULI 1916

War bei Sophie Wolff im Atelier. Sie arbeitet gut. Klug, sehr überlegt und doch mit Passion. Die gute angefangene Büste von Ackermann. Solche Arbeiten wie ihre könnt ich nicht machen. Ihr intensives Streben, eine neue Form zu finden, führt zu einem gewissen Resultat. Ihre Arbeiten sind eigentlich künstlerischer als meine, aber sie ist nicht mehr Künstlerin als ich.

3. NOVEMBER 1916

Am Montag, 30. Oktober früh die Nachricht, daß Boelcke abgestürzt ist. Am Abend in der Philharmonie mit Weingartner die Eroica. Dieses Mal ist es mir schon sehr viel. Ich erwartete, Weingartner würde sagen, daß er sie für Boelcke spiele und daß alle aufstehn würden. Für mich war es eine Feier für Boelcke, für Richard, für Peter. Der erste Satz ist mir noch fremd. Aber dann der Trauermarsch und der dritte Satz in dem rasenden Tempo und der wundervolle vierte. Da war Norwegen drin, die brausenden Jugendtänze, die Schwärmereien. Und Richards Klage war drin: »Wer wird nun tragen, da ich nicht bin?« — Ganz deutlich hörte ich diese Klage. Aber allmählich weniger persönlich schmerzlich, emporgehoben in ein großes allgemeines Schicksal.

1. WEIHNACHTSFEIERTAG 1916

Dann in *Dantons Tod*. Sehr großer Eindruck. Letztes Bild: Auf dem Bastille-Platz die Guillotine. Zwei besoffene Knechte kehren das Blut von der Stufe, gehn gröhlend ab. Triumph des Irrsinns. Es ist nicht gut, daß Desmoulins Frau dann noch einmal auf die Bühne kommt. —

Neulich bei Milly Steger gewesen im Atelier. Sie ist sympathisch und ihre Arbeit stark. Etwas seelenlos. Es gibt für sie nur formale Probleme. Sie geht von einem ganz andern Ende los wie ich. Sie ist ein ordentlicher Kerl, arbeitet wie ein Mann, hat große Aufträge für Bauten usw. Hat in der neuen Richtung einen Namen.

Martha Dehrmann schreibt, daß der Frauenkunstverband mich vorschlagen will für die Städtische Kunstdeputation. Vorausgesetzt, daß sie eine Frau zulassen. Ich schreibe ihr ab, weil ich finde, ich eigne mich nicht dazu. Möchte so ungern Anwalt der Frauen in Kunstsachen sein, was mit so einer Stellung wohl verbunden ist.

FEBRUAR 1917

Ich lese von Karl Hauptmann *Einhart der Lächler* zu Ende. Ungeduldig, erst zu Ende zu sein. Es ist zu lang und nicht gehaltvoll genug. Es ist schön in dem, was nebenher läuft.

13. MÄRZ 1917

Mit das Auffallendste in der Goetheschen Lebensgeschichte ist mir sein Bestreben, sich mit allem bekannt zu machen und zu allem Stellung zu nehmen. In Straßburg verkehrt er mit Vorliebe mit Medizinern und hört medizinische Kollegs. Das Münster besieht er nicht nur, sondern studiert es, zeichnet danach, stellt Messungen an. Es ist wieder das breite Fundament, das Bedürfnis, sich »ins All zu erweitern«. »Glückt es uns selbst nicht« — sagt er an einer Stelle — »uns allseitig auszubilden, müssen wir dies und das wieder fallen lassen, so sind wir froh, das Liegengelassene durch andere aufgenommen und weitergeführt zu sehen. Dann tritt das schöne Gefühl ein, daß die Menschheit zusammen erst der wahre Mensch ist und daß der einzelne nur froh und glücklich sein kann, wenn er den Mut hat, sich im Ganzen zu fühlen.« Eine Bemerkung, die zur Jetztzeit paßt, als ob einer im dicksten Nebel oder in stockfinsterer Nacht von der schönen weiten Aussicht spricht. Jedenfalls sehe ich Goethe auf einem Wege zur Entfaltung kommen, den ich immer abgelehnt habe. Er will möglichste Vielseitigkeit und Breite, ich wollte Einschränkung in allem andern, ausgenommen der einen Sache, die ich wirklich wollte. Mit den Kindern dasselbe. Ich widersetzte mich, wenn Karl Hans in mancherlei auszubilden suchte, z. B. Musik, betonte aber Hansens wirklich vorhandene starke Neigung. Peter hatte viel eher das, was Goethe meint, er hatte es sogar erheblich. Bei ihm sah ich es ruhig an, ja war damit einverstanden, weil eine innere Harmonie, die in dem Jungen lag, alles, was er tat, für mich gut sein ließ ...

Übrigens ist aber doch unmöglich, aus *Dichtung und Wahrheit* eine Anschauung von Goethe, wie er damals war, zu bekommen. Er wird sich nicht gerecht. Er analysiert sich, berichtet getreu Gutes und Schlimmes, erzählt von all seinen Torheiten, von seinem Bildungseifer usw. Es geht so, wie wenn ein Schriftsteller genau ein schönes Gesicht beschreiben will. Die Phantasie ist nicht ausreichend, sich das zu konstruieren. Und aus Goethes Beschreibung seiner selbst könnte man sich einen jungen Mann konstruieren, der wohl sehr vielversprechend ist, aber nicht Goethe. Und die ärgerliche Pedanterie der späteren goethischen Darstellung überträgt sich auf das Objekt der Schilderung selbst. Eine wirkliche Ahnung vom jungen Goethe hat man nur aus den Briefen jener Zeit, die vom Stil von *Dichtung und Wahrheit* himmelweit entfernt sind. Zum Beispiel Goethe an Herder im Jahre 70, Goethe also 21 Jahre alt. »Ich zwinge mich Ihnen in der ersten Empfindung zu schreiben. Weg Mantel und Kragen! Ihr Niesewurz-Brief ist drei Jahre alle Tageserfahrungen wert. Das ist keine Antwort drauf und wer könnte drauf antworten? Mein ganzes Ich ist erschüttert, das können Sie denken, Mann, und es fiebriert noch viel zu sehr, als daß meine Feder stet zeichnen könnte. Apollo von Belvedere, warum zeigst Du Dich uns in Deiner Nacktheit, daß wir uns der unsrigen schämen müssen. Spanische Pracht und Schminke? Herder, Herder, bleiben Sie *mir*, was Sie *mir* sind. Bin ich bestimmt, Ihr Planet zu sein, so will ich's sein, es gern, es treu sein. Ein freundlicher Mond der Erde. Aber daß — fühlen Sie's ganz — daß ich lieber Merkur sein wollte, der letzte, der kleinste vielmehr unter siebnen, der sich mit Ihnen um eine Sonne drehte, als der erste unter fünfen, die um den Saturn ziehn. Adieu, lieber Mann. Ich lasse Sie nicht los. Ich lasse Sie nicht! Jakob rang mit dem Engel des Herrn. Und sollt ich lahm darüber werden! Morgen soll Ihr Ossian gehn. Jetzt eine Stunde mit Ihnen zu sein, wollt ich mit — zahlen.«

Das ist der junge Goethe.

29. JULI 1917

Lese Briefe Goethe-Zelter.

Ob es solche Männerfreundschaft jetzt noch gibt? Wenige Männer haben wohl noch Zeit dazu. Zelter ist ein ganzer Kerl. Irdischer als Goethe. Goethe in seinen 60er Jahren etwas sehr zurückgezogen, vornehm, konservativ. Später geht er denn wieder mehr aus sich heraus. Seine Liebe im 74. Jahr geht noch über Zeltersche Kraft. Er spricht freilich hinterher, daß er sich doch schonen mußte. Daß die große Erregbarkeit, die ihn in Marienbad beim Hören von Musik überfiel, ihm Gefahr brächte.

Zelters Stellung zu Goethe ist so hingebend — restlos — als ob er nur durch Goethe lebt. Er schreibt (1825): »Du hast mich abermalen angetroffen. Deine Briefe sind mein Eigenstes, indem ich sie mir, Gott weiß wie, verdient habe. Aber ich habe sie, wie man auf dieser Welt etwas haben kann; so nenne ich sie mein und wenn sie das sind, sind sie auch Dein, weil ich nichts habe, was nicht Dir gehörte... Sie * mögen gelehrte Dinge enthalten, und doch begreifen sie mein eigenstes Leben seit 25 Jahren, da ich erst seit so lange lebe.«

1827: »Du warst der einzige, der mich trug und trägt, ich könnte von mir selber lassen, nur nicht von Dir.«

30. AUGUST 1917

Gorkis *Kindheit* gelesen. Wie bitter und traurig. Nur die wundervolle Großmutter!

23. NOVEMBER 1917

Am Bußtag abends bei Römers gewesen. Viele Leute dort, die halbe Sezession. Römer hielt etwas spitzfindigen Vortrag über Expressionismus. Sagt, dies Wort sei so entstanden: Er sei mit Cassirer über Kurfürstendamm gegangen und habe gesagt: »Ihre Impressionisten sind jetzt auch ex«. Cassirer habe geantwortet: »Dann nennen wir sie Expressionisten und sie sind wieder neu.«

8. DEZEMBER 1918

Hans und ich waren gestern vormittag in der Freiheitsfeier. Ich kam zu spät. Hörte noch Breitscheid (schnarrend, harte Kommandostimme) und die beiden Sätze der Neunten Symphonie mit Strauß. Göttlich schön. Zum ersten Male wieder die Neunte seit Kriegsanfang. Und war wieder weggerissen, emporgerissen aus dem Parteienstaub in reinste Freudenhöhen. Ja, in der Neunten liegt der Sozialismus in reinster Form. Das ist die Menschheit, die »hoch wie eine Rose glüht, ihr tiefster Kelch vom Sonnenlicht durchdrungen«. Das ist göttlicher Daseinsjubel. Und wie war es mir, als die Chöre sangen: »Ahnest du den Schöpfer, Welt?«

.

* Zelters Briefe

171

Erster Jurytag für Freie Sezession. Schreckliche Sachen eingeliefert. Kolbe spricht von der Zersetzungszeit, in der wir leben, daß Kunst in ihr garnicht gedeihen *kann.* Der Gedanke von Taut und Gropius, den alle jungen Künstler jetzt haben, daß nur nach Zerstörung dieser Welt eine neue, reine, naiv schaffende entstehen wird, scheint mir mit einemmal einleuchtend.

Auch Rathenau in seinem kleinen Werk über den Kaiser spricht von der Notwendigkeit der Auflösung alles Alten. Von den Niederungen des Geschmacks, der Bildung, der Qualitäten, durch die wir durch müssen, um dann nachher in *Neuland* zu kommen.

Jedenfalls die Sinnwidrigkeit des Kunstlebens jetzt, der Ausstellungen, der Konkurrenz, der Cliquen, der krassen Gegensätze von Nichts- und Alleshaben — das alles seh ich jetzt ganz deutlich.

Heut abend war Einführung in die Akademie unter Manzel und Hänisch. Eingeführt wurden u. a.: Corinth, Kolbe, Jäckel, Geiger, ich. Barlach und Purrmann waren nicht da. Lehmbruck ist tot.

Bin öfter in der Sezession zum Hängen gewesen. Als ich meine Sachen dort sah, neben Barlachs, wurd ich wieder ganz verstimmt. Was hab ich gearbeitet und wie wenig, wie wenig Gutes hab ich herausbekommen. Ich bin betrübt. Sehr schön ist von Kolbe ein Jünglingsakt. Von der Schönheit des Heinz Bonus. Ganz wunderbar lieblich in seiner Knabenanmut.

Am Montag mit Hans die 9. Symphonie gehört. Weingartner. Besonders das Adagio unsagbar schön. Aber die Jubelchöre des letzten Satzes passen schlecht zu dieser Zeit.

Mit Hans in der Akademie-Ausstellung gewesen. Einen ganz starken Eindruck von Metzners Arbeiten gehabt. Vor allem von der Frau mit der schräg geneigten Kopfhaltung.

Das ist ganz gut.

Er hatte in seinen letzten Arbeiten zu lösen angefangen, was bis dahin immer Problem war. Das schematisch Dekorative fiel ab, und er fand endlich für sein Empfinden die Form.

Ich wollte, ich könnte da einsetzen, wo er aufhörte.

Heut am 19. ist Gottfried Kellers hundertjähriger Geburtstag. Der liebe Keller, wie Wundervolles hat er uns allen gebracht.

25. JULI 1919

Im Atelier gewesen und aufgeräumt. Katharina Heise gesprochen. Sie beklagt sich, nicht gut genug im »Sturm« behandelt zu sein. Geh nachher zu ihr rauf und seh etwas von ihren neuen Sachen. Eine Gruppe »Ein Liebeskuß« find ich stark und talentvoll. Nur stört mich bei ihr das forcierte Verleugnen der Natur. Aber Talent hat sie, auch Temperament. Dazu Arbeitswut, Gesundheit, auch etwas Dreistigkeit und viel Geld. Dann wird es ihr schon glücken, an die Stelle zu kommen, wo sie sich hinwünscht. Ihren Platz an der Sonne zu erobern.

8. JULI 1920

Mein Geburtstag, zugleich der Begräbnistag Max Klingers. Ich fahre am 8. früh im Auftrag der Freien Sezession herüber. Karl begleitet mich. Von Naumburg nach Groß-Jena gegangen, wo Klinger seinen Weinberg hat. Oben auf der Höhe ist sein Grab gegraben. Der Sarg steht in seinem Landhaus. Alle möglichen Honoratioren versammeln sich, aber ich glaubte, es würde noch mehr Volk, noch mehr junge Leute da sein. In der Stube im Souterrain, wo Klinger sicher viel gesessen und getrunken hat, sitzen die, die reden wollen. Ich werde hingeführt. Der alte Kalckreuth setzt sich zu mir. Klingers Tod hat ihn erschüttert, er glaubte ihn gesund, wollte ihn grad besuchen. Er liebte Klinger von Herzen als alten treuen Freund.

An seinem Grab Reden von Leipziger und Dresdener Abgesandten. Als vierter sprach ich. Zu meiner Freude hatte ich keine Angst und Befangenheit. Drüben am Grab stand Kalkreuth, ich sprach auch zu ihm. Ich dankte Klinger ganz von Herzen, denn ich hab ihm *viel* zu danken. Kurz vor dem Begräbnis ein schweres Unwetter. Auch an seinem Tode soll ein ebensolches gewesen sein.

Der Karl sagte mir, als ich gesprochen hatte und zurücktrat: »Du bist ein ganzer Kerl.« Diese Worte freuen mich sehr.

Am Tage drauf im Dom gewesen. *Wundervoll* die alten Figuren im Chor und in dem andern Teil der Kirche die köstlichen alten Glasfenster. Karl und ich kamen jeder für sich zu demselben Schluß: Keine Zeit bringt die Einheitlichkeit des katholischen Glaubens wieder. Eine Einheitlichkeit, die über die Völkergrenzen hinausgehend ganz Europa umfaßte. Aus diesem einheitlichen

173

starken Glauben heraus entstanden die Kirchen. In ihnen faßte das Volk die Inhalte aller Künste zusammen, die Künste waren eine Einheit, wie sie es auch in den Religionsstätten früherer Völker waren. Mit dem Verfall der Religionen verfällt dieser Zusammenhang, sodaß wir zuletzt in unserm Jahrhundert in der bildenden Kunst zu dem öden Ausstellungswesen herunterkommen. Wiederkommen kann eine Zeit solcher Einheitlichkeit nur durch den Sozialismus. Sie kommt sicher durch ihn wieder — aber wann? Wie viele Generationen werden noch darüber vergehn?

SONNTAG, 28. AUGUST 1921

Die wunderschönen Gedichte, die Kerr auf seine tote junge Frau, die Inge Thormählen, gemacht hat. Die wirken so direkt auf mich wie Dehmelsche mitunter gewirkt haben oder wie die Stormschen Gedichte, als seine junge Frau gestorben war. Wie nur hin und wieder Gedichte wirken.

ANFANG FEBRUAR 1922

Mit Tilla in *Masse Mensch* * gewesen. Es hat mich sehr ergriffen. Wie drückt er alles aus, was man bis zur Quälerei in sich hin- und hergewälzt hat. Zum Schluß: *Opfern darf man nur sich selbst.*

Die verkrampfte, verkettete Arbeitermasse, auf die das Maschinengewehrfeuer losgelassen wird und die die Marseillaise singt, brüllt, rast — das ist zum Tollwerden.

6. FEBRUAR 1922

Heute ist der 6. Februar, unseres Peters Geburtstag. Heute wäre er 26 Jahre alt geworden.

Ich wollte an die Arbeit gehen vormittags, aber es war mit der Untergrundbahn kein Mitkommen. Da fiel mir ein, ins Kaiser-Friedrich-Museum zu gehen. Das war eine schöne und feierliche Stunde. Da war er mir wieder nah. Ich sah einen wunderschönen Filippo Lippi — Mantegna — von der Goes und ein unbekanntes Bild um 1440: die Dreifaltigkeit. Rechts sieht man die Begegnung der Maria und Elisabeth. Sie stehen sich in weiten Mänteln, die das Ganze in eine Gruppe zusammenfassen, gegenüber, öffnen die Mäntel und in den hohen Leibern sieht man die kommenden Kinder Jesus und Johannes. Die Gesichter sind ernst und weihevoll.

* Von Toller

Wie schön war das alles. Es hob weg über die politische Tagesmisere. Ich war wieder in Florenz, im Franziskaner Kloster mit den alten Fresken. Ich sah die himmlische Landschaft, fühlte die Luft, hatte eine Sehnsucht, Sehnsucht weg aus der Gegenwart in eine Vergangenheit zurück, in der ich mit Wonne und Fülle lebte. Da war auch der Peter. In dieser Stunde hätte ich auch gut arbeiten können. Jetzt ist das Leben wirklich nicht leicht. Körperlich nicht leicht und seelisch ebenso schwer. Manchmal, wenn ich betend seufze: »Gib mir, o Gott, einen neuen gewissen Geist«, weiß ich ja doch so gut, daß dazu ein neuer und gewisser Körper gehört, und der ist nun einmal hin.

AM 7. OKTOBER 1922

In der Akademie die Gaul-Gedächtnisausstellung eröffnet. Vorn steht der unvollendete Affe. Im Mittelsaal sprach Liebermann gut und klug und warm. »Er konnte, was er *wollte, und er wollte, was er konnte.*« Dies scheint mir das Wichtigste zu sein. Wenn man mehr will, als man kann, ist es Dilettantismus. Lieber August Gaul — mit Deinem schalkhaften Lachen und Deinen *guten* Augen.

JULI 1923

Die große Corinth-Ausstellung in der Nationalgalerie gesehn. Ich hab ihn eigentlich nie sehr geliebt, aber ein Kerl war er. Seit seinem Schlaganfall ist das Gefühl für Form sehr zurückgegangen, das Gefühl für Farbe sehr gewachsen. Erschütternd, wie er sich als alternder, gebrochener Mann noch in der Rüstung malt wie zu seinen kraftvollsten Zeiten. Der Raum mit den Selbstbildern, manches genial wie selten etwas früher, manches so ungekonnt, daß man weinen könnte.

OKTOBER 1923

Ich les im Ludwig von Goethes letzten Lebensjahren. Wie hat er sich da zusammengerafft, alles Fremde abgeschlossen, um sein Werk ganz und bis zum letzten aus sich herauszustellen, seine Lebenspyramide bis zur letzten Spitze aufzuführen. Prachtvoll der älteste Goethe: zornig, stark, wesentlich, konzentriert bis zum Äußersten. Wie er die Berechtigung zur Gewalt und allem aus ihr Folgenden aufstellt. Voll Ironie und Ungeduld und Unduldsamkeit ist er. Er übersteigt das Alter, das sonst bei guten und bedeutenden Menschen sich äußert in Toleranz und dem »Kindlein-liebet-einander«. Diesen Zustand läßt er hinter sich, um in seiner uralten Zeit von Neuem zu glühen

175

anzufangen. Er sagt vom Tod: »Die Überzeugung unserer Fortdauer entspringt mir aus dem Begriff der Tätigkeit. Denn wenn ich bis an mein Ende rastlos wirke, so ist die Natur verpflichtet, mir eine andere Form des Daseins anzuweisen, wenn die jetzige meinen Geist ferner nicht auszuhalten vermag.«

»Kein organisches Wesen ist ganz der Idee, die zu Grunde liegt, entsprechend, hinter jedem steckt die höhere Idee. Das ist mein Gott.«

AUS EINEM BRIEF AN BEATE BONUS-JEEP, 1924?

Das mit Holz und Hart ist wirklich so. *Das Buch der Zeit* von Holz konnte ich teilweise auswendig, so eindrucksvoll war es mir. — Von Hart war es ein Gedicht, das ich in einer Zeitung abgedruckt fand und mir damals ausschnitt. Ich fand das vergilbte Zettelchen jetzt noch wieder. In dem Gedicht steht, wie er von einem Nachtbummel nach Hause gehend einen Erhängten findet. In diesem Gedicht war für mich alles, was der Enterbte und Verzweifelte gegen die Gesellschaft vorbringt, so wuchtig ausgedrückt, daß es mir die ganze Zeit nicht mehr aus dem Sinn kam. — Ich glaube übrigens auch noch, daß es nach jeder Richtung hin ein sehr starkes Gedicht war. Aber wenn es das auch nicht war — es ist ja oft so: Die Erlebnisse, die sich für einen in der Jugend an ein Kunstwerk, meist an ein Gedicht knüpfen, sind so stark, weil sie die erstmaligen sind. Das Kunstwerk löst die Wirkung aus, ohne daß es prima Qualität zu haben braucht. Es fand eben so gelockerten Boden. Also an Holz und Hart ist nicht zu rühren.

MAI 1926

Das Buch von Vollard über Cézanne gelesen. Sehr erstaunt. So einen Menschen kenn ich gar nicht. An Hilflosigkeit, kindischer Art, Zerstreutheit, Borniertheit, fast ein Idiot. Ohne Zugeständnisse ans Publikum ersehnt er doch Aufnahme im Bougureau Salon und Aufnahme in die Akademie, Orden und Auszeichnungen. Kennt nur sein Malen.

OKTOBER 1926

Inzwischen mit Ottilie in Dresden zur Internationalen Kunstschau gewesen. Eigentlich hat mir den meisten Eindruck Rousseau gemacht. Ich hab ihn früher nicht verstanden, wohl auch nicht sehr Gutes von ihm gesehn. Jetzt auf dieser Ausstellung entzückt er mich sehr. Ferner zwei schöne Porträtbüsten von Despiaux, sehr amüsante Dix'. Für Ottilie natürlich bedeutet das alles mehr als für mich.

Wieder ein Schnabel-Konzert. Ruhevoll und weihevoll das Largo aus der Es-Dur-Sonate Opus 7. Dann wurde ich müde und konnte nicht folgen. Nach der Pause spielte er die B-Dur-Sonate Opus 106, also eine ganz späte Sonate. Ich war wach und konnte zuhören und war nach langer Zeit wieder mal durch und durch gerüttelt.

Ich kann mir doch kaum denken, daß eine andere Kunst außer der Musik so ins Innere dringt. Die bildende Kunst ist konkret, man steht vor Konkretem. Aber hier im Adagio ist die *Seele bloß*. Das, was mir immer vorschwebte, wenn ich eine Frau machen wollte, »die das Leid der Welt sieht«. Schaut. Keine Worte. Goethe, der konnte Worte finden. Das »Labyrinth der Brust« oder »die selige Sehnsucht«. Oder vieles andere. Der hatte Worte, die neben den Beethovenschen Tönen stehen.

In mir gewaltsames Drängen, mich zusammenzuraffen. Nie komme ich an jene heran, aber doch *ich muß*, wenn Roggevelde gearbeitet ist, noch einmal graphisch mich zusammenreißen. Zum Tod muß ich noch Blätter machen. Muß, muß, muß!

Ein Aufsatz über Goethe psychoanalytisch gesehn: Goethes Vater aus kinderreicher Familie, ein Onkel notorisch verrückt, ein anderer minderbegabt, der Vater leer und sonderlich — Goethes Schwester Cornelie frigide, melancholisch. Goethes Sohn August — ist er an einer Gehirnkrankheit in Italien gestorben? — Die Enkel Sonderlinge. Ausgestorben.

Ein moderner Eheberater hätte den Eltern Goethes sicher die Ehe abgeraten.

War vor kurzem im Kronprinzenpalais. Erfuhr durch Hanfstaengl, daß Widerspruch gegen Ausstellung meiner Gruppe in der Herbstausstellung der Akademie besteht. (Am Tage darauf Aufsatz im »Schwarzen Corps« gegen Hanfstaengl.) Sah an dem Tage in den unteren Räumen — unter Ausschluß des Publikums — das Magdeburger Kriegsehrenmal von Barlach. Kannte es nur aus einer Wiedergabe. Es ist so gut, wie es mir in der Wiedergabe erschienen war, ja noch besser. Da ist wahrhaftig Kriegserleben von 1914—1918 festgelegt. Unmöglich natürlich für Anhänger des Dritten Reiches, wahr für mich und viele.

177

Wenn man von einer der Figuren zur anderen sieht: dies Schweigen. Wenn Münder sonst zum Sprechen gemacht sind — hier sind sie so fest geschlossen, als ob sie nie gelacht haben. Aber der Mutter hat er ein Tuch über den Kopf gezogen. Gut Barlach!

Zum Zeitgeschehen

19. 9. 1908

Die Frau Pankopf war hier. Hatte ein ganz blaues Auge. Ihr Mann hat zu toben angefangen. Wie ich sie nach dem Mann fragte, erzählt sie, daß er hat Lehrer werden sollen, wurde dann Schildpattarbeiter und hatte sehr gut bezahlte Arbeit. Er bekam Herzvergrößerung und zu jener Zeit schon die ersten Anfälle von großer Unruhe. Er ließ sich behandeln und versuchte wieder zu arbeiten. Es ging nicht, er versuchte andere Arbeit zu bekommen, ging im letzten Winter mit der Drehorgel. Bekam geschwollene Füße und litt je länger je mehr unter Schwermut und Unruhe. Dauerndes Jammern nach dem Tode. Er könnte seine Familie nicht erhalten usw. Als das vorletzte Kind starb, war er exaltiert unglücklich, viel länger als die Frau. Sechs Kinder leben. Zuletzt fing er an zu toben und wurde nach Herzberge gebracht. — Je länger je mehr verstehe ich das typische Unglück in Arbeiterfamilien. Sobald der Mann trinkt oder krank und arbeitslos ist, immer dieselben Erscheinungen: entweder er hängt als toter Stein an seiner Familie und läßt sich ernähren — von allen Familienmitgliedern verwünscht — (siehe Schwarzenau, Frank), oder wird schwermütig (Pankopf, Gönner) oder wird verrückt (ebenfalls der Idiot Frank), oder er nimmt sich das Leben. Bei der Frau dann immer derselbe Jammer. Sie behält die Kinder, die sie ernähren muß, schimpft und klagt über den Mann. Sieht nur, was aus ihm geworden ist und nicht, wie es geworden ist.

30. AUGUST 1909

Bei Beckers. Der Mann geht fort, die Frau klagt. Immer das alte Lied. — Krankheit, Arbeitslosigkeit, Suff — das geht immer im Kreis. Elf Kinder hat sie gehabt — fünf leben, »die großen sterben weg und es kommen immer

179

wieder kleine«. Daß sie eine verwelkte, gealterte Frau geworden ist, krank dazu, die immer hustet und zeitweilig nichts tun kann und daß er dagegen jung geblieben ist und sinnlich, das sieht sie nicht.

Eine Arbeiterehe ist nur erträglich, wenn Mann und Frau gesund sind. So ist auch der Maßstab, den ich oft von Arbeiterfrauen an andere angelegt finde, immer derselbe: Sie kann arbeiten oder sie kann nicht arbeiten. Die Arbeiterwelt ist eine vollkommen geschiedene von der Bourgeoisiewelt. Es herrschen in ihr vollkommen andere Wertmaße.

8. MAI 1910

Auf dem Heimweg in der Leipziger Straße blinde, alte, zerlumpte Frau, mit dem Fuß vorsichtig am Trottoir runtertastend, steht auf dem Damm. Ich fasse sie am Arm und frage, wo sie hin will. »Nirgends« — nicht weinerlich, sondern mürrisch, wie: »Laß mich zufrieden.« Wie ich mich nachher nach ihr umsah, war sie weg, an ihrer Stelle ein betrunkener Herr, der mit seinem Stock rumfuchtelte.

16. APRIL 1912

Der Arbeiter Soost verdient wöchentlich 28,— Mark. 6,— davon gehn an Miete ab. 21,— gibt er seiner Frau. Diese zahlt für Betten und Bettstellen ab, so daß 14,—, 15,— Mark zum Leben bleiben. Es sind Soost und Frau und *sechs* Kinder. Das Kleinste ist ein Einmonatskind, sehr gesund und stark. Die Frau hat, weil sie sich garnicht pflegen kann, nicht genug Nahrung für das Kind, muß ihm schon die Flasche zugeben. Die übrigen Kinder sind alle stark und gesund bis auf Lotte, die ist von der Mutter nicht genährt und ist rachitisch geworden. Ein älteres Kind ist schwachsinnig. Die Frau ist 35 Jahre und hat jetzt neun Kinder gehabt, drei sind tot. Aber alle waren, wie sie sagt, so kräftig geboren wie dieser Jüngste, sie sind erst elend geworden und gestorben, wenn sie nicht nähren konnte, und zwar verlor sie die Nahrung, weil sie zu schwere Arbeit hatte und sich nicht pflegen konnte.

AUGUST 1914

Krieg

Sonnabend am 1. August 1914 kamen wir von Königsberg hier auf dem Friedrichsbahnhof an. Auf dem Schlesischen Bahnhof erfuhren wir die Ermordung von Jaurés. Während Karl nach dem Gepäck suchte, ging ich in das Café Monopol. Die Aufregung. Wir fuhren nach Haus, dann kam Hans. Er war furchtbar aufgeregt, blaß und mager. Es sei mobil gemacht.

27. APRIL 1915

Der Karl erzählt von einer Frau: Ein Sohn steht im Feld, der andere achtzehnjährige liegt an der Schwindsucht auf den Tod. Er grämt sich, daß er so ruhmlos sterben soll. Der Bruder bekommt für einige Tage Urlaub. Er setzt sich zum Kranken und tröstet ihn. Er hätte eine Mutter, die im Sterben bei ihm ist — wie furchtbar das Sterben im Lazarett ist.
Und auch er hätte nicht umsonst gelebt. — Jetzt ist der Bruder wieder im Feld und der schwindsüchtige Junge liegt getröstet ganz still und ergeben da und wartet aufs Ende.

1. MAI 1915

Das, was wir innerhalb Deutschlands erlebt haben, das Besserwerden durch den Krieg, erfährt sicher auch jede andere kriegführende Nation an sich. Wie ist es aber zu vereinen, daß man einerseits ethisch wächst und zugleich Haß, Lüge, Feindseligkeit zunimmt, nämlich gegen alle Nicht-Deutschen?
Das ist, wie wenn Liebe nur innerhalb einer Familie da ist, nach außen werden alle Türen zugemacht. Hat sie dann noch Wert?

29. MAI 1915

... Ich weiß überhaupt nicht, wie das alles noch einmal werden soll. Der Krieg entblößt einen Abgrund von Haß, Roheit, Dummheit und Lüge. Krems erzählt aus dem Schützengraben an der Aisne, daß die Soldaten trinken, Zoten reißen, zu den paar Mädchen gehn, die es da noch gibt, die in einem fürchterlich abgenutzten Zustand sind. Ein Besuch soll ein Kommißbrot kosten.
Hier in Berlin sollen immer mehr Frauen unter Sittenkontrolle kommen. Kriegerfrauen, die jeden Tag erwarten können, die Nachricht zu bekommen, daß ihr Mann gefallen sei.

Auf französischer und englischer Seite sollen 190 000 Tote und Verwundete sein. Die Zahl der unsern hört man nicht. Mitunter bin auch ich so weit, daß ich in dem Krieg nur den verbrecherischen Wahnsinn sehe. Aber wenn ich dann an Peter denke, so fühle ich auch wieder das andere. Wer nicht das erlebt hat, was wir erlebt haben und mit uns alle die, die vor einem Jahr ihre Kinder hingaben, der kann in dem Krieg nur das Negative sehn. Wir wissen mehr.

Ich habe einen Traum, den ich für eine Friedensvoraussage halte. Ich träume, ich sehe den Wörther Platz mit dünnem leuchtend weißem Schnee bedeckt und aus allen Fenstern hängen Fahnen und wehen in der hellen Luft.

NOVEMBER 1915

Ich lese Walter Heymann. Seine Gedichte und Briefe aus dem Feld. Ich empfinde wieder ganz deutlich, wie nicht gehörig es für mich ist, über den Krieg zu klagen. Gewiß, ich weiß, *wie* er ist. Aber *ich* darf nicht klagen. Keiner, dem der liebste Mensch ging, *wie Peter ging*. Heymanns Frau klagt sicher nicht. Sie darf es auch nicht. Wir dürfen wahrhaftig weinen um Unsere, aber wir müssen würdige Erben sein. Wir dürfen auch gegen den Krieg sein. Wir dürfen mitarbeiten — müssen —, daß es der letzte sei. Aber dies weinerliche Klagen darf ich nicht mehr.

TOTENFEST 1915

»Drum ehret und opfert!
Denn unser sind viele.«

Ich hörte Folgendes als wahr erzählen. Ein ganz junger Kriegsfreiwilliger — kaum draußen — hat das Empfinden, er könne es nicht aushalten. Er schreibt Briefe nach Haus, in denen er flehend bittet, sein Vater möchte versuchen, ihn wieder frei zu machen. Der Vater schreibt an das Kriegsministerium. Er bekommt die Antwort zurück, sein Sohn wäre, als er beim Sturmangriff kehrt gemacht hätte, erschossen.

Eine Arbeiterfrau geht mit ihrem kleinen, vielleicht dreijährigen Jungchen. Der Kleine schwatzt vor sich hin: »Solln doch nicht mit die Kanonen auf Menschen schießen — wahr Mutter? Solln doch nich — tuns aber doch.«

Gegen Abend mit Karl zusammen in die Kriegsausstellung gegangen. Ich ging nicht gern hin, ich fürchtete, es würde etwas Radaumäßiges sein, Militärmusik und Berliner Sonntagspublikum. Es war aber eine sachlich nüchterne Ausstellung. In den Schützengraben, den ich vor allem scheute, kamen wir nicht mehr. Dann in den Wilhelmshallen zu Abend gegessen. Beide hatten wir hinterher das Empfinden, daß wir dies alles zu bourgeoisiemäßig reichlich betrieben hatten.

7. AUGUST 1916

Im Atelier zu zeichnen versucht »Abschied«. Nichts gekonnt. Niedergeschlagen.

Ich telephoniere Herrn Meier an und frage nach Walter. Seit dem 7. Juli wird er »vermißt«. Es scheint wie mit Gottfried zu liegen. Nun lebt nur noch der Hans Koch von den vier Jungen, die zusammen eintraten.

Warum schrieb ich dem Walter Meier nicht eher? So oft schrieb ich ihm in Gedanken und dankte ihm. Nun ist er tot. Der Treue, der Brave.

»Je länger der Krieg dauert, je klarer tritt es zutage, daß alle seine Ideologien falsch sind. Darum geht es: um Platz, um Ellbogenfreiheit. Das muß sein, das ist nicht zu ändern, jetzt nicht mehr. So bin ich wie je Freiwilliger. Aber dessen seien wir eingedenk: Wenn dieser Krieg jemals noch einen Sinn bekommen soll, so werden wir ihn ihm nach dem Kriege zu geben haben. Fluchwürdig die Jugend, die sich nach dem Kriege dem Kampfe entzieht, die tanzt und träumt, anstatt nun erst wahrhaft und wesentlich das Schwert zu führen.« So schrieb er nach Krems' Tod: »Ich halte den Beiden die Treue, die uns wortlos und kaum bewußt einte.«

11. OKTOBER 1916

Einen Aufsatz aus der englischen »Nation« gelesen. Es wird da von der englischen Jugend gesprochen, die lange vor Einführung der Dienstpflicht freiwillig in den Krieg ging. Weiter: »Was aber wirklich in der Welt vorgeht, das ist eine Verminderung in kolossalem Maßstabe des europäischen Schatzes an Jugend, an Phantasie, an Freudigkeit, an den schöpferischen und erneuernden Kräften, die noch einmal die Erde zu einem Aufenthaltsort machen können, an dem es sich lohnt zu leben.«

Nach wie vor ist mir alles so sehr dunkel. Wie ist das? Nicht nur bei uns geht die Jugend freiwillig und freudig in den Krieg, sondern bei allen Nationen. Menschen, die unter anderen Umständen verstehende Freunde wären, gehn als Feinde aufeinander los. Ist wirklich die Jugend ohne Urteil? Geht sie immer los, sobald man sie aufruft? Ohne näheres Hinsehen? Geht sie los, weil sie eben will, weil es ihr im Blut liegt, und nimmt unbesehen hin, was man ihr an Kriegsgründen sagt? Will die Jugend überhaupt den Krieg? Und ist es eine alte Jugend, die ihn nicht mehr wollen wird?

Der schreckliche Unsinn, daß die europäische Jugend gegeneinander rast. Wenn ich glaube, überzeugt zu sein vom Unsinn des Krieges, dann frage ich mich wieder, nach welchem Gesetz die Menschen zu leben haben. Sicher nicht, um das größtmögliche Glück zu erreichen. Es wird für ewig bestehen bleiben, daß das Leben in den Dienst einer Idee gestellt werden muß. Was aber ist in diesem Fall daraus gefolgt? Peter, Erich, Richard, alle stellten ihr Leben unter die Idee der Vaterlandsliebe. Dasselbe taten die englischen, die russischen, die französischen Jünglinge. Die Folge war das Rasen gegeneinander, die Verarmung Europas am Allerschönsten. Ist also die Jugend in all diesen Ländern betrogen worden? Hat man ihre Fähigkeit zur Hingabe benutzt, um den Krieg zustande zu bringen? Wo sind die Schuldigen? Gibt es die? Sind alles Betrogene? Ist es ein Massenwahnsinn gewesen? Und wann und wie wird das Aufwachen sein?

Nie wird mir das alles klar werden. Wahr ist nur, daß die Jungen, unser Peter, vor zwei Jahren mit Frömmigkeit in den Krieg gingen, und daß sie es wahr machten, für Deutschland sterben zu wollen. Sie starben — fast alle. Starben in Deutschland und bei Deutschlands Feinden, Millionen.

Als der Geistliche die Freiwilligen einsegnete, sprach er von dem römischen Jüngling, der in den Abgrund sprang und ihn damit schloß. Das war ein Einziger. Jeder dieser Jungen empfand, daß er wie dieser Einzige handeln müsse. Was herauskam, war aber etwas sehr anderes. Der Abgrund hat sich nicht geschlossen. Millionen hat er verschlungen und klafft noch. Und Europa, ganz Europa opfert noch immer wie Rom sein Schönstes und Köstlichstes, aber niemand ist, der das Opfer lohnt.

Ist es treulos gegen Dich — Peter —, daß ich nur noch den Wahnsinn jetzt sehen kann im Kriege? Peter, du starbst gläubig. Auch noch der Erich, Walter Meier, Gottfried, Richard Noll? Waren die aufgewacht und mußten dann doch in den Abgrund springen? mußten? wollten? oder mußten? Wenn ich an Richards Gedicht denke:

»Drum lieber heute noch als dann
Hol mich von dieser Statt!
Denn nie als heut und je und wann
Bin ich des Bluts mehr satt.«

Haben gestern einen Vortragsabend von Durieux und Eysold gehört bei Cassirer. Alles andere war gleichgültig. Aber die Durieux las von Leonhard Frank eine Geschichte von einem Kellner, der einen einzigen Sohn hat. Der fällt »auf dem Felde der Ehre«. Und dann nachher die sozialdemokratische Versammlung, wo der Kellner auf einmal zu Worten kommt. Der Zug auf der Straße, der anwächst, »die wollen Frieden machen«. Das enorme Volksgetöse zuletzt und die läutenden Glocken: »Frieden! Frieden! Frieden!« Es war gar nicht zum Aushalten. Als sie aufhörte, rief eine Männerstimme immer laut weiter: »Frieden! Frieden!«

Und das alles zu wissen, daß so inbrünstig die Sehnsucht nach Frieden ist, in ganz Europa, überall gleich, und daß doch der Krieg nicht aufhören kann und alle Tage weitergeht und jede Stunde junge Menschen sterben müssen.

JUNI 1917

Es ging mir inzwischen durch den Kopf, ob ich nicht auch etwas zur Friedenspropaganda beisteuern könnte. Indem ich die Flugblätter zeichnete, die im Volk verbreitet würden. Ich wollte eines zeichnen: Der Letzte. Vater und Mutter, die vom Letzten Abschied nehmen. Dazu brauchte ich vor allem eine andere Geistesverfassung und Seelenverfassung als meine jetzige, wo ich *Professor Unrat* lese und träge und leer und ohne Kraft bin ...

Der Simplizissimus brachte ein Bild: der Tod, der sich erschöpft niedersetzt und die Hände vors Gesicht hält: »Menschen hört auf — ich kann nicht mehr.«

12. AUGUST 1917

Lise hört durch Wertheimer Folgendes: Ein siebzehnjähriger Junge, Sohn eines vermögenden, hochgestellten Menschen, bekommt Einberufungsorder. Er ist Pazifist. Sein Vater will ihn als Fahnenjunker anbringen. Er weigert sich, weil er als Fahnenjunker in eine höhere Stellung eingerückt, gewissermaßen dem System zustimmt. Er will als gemeiner Soldat gehn.

Auch Geist von 1914. Nur ein anderes Gebot damals und jetzt. Derselbe Junge wäre — damals siebzehnjährig — wie Peter in den Krieg gezogen und gefallen.

185

Was hat dies Jahr gebracht? Was hat es genommen?

Es war schwer und ernst wie die beiden andern Kriegsjahre. *Es hat nicht den Frieden gebracht.* Es hat immer genommen und genommen. Menschen genommen und Glauben genommen, Hoffnung genommen. Kraft genommen. Gegeben hat es neue Ausblicke durch Rußland. Von da ist etwas Neues in die Welt gekommen, was mir entschieden vom Guten zu sein scheint. Eine neue Hoffnung, daß in der Entwicklung der Völker in der Politik nicht wie bis jetzt nur Macht entscheidet, sondern daß von nun an auch die Gerechtigkeit mitwirken soll. Die Russen haben gezeigt, daß eine Möglichkeit dazu ist, und dies ist vielleicht das schönste geistige Erlebnis im letzten Jahr gewesen. Zwar wie bedrängt ist diese Erkenntnis, wie wollen die alten bösen Prinzipien sie wieder überwuchern und ersticken. Aber selbst wenn sie wieder erstickt, so ist es doch eine Weile wahr gewesen, daß sittliche Motive die Welt — oder einen Teil derselben — bewegt haben. Und schon das ist ein Gewinn.

4. JANUAR 1918

Der Frieden mit Rußland, der so nah schien, ist wieder weit weg. Die Russen sagen, daß der »annektionslose« Frieden Deutschlands Maske war, in Wahrheit wolle Deutschland annektieren. Und ich fürchte, sie haben recht. Es ist furchtbar deprimierend und beschämend.

11. JANUAR 1918

Die Kriegsbücherei veranstaltet eine Ausstellung, die wir besuchen. Beim zweiten Mal sehe ich eigentlich erst die Blätter von dem Holländer Remacker. Sie sind sehr kraß, aber auch sehr ergreifend. Solche Blätter wie dies: »Auf dem Weg nach Calais«. In den unter Wasser gesetzten flandrischen Gebieten schwimmen tote deutsche Soldaten. Zu Massen. Oder der Eisenbahnzug — fest verschlossener Viehwagen. Aus den Spalten unten durch sickert rotes Blut. Das sind fürchterliche Sachen. Entsetzliche Kriegsanklagen.

19. FEBRUAR 1918

Carl Seelig aus der Schweiz schickt mir den französischen Schützengrabenroman von Henry Barbusse.

Barbusse zu Ende gelesen. Gegen den Schluß läßt er an einer Stelle einen Soldaten sagen: »Wenn wir dies, was wir durchmachen, nicht vergessen würden, gäb es keinen Krieg mehr.«

Das ist es. Und darum soll dies Buch in Millionen von Exemplaren verbreitet werden, auch der Gleichgültigste soll dies Leiden kennen. Es ist ein Lehrbuch in eigentlichster Weise. Wenn der Krieg so ist, wie er es schreibt, — und er ist wohl so — wie ist es dann denkbar, daß die Menschheit — *um dies Leiden wissend*, es noch einmal wiederholen soll? Ach, es wird dann andere Ideologien geben, die den Menschen wieder einleuchten und man wird vergessen *wollen* und vielleicht noch einmal hineingeraten, vielleicht noch mehr als einmal. Aber mit jedem Male muß das Lehrgeld, das man zahlt, ein schrecklicheres sein und endlich einmal wird die Menschheit klug werden.

Das Buch ist unsagbar schrecklich. Der Hans muß es lesen.

10. MÄRZ 1918

Seitdem ich Barbusse gelesen hab, werd ich den Druck nicht los. Die Lise sollte ihn eigentlich nicht lesen. Er bröckelt einem mehr Kraft ab als gut ist.

AM 19. MÄRZ 1918

Paula sagte, in Juliens Testament hätten die Worte gestanden: »Kinder, haltet im Leben die Freude hoch, sie ist das Vorwärts-Führende.« Gestern mußte ich so recht daran denken. Wie kann man jetzt wohl die Freude hochhalten, wo eigentlich nichts einen freut? Und doch ist die Forderung sicher richtig. Freude ist eigentlich soviel wie Stärke. Man kann Freude in sich haben und doch all das Leid tragen. Kann man das wirklich?

Wenn all die Menschen, die der Krieg geschlagen hat, die Freude aus ihrem Leben verwiesen, dann wäre es fast so, als wären sie gestorben. Menschen ohne Freude wirken wie Leichen. Sie wirken lebenhemmend ... Wenn jemand stirbt, weil er krank ist — selbst wenn er noch jung ist —, ist das eine solche außer der Macht liegende Tatsache, daß man sich allmählich damit zufrieden geben *muß*. Er ist tot, weil seine Natur nicht leben konnte. Anders ist das im Krieg. Nur eine Möglichkeit, nur ein Gesichtspunkt war da, aus dem heraus es ging: das freie Wollen. Das war wieder nur möglich aus der Überzeugtheit von Deutschlands Recht und der Verteidigungspflicht. Ganz unmöglich war mir damals die Vorstellung, die Jungen gehen zu lassen, wie die Eltern ihre Jungen jetzt gehen lassen müssen, ohne inneres Jasagen — nur zur Schlacht-

187

bank. Das ist das, was alles anders macht. Das Gefühl: wir waren betrogen damals. Und der Peter lebte vielleicht noch, wenn nicht dieser furchtbare Betrug gewesen wäre. Der Peter und Millionen, viele Millionen anderer, Alle betrogen.

Darum gibt es keine Ruhe. Alles ist wieder aufgerüttelt und umgeworfen. Schließlich frage ich mich: Was ist denn geschehen? Das Opfer der Jungen selbst und unseres — bleibt es nicht wie es war?

Alles wühlt durcheinander.

1. OKTOBER 1918

Seit zwei Monaten nichts aufgeschrieben.

Furchtbar drückende Atmosphäre in der Politik. Niederlagen auf der Westfront. Warnung an den Litfaßsäulen vor Verbreitung von niederdrückenden Gerüchten. Man hat den Eindruck, der Krieg kann ewig dauern, ohne Ende, denn noch glaubt man nicht an wirklich ungünstige Wendung für uns. Das Buriansche Friedensangebot wird von der Entente abgelehnt. Die fürchterlichen Zustände in Rußland, wie Vorst sie schildert.

Radecks Plan zur Ausrottung der Bourgeoisie.

Da am 27. September die Nachricht über Bulgarien, die auf einmal den Nebel zerreißt.

Deutschland steht vor dem Ende. Widersprechende Gefühle.

Deutschland verliert den Krieg. Was kommt nun? Wird das patriotische Gefühl noch einmal so aufflammen, daß eine Verteidigung bis zum Letzten einsetzt? Das Kerrsche Gedicht:

Die Wende hat begonnen...

Die Wende hat begonnen —
Deutschland in Not und Drang.
Es scheinen tausend Sonnen
Auf seinen letzten Gang.

Nicht Feinde todverderblich,
Nicht Hasses Macht bezwingt
Was durch die Welt unsterblich
In Ewigkeiten klingt.

Laßt uns das Letzte geben
Ein Wunder muß geschehn
Deutschland kämpft um sein Leben.
Es darf nicht untergehn.

Ich finde nichts in mir, das dazu ja sagt. Wahnsinn käme es mir vor, wenn das Spiel verloren ist, es nicht abzubrechen und zu retten, was noch zu retten ist. Die Jugend, die noch lebt, muß Deutschland behalten, sonst verarmt es absolut. Darum nicht einen Tag weiter Krieg, wenn man erkennt, daß verloren ist.

1. OKTOBER 1918

Mein Gott, diese Zeit, Sie nimmt Schritte in Siebenmeilenstiefeln. Alles flutet. Unser Kriegsunglück kann neues Leben für Deutschland bedeuten. Als ich heut hörte, daß Legien, Ebert, in die Regierung eintreten, hatte ich ein ungeheures Freudegefühl. Aber selbst wenn die Sozialdemokratie das Staatsschiff glücklich zu lenken imstande wäre. Es bleibt dabei, daß Deutschland den Krieg verliert und schweres langes Besiegtenleiden zu tragen haben wird.

Geht all das Leiden, das noch kommt und das aus seiner Niederlage kommen wird, über das Leiden dieser vier Kriegsjahre heraus? Wo sind seine Millionen junger Menschen?

Nein, Deutschland will aufhören mit dem Kriege, ganz Europa will aufhören mit dem Kriege.

30. OKTOBER 1918

Der *Vorwärts* hat meine Entgegnung an Dehmel doch noch gebracht, und die *Voss* hat sie abgedruckt.

Artikel aus dem *Vorwärts*

An Richard Dehmel! Entgegnung von Käthe Kollwitz.

Richard Dehmel veröffentlicht im *Vorwärts* vom 22. Oktober einen Aufruf: *Einzige Rettung.* Er appelliert an die Freiwilligkeit aller kriegstauglichen Männer. Einem Aufruf der obersten Verteidigungsinstanz, meint er, würde nach Ausscheidung der »Memmen« eine kleine, desto auserwähltere Schar todbereiter Männer sich stellen, und Deutschlands Ehre würde durch diese gerettet werden.

Ich wende mich hiermit gegen Richard Dehmel. Ich vermute wie er, daß einem solchen Appell an die Ehre eine auserlesene Schar Folge leisten würde. Und zwar wieder wie im Herbst 1914 in der Hauptsache aus Deutschlands Jugend bestehend, soweit dieselbe noch in Frage kommt.

Das Resultat würde höchstwahrscheinlich sein, daß diese Opferbereiten tatsächlich hingeopfert würden, und daß dann — nach dem täglichen Blutverlust dieser vier Jahre — Deutschland eben verblutet ist. Was dann im Lande bliebe, wäre nach Dehmels eigener Schlußfolgerung nicht mehr die Kernkraft Deutschlands. Diese läge eben auf den Schlachtfeldern. Meiner Meinung nach aber wäre ein solcher Verlust für Deutschland viel schlimmer und unersetzlicher als der Verlust ganzer Provinzen.

Man hat tief umgelernt in diesen vier Jahren. Mir will scheinen, auch in Bezug auf den Ehrbegriff. Wir empfanden Rußland nicht als ehrlos, als es in den unerhört harten Brester Frieden willigte. Es tat es aus dem verpflichtenden Gefühl heraus, die ihm noch verbleibenden Kräfte für den inneren Wiederaufbau sparen zu müssen. Ebensowenig darf Deutschland, wenn ein Rechtsfrieden an der Entente scheitern sollte, sich als entehrt empfinden, wenn es einen Gewaltfrieden eingehen muß. Gefaßt und stolz muß es sich bewußt bleiben, daß seine Ehre ebensowenig damit verloren ist wie die Ehre eines einzelnen Menschen, der sich überstarken Mächten beugt. Seine Ehre soll Deutschland daran setzen, das harte Geschick sich dienstbar zu machen, innere Kraft aus der Niederlage zu ziehen, entschlossen der ungeheuren Arbeit, die vor ihm liegt, sich zuzuwenden. Die Tat Richard Dehmels, daß er sich jetzt wieder zur Front meldet, achte ich, so wie ich seine freiwillige Stellung im Herbst 1914 achtete. Aber man darf nicht vergessen, daß Dehmel den wertvollsten Teil seines Lebens hinter sich hat. Was er zu geben hatte — Wunderschönes und Wertvolles — hat er ausgegeben. Ihn hat nicht mit zwanzig Jahren ein Weltkrieg verbluten lassen.

Aber die ungezählten Tausende, die auch zu geben hatten — anderes noch als ihr junges nacktes Leben —, ist es wirklich zu verantworten, daß, als diese eben anfangen sollten, sich zu entfalten, sie in den Krieg gerissen wurden und legionenweise starben?

Es ist genug gestorben! Keiner darf mehr fallen! Ich berufe mich gegen Richard Dehmel auf einen Größeren,* welcher sagte: *Saatfrüchte sollen nicht vermahlen werden.*

SONNABEND, 16. NOVEMBER 1918

Heut Versammlung der Eliteleute: Rathenau, Hauptmann, Einstein usw. Bekam Aufforderung, ging aber nicht hin. Ich komm in den Ruf, ein weises politisches Verständnis zu haben und stümpere mir doch mühselig meine Meinung zusammen, spreche meist nach, was der Karl sagt. Ganz lächerliche Lage. Bei Gottfried Keller — glaub ich — gibt es so etwas.

Anregung durch einen Maler, die heimkehrenden Soldaten zu begrüßen. Er hat recht. Ich schreibe ein paar Worte und bringe sie nach dem *Vorwärts.*

* Goethe

190

Der Sonntag beginnt. Trübes nebliges Wetter. Furchtbarer Druck im Gefühl. Eben sage ich mir noch, wenn Wahl zwischen Diktatur Ebert und Diktatur Liebknecht, ich bestimmt Ebert wählen würde. Auf einmal aber fällt mir ein, was die eigentlich Revolutionären doch geleistet haben. Ohne diesen steten Druck von links hätten wir auch keine Revolution gehabt, hätten wir den ganzen Militarismus nicht abgeworfen. Die Mehrheitspartei hätte uns davon nicht erlöst. Sie wollte immer nur evolutionieren. Und die Konsequenten, die Unabhängigen, die Spartakusleute, sind auch jetzt wieder die Pioniere, sie drängen immer *vorwärts*, wie es auch liegt. Auch wenn es Blödsinn ist, auch wenn Deutschland darüber kaputt geht. Man wird sie jetzt knebeln müssen, um aus dem Chaos herauszukommen, und es besteht ein gewisses Recht dazu. Sieger werden voraussichtlich die Gemäßigten bleiben. Ich selbst würde es wünschen. Nur darf man nicht vergessen, daß die zu Knebelnden das eigentlich revolutionäre Ferment sind, ohne die wir überhaupt keine Umwälzung gehabt hätten. Daß es *tapfere* Menschen sind, die ohne weiteres sich Maschinengewehren aussetzen, daß es *hungernde* entrechtete Leute sind, die immer zu kurz gekommen sind. Daß es vor allem Leute sind, die, hätten sie damals schon die Macht von heute gehabt, den Krieg verhindert hätten. Kurz und gut, es sind die Leute des revolutionären Prinzips, dem sie mit Unentwegtheit anhängen. Natürlich haben sie faktisch Unrecht. Faktisch muß man mit den Mehrheitssozialisten gehn. Es sei denn, daß einem der gänzliche Zusammenbruch Deutschlands ganz schnuppe ist.

1. WEIHNACHTSFEIERTAG 1918

Von Owlglaß im Simplizissimus:

In diesen langen Nächten,
Jetzt um die Sonnenwende,
Laßt uns vereint die Hände
Hart ineinander flechten.

Schicksal, mit dir zu rechten —
Es führt zu keinem Ende.
Doch wolle uns begnaden
Und füge zu der Bürde,
Die du uns aufgeladen
Den herben Glanz der Würde.

Der Simplizissimus bringt ein bitteres grimmiges Gedicht zu einer Zeichnung von Heine, wo ein nachher idiotisch aussehender Mensch mit der roten phrygischen Mütze einen Hymnus auf seine Freiheit singt. Er ist frei von allem, von Arbeit, vom Kaiser, von Mitteleuropa, von Lebensmitteln, von Glück und Behagen, von Einigkeit usw.

Ja, so sieht es aus. Aber auch anders natürlich. Man macht sich Mut und hält am Glauben fest, will es wenigstens. Aber schlimm sieht es doch aus. Die Arbeitslosigkeit ist immens. Die Arbeitsunlust auch. Spartakistische Ideen stecken immer neue Kreise von Menschen an. Im Westen sitzt uns die Entente auf dem Nacken, im Osten die Polen und Bolschewisten. In den Bergwerken wird gestreikt. Hier in Berlin wird an allen Ecken und Enden gestreikt. Dieselbe Profitgier, die die Bürgerlichen aus der Kriegsnot Gewinn schlagen ließ, zeigen jetzt die Arbeiter. Kein Gemeinsinn und keine Einsicht. In Schlesien hat sich ein Bergrat getötet. Er hinterläßt einen Brief an die Arbeiter. Er schreibt, er will ihnen damit beweisen, wie elend sein beneidetes Leben ist. Kein Zureden hat geholfen, so tötet er sich, um ihnen eindringlich zu Gemüt zu führen, wie unsinnig und gegen ihr eigenes und Deutschlands Interesse ihr Handeln ist.

SONNTAG, DEN 12. JANUAR 1919

Große Demonstrationen aller Parteien geplant. Bin im Atelier und will mich auf dem Rückweg einem Zug anschließen, der für Einigung geht. Treffe keinen und fahre durch die Stadt zurück. B. Z. wird zum ersten Mal wieder verkauft. Große Freude unter bürgerlichem Publikum über Erstürmung des Polizeipräsidiums, die heut nacht geglückt ist. Ich bin niedergeschlagen, sehr. Trotzdem ich einverstanden damit bin, daß Spartakus zurückgedrängt ist. Aber ich habe das beklommene Gefühl, daß die Truppen nicht umsonst gerufen sind, daß die Reaktion marschiert. Außerdem ist diese rohe Gewaltanwendung, dies Schießen der Genossen — solcher, die es sein sollten — entsetzlich. In all diesen Tagen hat mich nur eines beglückt: das Flugblatt von Beerfelde.

16. JANUAR 1919

Niederträchtiger empörender Mord an Liebknecht und Luxemburg.

Wahltag. Zum erstenmal gewählt. War mit Karl zusammen.

Hatte mich so sehr gefreut auf diesen Tag und nun er dran ist, von neuem Unentschlossenheit und halbes Gefühl. Mehrheitssozialisten gewählt. Nicht für die Person Scheidemann, die zu oberst auf der Liste stand. Aber für Prinzip des Mehrheitssozialismus. Meinem Gefühl nach stehe ich mehr links, kann aber nicht unabhängig wählen, schon weil der Kandidat Eichhorn ist.

20. JANUAR 1919

Aufsatz von Gorki in der *Republik*, der mich etwas erschüttert. Wäre ich so gläubig wie er! Und warum kann ich es nicht sein? Vielleicht liegt der Grund in dem Unterschied des slawischen und germanischen Wesens. Wenn die Slawen den asiatischen Einschlag haben, so haben wir Ostdeutschen den slawischen Einschlag, aber nur Einschlag. Es ist ein großer Rassenunterschied zwischen Tolstoi und Kant. Können Menschen, die mit Kant einer Herkunft sind, so fliegen, so stürmen wie Tolstois und Dostojewskis Landsgenossen? Ich meine, wir müssen einen anderen Weg gehen. Wir gehen vielleicht, ja sicher, zum selben Ziel, aber auf einem anderen Weg. Aber fast beneide ich die Russen, die so unbedingt gläubig ihren großen, einfachen Weg gehen, so blind vor Gläubigkeit.

Gorki erzählt in seiner Lebensgeschichte von seiner Großmutter, wie zart und behutsam sie von der Seele sprach. Wenn Gott nach dem Tode die Seele bei sich aufnimmt: »Nun, meine Liebe, meine Reine, hast du genug geirrt und gelitten?«

SONNABEND, 25. JANUAR 1919

Heut ist Karl Liebknecht begraben und mit ihm 38 andere Erschossene. Ich durfte eine Zeichnung nach ihm machen und ging früh nach dem Schauhause. In der Leichenhalle neben den anderen Särgen stand er aufgebahrt. Um die zerschossene Stirn rote Blumen gelegt, das Gesicht stolz, der Mund etwas geöffnet und schmerzhaft verzogen. Ein etwas verwunderter Ausdruck im Gesicht. Die Hände im Schoß übereinandergelegt, ein paar rote Blumen auf dem weißen Hemd. Es waren noch mehrere mir fremde Leute da. Karl, Hans, Stan waren mitgekommen. Stan zeichnete auch. Ich ging dann mit den Zeichnungen nach Haus und versuchte, eine bessere zusammenfassende Zeichnung zu machen.

Lise ist in der Stadt gewesen, um dem Zuge zu folgen. Das ganze Innere der Stadt abgesperrt. Der gewaltige Demonstrationszug von inneren Straßen abgeleitet — überall Weiße Garde — über Moabit bis Bülowplatz gekommen. Von da sollte es weiter nach Friedrichshain. Lise ging nicht weiter mit. Vom Friedrichshain ging der Zug hinter den Särgen.

Wie kleinlich und falsch sind alle diese Maßnahmen. Wenn Berlin — ein großer Teil Berlins — seine Gefallenen beerdigen will, so ist das keine revolutionäre Angelegenheit. Selbst zwischen den Schlachten gibt es Ruhestunden zum Bestatten der Toten. Es ist unwürdig und aufreizend, Liebknechts Gefolgschaft zum Grabe militärisch zu schikanieren. Und es ist ein Zeichen der Schwäche der Regierung, daß sie das dulden muß.

27. FEBRUAR 1919

Sofort mit Beginn des Streiks setzen Plünderungen ein. In unserer Umgebung drei Geschäfte ausgeplündert. Ein Anblick heut in der Danziger Straße: Vor einem ausgeplünderten Juwelierladen eine große Menschenmenge. Gegenüber an der Bank dreht den Leierkasten ein junger Feldgrauer. Sein einer Arm ist kaputt und er schüttelt immerfort krampfig den Kopf, daß die langen blonden Haare rumfliegen. Da fuhr es mir mit einmal durch den Sinn, *wie* elend und traurig es mit Deutschland steht.

19. MÄRZ 1919

Friedrich Wendel kommt und fragt, ob ich für ein neu zu gründendes satyrisches Blatt *Der Schrei* mitarbeiten will.

Ich setze ihm auseinander, daß ich nicht Kommunist bin und warum ich es nicht sein kann.

Der Mensch macht einen starken Eindruck auf mich. Er ist ganz überzeugt, macht keine Phrase, ist augenscheinlich selbstlos. Als er geht, hab ich den Eindruck zurückbehalten, daß er mich besiegt hat. Nicht, daß meine Argumente schlecht waren. Aber matt. Ich möcht den gern noch einmal sprechen.

26. MÄRZ 1919

An Vaters Todestag bei der lieben alten Mutter. Ich erzähle von Paula und ihren Kindern. Daß ich neulich bei Paula war, um mit ihr besonders zu sprechen. Paula plagte sich mit der Vorstellung, daß wir uns nicht mehr verstünden. Sie meinte, ich hätte mit meinen Arbeiten mit beigetragen zu dem chaotischen Zustand, der jetzt in Deutschland ist, und machte mir heftige Vorwürfe in den Gesprächen, die sie in Gedanken mit mir führte. Bat mich,

mal hinzukommen und mit ihr ausführlich über alles zu sprechen. Das tu ich.
Wir sitzen, während die Kinder nebenan schlafen, auf dem Sopha am Tisch.
Paul ist verreist. Sonst wäre ein solches Gespräch auch erschwerter. Paula
kommt mit allen Vorwürfen heraus, ich setze ihr meine Arbeit auseinander
und meine politische Stellung. Wie das zusammengehört. Paula fällt mir zuletzt um den Hals und küßt mich. Sie ist warm, rasch und stark im Empfinden.

AUS EINEM BRIEF AN BEATE BONUS-JEEP, 1919

... Falls Du übrigens irgendwie zu hören bekommst, daß ich den Professor-
titel bekommen habe, dann wisse auch, daß ich ihn nicht haben wollte, daß
aber wegen allen möglichen durch die Reise verursachten Verzögerungen
meine Ablehnung zu spät kam. Die Sache war schon publik geworden, und da
wollte ich mit Widerruf und so weiter keine große Geschichte machen.

SONNABEND, DEN 28. JUNI 1919

wird der Friede in Versailles unterschrieben.
Wie habe ich mir früher den Tag gedacht! Fahnen aus allen Fenstern. Ich
überlegte immer, was für eine Fahne ich raushängen wollte und kam zu dem
Schluß, es sollte eine weiße Fahne sein, auf der sollte groß mit roten Buchsta-
ben stehn: *Frieden*. Und um den Schaft und die Spitze sollten Girlanden und
Blumen hängen, denn ich dachte, es würde ein Verständigungsfrieden sein
und der Tag, an dem er verkündet werden sollte, sollte der Tag der »schluch-
zenden Erkenntnis« sein, das weinende Glück, daß *Frieden* sei.

1. AUGUST 1919

Was für ein Erinnerungstag! Heute vor fünf Jahren ging es los. All das Entsetzliche, das mir jetzt noch fast unbegreiflicher, nackter scheußlich vorkommt
als damals.
Wie wir vor unserem Hotel in Königsberg die abziehenden Soldaten singen
hörten. Karl war hingelaufen. Ich saß auf dem Bett und weinte, weinte, weinte.
Ich wußte alles schon damals.

11. SEPTEMBER 1919

Hier in unserer Gegend in der Stadt rum gewesen, auf dem Wörther Platz
gesessen. Noch nie sind mir die Berliner Kinder, nachdem ich vom Lande kam,
so welk vorgekommen. Traurige Kinder. Nein, es geht nicht anders: Die gro-

ßen Städte *müssen* aufgehoben werden. Auf gesunde Kinder kommt es vor allem an.

Mit etwas dumpfem Druckgefühl gehe ich dem Jahr entgegen. Hoffnungen hat man nicht viel. Illusionen auch nicht. Geht die Verelendung so weiter vor sich, rutschen wir allmählich alle ins Proletariat. Die jüngeren Kräfte werden in Massen auswandern. Armes verprügeltes Deutschland.

Für unseren Nahblick ist es unmöglich das Ganze zu übersehen. – Ob nicht doch Wege in die Höhe führen?

Man hat gemeint, daß das Ganze als eine harte Prüfung aufzufassen sei. Daß unter Draufgabe der materiellen Güter ein inneres Leben desto heller sich entzünden würde. Aber das ist gerade das Niederdrückende, daß von diesem inneren Leben so wenig zu merken ist. Die vier Jahre Krieg brachten die Menschen moralisch herunter, und dieses letzte Jahr hat noch das Seinige dazu getan. Gewiß wird von vielen einzelnen gegengearbeitet. Aber die Masse ist zu heruntergekommen, als daß man sich viel davon versprechen könnte. Dazu die Zerrissenheit in Parteien, die sich aufs Blut hassen, die immer zunehmende Unwahrscheinlichkeit, ja Unmöglichkeit, daß der Mehrheitssozialismus das Chaos wird bewältigen können.

Vielleicht daß eine nochmalige große Erschütterung die Luft reinigen wird. Aber schreckliche Zeiten werden das dann werden. Wenn man nur an frische Luft kommt.

Nun hat die Gegenrevolution eingesetzt. Heut früh sind königstreue Truppen mit schwarz-weiß-roten Fahnen von Döberitz eingezogen. Die Regierung ist flüchtig, die öffentlichen Gebäude besetzt, *Vorwärts* und *Freiheit* verboten.

Auf den Straßen stehn die Leute in Rudeln zusammen, jeder ist wie verdonnert.

Wie wird's nun werden?

Wieder der März, der unruhige Monat!

Heut der dritte Tag des Generalstreiks. Berlin ist ganz abgeschnitten. In den westlichen Teilen gibt es infolge der Technischen Nothilfe (Schüler, Studenten) elektrisches Licht. Bei uns ist es nachts *ganz* dunkel. Eine Dunkelheit wie auf dem Lande. Samtschwarz. Merkwürdig aber, zugleich die schallenden Schritte der Menschen auf dem Asphalt zu hören. In der eigentlichen Nacht ist es dann zugleich still und dunkel.

18. MÄRZ 1920

Ich lese Krapotkins *Französische Revolution* und bin erstaunt über die Parallele mit jetzt. Die Gironde in ihrem ganzen Verhalten entspricht durchaus den Mehrheitssozialisten. Die Unabhängigen entsprechen der Linksgruppe des Konvents. Dann aber gibt es die große vorwärtsdrängende Masse mit den Enragés, den wieder ins Dunkel zurücktauchenden Aufpeitschern, die immer schüren und die revolutionäre Glut wach halten.

ERSTER OSTERTAG 1920

Ich lese auf der Fahrt die Leninsche Broschüre über kommunistische Samstage. Hinreißend.

1. MAI 1920

Kühles, reines, windig-sonniges Wetter. Weltfeiertag! Wenn man dies Wort spricht, fühlt man sich erhöht.

Ein selbstgeschaffener, auf der ganzen Erde gefeierter Festtag, das ist der 1. Mai. Noch ein Kampftag, aber daneben ein Freudentag, ein Frühlingstag, ein Völkerversöhnungstag. Und so schön, daß die Maifeier bis in heidnische Zeiten zurückreicht.

Ich ging nach dem Exerzierplatz, wo die KPD sich versammeln sollte. Es waren aber so wenige Menschen dort, daß ich nach der Schwedter Straße ging zu der KAPD. Da sprach ein junger Mensch. Der 1. Mai sei kein Freudenfesttag, sondern Tag des Gedächtnisses, des Schwurs, des Kampfes. Proletarier sein und diese Zeit durchleben in der festen gläubigen Erwartung des kommunistischen Reiches, wissen, daß die eigene Person mitgezählt und mit nötig ist, das muß ein gewaltiges Kraftgefühl geben. Jeder Sozialist hat es ja in gewissem Grade, aber die Mehrheitssozialisten mit dem Gedanken der schrittweisen Wandlung der Verhältnisse in den Sozialismus haben etwas Abgeblaßtes gegen die Unabhängigen und vor allem gegen die Kommunisten, die entschlossen sind, mit *allen* Mitteln zu arbeiten und die den gewaltsamen Umschwung aus dem Kapitalismus in den Kommunismus zu jeder Zeit erwarten.

Der *Vorwärts* sagt:
Dies ist der Tag vom Volk gemacht,
Sein wird in aller Welt gedacht.
Eine grausige Farce aber sah ich: Zwei Invaliden — Kriegsinvaliden? —
zogen mit einer Drehorgel, die sie immer vor sich herschoben. Der eine, ein
schauderhaft häßlicher und elender Mensch, spielte darauf immer die Inter-
nationale, der andere, noch jünger, auch ganz elend aussehend, im feldgrauen
Rock mit Zylinder auf, ging als eine Art Clown daneben und sammelte ein.
Beide hatten sich mit roten Blumen hinter den Ohren und an den Hüten und
Stöcken geschmückt. Kinder mit Hallo um sie rum.
Sie veralberten sich und wirkten bei ihrer Elendigkeit ganz grausig.

OKTOBER 1920

Ich schäme mich, daß ich noch immer nicht Partei nehme und vermute fast,
wenn ich erkläre, keiner Partei anzugehören, daß der eigentliche Grund dazu
Feigheit ist. Eigentlich bin ich nämlich gar nicht revolutionär, sondern evolutionär. Weil man mich aber als Künstlerin des Proletariats und der Revolution
preist und mich immer fester in die Rolle schiebt, so scheue ich mich, diese
Rolle nicht weiter zu spielen. Ich *war* revolutionär. Mein Kindheits- und Ju-
gendtraum war Revolution und Barrikade. Wäre ich jetzt jung, so wäre ich
sicher Kommunistin. Es reißt auch jetzt noch mich etwas nach der Seite, aber
ich bin in den fünfziger Jahren, ich hab den Krieg durchlebt und Peter und
die tausend andern Jungen hinsterben sehn, ich bin entsetzt und erschüttert
von all dem Haß, der in der Welt ist, ich sehne mich nach dem Sozialismus, der
die Menschen *leben* läßt und finde, von Morden, Lügen, Verderben, Entstel-
len, kurzum allem Teuflischen, hat die Erde jetzt *genug* gesehn. Das Kom-
munistenreich, das sich darauf aufbaut, kann nicht Gottes Werk sein.
... Man hätte mich eben ganz in aller Stille lassen sollen. Man kann ja auch
von einem Künstler, der noch dazu eine Frau ist, nicht erwarten, daß er sich
in diesen wahnsinnig komplizierten Verhältnissen zurechtfindet. Ich hab als
Künstler das Recht, aus allem den Gefühlsgehalt herauszuziehen, auf mich
wirken zu lassen und nach außen zu stellen. So hab ich auch das Recht, den
Abschied der Arbeiterschaft von Liebknecht darzustellen, ja, den Arbeitern zu
dedizieren, ohne dabei politisch Liebknecht zu folgen. Oder nicht?! Von
einem Manne würde man wohl mehr Konsequenz verlangen. In einer Besprechung der *Roten Fahne* ist auch darauf hingewiesen, daß meine revolutionäre
Zeit schon lang zurückliegt.

Im Ganzen ist dies Jahr, trotzdem es persönlich viel Glück gebracht hat —
so Hans und Otty — doch ein tristes Jahr gewesen. Und trist sieht man in das
nächste, in die nächsten. Deutschlands Zustand ist zum Gotterbarmen. Man
sieht nicht, wie er besser werden kann. *So wenig* Erfreuliches, so sehr viel tief
Verstimmendes. Und über Deutschland heraus auch nicht viel besser. Die
Hoffnung auf Rußland gänzlich zuschanden geworden. Die kulturelle Entwicklung Deutschlands steht still, ja, ist rückwärtsschreitend. Verarmung der
gebildeten Stände nimmt zu. Ich kann mir gut denken, daß man vor Ver-
stimmtheit aus der Welt geht.

Zunehmen tut das Beschäftigtsein mit Mechanischem, nur zur Erhaltung
der Existenz Notwendigem. Die *Zeit*, diese Kostbarkeit, wird einem immer
mehr beschnitten durch im Grunde Übrigkeiten, eben Erledigungen ungeisti-
ger mechanischer Art. Das gibt leider eine rechte Verdrußstimmung, gegen
die ich schlecht ankämpfe. Dann noch Mutters immer sich verschlimmernder
Zustand, eigene beginnende Alterserscheinungen.

Der Karl hält sich tapferer dagegen wie ich, aber er hat gesundere Nerven.

28. JUNI 1921

Mit Karl zusammen im Großen Schauspielhaus *Die Weber* gesehn. Auf-
peitschende Wirkung der Massenscenen. *Jäger soll rauskommen! Jäger soll
rauskommen! Hölz soll rauskommen!*

Etwas von dem Gefühl, wie damals, als ich zum ersten Mal die »Weber«
sah, kam über mich. Von dem Gefühl, das die Weber treibt, das Auge um
Auge, Zahn um Zahn, das Gefühl, das ich damals hatte, als ich die Weber
machte. Meine Weber.

Inzwischen hab ich eine Revolution mit durchgemacht und hab mich davon
überzeugt, daß ich kein Revolutionär bin. Mein Kindertraum, auf Barrikaden
zu fallen, wird schwerlich in Erfüllung gehen, weil ich schwerlich auf eine
Barrikade gehen würde, seitdem ich in Wirklichkeit weiß, wie es da ist. So
weiß ich jetzt, in was für einer Illusion ich die ganzen Jahre gelebt habe,
glaubte, Revolutionär zu sein und war nur Evolutionär, ja, mitunter weiß ich
nicht, ob ich überhaupt Sozialist bin, ob ich nicht vielmehr Demokrat bin. Wie
gut es ist, wenn die Wirklichkeit einen auf Herz und Nieren prüft und einen
ohne Beschönigung an die Stelle stellt, die man aus seiner Illusion heraus nie
für die richtige nahm. Mit Konrad ist es, glaub ich, etwas Ähnliches. Ja, er —
auch ich — wäre wohl fähig gewesen, revolutionär zu handeln, wenn die wirkliche Revolution das Gesicht gehabt hätte, das wir an ihr erwarteten. Da sie

199

aber eine höchst irdische, schlackenhafte, unideale Erscheinung in Wirklichkeit zeigte — jede wohl zeigen muß —, haben wir genug von ihr. Kommt aber ein Künstler wie Hauptmann und zeigt uns Revolution in künstlerischer Verklärung, so fühlen wir uns auch wieder als Revolutionäre, verfallen in die alte Täuschung.

12. SEPTEMBER 1921

Die Russenhilfe. Arbeite mit den Kommunisten mit gegen den fürchterlichen Hunger in Rußland. Bin dadurch wieder ins Politische hineingezogen ganz gegen meinen Willen.

Hab ein Plakat gemacht: einen zusammenbrechenden Mann, dem sich helfende Hände entgegenstrecken. Es ist gut — Gott sei Dank.

9. NOVEMBER 1921

Auf dem Hinweg etwas Drolliges. Ein Trüppchen Kommunistenkinder zog durch die Weißenburger Straße, voran ein Banner, von einem Knirps getragen »Wir fordern Freiheit auf allen Spielplätzen«. Dazu sangen die dünnen Kinderstimmchen die Marseillaise: »Nicht zählen wir den Feind, nicht die Gefahren all.«

FEBRUAR 1922

Nachmittags waren wir in der Hecker-Realschule zu der Feier der Tafelanbringung der Namen der Gefallenen. Die Rede konnte einem nicht ans Herz gehen. *Dieser* Mann hat keine Wandlung durchgemacht seit 1914 bis 1922. Aber das gemeinsame Singen von »Ich hatt' einen Kameraden« zum Schluß brachte den alten Schmerz wieder in Erinnerung.

21. MÄRZ 1922

Romain Rolland hat einen offenen Brief an Barbusse geschrieben, der sehr gut ist. Er lehnt jeden Terrorismus ab. Wenn die Menschen wie glatte Tafeln wären, sagt er, von denen man alles wieder abwaschen könnte und sie wären so blank und sauber wie vorher, dann ließe sich noch darüber reden. Aber jeder Terrorismus verschlechtert die Menschen und gerade in so aufgeregten Zeiten sind sie am beeindruckbarsten. Was hilft es, bessere Zustände zu bekommen mit verschlechterten Menschen? Der Zweck heilige die Mittel, wäre ein falscher Standpunkt, gerade auf die Mittel komme es an, sie seien imstande, auch den besten Zweck ins Schlechte zu verkehren.

Kalt, windig, regnerisch.

Trotz allem eine Demonstration im Lustgarten, wie wir sie noch nicht sahen. Die Sozialdemokraten, die Unabhängigen und die Kommunisten demonstrieren gemeinsam. Endlose Züge vereinigten sich und strömten zusammen. Die roten Fahnen wehten im Winde, Musikkapellen spielten die Internationale und die Marseillaise, mit Kränzen geschmückte Kinder zogen im Zuge, offene Wagen gab es mit roten Blumen und Bändern geschmückt auch für die Kinder, die roten Fahnen mit dem Sowjetstern flatterten neben denen der SPD. Ein herrliches Bild froher festlicher Kampfesstimmung, noch ist der 1. Mai ebenso oder noch mehr Kampftag als Festtag, aber doch auch schon Festtag. Internationaler Weltfeiertag!

Auf dem Rückweg kam es Karl durch den Sinn, daß wir ins Café Dalles gingen. Da war es toll. Eine Schieber- und Verbrecherbande wie sie toller nicht im Caveau des Innocents zu finden war. Mädchen — halbe Kinder — ganz verdorben. Hinten im Lokal saß ein junger Kerl am Klavier und spielte, es wurde gesungen. Da konnten wir uns nicht aufhalten, es war zu auffallend und war uns zu ungemütlich. Am schlimmsten der Wirt, ein Kerl für Zille, mit quadratischem Genick, baumstark und unsagbar gemein und brutal aussehend.

AUGUST 1922

Die Demonstration »Nie wieder Krieg« ist nicht geglückt. Sie war nicht stark besucht. Die Jugendvereine hatten alle Rampen erklettert und sahen sehr schön und bunt aus, aber was sie redeten, war ziemlich töricht. Überhaupt kommt es mir immer wunderlich vor, wenn junge Leute in Masse Pazifisten sind. Ich glaub es ihnen einfach nicht. Es braucht nur ein zündender Funke in sie zu fallen und ihr Pazifismus ist vergessen. Die kommunistische Arbeiterjugend ist ehrlicher, die will Kampf und Krieg. Nur hat der Krieg einen andern Mantel umgehängt, statt schwarz-weiß-rot ist er rot.

AUS EINEM BRIEF AN BEATE BONUS-JEEP, 1923?

... Hör zu, was jetzt alles zusammenkommt: Ende März beginnt die Jury für die Akademieausstellung, in welcher ich bin. Bis dahin ist folgendes zu machen: Erstens mal ein großes Plakat für den Internationalen Gewerkschaftsbund in Amsterdam. Der wittert alle neuen schreckensvollen Kriegsmöglichkeiten und will eine Gegenpropaganda machen. Große Plakate, die sinnfällig die Kriegsfolgen vor Augen führen, werden in vierzehn europäischen

Ländern verbreitet. Das erste Plakat hat Steinlen gearbeitet, das zweite soll ich machen. Da kannst Du Dir denken, wie ganz und gar ich dabei bin, das zu machen. Zuerst wollte ich es so machen: auf den großen weißen Plakatbogen in einen schwarzen Klumpen zusammengedrängt wie Tiere, die ihre Brut verteidigen, Frauen, die ihre Kinder schützen. Als Text sollte darunter stehen: Wir haben unsere Kinder nicht zum Kriege geboren. — Aber die Amsterdamer Leute wollen durchaus einen Entwurf haben, der die Überlebenden zeigt, und so will ich es denn auch jetzt machen. Eltern, Witwen, Blinde, um sie herum die Kinder mit ihren angstvoll fragenden, ratlosen Augen und den blassen Gesichtern.

23. OKTOBER 1923

Die Rheinische Republik ist ausgerufen, der Dollar steht auf 40 Milliarden, für morgen ist der Generalstreik angekündigt, Hunger und Ratlosigkeit überall.
Mir ist fürchterlich schwer und bedrückt zumut.

AUS EINEM BRIEF AN ARTHUR BONUS, 1924?

»... Nun zu den Briefstellen.* Ob und wieviel Sie davon abdrucken. Es bleibt bei mir eine Scheu dagegen. Erstens die Scheu, mit Persönlichem so an die Öffentlichkeit gezogen zu werden. Dann aber auch die Scheu vor dem Sichfestlegen. Schwarz auf weiß und gedruckt sieht etwas ganz anders aus als im Gespräch geäußert oder in doch vertraulichem Brief. Gewiß, ich nehme nichts zurück, wenn ich sage, daß vor Krieg wie vor Revolution mir jetzt graut. Also machen Sie es mit den Briefstellen, wie Sie es wollen. Mir wird es zwar eine Pein sein, mich da gedruckt zu sehn, aber darauf braucht man ja nicht so viel zu geben. Halten Sie es für die Arbeit für besser, dann benutzen Sie sie. — Nur um eins bitte ich dringend: Setzen Sie alles aus meinen Briefen nur als Anmerkung unten hin, am besten in kleinerem Druck, damit verlieren sie das anmaßend Orakelnde.«

FEBRUAR 1925

Hilde Schewior gesehn. Gut — sehr gut. Aber eins machte sie, das erschütterte mich so, als wenn noch Krieg wär. Einen jungen Rekruten, einen sieb-

* Es handelt sich um Stellen aus Briefen von K. K., die Arthur Bonus für sein im Reißner Verlag 1925 erschienenes Buch »Das Kollwitz Werk« benutzen wollte

zehnjährigen. Es war kaum zum Ertragen. Sein blasses, so freundliches Lä-
cheln. Die Bewegungen des Weglegens des Gewehrs — des Nichtmehrwollens.
Und das Weinen. Das Weinen, als die Musik leise spielte: »Gloria, Gloria
Viktoria... Die Vöglein im Walde...« Nein, es war kaum zum Aushalten.
Noch einmal eine solche Zeit durchleben — glaub ich — könnt ich nicht mehr.
Dies eine Mal hab ich sie durchlebt, aber unter was für Qualen, das fühlte ich
wieder, als ich dies sah. Es gibt wirklich so etwas, daß das Herz bricht. Ich
glaub, meins würd es tun, wenn ich *die* Zeit noch einmal leben müßte.

DEZEMBER 1930

Langsam heranschleichende böse Reaktion auf allen Gebieten. Verbot des
Remarque-Films. Es wird eine schlimme Zeit kommen oder *es ist* eine schlim-
me Zeit.
Arbeitslosigkeit in allen Erdteilen.

DIENSTAG, 26. JULI 1932

Die deutschen Friedhöfe sind alle nach einem Prinzip angelegt, aber keiner
ist wie der andere. Gemeinsam ist allen der grüne Rasenboden und die schwar-
zen, etwa 80 cm hohen Holzkreuze. Auf jedem ist oben im Holz das Eiserne
Kreuz eingeschnitten. Auf dem Querbrett Waffengattung, Name, Todestag.
Auf den Nichtgekannten steht: Unbekannter deutscher Krieger.
So baumlos wie der Roggevelder Friedhof * sind wenige. Die meisten haben
Baumanlage oder Blumen. Mitunter sind die Gräber ganz zwischen roten
Rosen. Ein Friedhof war als Rundfriedhof angelegt, ein anderer großer führte
in drei großen flachen Terrassen abwärts. In einem lagen die Kreuze in der
Mitte und ringsum führte ein Gang von Trauerweiden. Manche sind hain-
artig angelegt, ganz bepflanzt mit jungen Bäumen. Manche haben das große
freie Rasenstück in der Mitte und die Gräber stehn seitwärts in langen Reihen.
Manche haben als Mittelstück sarkophagartig gefügte Steine. Viele — und das
ist sehr schön — haben entweder ein ganz hohes Kreuz oder eine Reihe von
Kreuzen. Man hat dann den Eindruck von gegenseitigem Anfassen, Hand-
reichen.
Die vielen, vielen Grabkreuze wirken wie eine Herde. Nirgends ist ein
Christus an einem Kreuz, aber jedes Hochkreuz hat die ausbreitende Gebärde

* Die Reise nach Flandern wurde unternommen, um den Soldatenfriedhof Roggevelde
kennenzulernen, auf dem der Sohn Peter bestattet war, und auf dem später das Mahnmal
stehen sollte.

und ist das Symbol des Leidens. Mir fällt die Bachsche Musik zu dem Text ein:
O große Lieb — Lieb ohne Maßen,
Die Dich geführt auf diese Marterstraßen.
Alle Friedhöfe sind offen, entweder ohne Türe oder nur mit leicht aufzuklinkender.

Der größte deutsche Friedhof ist der in Langemarck. Er faßt 10 000 Gräber, ein Drittel davon birgt unbekannte Soldaten. Nur etwa 2000 Kreuze sind aufgestellt, an jeder Reihe liegt am Boden eine Steintafel mit den Namen, soweit man sie kennt. Das große Rasenstück mit den Kreuzen ist hainartig mit Eichen bepflanzt. Dieser Friedhof hat eine festgemauerte Eingangshalle, wo große Kränze hängen. Rechterhand einen Raum mit Namen aller dort Liegenden. Es sind meist Studenten und der ganze Friedhof ist durch deutsche Studenten erbaut, Verbindungen, Vereine haben Sammlungen gemacht. Zwei Unterstände, die auf dem Gelände noch waren, sind rechts von dem Gräberfeld als Marksteine stehn geblieben. Eine Reihe von Steinblöcken, in einigem Zwischenraum aufgestellt, markiert die damalige Front.

Der äußerste Punkt soll einen großen Steinblock tragen. Er bezeichnet, glaube ich, die Stelle, bis wo die Deutschen vordrangen. Ein großes Feld von rotem Mohn zwischen dieser Frontlinie und dem Gräberfeld deutet das viele Blut an. Dieser Friedhof ist von der deutschen national fühlenden Jugend Deutschlands erbaut. Er ist größer und pompöser in der Geste als die anderen Friedhöfe. Er führt gewissermaßen den Krieg noch immer fort. Erlösend war es mir, als auf dem großen Flamenturm bei Dixmuiden ich zuerst wieder die Worte las: »No more war« — in vier Sprachen rings um den Turm herum.

Wir waren gerade von der Besichtigung der deutschen zerschossenen Unterstände bei der Minoterie gekommen hart am Iserkanal. Gerade diesem furchtbaren Dokument gegenüber erhebt sich ganz hoch der Flamenturm mit dem »No more war«.

Schult zeigte uns noch den größten englischen Friedhof. Er liegt auf leise ansteigendem Gelände. Wenn man oben steht an der hohen halbgerundeten kompakten Mauer und zurück blickt, ist es wohl schön. Statt Holzkreuzen stehn da weiße Steine und zwischen den Steinreihen ist eine Fülle von blühenden Blumen. Über den Friedhof heraus blickt man ins weite flache Land. Statt des großen Holzkreuzes der deutschen Friedhöfe steht ein großes Steinkreuz und in der Mitte ein steinerner Sarkophag mit einigen Worten. Diese Embleme wiederholen sich auf allen englischen Friedhöfen. Wo ein unbekannter Krieger liegt, steht: »A soldier of the great war« und unten: »known unto God«. Ziemlich in der Mitte, dicht am Sarkophag, liegen rechts und links je drei deutsche Gräber, vorläufig noch kleine Holzkreuze, sie sollen ersetzt werden durch dieselben Steintafeln, wie die englischen Gräber sie haben.

Die englischen und auch die belgischen Friedhöfe wirken heller, in gewissem Sinne freundlicher und bürgerlicher, bekannter wie die deutschen. Ich ziehe die deutschen vor. Der Krieg war keine freundliche Sache, es paßt nicht zu ihm, dieses Jugendsterben mit Blumen zu verschönen. Ernst muß jeder Kriegsfriedhof bleiben.

Am Tage vorher war Schult auf nordfranzösischen Friedhöfen. Bei Arras ist einer, der 30 000 Tote faßt. Ein großes Massengrab ist da, in dem allein 2000 Soldaten liegen. Schults Begleiter sagt, man kann den Friedhof kaum absehen, man hat den Eindruck, er geht ins Unendliche.

ENDE AUGUST 1932

Zum Amsterdamer Anti-Kriegs-Kongreß wär ich gern gefahren.

1933

Das Dritte Reich bricht an.

AM 30. JANUAR 1933

wird Hitler Reichskanzler. Dann alles Schlag auf Schlag.

AM 15. FEBRUAR 1933

müssen Heinrich Mann und ich aus der Akademie austreten. Verhaftungen und Haussuchungen. Ende März auf zwei Wochen nach Marienbad. Dort mit Wertheimers. Mitte April kommen wir zurück in der festen Absicht, zu bleiben. Vollkommenste Diktatur.

AM 1. APRIL 1933

Judenboykott.
Entlassungen. Hans noch im Amt.

AM 10. MAI 1933

werden Bücher verbrannt.

werden sämtlichen Ärzten, die dem Sozialdemokratischen Ärzteverein angehört haben, die Kassen weggenommen.

Karl auch.

Jetzt im Juli gibt es weder die Kommunistische Partei mehr, noch die Sozialdemokratische, noch die Demokratische, noch die Deutsch-Nationale, noch die Bayrische Volkspartei, noch das Zentrum. In ganz Deutschland existiert nur noch die NSDAP. —

Es gibt keine Zeitung, die eine andere Meinung vertritt.

Gleichschaltung.

Unterdes lebt man und arbeitet. Ich bin an der plastischen Gruppe Mutter mit zwei Kindern. Ende September muß ich das Akademie-Atelier geräumt haben. Die Arbeit geht von der Hand.

11. JULI 1933

Hansens Brief, daß seine Entlassung beantragt sei.

AM 1. AUGUST 1933

Karl werden auch die Tarifkassen genommen.

11. AUGUST 1933

Karl und Hansens Sache noch immer in der Schwebe.

Karl ist recht verdüstert.

Ich arbeite an der Gruppe und fühle mich glücklicher als es eigentlich angebracht ist.

AUS BEATE BONUS-JEEP, 1933

... Sie * hatten freundschaftlichen Rat befolgt, der ihnen nahelegte, sich für eine Weile irgendwo außerhalb der deutschen Grenzen aufzuhalten. Von dort schrieb sie: »Es scheint, daß jeder sich in dieser Zeit verkriecht, wie eine Schnecke möglichst tief in ihr Haus hinein. Dort denkt man dann wohl mit mehr oder minder Sorge an die befreundeten Schnecken. Ich muß nun endlich mal einen Fühler nach Euch ausstrecken — wie geht es Euch? Wie geht's

* Karl und Käthe Kollwitz

206

Heinz? Sitzt er fest? Ich meine in seiner Stellung? Wir sind hier in Marienbad und benutzen die verfrühten Ferien zur Erholung. Das Wetter ist herrlich, und es geht uns recht gut, da wir mit Freunden zusammenleben, die drei Kinder haben und bei denen es immer herzlich und fröhlich zugeht. Bald wollen wir aber zurück. Ich freu mich diesmal nicht darauf. Bei dem besten Willen kann man sich schwer der Atmosphäre dort entziehen. Man steht in ihr auf, man geht in ihr schlafen. Es ist etwas anstrengend. –

Wie es mit Hans werden wird, ist noch nicht entschieden, vielleicht beläßt man ihn. Laßt doch mal was von Euch hören. Bis zum zehnten April werden wir wohl sicher hier sein. – Eure kleinlauten Schnecken Käthe und Karl.«

18. SEPTEMBER 1933

Hans bekommt die Nachricht, daß das Bezirksamt den Antrag auf seine Entlassung zurückgenommen hat. Am Abend desselben Tages ist bei ihm draußen Haussuchung. Auch meine Bücher (Reissner usw.) sollen weggenommen werden.

24. SEPTEMBER 1933

Karl will Peter, der seine Fahrtenschwimmer-Prüfung gemacht hat, 3 Mk in die Sparkasse legen. Peter sagt, es ist zu viel und weigert sich, was Karl etwas verstimmt. Später sagt Peter zur Ottilie, er hätte es nicht genommen, weil er weiß, daß ich keine Einnahmen mehr habe und wir es knapp haben.

AM 29. OKTOBER 1933

Karl bekommt die Mitteilung, daß er zugleich mit den anderen ausgeschlossenen Ärzten die Kassen zurück bekommt.
Er freut sich so sehr.
Konrads 70. Geburtstag. Gut, gut, daß Konrad diese Zeit nicht erlebt.

AUS DEN TAGEBÜCHERN
NOVEMBER 1933

Am Bußtag sind Karl und ich auf dem Friedhof.
Ich lege Konrad rote Nelken hin für ihn und seine tote Sozialdemokratie. Auch auf den Gräbern der toten alten Führer liegen hier und da rote Nelken.
Mein komischer Traum: Ich gehörte der nordischen Edelrasse an und diese

verpflichtete mich zu allerlei kühnen Taten. So sprach ich öffentlich in einer Studentenversammlung. Wachte immer vor Anstrengung auf und mußte die Sache immer wieder weiterträumen. Am Morgen ganz gerädert.

Karls, auch mein hin- und hergezerrtes Denken.

Das viele Gute das anzuerkennen ist, und doch überwiegt das Widerstreben. Daß es einem zum ... zuwider ist.

Die Emigranten in ihrer immer schlimmeren Lage. Für sie ist alles verloren. Gerhart Hauptmann sagt: »Ja« — und Kerr nennt ihn dafür einen Verräter.

Glücklich, daß ich noch nicht allein bin, noch den Karl habe. Ich glaube, sonst wär es ganz schlimm.

Auch die Arbeit beglückt mich nicht mehr so. Man hat einen gründlichen Knacks bekommen.

AUS BEATE BONUS-JEEP, 1934?

... Von befreundeter Seite war ihr ein Aufsatz im Fahnenabzug zugeschickt worden, in dem ausgeführt war, daß sie sich niemals politisch betätigt hätte. Dieser von unparteiischer Seite und ohne ihr Wissen geschriebene Aufsatz sollte bei seinem Erscheinen helfen, auch im Dritten Reich »... die segnenden Augen der Herrscher...« auf sie zu lenken, sie zu rehabilitieren. Darauf antwortete sie mit der Bitte, daß der Aufsatz nicht zum Druck gebracht würde. Einmal könnte er ihre Lage nur verschlimmern, auch wenn betont würde, daß er ohne ihr Zutun entstanden wäre. Auch eine Erklärung von ihrer Seite würde daran nichts ändern. Man könnte im Gegenteil der Meinung sein, es wäre eine raffinierte Art, sich wieder heranzuschlängeln. — Fiele der Artikel ganz aus, so krähte weiter kein Hahn nach ihren Angelegenheiten ... »Die Minister haben anderes zu tun, als sich darum zu kümmern.«

In einem zusätzlichen Brief kommt sie noch einmal auf das, was der Aufsatz ausführt, und sagt: »Glaube mir Bonus, wenn der Verfasser sagt, die Seelen von Unzähligen im Arbeiterstand glühten für mich, so hören sie sicher auf, das zu tun, wenn ich ›ehrenvoll wieder anerkannt‹ werde. Ich will und muß bei den Gemaßregelten stehen. Die wirtschaftliche Schädigung, auf die Du hinweist, ist eine selbstverständliche Folge. Darüber muß man nicht klagen.

Das Atelier behalte ich auf keinen Fall, ich habe die Altersgrenze um ein Jahr überschritten, so daß keinerlei Gewalt vorliegt, wenn es mir entzogen wird. Ich empfinde ja überhaupt das ganze Vorgehen gegen mich als logisch. — Die Aufstellung der Figuren im Kronprinzenpalais ist ja nicht eine Tat der Anerkennung der Regierung, sondern Justis, der abgesetzt ist. Ihm, nur ihm allein, ist es auch zu danken, daß die fertigen Steine in der Vorhalle der alten Nationalgalerie aufgestellt wurden. Unter der neuen Leitung wird augenblicklich wieder einmal eine gesetzliche Neuordnung vorgenommen. Zur Zeit ist für das Publikum das Kronprinzenpalais geschlossen. Nach Wiedereröffnung wird man dann sehen, ob ich noch existiere.«

30. JUNI 1934

Erschießung Röhms, Schleichers, von SA-Führern und anderen. Mühsam* *tot!*

25. JULI 1934

Ermordung Dollfuß!

2. AUGUST 1934

Hindenburg stirbt. Hitler wird Reichspräsident.

JULI 1936

Am 13. Juli erscheinen zwei Beamte der Gestapo und verhören mich über den Artikel in der »Iswestija«. ** Erklären mir, daß auf mein Verhalten Konzentrationslager stünde. Davor schütze mich kein Alter und nichts. Am Tage drauf kommt der eine der Beamten ins Atelier in der Klosterstraße, sieht meine Arbeiten an, redet lang und breit (nicht übelwollend), sagt dann, er verlange von mir eine Erklärung für die Zeitungen, in denen ich die Behauptungen der »Iswestija« für unwahr erkläre. Ich schreibe diese Erklärung. Zum Schluß derselben erwähne ich kurz, daß ich im Gespräch mit B. seinen Darstellungen über Rußland widersprochen habe.

Die nächsten Tage vergehen in erregter und gedrückter Stimmung. Es quält mich die Vorstellung, daß sie meine Erklärung ungenügend finden werden, daß ich in die Enge getrieben werde und es schließlich doch zu einer Verhaftung kommt. Wir fassen den Entschluß, dem Konzentrationslager, wenn es unvermeidlich scheint, durch Selbsttod uns zu entziehen. Freilich diesen Entschluß vorher die Gestapo wissen zu lassen, Vorstellung, daß sie dann vom Konzentrationslager absehen werden.

Tagelang dauert die Erregung an. Dann wendet sich alles.

---

* Erich Mühsam, radikaler Schriftsteller. Im KZ ermordet
** In einem Gespräch mit einem ausländischen Journalisten hatte sie sich über ihre jetzige wirtschaftliche Lage infolge des Ausstellungsverbotes für sie geäußert

Der Krieg ist umgangen! Dank dir Chamberlain!
Gelegentlich der Auseinandersetzung über die nahe Kriegsgefahr sagte er im englischen Parlament:»Es gibt nichts in der Welt, was wichtig genug wäre, von neuem einen Weltkrieg zu entfesseln.«
Das ist *ganz meine Meinung.*
Nichts in der Welt!
Weiß Gott, *nicht:* Deutschland, Deutschland über alles.

DEZEMBER 1941

Die furchtbaren Judenaktionen jetzt, die Massenzwangsverschickungen, die Grausamkeiten jeder Art. »Die Juden sind schuld am Kriege« — wie immer:»Haut den Juden!«

FEBRUAR 1943

Immer wieder geht es einem im Kopf rum: Vaterland, Nation, Nationale Ehre. Was ist denn Vaterland? Es ist doch nichts als der Fleck Land, auf dem man geboren ist, wo man aufgewachsen ist zwischen Vater und Mutter, wo man in die Sprache und Landschaft hineingewachsen ist. Des Menschen Vaterland — auch des von Deutschen abstammenden — kann überall in der Welt sein. Der Begriff von Ehre ist da noch gar nicht vorhanden, nur von Heimat. Ein Gefühl von Wärme und Liebe ist um das herum, was man Heimat nennt. Heimat erweitert sich von selbst zum Vaterland. Viele Menschen um einen herum, die dieselbe Sprache sprechen, in derselben Landschaft aufgewachsen sind, bilden das Vaterland. Als Storm Husum verlassen mußte, blieb er immer noch auf deutschem Boden, aber in seinem Abschiedsgedicht sagt er:»Kein Mann gedeihet ohne Vaterland« und mir will scheinen, als ob er da Heimat und Vaterland zusammenwirft.
Der gefährliche Begriff der »Ehre«. Er entsteht aus einem Verpflichtungs-gefühl, das in dem Einzelnen erwächst. Es ist »gegen die Ehre eines Men-schen«, wenn man ihm vorwerfen kann oder er sich selbst vorwirft, daß er Aufgaben, die an einen gestellt sind und die man vor seinem Gewissen als zu Recht bestehend anerkennt, vernachlässigt. Es ist eine ganz innere Angelegen-heit. Keinem Menschen kann seine Ehre von außen genommen werden. Jeder Mensch kann sie sich erhalten, wenn er nach seinem Gewissen lebt.
Eine Standesehre usw. gibt es nicht, das ist ein Mißbrauch mit dem Wort. Es sei denn, daß er, wenn er sich als erwachsener Mensch im Rahmen einer

210

Arbeit einer Genossenschaft angliedert, bestimmten Aufgaben, die mit dieser Arbeit zusammenhängen und die er anerkennt, von Mitgliedern dieser Arbeitsgemeinschaft entgegenhandeln sieht. In dem Sinn kann man z. B. von ärztlicher, anwältlicher usw. Ehre sprechen.

Aber die nationale Ehre? Sie besteht bestimmt nicht in Größe, Macht und Ansehn. Ebenso wie beim Einzelnen kann sie nie von außen genommen werden. Ein verlorener Krieg macht nie eine Nation ehrlos. Doch kann und darf zum Kriege gegriffen werden, wenn es sich um Verteidigung von Rechten handelt, die im großen Rahmen einer Nation gegen andere Nationen nun einmal bestehen. Die Verteidigung darf aber nie in Machtübergriffe und -Handlungen übergehn. —

Das ist der schwierige Punkt. Jeder Krieg wird in einen Verteidigungskrieg umgedreht. In jedem Krieg wird die »nationale Ehre« heraufbeschworen, und so entsteht immer dasselbe Bild, daß die leicht entflammbare Jugend sich innerlich aufgerufen fühlt, für die nationale Ehre sich mit dem eigenen Leben einzusetzen. Es ist das für unabsehbare Zeit heraus eine Schraube ohne Ende.

AUS EINEM BRIEF AN BEATE BONUS-JEEP, 1943?

. . . Das Leben kommt mir jetzt besonders zackig vor und ungleichmäßig. Innerhalb eines Tages wechseln Eindrücke von großem Abstand. Hinter Gutem steht immer der Krieg. Und was für ein Krieg. In welchen Formen! Was nützt es einem, wenn man sagt: das alles wird einmal vorüber sein. Die Tatsache, daß es da ist, ist doch die Realität. Realität, daß innerhalb von wenigen Minuten Wohnstätten, bewohnt von lieben Menschen, an denen andere Menschen hängen, zerstört, verschüttet, vernichtet werden — nicht nur können, sondern werden — Millionen! Und daß andere Menschen — sogenannte Feinde — darüber Freude empfinden. Die Menschen sind rein wahnsinnig geworden, es ist wirklich, als wenn die Welt untergehen soll.

VORZEICHNUNG ZUR LITHOGRAPHIE ›AM GRABE LIEBKNECHTS‹, 1919

DIE FREIWILLIGEN, UM 1922

HELFT RUSSLAND, 1921

NIE WIEDER KRIEG, VOR 1924

MÜTTER, 1919

KOHLEVERTEILUNG, UM 1918/19

STÄDTISCHES OBDACH, 1926

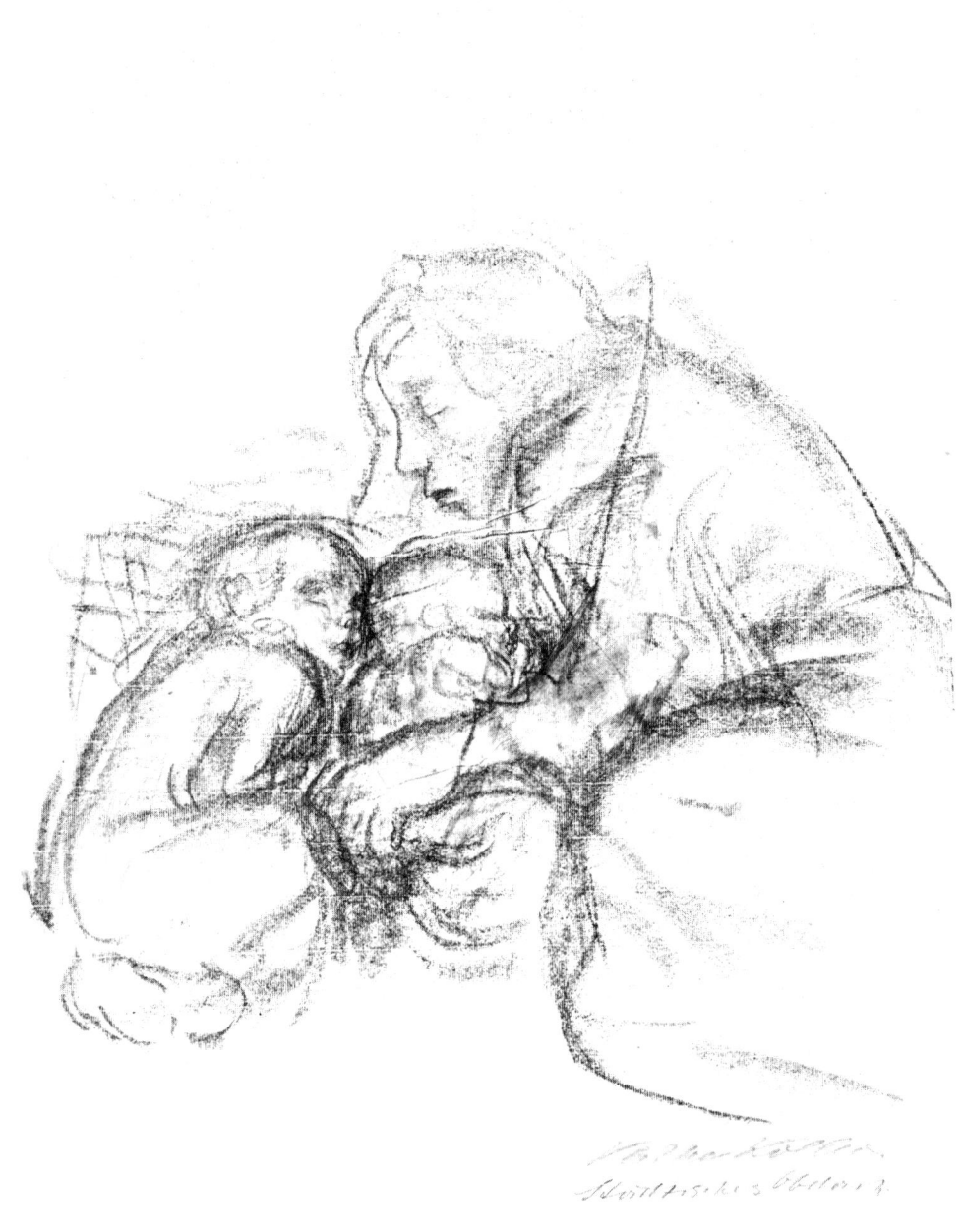

LIEBESPAAR, UM 1910

27. Oktober 1938

BARLACH IM SARG, 1938

ARBEITER, UM 1925

KINDER AM TREPPENGELÄNDER, VOR 1914

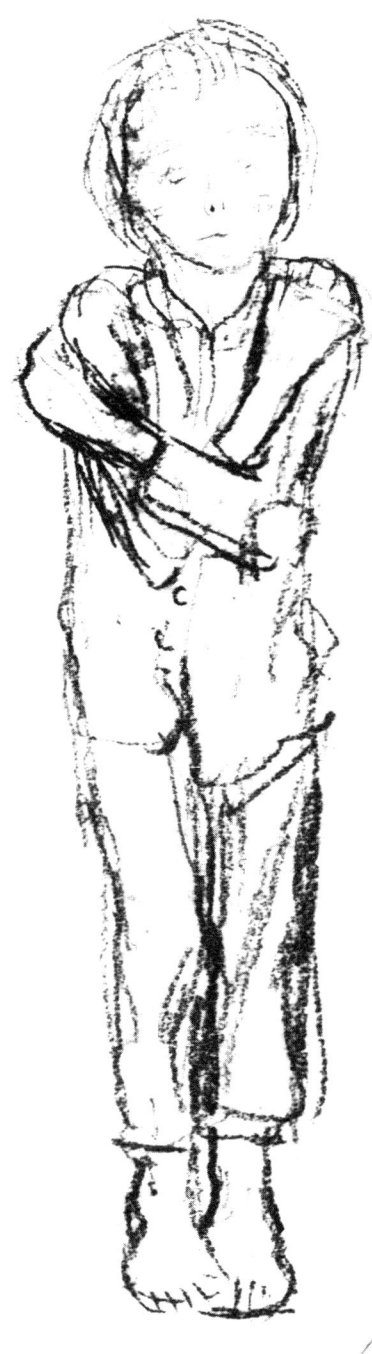

FRIERENDER JUNGE, VOR 1914

ALTE FRAU MIT KIND AUF DEM ARM, UM 1930

LOTTE, UM 1930

JEAN JAURES, VOR 1914

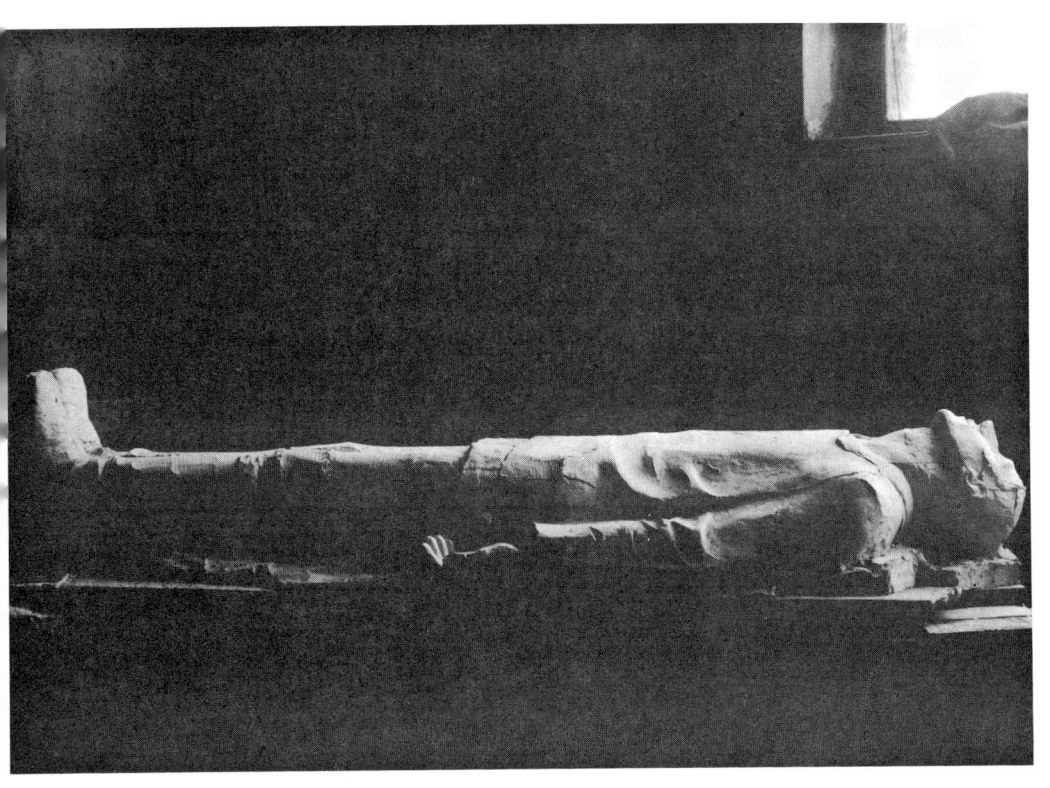

LIEGENDER SOLDAT, PLASTIK, 1915—19

ELTERNRELIEF, PLASTIK, 1915–19

DARBIETUNG, PLASTIK, 1915

MUTTER UND VATER, GIPSFIGUREN, 1931/32

AUFSTELLUNG DES MAHNMALS, PLASTIK, 1932

GEWANDSTUDIE, 1926

SECHS STUDIEN ZU EINER RECHTEN HAND, 1929

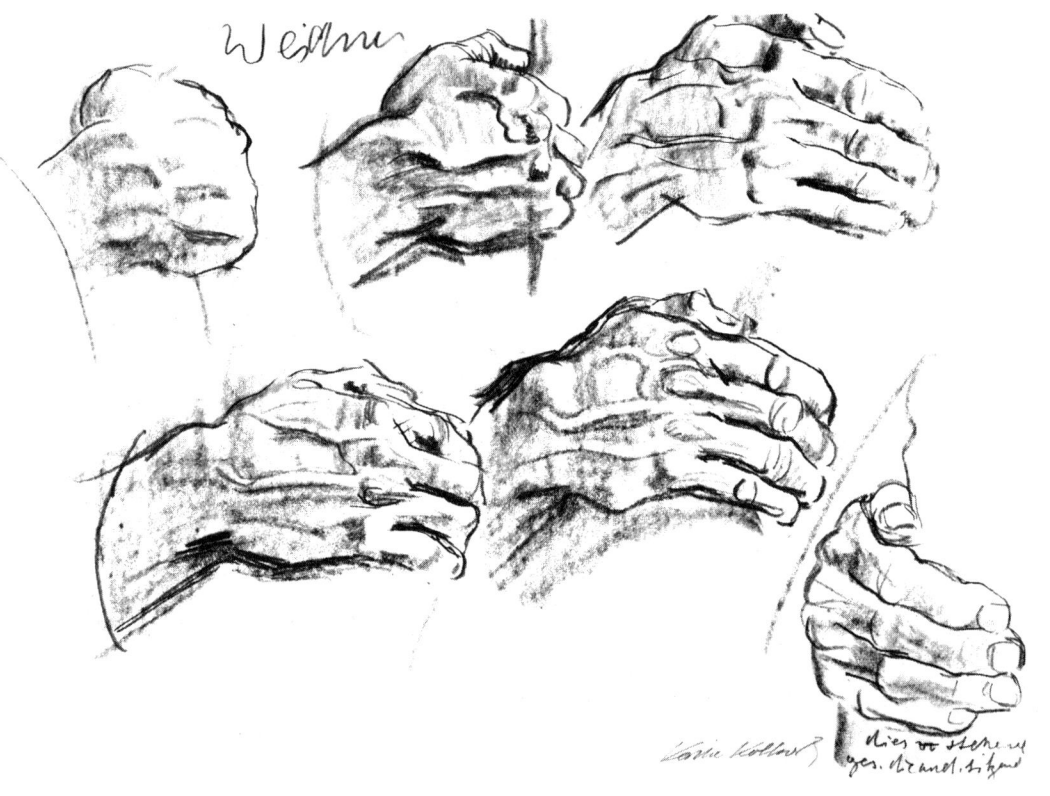

DIE ELTERN, 1923

Das Mahnmal

1. DEZEMBER 1914

Heut Nacht den Plan zu einem Denkmal für Peter gefaßt, aber wieder auf-
gegeben, weil er mir unausführbar schien. Am Morgen kam mir plötzlich der
Gedanke, ich könnte durch Reicke * die Stadt darum bitten, mir einen Platz zu
geben. Was es kosten würde, dazu müßte gesammelt werden. Es muß auf den
Höhen von Schildhorn stehen, wo man den Blick über die Havel hat. An einem
herrlichen Sommertage soll es fertig sein und eingeweiht werden. Gemeinde-
schulkinder singen: »Wir treten zum Beten.« Das Denkmal soll Peters Gestalt
haben, ausgestreckt liegend, den Vater zu Häupten, die Mutter zu Füßen, es
soll dem Opfertod der jungen Kriegsfreiwilligen gelten.

Es ist ein wundervolles Ziel, und kein Mensch hat ein solches Anrecht darauf, dieses Denkmal zu machen, wie ich.

Diese Einsamkeit jetzt.

3. DEZEMBER 1914

... Ich will Dich ehren mit dem Denkmal. Alle, die Dich lieb hatten, behalten Dich in ihrem Herzen, weiter wirst Du wirken bei allen, die Dich kannten
und Deinen Tod erfuhren.

Aber ich will Dich noch anders ehren. Den Tod von Euch jungen Kriegsfreiwilligen will ich in *Deiner* Gestalt verkörpert ehren. In Eisen oder Bronze soll
das gegossen werden und Jahrhunderte stehen.

* Reicke = Bürgermeister von Berlin

237

Mein Junge! Auf deinem Denkmal will ich deine Gestalt oben über den Eltern halten. Du sollst langausgestreckt liegen, die Hände antwortend auf den Ruf zur Hingabe: »Hier bin ich.«

Die Augen — vielleicht weit offen —, daß du den blauen Himmel über dir siehst und die Wolken und die Vögel. Den Mund lächelnd. Und an der Brust die Nelke, die ich dir gab.

Wie an dem Tag, der dich der Welt verliehen,
Die Sonne stand zum Gruße der Planeten,
Bist alsobald und fort und fort gediehen
Nach dem Gesetz, wonach du angetreten.
So mußt du sein, dir kannst du nicht entfliehen,
So sagten schon Sibyllen, so Propheten.
Und keine Zeit und keine Macht zerstückelt
Geprägte Form, die lebend sich entwickelt.

Du arbeitest mit an Deinem — Euerm Ehrendenkmal. Die Temperafarben, die Du Dir anriebst, benutze ich zur Arbeit, Deinen Blendrahmen, Deine Materialien.

Lieber trautster Junge!

In dieser Nacht vor einem halben Jahr starbst Du. Peter!

Ich arbeite an der Darbietung. Ich mußte — es war direkt ein Zwang — alles ändern. Die Figur bog sich von selbst unter meinen Händen — wie nach eigenem Willen — nach vorn über. Nun ist sie nicht mehr die Aufrechte. Ganz tief bückt sie sich und reicht ihr Kind dar. In niedrigster Demut.

ist der Aufbau der Arbeit in meinem Atelier fertig gemacht. Gestern begann er, genau ein halbes Jahr nachdem Peters Tod uns gesagt wurde.

Und wir fühlten dich fast schweben
Als dein Licht schon unterging.
Wiederum in jähem Sturze
Fiel ein Knabe unbewacht,
Den es hinriß durch die kurze
Lebenszeit zu Kampf und Schlacht.
Reinem Lose, stolzem Fliegen,
Unbewußtem Überschwang,
Führe es auch nicht zu Siegen,
Schallt doch ewig der Gesang.

JULI 1915

Zehn Tage in Alt-Ruppin gewesen. Die Sehnsucht nach Peter war überall. Ein einziges Mal verließ sie mich. Wir lagen an einem Wiesenrand. Über den alten Kiefern auf jener Seite kreisten ganz oben Habichte und schrien. In der Nacht, bevor ich wegfuhr, hatte ich einen sehr schönen Traum. Ich sah eine hochgelegene Waldwiese, auf der standen Gräber. Als ich aufwachte, war mir voll Frieden. Nichts von Schmerz. Seit der Zeit — es ist jetzt eine Woche her — habe ich keinen Schmerz um Peter. Ich weiß nicht, ob dies der Zustand ist, den Karl schon länger kennt. Es ist, als ob auf einmal etwas abgeschlossen ist, als ob Monate zwischen dem jetzigen Empfinden und der schmerzhaften Sehnsucht von vor einer Woche liegen. Vielleicht hängt es mit der Arbeit zusammen. Vielleicht auch damit, daß ich in der Zeit mir etwas klarer zu werden versuchte über das, was meine Religion ist. Jedenfalls es ist etwas anders. Es frißt nicht mehr so in mir.

JULI 1915

Das Gebet kenne ich nach wie vor kaum als Bitte. Luther sagt, ein Gebet soll kurz und hitzig sein. Benvenuto Cellini betet: »Hilf mir nun, Gott, weil ich mir helfen will.« Das ist das Gebet als geforderte und erreichte Kraftzufuhr. Man sagt, das Gebet soll ein Ruhen in Gott sein, ein Einfühlen mit dem heiligen Willen. Wenn es so ist, dann bin ich — mitunter — im Gedenken an Peter im Gebet. Das Bedürfnis, hinzuknien und ihn durch mich durchströmen zu lassen. Mich ganz eins mit ihm zu fühlen. Es ist das eine andere Liebe, als die, die weint und sich sehnt und grämt. Wenn ich ihn so liebe, bete ich nicht. Wenn ich ihn aber so fühle, wie ich es in meiner Arbeit sichtbar nach außen bringen will, dann bete ich. Darum knien auch die Eltern an dem Postament, das ihren toten Sohn trägt. Und sind ganz in Gedanken und in ihm.

11. AUGUST 1915

Vor einem Jahr in diesen Tagen war es, daß Peter mit uns sprach und wir ihn hingaben.

Heute arbeitete ich zum ersten Mal an seinem Kopf. Mit Weinen.

28. AUGUST 1915

Wundervolle Spätsommertage. Bei solchem Wetter saß ich bei Peter in Prenzlau im Obstgarten, als er die Kniegelenkentzündung hatte.

Dieses Schweigen, das um die Toten ist!

Ich komme *ganz* langsam mit der Arbeit voran. Sie ist etwas anderes als die anderen Arbeiten. Sie ist viel weniger eine künstlerische Angelegenheit als eine menschliche. In erster Linie eine Angelegenheit zwischen Peter und mir.

Wir lasen von Tolstoi die Geschichte von den beiden Pilgern, die nach Jerusalem gehen. Sie ist sehr schön. Was mich gestern so besonders berührte, das war, wie der zweite Alte wohl nach Jerusalem kommt, aber er empfängt die innere Weihe nicht. Der Seelenzustand eines Menschen, der alle Schritte tut zu einem inneren Erleben und bei dem es ausbleibt. Dies Gefühl, das ich manchmal habe. Eine Pilgerwanderung war dieses Jahr, und anstatt von innen heraus umgewandelt zu werden, lebe ich in demselben engen Innenkreis weiter. Nicht ganz. Anders ist es doch, als es war. Es ist doch anders.

MONTAG, 13. DEZEMBER 1915

Unser Hans ist da auf Urlaub.

Dienstag kommt Hans mit mir ins Atelier und hilft mir die Arbeit naß machen. Er sagt nichts. Aber er bringt mir vier rote Rosen. Wir stellen sie an Peters Bett. Wir öffnen uns und weinen zusammen.

5. JANUAR 1916

Im Atelier gewesen. Die Figur des Vaters begonnen aufzubauen. Müde, müde.

Zeitig ins Atelier gekommen, aber wie ich schon fürchtete, wenig gearbeitet. Zu Zeiten, wo ich in Spannung lebe, die Arbeit in Gedanken nicht abbreche, sondern weiterführe, bin ich, wenn ich endlich wirklich an die Arbeit komme, oft erschlafft. Mach dann garnichts.

MITTWOCH, 19. 4. 1916

Gearbeitet. Ich komme mit der Mutter vorwärts. Ich denk an des kleinen Peter Trost: »Sei man still, Mutter, es wird auch sehr schön.«

27. JULI 1916

Endlich wieder mit mehr Zusammenreißung an der Mutter gearbeitet. Ich mache mir klar, daß ich seit Beginn dieses Jahres bereits an ihr arbeite. Freilich mit dem Zeitverlust der beiden Sezessionen. Also sieben Monate. Jetzt endlich seh ich Land. Vorausgesetzt, daß ich an dem Kleide noch bis Mitte August arbeite, so hoffe ich, an Gesicht und Händen noch im September bis zum Gipsguß fertig zu werden, so daß ich das Durcharbeiten in Gips – das ich auf dem Dach vornehmen will – noch einigermaßen in warmer Zeit vornehmen kann. Ist es doch, bis ich so weit bin, Winter geworden, so wird nichts übrig bleiben, als monatweise noch ein Oberlicht-Atelier zu mieten. Jedenfalls muß ich die Gipsbearbeitung mit Oberlicht machen.

18. AUGUST 1916

Gearbeitet. Alle Tage an der Mutter. Es geht vorwärts. Ich hoffe, bis zum 1. Oktober mit der Mutter fertig zu sein, wenigstens so, daß ich sie gießen lassen kann und dann bei Oberbeleuchtung sie in Gips fertig arbeite.

SEPTEMBER 1916

Am 7. September sehe ich meine Arbeit so trostlos an, daß ich beschließe, vorläufig nicht weiter daran zu arbeiten. Ich habe innerlich das Gefühl von Leersein. Wie soll ich Freude finden, wenn ich die Arbeit nicht machen kann?
Mit jemand zu sprechen hat gar keinen Sinn. Nichts und niemand kann mir helfen. Ich seh den Peter weit hinten. Ich geb es natürlich nicht auf – das kann ich vielleicht gar nicht –, aber eine Pause. Keine Freude hab ich jetzt.
Den ganzen Tag hab ich gestern alles Mögliche erledigt. Aber wozu ist das?

241

Heut vor zwei Jahren.

Ich war draußen, wo Euer Denkmal hinkommen soll.
Am Sonntag die Missa Solemnis gehört. Wundervoll, wundervoll!

Ich arbeite wieder an der oberen Figur. Ich bin froh und habe Hoffnung.

Heut am 21. November war Gaul im Atelier und sah sich auf meine Bitte
meine Arbeit an. Gab mir einige gute praktische Ratschläge, war wie immer
riesig nett.
Ich will nun die Frauenfigur in Gips gießen lassen und dann so weiter an
ihr arbeiten.

Mit der Arbeit sehr zögernd wieder begonnen. Kühn hat unterdeß den
Gipsguß der Frau fertig gemacht, und als ich am Mittwoch hinkomme, sehe
ich sie zum erstenmal in Gips. Der Eindruck ist nicht entschieden, weil ich
geistig so unaufgeweckt bin. Zusammengefaßt ist der Eindruck wohl so: nicht
schlecht, manches angängig. Nicht gut. Von dem wirklich Guten recht entfernt.
Doch drückt mich das nicht so sehr, weil ich doch annehme, ich komme noch —
wenn auch nicht zu dem durchaus Guten — doch zu einem wesentlich Besseren. Von dieser erhöhten Stufe aus glückt es mir, indem ich immer von einer
der Figuren für die andere lerne, vielleicht auch wenigstens stückweise den
absolut guten Zustand zu erreichen. — Bringe ich über den Zustand, in dem
jetzt die Frau ist, das Ganze nicht heraus, dann ist die Arbeit als mißlungen
anzusehen.
Aber ich werde sie schon darüber heraus bringen.

242

Gestern war ich in der Ausstellung der Konkurrenz für Grabdenkmäler im Künstlerhaus. Ich gehe die Reihe der Zeichnungen runter. Auf einmal sehe ich Peters Namen. Er steht mit anderen Namen von Gefallenen auf einer Gedenktafel. — Es waren manche Entwürfe für größere Denkmäler. Ich versuchte, mir zwischen diesen allen als kleinen gezeichneten Entwurf meine Arbeit vorzustellen.

Vielleicht hätte sie mir nichts gesagt, hätte ich sie so gesehn. Ich arbeite jetzt am Vater. Es geht verhältnismäßig rasch vorwärts, trotzdem ich müde bin und mir manchmal gar nicht gut ist.

4. FEBRUAR 1917

Krieg mit Amerika! Dazu bittere Kälte über ganz Europa und nirgends Kohlen.

Ich hab gearbeitet. Am Vater. Bevor ich ging, hob ich die Tücher von Peters Kopf ab. Sie lagen zur Seite. Über dem Körper lag noch die Decke. Wunderschön aus diesem ganzen Verhüllten sah sein Kopf heraus mit seinem feierlich frommen Lächeln. Ich denke vielleicht die Arbeit so zu machen, daß ich den ganzen Körper in eine Decke schlage und nur den Kopf frei lasse.

9. FEBRUAR 1917

Heut, durch äußere Umstände veranlaßt, die Arbeit am Vater unterbrochen und den Gipsguß der Mutter vorgenommen. Den Kopf abgesägt und versuchsweise ganz anders heraufgestellt. Es ist möglich, daß jetzt das kommt, was ich sagte, daß durch Weiterarbeiten am Gips ich über das Durchschnittliche mich erst mal an einer Stelle heraushebe und dann, mich da behauptend, allmählich andere Teile der Arbeit nachziehe. Immer schneckenweise *aufwärts* klimmend, in kleinsten Abschnitten, aber aufwärts.

15. JULI 1917

... Außerdem gut gearbeitet. War nachmittags im Atelier, weil ich vormittags Holst erwartete, der nicht kam. In Gips an der Mutter gearbeitet. *Endlich* komm ich etwas in die Gipsarbeit herein und fange an, das Material und die Instrumente, mit denen man ihm zu Leibe geht, zu verstehen. Nun soll es werden!

Es geht mit der Arbeit *gut.*

Als ich Karl erzählte, daß Wertheimer vielleicht Peters Grab aufsuchen will, sagte Karl, er möchte, daß Peter einen Grabstein bekommt. Ich sagte, dann möchte ich ihn machen. Heut dachte ich wieder daran. Dachte an das Elternrelief und daß das an sein Grab kommen könnte. Dann wurde mir klar, daß dies Relief wieder dem ganzen Friedhof gehört. Es gehört vorn an den Eingang. Ein quadratischer Stein, auf der Vorderseite das Relief eingehauen. Lebensgroß. Darunter oder darüber: Hier liegt deutsche Jugend. Oder: Hier liegt Deutschlands schönste Jugend. Oder: Hier liegt tote Jugend. Oder auch nur: Hier liegt Jugend.

Mir scheint, das muß dahin kommen. Gott gebe, daß ich gesund bleibe, bis das alles für Peter und die andern gemacht ist.

26. JULI 1917

Mit der Arbeit immer weiter gut. Arbeite ohne Mühe und ohne Ermüdung. Es ist, als ob Nebel sich verzogen haben. Jetzt verstehe ich erst die Gipsarbeit, weiß, worum es sich bei ihr handelt, was man damit erzielen kann. Wenn jetzt nicht etwas Besonderes sich dazwischen stellt, denke ich mit der Frau im Herbst wirklich fertig zu sein. So, daß nach ihr die Steinarbeit gemacht werden kann. Und wenn ich erst eine Figur fertig habe, nämlich wirklich gelöst habe, dann kann ich auch die anderen machen. Vielleicht, daß ich im nächsten Jahr die Arbeit dann beenden kann.

Ich habe jetzt gesehen, daß die Gipsarbeit nicht nur ein Feilen an dem vom Ton gemachten Gipsabguß ist, sondern ein selbständiges, ganz eigenes Arbeiten. Ich will nun den Mann in Ton gar nicht so weit bringen, wie ich kann, sondern wenn das Allgemeine feststeht, ihn in Gips gießen lassen und dann zu Ende führen. Wie lange hat es bloß gedauert, bis ich dazu komme.

AUGUST 1917

Ich bin jetzt schon einige Zeit in merkwürdig glücklicher Arbeitsstimmung. Arbeite vier bis fünf Stunden konzentriert. Habe das Gefühl, der Sache auf der Spur zu sein. Als ob man im Laufschritt hinter jemand her ist, den man noch nicht hat, aber den man im Auge behält und dem man auf den Fersen ist.

Dann sag ich mir wieder, was rauskommen wird, wird möglicherweise etwas fast Akademisches sein. Lehrs schickte mir heut den Christuskopf aus der nordfranzösischen Kirche. Das ist Kunst. Da ist zufällig besondere Form der

Gesichtsbildung irgendeines Toten zum ganz Künstlerischen erhoben. Und wie Haare und Bart gemacht sind. Darin bin ich so stumpfsinnig. Wie soll ich die Haare machen? Gott, was für enorme Aufgaben, wenn ich an alle drei Figuren denke, bis ins Kleinste sie durchzuführen. Aufgeben kann ich es nicht. Bin auch nicht mutlos, bin nur mutlos, wenn ich an meine fünfzig Jahre denke, die abnehmende Zeit und Kraft.

9. SEPTEMBER 1917

Gearbeitet in dieser Woche, bis auf den letzten Sonnabend, an dem ich nichts machen konnte, gut. Ich sehe klarer, daß dieser Weg zum Ziel führt, aber auch, daß das Ziel noch so weit ist, daß Jahre vergehen werden, bis ich mit Peters Arbeit fertig bin. Das schadet ja auch nichts. Mein Leben ist zwar wahrscheinlich nicht mehr lang zu rechnen und ich muß darauf verzichten, noch vielerlei machen zu können. Wenn ich dieses wirklich gut fertig mache, ist in dieser Arbeit viel andere Arbeit, die ich sonst einzeln hätte machen müssen, mitausgedrückt. Ich arbeite nun seit Wochen immer nur an Schultern, Rücken, Armen der Mutter. Hin und wieder nach Modell, meist ohne. Mit unendlicher Langsamkeit schält sich das heraus, was sein soll. Mitunter meine ich, ich könnte Wichtigeres in der Zeit machen. Aber Wichtigeres als diese Arbeit gibt es doch nicht für mich, und schließlich lerne ich bei diesem schnekkenhaften Durcharbeiten doch soviel, daß ich die späteren Arbeiten hoffentlich rascher lösen werde.

10. OKTOBER 1917

Einen Monat durch nichts aufgeschrieben.
... Dann eine Woche in Lubochin. Das war *wunderschön*. Die Erinnerungen an Peter waren überall. Sein liebes lächelndes Gesicht hinter allem.

Als ich nach Lubochin an die Arbeit ging, fühlte ich keine Auffrischung. Im Gegenteil. Nichts von Auffassung, alles platt. Die Mutter hab ich nun ganz stehen lassen, nahm die Tonfigur des Vaters vor und hab auch sie stehen lassen. Ich kann nicht. Ich habe mich an das Relief von Roggevelde gemacht. Vielleicht, daß bei der Neuarbeit wieder etwas in mich hereinkommt. Wenn nicht, wäre es das allerbeste, ich arbeite überhaupt nicht.

Etwas hat mich gefreut. Ich sah im oberen Atelier die weggestellte Gruppe Mutter und Kind. Sie scheint nicht schlecht. Nicht gefallen hat mir der an den Rumpf gedrückte linke Arm und Hand. Gedanke gekommen, ob das zu ändern wäre, daß Arm loser ist und sie mit geöffneter Hand die Füßchen hält.

Jedenfalls sehe ich, daß in dem Zustand, in dem ich jetzt bin, ich die große

Arbeit nicht im Zusammenhang fertigmachen kann. Ich muß Jahre und Jahre auf sie rechnen. Zwischenein muß ich, wenn ich nicht verkalken soll, anderes vornehmen. Ganz langsam, immer wieder aufgenommen, muß die große Arbeit allmählich fertig werden.

17. OKTOBER 1917

Mit Hans bei sehr schönem Sommerwetter nach Peters Stelle gegangen. Da wuchs wieder die kleine rosa Blume.

Hans hatte Stefan Georges Gedicht *Der Krieg* mit. Er las es vor, während wir auf der Waldlichtung mit den abgeholzten Stämmen rasteten.

Ich sprach Hans von der Arbeit. Erzählte von der Umarbeitung der Mutterfigur. Während ich erzählte, daß sie jetzt den Kopf gesenkt hielte und die Arme verschränkt, stand mir die Figur deutlich vor Augen. Sie erschien mir da wie in der Schwangerschaft und mir kam der Gedanke, ob man sie nicht jünger nehmen könnte, schwanger. Es käme dann fast auf die andere geplante Arbeit heraus — das Opfer. Zu überlegen.

30. OKTOBER 1917

Ich arbeite vormittags immer am Relief. Ich arbeite merkwürdig leidenschaftslos daran, lasse mir Muße und komme nicht in Erregung. Ich denke, es liegt daran, daß ich die Vorstellung habe, die Arbeit ist nicht so schwer wie eine Rundplastik, sie muß sich allmählich herausschälen.

6. NOVEMBER 1917

Sehr guter Tag für mich, obgleich er anfing wie ein Pechtag. In der Barlachausstellung gewesen, die sehr fein ist. Noch während ich sie sah, unruhiges Gefühl, ins Atelier an die Arbeit zu kommen. Gut und ruhig am Relief gearbeitet. Dann dadurch auf etwas Neues gekommen. Oder vielmehr dasselbe Motiv, nur als Rundplastik. Kurze Skizze gemacht, Mann und Frau kniend von vorne gegeneinander gelehnt. Ihr Kopf sehr tief an seiner Schulter. Ihr linker Arm hängt über seiner rechten Schulter. Ihr rechter Arm hängt hoffnungslos. Berührt sich mit seinem. Sein Kopf liegt auf ihrem Rücken. Er hält sich die Hand vor Augen.

Am Tage darauf arbeitete ich an der Skizze weiter. Ich darf sie nur ausführen, wenn es mir wirklich gelingt, eine Form zu finden, die sich mit dem Inhalt deckt. Sie darf nicht realistisch sein und sie kann nicht eine andere sein als die uns bekannte menschliche Form. Eine Form zu finden wie Krauskopf, ist für mich unmöglich, ich bin kein Expressionist in dem Sinne. Also bleibt nur die mir bekannte menschliche Form, die aber ganz destilliert sein muß. Ja nicht etwa, wie Metzner das in seiner Ratlosigkeit tut. Auch nicht einmal wie Barlach, obgleich dem näher. Aufgebaut soll die Arbeit auf einem Block sein, aus einem Block. Keine tief eingegrabenen Löcher. *Nur die Oberfläche* behandeln und in ihr alles sagen. Wie beim Zeichnen, wo für mich ja doch auch nur Haltung, Köpfe, Hände existieren.

War bei Sterns, als Ebert und noch ein junges Ehepaar da war. Ebert las den letzten Akt aus dem Tedeum von Karl Hauptmann. Das war so wundervoll. Dann sang Georg noch. Auch sprachen wir über Krauskopf und sein Bild in der Sezession. In mir war auf einmal so viel wieder aufgeweckt, was schon fast eingeschlafen war. Ich dachte an jene Fahrt mit Hans nach Potsdam, wo ich Hans davon sprach, daß das Arbeiten jetzt *neu* werden müßte. Wo ist mein neues Arbeiten geblieben? Peters Arbeit soll wesentlich und einfach sein, aber das Wort »neu« kommt für sie gar nicht in Betracht. Das, was ich früher immer sagte: der Inhalt sei die Form — wo hab ich das wahr gemacht? wo ist die neue Form für den neuen Inhalt dieser letzten Jahre?

Seit einer Woche arbeite ich wieder. Bin wiedermal bei der Mutter. Meine, ich müßte es diesmal schaffen. Wenn ich nicht arbeite, bringe ich es fertig, Tage und Wochen zu verbringen, ohne daß es mich sonderlich wurmt. Arbeite ich aber, so ist mir jeder Tag eine Mahnung, daß das Leben kurz ist und daß noch viel zu tun ist. Dann habe ich Gewissensbisse um jeden verbummelten Tag.

Meine Arbeit. Im Winter, als Karl krank war, nahm ich die Radierungen vor. Zum Kriege. Ich hab sie nicht beendet, mitten drin liegen lassen. Oft bin ich in der Arbeit unterbrochen. Im Sommer war ich verzagt. Dann nach den Ferien mit Karl in Bayern ging es wieder besser. Den Vater soweit gebracht, daß er in Gips da ist. Das Relief für Roggevelde weitergebracht. Jetzt an der Mutter. An ihrem Kopf. Es *muß werden*. Aber merken tu ich schon abnehmende Kraft, halte nicht mehr so viel aus.

25. JUNI 1919

Heute alles vorbereitet zum Abbau meiner großen Arbeit. Morgen soll es geschehen. Mit wie festem Glauben bin ich an die Arbeit gegangen, und nun breche ich sie ab. Wie ich oben bei Peter stand und sein liebes lächelndes Gesicht sah, sein hingegebenes, und dann an all die Zeit der Arbeit dachte, an die Liebe und den Willen, und die vielen Tränen, die in der Arbeit liegen, versprach ich es ihm von neuem: Ich komm zurück, ich mache Dir die Arbeit, Dir und den anderen. Es ist nur verschoben. Aber dies Versprechen hat nicht die alte Glut. Ich weiß nicht, ob ich so lange leben werde und so lange mit Kräften leben werde, um die Arbeit fertig zu machen. Daß jetzt keine Zeit ist für ein solches Denkmal, das macht nichts aus. Die Jahre gehen vorüber, und das bleibt, was damals heilig war. Wenn die Menschen es jetzt nicht sehen können, so werden sie es später wieder sehen.

Mir fiel Deutschland ein, wie ich Peters Gesicht oben küßte und Abschied von der Arbeit nahm. Deutschlands Sache ist jetzt verloren, wie meine Arbeit verloren ist. Nein, wirklich nicht verloren. Wenn ich es erleben darf, daß Peters Arbeit fertig und gut, an schöner Stelle seiner gedenkt und der Freunde, dann ist Deutschland vielleicht auch aus dem Schwersten heraus.

Lange schon haben wir eine Liebe zu dir gekannt,
Bloß wir haben sie nie mit einem Namen genannt.
Als man uns rief, zogen wir freudig fort,
Auf den Lippen nicht, aber im Herzen das Wort:
    Deutschland!

28. JUNI 1919

Die Arbeit in meinem Atelier ist abgebaut. Peters Gestalt liegt beiseite.
Nur weiter! Auf Serpentinenwegen *doch* zu ihm heran. Aber langsam und unterdes das tun, was auch noch zu tun ist.

11 Januar 24.

wander als Text: Über Gregs schöner, denk(en)
Jugend. oder: Über Gregs blühende Jugend.

die Figuren wären als Architektur-
figuren zu deuten. Noch einfacher
u. zusammengepasster als sie jetzt
sind. Sie lassen den Eintretenden
zwischen sich durchgehen. Oder
auch in eine Relief, aber überlebens(groß)
so:

In dem Fall müssten
Figuren als
Dritter warten. —
Oder ohne Türe.
Nur die Plastik
Figuren a. Gipston
groß, zwischen denen die Eintretenden
durchgehen.

Das wäre vielleicht das Schönste.
Die Worte: Hier liegt schönste liebe
Jugend Würde auf dem Boden
zwischen den Figuren eingemessen
sein. Das ungeteure Würde Würde
dadurch auch sehr heraus.

Scheine! Wer früher es aus? es ist
eine Illusion, daß ich das Wissen
werde. Vor 10 Jahren vielleicht noch.
Jetzt bin ich körperlich zu erledigt.
Schon meine ungleichmäßige
pochende Schlafs zeigt, daß er
nicht mehr gesund ist. Und das

Über Neujahr in Neuruppin gewesen, weil ich mich koddrig fühlte. Unlustig, das gewohnte Resumé des Jahres zu geben, weil der Tiefstand drückte und noch nicht gewichen ist. Als ich heut im Atelier durch einen Zufall auf dem Kamin den Kopf der Mutter abdeckte, sah ich ihn nach Jahren zum erstenmal wieder und hatte das beglückende Gefühl, daß ich vielleicht doch die plastische Arbeit für Peter fertig machen könnte. Aber wie? Wann? Wo ich schon bald 57 Jahre alt bin und körperlich so zurückgehe. In der früher gedachten Form wohl nicht. Das schaff ich, glaub ich, nicht. Vielleicht in abgebogener Form. Mir kommt der Gedanke an ein großes Eingangstor zum Friedhof in Roggevelde. Seitlich dem Portal rechts und links knien die Eltern. Überlebensgroß. Darüber als Text: Hier liegt schönste deutsche Jugend. Oder: Hier liegt blühende Jugend. Die Figuren wären als Hochrelieffiguren zu denken. Noch einfacher und zusammengefaßter als sie jetzt sind. Sie lassen den Eintretenden zwischen sich durchgehen. Oder auch nicht Relief. Aber sehr überlebensgroß. In dem Fall müßten Figuren durch Kontur wirken. Oder ohne Türe. Nur die blockartigen Figuren, ägyptisch groß, zwischen denen die Eintretenden durchgehen. Das wäre vielleicht das Schönste. Die Worte: »Hier liegt schönste deutsche Jugend« könnten auf dem Boden zwischen den Figuren eingemeißelt sein. Das ungeheure Ernste käme dadurch sehr heraus. Pläne! Wer führt sie aus? Es ist eine Illusion, daß ich das können werde. Vor zehn Jahren vielleicht noch, jetzt bin ich körperlich zu erledigt. Schon meine ungleichmäßige zuckende Schrift zeigt, daß ich nicht mehr gesund bin. Und doch elektrisiert mich dieser Plan. *Dann*, wenn ich Peter und den Jungen das noch gearbeitet hätte, *dann* könnte ich wirklich die Hände in den Schoß legen und ans Sterben denken.

14. OKTOBER 1924

Und vorgestern vor zehn Jahren sah ich Peter noch, ging neben ihm, fühlte ihn. Dann nie mehr. Seltsam, daß gerade jetzt, wo das alles sich zum zehnten Male jährt, von neuem Pläne für die Arbeit für ihn in mir auftauchen. Die Stadt Berlin plant eine Konkurrenz zu einem Gefallenen-Denkmal. Ich denke mich zu beteiligen. Mehr darüber zu sagen ist falsch. Ich muß die Aufregung, die mich überkommt, wenn ich denke, daß ich *dies* noch zu Ende machen könnte, zurückhalten. Auch daß ich wieder an der Mutter* plastisch arbeite, regt mich ungeheuer auf. Nach der Dürre der letzten Monate ist die jetzige Höhezeit so überwältigend, daß ich für Herz und Nerven fürchte.

* Mutter mit zwei Kindern

Über mein Arbeiten kann ich nicht viel sagen. Die guten produktiven Zeiten sind etwas karg bemessen gegen die müden unproduktiven. Aber das immer zu konstatieren hat keinen Nutzen. Wenn es nur nicht noch schlechter wird mit der geistigen Arbeitskraft. Zu Beginn des vorigen Jahres tauchte wieder der Gedanke an die plastische Arbeit für Peter auf. Ein Jahr seitdem verflossen. Nicht näher gekommen. Indirekt doch wohl, indem ich an der Muttergruppe * weitergekommen bin.

13. OKTOBER 1925

Wenn ich beim Peter bin, so nur in diesem, daß die Pläne für den Soldatenfriedhof in Roggevelde sich wieder rühren. Erst hab ich mich mit verhältnismäßig frischer Kraft wieder an die große Plastik ** gemacht, in dem Gedanken, sie im Frühjahr fertig zu haben und in der Akademie zeigen zu können. Hab ich das geschafft, dann kann ich an die Roggevelder Figuren gehen. Ich will sie diesmal höchstens in halber Lebensgröße machen und sie dann vergrößern lassen.

Die Mutter soll knien und über die vielen Gräber blicken. Die Arme breitet sie aus über alle ihre Söhne. Der Vater auch kniend. Er hat die Hände im Schoß zusammengepreßt.

Wenn ich so mit der Plastik vorankomme, mache ich mir nichts daraus, wenn der Plan mit Indien sich zerschlägt.

22. OKTOBER 1925

Peters Tag, seine Nacht.

Ein Arbeitstag unter anderen. Ich habe vormittags an der plastischen Gruppe gearbeitet, dem Rücken der Frau. Sehr langsam geht es vorwärts. Noch hab ich Zuversicht, daß ich im Frühjahr diese Gruppe ausstellen kann. Ist sie gut geworden, dann kommen die beiden Figuren für Roggevelde, wo Peter liegt. Sehr beglückendes Gefühl, daß die nächsten Jahre *notwendige*, für mein Gefühl notwendige Arbeit bringen. Körperlich geht es mir eigentlich recht gut, also bin ich sehr froh.

Mein lieber Peter.

* s. vorige Eintragung
** Mutter mit zwei Kindern

Als ich jetzt im Atelier mir klar machte, wie schneckenartig ich vorwärts komme und daß Jahre jetzt vergehn wie früher Monate und daß etwa die Hälfte eines Jahres mir entzogen wird durch Allesmögliche, wo noch nicht mal eigene Krankheit einbeschlossen ist, sagte ich mir, daß ich nun im Ernst an die Arbeit für Roggevelde gehn müßte. Eigentlich wollt ich erst die Muttergruppe fertig machen, aber das Resultat war nach dem wochenlangen Arbeiten daran ein so geringes, daß ich fast wieder verzweifle an dem Fertigmachen dieser Gruppe. Nein, jetzt muß ich erst die Skizzen für Roggevelde machen und dann muß ich hinfahren und sehen, wie dort alles ist und ob es überhaupt so sein kann, wie ich es mir denke. *Kann* es so sein, dann wär es am besten, mich von Waetzold beraten zu lassen, welche Schritte ich tun muß. Aber wenn ich es so laufen lasse wie bisher, dann kann es gut sein, daß auch die nächsten Jahre mir unter den Händen zerfließen und daß ich die Arbeit nicht mache. Also vorwärts.

FEBRUAR 1926

Für Roggevelde. Auf den Sockel des Vaters:

»Der Liebe Sehnsucht fordert Gegenwart.
Doch Zukunft ist des Vaters Eigentum.
Dort liegen seiner Hoffnung weite Felder,
Dort seiner Saaten keimender Genuß.
O wehe! Daß die Elemente nun
Von keinem Geist der Ordnung mehr beherrscht,
Im leisen Kampf das Götterbild zerstören.
Wenn über werdend Wachsendem vorher
Der Vatersinn mit Wonne brütend schwebte,
So stockt, so kehrt in Moder nach und nach
Vor der Verzweiflung Blick die Lust des Lebens.«

(Aus der »Natürlichen Tochter«)

11. MÄRZ 1926

Heut mach ich Schluß mit den kleinen Figuren für Roggevelde. Zweimal ist mir die Figur der Mutter verunglückt, heruntergefallen. Als es das erste Mal passierte, war ich nicht sehr niedergeschlagen, fing von neuem an und fand dann eine Fassung, die mir besser schien als die frühere. Die Mutter kniend in Vorwärtsstreckung, die Hände in liebevoller Haltung unter dem Gesicht übereinander gelegt, Kopf wenig hintüber. Sie umfaßt mit den Augen alle Gräber; lächelt zärtlich, liebt alle. Lang hab ich daran gearbeitet, endlich schien es mir, ich könnte Schluß machen. Vorgestern früh will ich mir im Atelier den Drehbock noch in anderes Licht rücken, er hakt irgendwo an, ruckt, die Figur fällt auf den Boden und alles ist hin. Jetzt wußte ich nicht, was das bedeutete: Soll ich die Arbeit nicht machen? Und doch scheint mir nichts so notwendig als das. Starke Erschütterung und Depression. Am nächsten Tag doch wieder aufgebaut, anders. Denn das Zerstörte konnte ich nicht rekonstruieren. Allmählich ging die schmerzliche Aufregung zurück — ich konnte arbeiten. Ob diese letzte Fassung besser ist als die früheren? Ob mir deswegen alles kaputt geschlagen wurde, damit ich weiterkomme?

> *Du danke Gott, wenn er dich preßt,*
> *Und danke ihm, wenn er dich wieder entläßt.*

Die Roggevelder Skizzenfiguren in Gips gießen lassen. Photos davon machen lassen. — Von der Gräberverwaltung Nachricht über Peters Grabnummer bekommen. Jetzt zu Redslob.

27. MÄRZ 1926

Heut mit den Photos der beiden skizzierten Figuren für Roggevelde bei Redslob * gewesen und ihn gefragt, ob die Regierung etwa zehntausend Mark mir würde geben können für Ausführung und Transport der groß zu arbeitenden Figuren. Er meint: ja — und er würde dafür eintreten. Auch entwickelte er mir den Plan der Nationalehrung für die Gefallenen, der einleuchtend und würdig ist. Von Figuren wird da ganz abgesehn. Ein schönes Stück Natur in Mitteldeutschland ist ausgesucht. Wiesen, Hain. Ein Weg führt in Stufen zu einer Höhe, wo eine Flamme brennen soll Tag und Nacht. Redslob sprach davon, daß die Figuren, die ich zu machen gedenke, in nochmaliger Ausführung, auf halber Höhe vielleicht aufgestellt werden könnten, daß man zwischen ihnen durchgeht. Es würde mich ja beglücken, wenn es dazu käme und ich in meiner Arbeit zum ganzen Volk und gewissermaßen im Auftrag des ganzen Volkes für das ganze Volk sprechen könnte. Aber das ist solche Zukunftsmusik, daß ich am besten zu niemand davon spräche — dem Karl werd ich seine Äußerung wohl doch sagen. Vor allem heißt es: *tun — arbeiten.* Ich will es.

---

* Reichskunstwart

Noch nicht die Arbeit für Roggevelde begonnen. Leider hab ich meine Kraft von Wochen dareingesetzt, meinen Kopf plastisch zu machen. Schraube ohne Ende. Es wird täglich besser und nie gut. Abbrechen wäre das beste, aber ich bin zu verbissen.

Saake baut mir im Atelier Gerüst und Ton für die Mutter auf. Es beginnt. Mir ist zumut, als wenn ich jetzt unmittelbar vor der letzten Stufe meiner Arbeit stehe. Ich glaube sie so wichtig, daß ich mir nicht denken kann, daß ich sie nicht schaffe. Alles muß vorhalten, Gesundheit, Kopf, Augen, Geld, bis ich die Arbeit für Roggevelde gearbeitet haben werde. Beide Figuren, Vater und Mutter. Nachher meinetwegen was sein soll.

Heut ist Allerseelen.

Ich hatte gedacht, heut richtig mit der plastischen Arbeit zu beginnen. Aber teils ist es Müdigkeit und Angst vor der großen damit beginnenden Strapaze, teils auch, weil ich wieder eine kleine Graphik »Muttermilch« mache und die fertig machen muß.

Jedenfalls — ich rückte den Zinkkasten nicht herunter. Ich habe nun endgültig die Stellung noch einmal ausprobiert und das ist ja auch ein Vorwärtskommen. Die Haltung wird wohl ziemlich genau so bleiben, wie ich sie in der Skizze habe und zwar beide Arme am Leibe. — Seltsam, nach der großen Erregung und Fieber auf die Arbeit ist jetzt ein zacher zurückhaltender Zustand eingetreten.

Sehr lange nichts eingetragen. Ein sauersüßer Zustand — physisch auch psychisch. In der Arbeit, die ich sozusagen naiv begann, bin ich jetzt bei der ersten Klippe. Ich weiß nicht, wie über sie wegkommen. Lasse die Hände mutlos im Schoß und drücke mich. Die Klippe ist die Kleidung. Wieder die große Schwierigkeit, die darin liegt, daß ich etwas machen soll, was mir nicht liegt, ja, wofür ich unbegabt bin. Und doch *muß* es gemacht werden.

Alle meine Versuche ekeln mich. Die Begasfalten* ekeln mich und die stili-

* Begas: Bildhauer aus der Wilhelminischen Zeit

sierten Falten ekeln mich, und versuche ich es auf Barlachs Art, ekelt es mich auch. Das zu können, was ich will — das eigentlich nur die Silhouette wirkt —, dazu gehört viel Können. Mehr als ich es in dieser Materie habe. — Der Kopf, davor ist mir nicht angst, aber die große bekleidete Masse.

Dazu kommt, daß seit einiger Zeit mich der Gedanke verfolgt: Sechzig Jahre — was werd ich da noch groß machen! Dazu körperliches Runtersein. Weihnachten mit dem unendlichen Kleinkram an ermüdenden Besorgungen.

ENDE JANUAR 1927

Im ganzen Januar nichts aufgeschrieben. Die Tage waren besetzt, einer fließt in den andern über. Auch ich recht kodderig, aber auch nicht bettlägerig. Von neuem das Verbeißen ins plastische Selbstporträt. Ich kriegs nicht raus. Jetzt wieder bei der Mutterfigur für Roggevelde, allmählich kommt wieder die Unruhe über mich, damit endgültig vorwärts zu kommen.

27. AUGUST 1927

Nach langen Wochen und Monaten heut zum erstenmal an der Mutterfigur gearbeitet. Monate sind inzwischen hingegangen.

27. AUGUST 1927

Die große Freude, daß das Reich und Preußen mir das nötige Geld für die Arbeit für Roggevelde geben wollen.

APRIL 1928

Ich hatte Lise gebeten, mir etwas zu sitzen zum Kopf der Mutter. Glaubte nun, genau zu wissen, was nötig wäre. Aber ich kam doch nicht weiter. Mit einem Mal fiel mir mein Selbstbildnis in Gips ein, das seit dreiviertel Jahren noch nicht wieder ausgepackt im Atelier steht. Ich wickle es aus und jetzt fällt es mir wie Schuppen von den Augen, daß mein eigener Kopf doch gut zu brauchen ist, und daß ich nach dieser überlebensgroßen Studie arbeiten kann.

30. DEZEMBER 1928

Seit meiner Krankheit im April nichts aufgeschrieben das halbe Jahr. Es liegt in dieser Zeit meine sehr langsame Genesung und Aufenthalt mit Karl in Elster...

257

In Berlin tastendes Hineinversuchen in die Arbeit. Erst Atelier in der Akademie einrichten. Sehr schön. Diese Weiträumigkeit. Das große Atelier für Plastik, das kleine für Graphik. Die erste Arbeit, die ich vornehme, ist das Revolutionsblatt für die Leipziger Sozialdemokratie.

Dann wird die Vaterfigur aufgebaut. Die Figur der Mutter, in Gips ausgedrückt, wird aufgestellt. Enttäuschung. Langsames Herangehen und weit ausholendes Weiter- und Durcharbeiten in Gips, Vergrößerung der Figur nach unten.

FEBRUAR 1929

Anfang Januar entschließe ich mich, die lang verdeckte Figur der Mutter wieder anzusehn nach den wesentlichen Veränderungen der Vergrößerung und anderem mehr. Ich habe Angst davor. Aber dann bin ich ruhig und so recht froh, denn sie ist wirklich vier Fünftel fertig. Was daran noch zu machen ist, muß freilich *ich* machen. Der Kopf ist noch nicht *ganz* gut. Ich muß darangehn, wenn ich mal in guter Arbeitsverfassung bin. Einstweilen hab ich zufrieden die Figur wieder zugemacht und bin an die Vater-Figur gegangen, von der ich annehme, daß sie mir rascher von der Hand gehn wird.

Ich war ganz gut im Zuge, da bekam ich wieder eine starke Erkältung, mußte wieder abbrechen. Heut am 6. Februar, an Peters Geburtstag, wollte ich so arbeiten, kann aber nicht.

LETZTER JULI 1929

Bis zur nächsten Frühjahrsausstellung in der Akademie muß ich die beiden Figuren zeigen können und jetzt übers Jahr, also zur Zeit des Kriegsausbruchs oder zur Zeit, als Peter fiel, müssen die Figuren aufgestellt werden!

OKTOBER 1929

Die Figur des Vaters habe ich lange zugedeckt stehn gehabt. Am Sonnabend deckte ich sie ab. Sie war nicht gut. Sie war gewissermaßen technisch fertig, hatte aber keine Seele. Was gefestigte Sammlung ausdrücken sollte, war Fertigkeit. Ich war sehr erschreckt und begann gleich den Umbau. Den Kopf schnitt ich ab, die Arme ab. Versuchte sie über die Brust zu legen, was ich früher schon versucht, aber wieder verworfen hatte.

Dann kam der Sonntag. Am Montag konnte ich auch nicht heran. Erst heute am Dienstag deckte ich wieder die Figur ab und bin an der Umarbeitung. So bin ich doch am 22. bei Dir gewesen, Peter.

Mir geht es mäßig, mit der Arbeit der großen Figur des Vaters langsam, sehr langsam vorwärts. Sie im Herbst in Roggevelde zu haben, ist schon wieder aufgesteckt.

Wann?

Barlachs Gefallenendenkmal Magdeburg gesehn. Nur Foto.

Ganz starker Eindruck. Der hats gekonnt.

APRIL 1930

Die Jakimowa und Igor Jakimow kommen in mein Atelier, und ich faß mir ein Herz und zeige ihnen beide Figuren. Es schien, daß sie den Eindruck hatten, den ich gehofft hatte. Es regte mich sehr auf. Der Gedanke, mit dieser Arbeit in einigen Monaten wirklich zum Ende zu kommen, ist erregend. Bis vor kurzem noch arbeitete ich wie auf ein Zukunftsziel los und jetzt mit einemmal steht das Fertigsein vor der Tür, d. h. im Herbst. Ein euphorischer Zustand schloß sich an, der aber jetzt in eine Stumpfheit umzuschlagen beginnt.

ENDE AUGUST 1930

Die letzte Aufzeichnung über die Arbeit im April gemacht. Damals trat große Müdigkeit ein. Ich gab die Tonarbeit auf, ließ in Gips abgießen. Wir verreisten von Mitte Mai bis Anfang Juni. Zurückgekommen denke ich bald an die Arbeit zu kommen, aber es gibt viele Hemmungen.

Erst am 27. Juni bringt Philipp den Gipsguß. Erst gegen August zu habe ich das Gefühl hereinzukommen. In der Musikhochschule sind Ferien, *es ist still!* *

OKTOBER 1930

Peters Erinnerungstag.

Nach *langen* Wochen — vierwöchentlicher Aufenthalt in Tölz — langer Schonzeit hier in Berlin — wage ich endlich (am 20. Oktober) die Arbeit anzusehn. Erleichtertes Gefühl — sie ist weiter, als ich dachte.

Nun vorsichtig wieder heranführen. Noch will Karl nicht, daß ich arbeite, aber ich versuche es doch.

* Sie litt sehr unter der nebenan gelegenen Musikhochschule

Mit der Arbeit am Vater geht es mir gut. Je weiter ich komme, desto mehr zeigen sich erst die interessanten *plastischen* Probleme. Ich glaubte, in einem Monat ihn fertig zu haben, da kam wieder eine kleine Grippe. An Peters Geburtstag war ich krank, konnte nicht arbeiten.

Heute, am 22. April 1931, ist die Akademieausstellung eröffnet, in der ich die beiden plastischen Figuren, — Vater und Mutter — zeige.

Das ist ein großer Abschnitt, ein ganz bedeutsamer Punkt. Seit Jahren in gänzlicher Stille an ihnen gearbeitet, keinen, kaum Karl und Hans, dazu gelassen, mach ich jetzt die Türen weit auf, daß möglichst viel Menschen sie sehen. Ein großer Schritt, der mir Aufregung und Sorge gemacht hat, der mich aber auch beglückt hat durch die geschlossene Anerkennung der Kollegen. Vor allem denk ich an die Bildhauer. Diese Wochen waren anstrengend. Nun mit der Ablieferung nach außen bin ich aber ruhiger. Im Juni geht es dann an die Weiter- und Zuendeführung. Im Herbst — Peter — bring ich sie zu dir.

Nein, nun ist Herbst und die Figuren sind noch nicht fertig. Belgischer Granit ist gekauft, Rades soll die eine Figur machen, Diederich die andere. *Im Frühjahr!*

... Nach vielem Beraten ist man zu dem Schluß gekommen, die Figuren in belgischem Granit zu arbeiten. Eigentlich ist der belgische Granit gar kein Granit, er ist nur verwandt. Es ist ein schöner, fester, blaugrauer Stein, sehr dauerhaft und daher schwer zu bearbeiten. Für jede Figur rechnet man zwei Monate Arbeit. Da ich außerdem die Gipse noch immer nicht aus der Hand gebe, immer noch daran zu machen ist, geht es in den Winter mit der Arbeit. Also werden sie erst im Frühjahr abgehen ...

AUS EINEM BRIEF AN BEATE BONUS-JEEP 1931

... Deine Frage, wer mir das Geld zur Ausführung geschenkt hat? Gemeinsam das Reichsministerium des Innern und das Preußische Kultusministerium stifteten fünftausend Mark. Der Stein hat tausend Mark verschlungen, jeder Bildhauer bekommt für Fertigstellung der Arbeit zweitausend Mark. Die siebenhundert Mark Zinsen langen nicht hin, um noch die Sockel zu bearbeiten, den Transport und die Fundamentierung usw. zu bestreiten. Wir werden noch ziemlich tief in unser Zurückgelegtes greifen müssen. Aber dann sind sie dort. Hoffentlich bricht nicht unterdes das Dritte Reich über uns herein. Ich bin nur froh, daß sie aus Granit sind.

AUS EINEM BRIEF AN BEATE BONUS-JEEP
ENDE 1931

... Ich finde ja, die Sehnsucht nach weg, heraus, ist nie größer als zu Beginn des Frühlings. Mir kommen so herrliche Frühlingsreisetage in den Sinn — aber doch wird es ja wieder nichts werden, und zwar aus einem Grund, den Du anerkennen wirst, nämlich der Arbeit wegen. Die Frauenfigur ist schon ordentlich vorgeschritten, sie wird in der Akademie in einem schönen Atelier unten gearbeitet. Schon kommt die Schönheit des Steins zur Geltung, schon gibt es diese ruhigen Flächen, über die man so gern mit der Hand streicht... Wir arbeiten einträchtig zusammen, der Bildhauer und ich. Er mit dem Meißel und ich immer noch am Gips, hier und dort, vor allem noch am Kopf. Er sagt: »Wenn Sie ihn rauskriegen — ich krieg ihn dann auch raus.« — Und gerade weil ich weiß, daß er genau macht, was ich gemacht habe, muß ich bis in den letzten Millimeter fertig sein. Dann bringt auch nächsten Monat der andere seine Figur an. Das Letzte muß dann so in Übereinstimmung gemacht werden, daß man nicht denkt, daß zwei Bildhauer gearbeitet haben. — Hier nun dabei zu sein, Du kannst Dir denken, daß es mir nötig scheint.

AUS DEN TAGEBÜCHERN

SONNABEND, 16. APRIL 1932

Ein guter Tag. Baurat Richter kam ins Atelier infolge eines Briefes, den ich nach Brüssel an die Gräberverwaltung geschrieben hatte. Er sah die Arbeit und fand sie sehr gut. Er sagte mir zu, daß das Aushauen der Sockel und das Fundamentlegen von der Gräberverwaltung übernommen wird. Auch die

261

Befreiung vom Zoll will er bewerkstelligen ebenso wie die Frachtkosten, soweit Belgien in Frage kommt. Ob die deutsche Reichsbahn freie Fahrt bewilligt, ist abzuwarten.

Wo man die Figuren hier in Berlin aufstellt? In die Akademie will ich nicht, das ist zu akademisch. Im Schillerpark, wie Nagel vorschlägt, haben sie keinen Konnex mit der Umgebung. In die Ehrenmalshalle — dagegen hab ich etwas Hemmung wegen der Beschlagnahmung von rechts. Außen haben sie keine Bewachung und können mit Hakenkreuzen beschmiert werden oder beschädigt werden. Also das ist noch ungelöst. Jedenfalls, die Sache selbst geht vorwärts und ich bin glücklich.

1. JUNI 1932

Alles geht seinen Gang. Morgen werden die Steinfiguren in der Vorhalle der Nationalgalerie aufgestellt. — Justi bot es mir an, da sie in oder vor der Gedenkhalle (Ehrenmal) nicht stehen sollten. Heut letztes Fertigmachen im Diederichschen Atelier, er arbeitet noch etwas an der Nase der Frau, ich und Lindenblatt bringen die Punkte auf den Gipsen weg.

3. JUNI 1932

Leerer Zwischentag.

4. JUNI 1932

Sonnabend werde ich wieder nach der Galerie gerufen und muß von zehn bis halb drei Uhr dort sein wegen der Presse. Wunderliches Gefühl, wie zuletzt noch die Bänke herumgestellt wurden, der Boden aufgefegt und mit einem Wischtuch noch mal über die Figuren gegangen wird. *Fertig!*
Bis zum Staubwischen.

15. JUNI 1932

Heut am 15. Juni stehn die Arbeiten zwei Wochen in der Nationalgalerie. Viele Menschen haben sie gesehn und haben einen starken Eindruck gehabt.

Am Sonntag war Karl mit den beiden gesunden Kindern, Peter und Jutta, dort und dann noch in der Galerie, ihnen Böcklin zeigen. Ob bei den Kindern irgendetwas in der Erinnerung haften wird? jetzt interessieren sie sich nur für die Ähnlichkeit, ob Großvater oder Großmutter ähnlicher wäre. — Wie Karl einmal dort war, liefen ein paar Jungens von der Straße rein. Einer sagte zum andern auf die Mutter zeigend: »Das ist ein chinesischer Pfaff.«

Etwas kränkt oder ärgert mich, wie man's nennt. Die kommunistischen Blätter schweigen. Eine kleine Notiz soll neulich die »Rote Fahne« gebracht haben: man vermisse die Anti-Kriegs-Geste. Es ist *dumm, es ist hahnebüchen dumm* — aber den Schaden habe ich doch, denn die breiten Arbeitermassen kommen nun nicht hin. Wäre Otto Nagel hier — der hätte das nicht gelitten!

19. JUNI 1932

Die Plastiken sollen noch eine weitere Woche gezeigt werden. Sie *wirken*.

DONNERSTAG, 21. JULI 1932

Wir fahren von Bischofstein ab und sind nachts in Köln. Am Tage darauf Reise nach Ostende. Um 6 kommt Lingner auf den Bahnhof Ostende, dann fährt er uns in seinem Wagen herum, bis um 8 endlich Herr Schult kommt. Fahren zusammen bis Middelkerke und nehmen Quartier im Hotel des Bains, an der Digue gelegen. Spätes zur Ruhe Kommen. Sehr müde.

23. JULI 1932

In Belgien. Am Sonnabend fahren wir auf den Friedhof (Herr Schult, der junge Lingner, Karl und ich). Der erste Eindruck des Friedhofs ist fremd, weil er gegen damals umgeändert ist. Er ist planiert. Er wirkt kleiner, weil die unbekannten Soldaten immer paarweise zusammengelegt sind. Er ist in ein richtiges Viereck gebracht. Die kleinen Blechkreuze sind ersetzt durch etwas größere Holzkreuze. Die Reihen verlaufen ganz regelmäßig, doch ist der Zwischenraum zwischen den Kreuzen nicht immer derselbe. Über den Chausseegraben führt eine kleine Steinbrücke. Die Steinmauer ist zum Chausseegraben zu höher. Innen ist sie niedriger, bequem zum Draufsitzen. Die Mauer ist aus gefügten Steinen, zwischen denen Moosarten wachsen. Der Friedhof wirkt jetzt monotoner als früher. Nur drei Kreuze haben eine Anpflanzung von Rosen. An Peters Grab blühen sie, rote. Daß der ganze Boden jetzt mit Rasen bepflanzt ist, ist schön. Kleiner, als ich dachte, ist der vordere Platz, der für die Figuren freigehalten ist. Auch er hat Rasen.

Rechts in der Friedhofsecke stehen noch verpackt die Granite. Die Arbeiter von der Gräberfürsorge sind zur Stelle. Auch die schon behauenen Steinsockel liegen bereit und provisorische Holzsockel für die Phantome.* Sie werden auf-

* Phantome: Attrappen, die Sockel aus Holz, die Figuren aus Pappe

gestellt. Erst die Frau, dann der Mann. Lange über den Zwischenraum gesprochen, endlich alles bestimmt. Damit das Ganze sich schließt, und die Eltern wie eine Herde die Kreuze vor und neben sich haben, sagt Lingner mir zu, noch sechs Tote einzureihen, und zwar so, daß keine Lücke zwischen Figuren und Kreuzen bleibt. Noch gibt es viele uneingereihte Gebeine ...

Der Himmel ist mal blau, mal voll ziehender Wolken. Nur eines ist störend, die Masten der elektrischen Leitung, die am Friedhof vorbeiführt.

An der Wegkreuzung Roggevelde — Dixmuiden steht noch wie damals die kleine Wirtschaft: Int Roggeveld. Als die Arbeiter Pause machen, gehn wir auch da herein, essen weißes Brot und trinken einen Wermut. Die Leute sind freundlich und nett wie damals.

Dann nach Hause. Der uns beiden sehr liebe junge Lingner verabschiedet sich, er fährt nach Berlin, um ein Examen zu machen. Herr Schult bringt uns nach Middelkerke zurück. Nachmittag Ruhe. In der Nachmittagssonne der lustig bunte Strand. Sonntag vollkommener Ruhetag. Abends beginnt Regen.

AM DONNERSTAG, 28. JULI 1932

werden die Figuren aufgestellt. Schult ist nicht mehr dabei, nur van Hauten, der uns hinfährt. Dort warten bereits die Arbeiter. Die Blöcke stehen schon. Eine lange, schwere Arbeit, bis die Frauenfigur steht. Es zeigt sich, daß der Block vorn etwas gehoben werden muß, weil das leise ansteigende Terrain die Vornüberneigung betont. Dann der Mann. Bei ihm ist ein großer Übelstand, der mich erst ganz verstimmt, der, daß er den Blick nicht weit genug hebt. Er überblickt nicht den ganzen Friedhof, sondern blickt vor sich hin.

Die stundenlange Arbeit macht sehr müde. Als wir abfahren, bin ich eher traurig als froh.

29. JULI 1932

Es regnet vormittags; ich packe. Nachmittags klärt es sich auf. Van Hauten kommt um 4 Uhr mit dem Wagen und wir fahren noch einmal — letztes Mal — hin. Und nun hebt sich die Depression vom vorigen Tage. Ich kann jetzt alles so sehen, wie es gut ist. Wir nehmen Abschied.

14. AUGUST 1932

Rückblickend auf die Zeit in Belgien ist mir am schönsten in Erinnerung der letzte Nachmittag, wo van Hauten uns noch einmal hinfuhr. Er ließ uns allein und wir gingen von den Figuren zu Peters Grab und alles war lebendig und ganz gefühlt. Ich stand vor der Frau, sah ihr — mein eigenes Gesicht — weinte und streichelte ihr die Backen. Der Karl stand dicht hinter mir — ich wußte es noch gar nicht. Ich hörte ihn flüstern: »Ja, ja.« Wie waren wir da zusammen!

5. NOVEMBER 1936

Jubiläumsausstellung Berliner Bildhauer von Schlüter bis zur Gegenwart. Die Ausstellung war seit Mitte Oktober fertig. Ministerpräsident Göring hatte keine Zeit, sie zu eröffnen. Infolgedessen eröffnete sie sich selbst. Vor der offiziellen Eröffnung am 5. November werden meine beiden Arbeiten Mutter (Roggevelde) und Grabrelief entfernt. Auf meine Frage, wer noch entfernt ist, sagt Amersdorffer, Barlach sei noch entfernt worden.

Am Sonntag war bereits eine Notiz in den Zeitungen, wonach das Kronprinzenpalais gesäubert werden solle.

Es ist sicher, daß meine beiden Figuren dann weggestellt werden.

EINTRAGUNG IM BESUCHERBUCH DES SOLDATENFRIEDHOFS
VLADSLOO-PRAEDBOSCH *

Datum   *Name*

22. 9. 66   Früherer Feind

»Gott segne Dich, Käthe. Und alle Ihre Kinder. Wir machen weiter, wie Du dasz gewillt hast!«

* Der Soldatenfriedhof Roggevelde wurde 1955 aufgelassen und die Gräber sowie die Elternfiguren auf obigen Friedhof überführt

Über das eigene Werk

Lieber als über meine körperliche Entwicklung spreche ich jetzt von meiner nichtkörperlichen. Jetzt war es dem Vater lange klar, daß ich zeichnerisch beanlagt war, er hatte große Freude darüber und wollte mich ganz zur Künstlerin ausbilden. Leider war ich ein Mädchen, aber auch so wollte er alles daransetzen. Er rechnete damit, daß, da ich kein hübsches Mädchen war, mir Liebessachen nicht sehr hinderlich in den Weg kommen würden, und darum war er wohl auch so enttäuscht und aufgebracht, als ich mich bereits mit siebzehn Jahren an Kollwitz band.

Fürs erste bekam ich Unterricht bei dem Kupferstecher Mauer. Es waren wohl noch ein oder zwei andere Mädchen dabei. Wir zeichneten Köpfe nach Gips und nach Vorlagen. Es war Sommer, wir saßen in der Vorderstube. Unten auf der Straße hörte ich die Steinsetzer rhythmisch stampfen, über den großen Bäumen des Gartens gegenüber brütete heiße, unbewegliche Stadtluft. Das spüre ich noch wie heute. Ich war fleißig und respektvoll, und die Eltern freuten sich über jedes Blatt. Es war damals überhaupt für Vater in dieser Beziehung eine glückliche Zeit, wir Kinder waren alle in den Entfaltungsjahren, Konrad dichtete, und wir führten seine Tragödien auf, bei mir brach unverkennbares Zeichentalent durch und bei Lise auch. Ich weiß noch, wie ich einmal aus der Nebenstube ganz beglückt den Vater zur Mutter sagen hörte, wir seien alle beanlagt, am meisten aber wohl der Konrad. Ein andermal sagte er etwas, wolange ich sehr lange zu fressen hatte. Er hatte eine Zeichnung von Lise gesehen, die ihn erstaunte, da sagte er zur Mutter: die Lisuschchen wird die Katuschchen bald eingeholt haben. Damals empfand ich vielleicht zuerst in meinem Leben, was Neid und Eifersucht heißt. Ich liebte die Lise sehr. Wir hingen engstens zusammen, ich gönnte ihr auch ein Vorwärtskommen bis an die Grenze, wo *ich* anfing; darüber hinaus wehrte sich in mir alles. Ich mußte immer einen Vorsprung haben. Diese Eifersucht verließ mich durch Jahre nicht. Als ich in München studierte, war davon die Rede, daß auch Lise hinziehen sollte. Ich hatte widerstrebenstes Empfinden, Freude auf sie und zugleich die Befürchtung, sie könnte mein Talent durch das ihre und meine Person durch die ihre in Schatten stellen, gingen in mir hin und her. Es wurde aus ihrem Hinkommen übrigens nichts, sie verlobte sich damals und hat eine gründliche Ausbildung nie erfahren. Wenn ich mich jetzt frage, warum Lise bei all ihrem Talent nicht Künstlerin im eigentlichen Sinne, sondern doch nur hochbegabte Dilettantin geworden ist, so ist mir das jetzt klar.

Ich war stark ehrgeizig und Lise nicht. Ich wollte und Lise nicht. In mir war Zielrichtung. Dazu kommt freilich der Umstand, daß ich um drei Jahre älter war als sie. So lag mein Talent früher zutage als ihres, und der noch ganz unenttäuschte Vater bereitete mir freudigst den Weg. Wäre die Lise härter und egoistischer gewesen, als sie es war, so hätte sie fraglos beim Vater ebenfalls die konsequente Ausbildung durchgesetzt. Aber sie war weich und selbstlos (»Die Lise wird sich immer opfern«, sagte der Vater). So ist ihre Begabung nicht entfaltet. Begabung an sich — wenn man die auf einer Waage abwägen könnte — hat sie mindestens soviel gehabt wie ich. Nur fehlte ihr die vollkommene Einstellung darauf. Ich wollte in nichts anderem ausgebildet werden als in dieser Sache. Hätte ich gekonnt, so hätte ich mein ganzes geistiges Vermögen aufgehoben und meiner künstlerischen Fähigkeit zugeschlagen, damit doch bloß dieses Feuer hell brannte.

Wir bummelten durch die ganze Stadt und zu den Toren heraus, ließen uns über den Pregel setzen und strichen am Hafen herum. Dann standen wir wieder und sahen den Sackträgern zu, dem Auf- und Abladen der Schiffe. Die kleinsten, romantischsten Gäßchen, die unter Torbögen durch kreuz und quer die alte Stadt durchzogen, kannten wir. Wie oft standen wir, wenn Brücken aufgezogen wurden, am Geländer und sahen zu, wie unten die Dampfer und Kähne durchzogen, sahen auf das Gewirre von Obstkähnen herunter, bummelten durchs Schloß, bummelten am Dom vorbei, bummelten auf die Pregelwiesen heraus. Wir wußten, wo die Witinnen, die Getreideschiffe, lagen, mit den Jimkes drauf in Schafpelzen und mit lappenumwickelten Füßen. Russen oder Litauer waren das, gutmütige Leute. Abends spielten sie auf den flachen Schiffen die Ziehharmonika und tanzten dazu.

Dieses scheinbar planlose Bummeln war der künstlerischen Entwicklung sicher sehr förderlich. Wenn meine späteren Arbeiten durch eine ganze Periode nur aus der Arbeiterwelt schöpften, so liegt der Grund dazu in jenen Streifereien durch die enge, arbeiterreiche Handelsstadt. Der Arbeitertypus zog mich, besonders später, mächtig an. Die erste Zeichnung, die ganz deutlich Arbeitertypen hatte, machte ich freilich mit etwa sechzehn Jahren, es war eine Zeichnung aus dem Gedicht: »Die Auswanderer« von Freiligrath. Diese Zeichnung legte ich auf Wunsch meines Vaters ein Jahr später meinem Lehrer Stauffer-Bern in Berlin vor, er erkannte sie als so charakteristisch, wie sie tatsächlich für mich und das Milieu, aus dem ich kam, war.

Später, zwischen den Aufenthalten in München und meiner Verheiratung, ging ich vollkommen bewußt daran, das Arbeiterleben in seinen charakteristischen Situationen wiederzugeben. Mit der Übersiedlung nach Berlin wurde das ganz unterbrochen, weil der Arbeitertyp, wie Berlin ihn bot, ein ganz anderer war. Der Berliner Arbeiter stand auf einem höheren Niveau und war in allen mir sichtbaren Äußerungen künstlerisch nicht verwertbar. Ich habe es später (besonders bei einem Besuch in Hamburg) bedauert, in Königsberg nicht so lange geblieben zu sein, bis ich alles dort herausgeschöpft hatte, was ich hätte herausschöpfen können.

AUS »RÜCKBLICK AUF FRÜHERE ZEIT« (1941)

Ich will zurückgehen darauf, daß der Vater schon seit meiner Kindheit den ausgesprochenen Wunsch hatte, mich zur Künstlerin heranzubilden, zugleich in dem Gedanken, es würden sich da nicht große Hemmungen dazwischenschieben. So ließ er von meinem vierzehnten Jahre ab mich von den besten Kräften in Königsberg unterrichten. Zu allererst beim Kupferstecher Mauer, später bei Emil Neide. Neide hatte das aufsehenerregende Bild gemalt: »Die Lebensmüden«. Sein Bruder war Polizeikommissar. Seine sämtlichen Motive führten in das Gebiet der Verbrechen. Waren »Die Lebensmüden« ein großes, virtuos gemaltes Sensationsbild, das seinen Namen bis nach Amerika brachte, so waren seine späteren Entwürfe aus dieser Sphäre künstlerisch viel schwächer, einige kitschig. Dagegen schätze ich als wirklich sehr gut ein kleineres Bild, das ohne Aufmachung die Verbrecherwelt im Hintergrunde hatte. Es hieß »Am Ort der Tat« und zeigte in nüchterner Weise die Mordkommission während einer Untersuchung in einer sandigen Kiesgrube. Dieses Bild war meiner Erinnerung nach tatsächlich hoch künstlerisch gearbeitet. Da ich als Mädchen keine Zulassung zur Akademie hatte, bekam ich und eine junge Tilsiterin Privatstunden bei Neide.

In meinem siebzehnten Jahre, als meine Mutter zu ihrer körperlichen Kräftigung in ein Bad im Engadin fuhr, gab ihr mein Vater meine jüngere Schwester Lise und mich mit. Diese Reise sollte neben dem Zweck von Mutters Kräftigung uns beiden Berlin und vor allem München zeigen. In Berlin machten wir Station und hatten dabei Gelegenheit, den jungen Gerhart Hauptmann kennenzulernen. Er lebte in Erkner, benachbart mit meiner älteren

Schwester, der jungen Frau Hofferichter. Hofferichter und Hauptmann lernten sich, da sie denselben Zug nach Berlin benutzten, kennen. Es wurde ein näherer Umgang. Und so waren Lise und ich gleich und unmittelbar mit Hauptmann in Berührung gekommen. Er war noch unberühmt, hatte erst das »Promethidenlos« geschrieben. Er lebte in Erkner in einem Hause, das in einem großen Garten lag. Mir ist erinnerlich, daß wir in einem großen Raum, aus dem wenige Stufen in den Garten führten, festlich zusammensaßen; er, seine Frau, der Maler Hugo Ernst Schmidt, Arno Holz und mein Bruder Konrad. Es war ein Abend, der nachhaltig auf uns wirkte. In dem großen Raum war eine lange Tafel, auf der Rosen lagen. Rosenkränze hatten wir alle auf, Wein wurde getrunken, Hauptmann las aus dem Julius Cäsar vor. Wir waren wohl alle, jung wie wir waren, hingerissen. Es war ein wundervoller Auftakt zu dem Leben, das sich dann allmählich, aber unaufhaltsam mir eröffnete.

Nach Berlin nahmen wir für mindestens eine Woche Aufenthalt in München. Und nun sah ich in der Pinakothek die Meister, von denen vor allem einer auf mich wirkte, aber für Jahre entscheidend: Rubens.

Hingerissen hat mich Rubens. Aber was hat München auch für Rubens! Und Antwerpen hat eine ganze Kirche mit Rubens. Ich hatte damals einen kleinen Goethe. Wenn es ganz mit mir durchging, dann schrieb ich nur an den Rand: »Rubens! Rubens!« Die frühen Goetheschen Gedichte! »Der Tempel ist mir aufgebaut . . .«. Goethe, Rubens und mein eigenes Gefühl, das war immer ein Ganzes.

Von München ging es in die Berge bis ins Engadin. Es gab nur Postwagen. Diese hatten ganz hinten auf dem Verdeck zwei Plätze, auf die man mit einer Leiter heraufkletterte. Diese Plätze nahm die Mutter für uns, während sie vorn unten saß. Himmlisch war es. Wir jubelten und sangen da oben. Mutter war erst 47 Jahre alt, war so schön und so froh. In St. Moritz trafen wir meinen Bruder Konrad, er kam aus London. Marx war tot, er verkehrte viel beim alten Engels. Wir waren kurz zusammen und bestürmten die Mutter, sie möchte mit uns vom Malojapaß nach Italien herunterfahren. Sie aber blieb fest, daß sie zurückfahren müßte zum Vater. So fuhren wir bis auf den Malojapaß mit einem kleinen Wägelchen, saßen da und sangen.

In Berlin lebte mein Bruder Konrad als junger Student. Ich kam dort als siebzehnjährige in eine Pension und besuchte die Künstlerinnenschule mit Stauffer-Bern als Lehrer. Sein Unterricht war für meine Weiterentwicklung sehr wertvoll. Ich wollte malen, aber er wies mich immer wieder auf die Zeichnung zurück. Er sah meine noch in Königsberg entstandenen Zeichnungen zu Gedichten, wie zum Beispiel zu den »Auswanderern« von Freiligrath und sprach damals zum erstenmal über Max Klinger, der sein Freund war und mir bis dahin unbekannt. Die Folge »Ein Leben« von Klinger sah ich auf einer

Berliner Ausstellung, schlecht gehängt. Es war das erste, was ich von ihm sah, und es erregte mich ungeheuer.

Stauffer-Bern hatte Interesse an meinen Arbeiten und wollte mir bei meinem Vater dazu verhelfen, im folgenden Winter die Künstlerinnenschule wieder besuchen zu können. Es wurde damals nichts daraus, zu meinem Glück. Denn zu der Zeit war er bereits in Italien, wo er sehr bald endete. Also blieb ich einstweilen in Königsberg.

In meinem siebzehnten Jahr hatte ich mich durch Verlöbnis an den noch im Medizinstudium befindlichen Karl Kollwitz gebunden. Mein Vater, der seine Pläne mit mir dadurch gefährdet sah, beschloß, mich noch einmal fortzugeben, und zwar diesmal statt nach Berlin nach München, im Jahre 1889. In München wohnte ich in der Georgenstraße, nahe der Akademie, und besuchte die Künstlerinnenschule. Wieder hatte ich großes Glück mit dem Lehrer Ludwig Herterich. Er wies mich zwar nicht so konsequent auf die Zeichnung hin, sondern nahm mich in eine Malklasse auf. Das Leben, das mich dort umgab, war anregend und beglückend. Unter den Schülerinnen gab es hochbegabte. In erster Reihe unter den Kolleginnen standen Linda Kögel, Eugenie Sommer, Marianne Geselschap. Später trat dazu die unter dem Künstlernamen bekannte ausgezeichnete Slavona. Sie heiratete in Paris den Baseler Kunsthändler Otto Ackermann. Erwähnen muß ich noch Emma Jeep. Als Malerin leistete sie nicht so Erhebliches. Später jedoch als Frau von Arthur Bonus kam ihre eigentliche Begabung zur Schriftstellerei voll heraus. Gemeinsam mit Bonus bearbeitete sie die Islandsagen. Eine enge Freundschaft verband unsere beiden Familien durch lange Jahre . . .

Der freie Ton der »Malweiber« entzückte mich. Zwar kam mir Herterichs Unterricht zu Anfang maniriert vor, seine ausgesprochene koloristische Kunst fand ich nicht meinem Gefühl oder meiner Art, Farben zu sehen, entsprechend. Ich gebrauchte einen Trick, um unter die Geachteteren der Klasse zu kommen: ich malte so, wie ich wußte, daß er wünschte, daß ich malen sollte. Erst später erschloß sich mir ein richtiges Verständnis für seinen Kolorismus. In München habe ich viel gelernt. Der Tag war besetzt mit Arbeit, abends genoß man, ging auf Bierkeller, machte Ausflüge in die Umgebung und fühlte sich frei, weil man seinen eigenen Hausschlüssel hatte. Es gab eine Vereinigung, die einige Mädchen unserer Klasse zusammenführte mit Otto Greiner, Alexander Oppler, Gottlieb Elster. Für diese Abende wurde ein Thema gestellt. So besinne ich mich auf das Thema »Kampf«. Ich wählte die Scene aus Germinal, wo in dem verrauchten Lokal um die junge Kathrin von zwei Männern gekämpft wird. Diese Komposition wurde anerkannt. Zum ersten Mal fühlte ich mich bestätigt auf meinem Wege, große Perspektiven öffneten sich meiner Phantasie, und die Nacht war schlaflos vor Glückserwartung. In der Malklasse kam ich aber nicht vorwärts. Kolleginnen: Sommer, Slavona, Geselschap waren viel begabter für die Farbe als ich. Ich kam mit der Farbe nicht weiter. Ich las zufällig von Max Klinger die Broschüre »Malerei und Zeichnung«. Da merkte ich: ich bin ja gar keine Malerin. Aber Herterich konnte die Augen ausgezeichnet schulen, ich habe in München wirklich sehen gelernt.

Das freie, mir sehr wohl gefallende Leben in München erweckte Zweifel in mir, ob ich wohlgetan hätte, mich so frühzeitig durch Verlöbnis zu binden. Die freie Künstlerschaft lockte sehr. Als dann im nächsten Jahre von neuem die Frage auftauchte, ob ich wieder nach München gehen sollte und mein Vater es mir freistellte, tat ich es gern. Es schien mir ein gutes Omen, daß ich in München gleich zuerst Herterich auf der Straße traf. Daß ich wieder in seine Schule eintrat, war selbstverständlich.

Vater hatte nur noch dieses Semester mir zugesagt, und obwohl die Möglichkeit bestanden hatte, daß ich damals statt nach München nach Berlin ging, hatte ich München gewählt. Dieser Aufenthalt wurde nicht so fruchtbringend, wie ich es angenommen hatte. Später habe ich es oft bedauert, nicht statt dessen nach Berlin gegangen zu sein. In Berlin war unterdeß vielerlei vorgegangen. Hauptmann hatte »Vor Sonnenaufgang« aufführen lassen, die junge in- und außerdeutsche Literatur entwickelte sich jählings. Ein sehr anregender Kreis von bildenden Künstlern und Literaten lebte dort. Auch mein Verlobter war bereits nach Berlin übergesiedelt, um dort sein halbes Jahr als Arzt abzudienen. Mein Bruder Konrad arbeitete auf der Redaktion des »Vorwärts«. Das Leben hatte dort, verglichen mit München, etwas Brausendes. Vielleicht wäre ich untergegangen in jenem Lebensstrudel, vielleicht hätte er fruchtbar auf mich gewirkt. Jedenfalls im Jahr darauf, 1890 war ich wieder in Königsberg. Dieses Mal, dank der verkauften Genrebilder, mietete ich mir ein kleines Atelier. Mein Übergang von der Malerei zur Graphik war noch nicht erfolgt, ich wollte im Gegenteil malen, und zwar wollte ich die Scene aus Germinal auf die Leinwand bringen. Zu diesem Zweck brauchte ich Studien, Königsberg hatte damals in den alten Pregelgegenden eine Reihe von Matrosenkneipen, welche am Abend zu besuchen mit Lebensgefahr verbunden war. Es war mir nicht möglich, anders als an Vormittagen dort Studien zu machen. Am interessantesten war mir das »Schiffchen«, ein Lokal mit doppelten Ausgängen. Wüster Lärm war drin zu hören, Messerstechereien waren an der Tagesordnung. Mein Vater beobachtete meine Arbeit nicht mehr mit so fraglosem Glauben an mein Vorwärtskommen. Er hatte viel rascher einen Abschluß meiner Studienzeit erwartet, Ausstellungen und Erfolge. Außerdem war er, wie gesagt, sehr skeptisch gegen die Tatsache eingestellt, daß ich zwei Berufe vereinigen wollte, den künstlerischen und das bürgerliche Leben in der Ehe. Mein Verlobter hatte dadurch, daß er in Berlin die Krankenkasse der Schneider bekam, die Möglichkeit der Existenz, und so beschlossen wir, den Sprung zu wagen. Mein Vater sagte mir kurz vor der Eheschließung: »Du hast nun gewählt. Beides wirst du schwerlich vereinigen können. So sei das, was du gewählt hast, ganz!«

Im Frühjahr 1891 bezogen wir im Norden Berlins die Wohnung, die wir durch fünfzig Jahre beibehalten sollten. Mein Mann war in der Hauptsache Kassenarzt und war sehr bald belastet mit sehr viel Arbeit. Ich bekam im Jahre 1892 mein erstes Kind Hans, im Jahre 1896 mein zweites Kind Peter. Das stille arbeitsame Leben, das wir nun führten, war meiner Fortentwicklung sicher sehr gut. Mein Mann tat alles, um mich zu der Arbeit kommen zu lassen. Hier und da unternommene Versuche, an Ausstellungen anzukommen, mißglückten. Doch knüpfte sich an eine dieser Ausstellungen eine Schau der Zurückgewiesenen, wozu auch ich gehörte. Die Presse beachtete diesen Versuch wie überhaupt in jener Zeit schon die Anfänge der später so sehr interessanten Independants nach Pariser Muster. Herman Sandkuhl hat späterhin diese Ausstellungen, die viel Ungeheuerlichkeiten enthielten, aber immer interessanter waren als die großen Ausstellungen am Lehrter Bahnhof, auch im Publikum zu Ansehen gebracht.

Ein großes Erlebnis fiel in diese Zeit: die Uraufführung der Hauptmannschen »Weber« in der »Freien Bühne«. Es war eine Vormittagsaufführung. Wer mir eine Karte verschafft hatte, weiß ich nicht mehr. Mein Mann war durch Arbeit abgehalten, aber ich war dort, brennend vor Vorfreude und Interesse. Der Eindruck war gewaltig. Die besten Schauspieler wirkten mit, Else Lehmann spielte die junge Weberfrau des letzten Aktes. Am Abend war ein festliches Zusammensein in großem Kreise, wo Hauptmann als Führer der Jungen auf den Schild gehoben wurde. Diese Aufführung bedeutet einen Markstein in meiner Arbeit. Die begonnene Folge zu Germinal ließ ich liegen und machte mich an die Weber. Mein technisches Können war im Radieren noch so gering, daß die ersten Versuche mißglückten. Auf diese Weise kam es so, daß die drei ersten Weber-Blätter lithographiert wurden und erst die drei letzten Radierungen, »Zug der Weber«, »Vor dem Fabrikantenhaus« und »Ende«, auch technisch genügten. Das Arbeiten an dieser Folge war mühsam und langsam. Allmählich kam sie zustande und ich hatte den Wunsch, die Folge meinem Vater zu widmen. Ich wollte voraussetzen das Gedicht »Weber« von Heine. Unterdessen erkrankte mein Vater schwer, und den vollen Erfolg, der sich bei den Ausstellungen dieser Arbeit zeigte, hat er nicht mehr erlebt. Dagegen habe ich noch zu seinem 70. Geburtstag in unserem Bauernhäuschen in Rauschen bei Königsberg ihm die fertiggestellten Weber auf den Geburtstagstisch gelegt. Er freute sich unsagbar darüber. Ich besinne mich, wie er um das Haus lief und immer nach der Mutter rief, sie möchte doch kommen zu sehen, was die Katuschchen gemacht hat. Im Frühling des nächsten Jahres starb er. Ich war so enttäuscht, ihm die Freude des öffentlichen Ausstellens dieses Werkes nicht mehr machen zu können, daß ich überhaupt das Ausstellen aufgab. Eine gute Freundin von mir, Anna Plehn, sagte: »So lassen Sie mich das alles arrangieren«, meldete die Folge für mich an, schickte sie der Jury ein, und einige Wochen darauf war sie in der Ausstellung am Lehrter Bahnhof zu sehen. Später erst hörte ich, daß der Vorstand, dem auch Menzel angehörte, für die Weber die kleine goldene Medaille beantragt hatte. Der Kaiser lehnte sie ab. Aber von da ab zählte ich mit einem Schlag in die vordere Reihe der Künstler. Max Lehrs aus Dresden, der Direktor des dortigen Kupferstich- und Zeichnungskabinetts, kaufte sie an, setzte dort die kleine goldene Medaille durch, und bis jetzt sind die Weber wohl das Bekannteste meiner Gesamtarbeit geblieben. Überraschend überkam mich dieser große Erfolg, aber nicht mehr gefährdend. — In jenen Jahren bildete sich die Sezession. Ich wurde aufgefordert, Mitglied zu werden, und blieb es, bis sie auseinanderfiel. Ich möchte hierbei einiges sagen über die Abstempelung zur »sozialen« Künstlerin, die mich von da an begleitete. Ganz gewiß ist meine Arbeit schon damals durch die Einstellung meines Vaters, meines Bruders, durch die ganze Literatur jener Zeit auf den Sozialismus hingewiesen. Das eigentliche Motiv aber, warum ich von jetzt an zur Darstellung fast nur das Arbeiterleben wählte, war, weil die aus dieser Sphäre gewählten Motive mir einfach und bedingungslos das gaben, was ich als schön empfand. Schön war für mich der Königsberger Lastträger, schön waren die polnischen Jimkies auf ihren Witinen, schön war die Großzügigkeit der Bewegungen im Volke. Ohne jeden Reiz waren mir Menschen aus dem bürgerlichen Leben. Das ganze bürgerliche Leben erschien mir pedantisch. Dagegen einen großen Wurf hatte das Proletariat. Erst viel später, als ich, besonders durch meinen Mann, die Schwere und Tragik der proletarischen Lebenstiefe kennenlernte, als ich Frauen kennenlernte, die beistandsuchend zu meinem Mann und nebenbei auch zu mir kamen, erfaßte mich mit ganzer Stärke das Schicksal des Proletariats und aller seiner Nebenerscheinungen. Ungelöste Probleme wie Prostitution, Arbeitslosigkeit, quälten und beunruhigten mich und wirkten mit als Ursache dieser meiner Gebundenheit an die Darstellung des niederen Volkes, und ihre immer wiederholte Darstellung öffnete mir ein Ventil oder eine Möglichkeit, das Leben zu ertragen. Auch mag eine große Temperamentsähnlichkeit, die mich mit meinem Vater verband, diese Hinneigung verstärkt haben. Mitunter sagten meine Eltern selbst zu mir: »Es gibt doch auch Erfreuliches im Leben. Warum zeigst du nur die düstere Seite?« Darauf konnte ich nichts antworten. Es reizte mich eben nicht. Nur dies will ich noch einmal betonen, daß anfänglich in sehr geringem Maße Mitleid, Mitempfinden mich zur Darstellung des proletarischen Lebens zog, sondern daß ich es einfach als schön empfand. Wie Zola oder jemand einmal sagte: »Le beau c'est le laid.«

AUS EINEM BRIEF AN BEATE BONUS-JEEP 1907?

Stan * hat Dir gesagt, daß ich plastisch arbeiten will. Ja, Lust habe ich freilich riesig, aber ich bin doch zaghaft mit dem ordentlichen Loslegen. Kraft und Zeit sind beschränkt und die Schwierigkeiten kommen mir oft zu groß vor.

So hab ich seit Monaten keinen Ton vorgehabt, besonders deswegen, weil ich für den Simplizissimus gezeichnet habe. Diese Arbeit freut mich außerordentlich. Eine Zeichnung, die zu dem Grubenunglück in Hamm paßt, hat er abgedruckt, zwei andere hat er noch liegen, eine vierte habe ich eben fertig gemacht. Er zahlt für das Blatt hundert Mark; falls er das Original behält (was bei dem Bilde für Hamm der Fall war) noch einmal hundert Mark. Vorausgesetzt, daß er dauernd Zeichnungen braucht, wäre es also eine sehr schöne Einnahme. Nur leider braucht er nicht allzuviele.

Die Art der Zeichnung überläßt er mir ganz, Motiv auch, und ich hätte wohl noch Stoff für ein ganzes Jahr zu Zeichnungen für ihn. Radiert habe ich infolgedessen aber gar nicht jetzt, auch komme ich ja überhaupt erst in den letzten Wochen wegen Hansens Krankheit wieder zum Arbeiten. Das Raschfertig-sein-müssen, die Notwendigkeit, eine Sache populär ausdrücken zu müssen, und doch die Möglichkeit — da es doch eben für den Simpel ist —, künstlerisch bleiben zu können, vor allem aber die Tatsache, vor einem großen Publikum des öfteren aussprechen zu können, was mich immer wieder reizt und was noch lange nicht genug gesagt worden ist: die vielen stillen und lauten Tragödien des Großstadtlebens — das alles zusammen macht, daß mir diese Arbeit außerordentlich lieb ist.

Schlimm ist nur eins dabei, daß, seitdem ich am Simpel zeichne, die Jungen selbstverständlich auch ein Anrecht auf ihn zu haben meinen, ich kann ihn ihnen nicht mehr unterschlagen, was ich wegen seiner Schweinereien oft möchte...

* Stan = eine junge Engländerin, die K. K. in Florenz kennenlernte und mit der sie eine Wanderung von Florenz nach Rom machte

19. AUGUST 1909

Die Hundertjahrfeier für Großvater. Die Eröffnung des Denkmals. Das Relief* wirkt nicht kitschig, im Gegenteil etwas plump. Ist aber charakteristisch. Es könnte mehr eingelassen sein in Stein.

18. SEPTEMBER 1909

Gestern ein glücklicher Tag: das sechste und damit letzte Blatt für den Simpl. gezeichnet: die Heimarbeit. — Gegen Abend einen schönen Gang bis zum Viadukt gemacht. Ich bin so froh, daß ich jetzt gut und leicht arbeiten kann. So könnte ich jetzt wohl mühelos noch mehrere Zeichnungen für den S. machen. Durch das lange Studienarbeiten bin ich jetzt endlich so weit, einen gewissen Fonds von Können zu haben, der es mir ermöglicht, ohne Modell das auszudrücken, was ich will.

Heut die Weihnachtszeichnung für den Simpl. gemacht.

Es fiel mir neulich Hogarth ein. Vater hatte für längere Zeit seine sämtlichen Stiche zuhaus, ob leihweise oder ob sie ihm gehörten, weiß ich nicht. Ich besah das Buch sehr gern und es hat mich sicher stark beeinflußt. Wie gut, daß Vater es mir nicht verbot der Motive wegen.

24. SEPTEMBER 1909

Vom Mutterschutzbund in Leipzig aufgefordert, zu einem Werke eine Zeichnung zu geben. Zeichne Mutter, die ihr Gesicht an ganz kleines Kind drückt. Vielleicht schicke ich aber auch die anklopfende Frau, die für den Simpel bestimmt war.

30. NOVEMBER 1909

Am Sonnabend wurde die Sezession eröffnet. Ich war mit Hans da. Meine Sachen hängen gut, obgleich die Radierung separiert. Trotzdem bin ich nicht so sehr befriedigt. Es sind soviel gute Sachen da, die frischer wirken als meine. Brandenburg ist diesmal vorzüglich. Seinen Tanz, seine Orgie möchte ich gemacht haben. Ich finde, ich muß bei meinen Arbeiten darauf sehn, daß sie in immer abgekürzterer Form das enthalten, was sie jetzt etwas zu durchgeführt enthalten. Ich möchte die neue Radierung so machen, daß sie alles Wesentliche stark betont enthält und das Unwesentliche fast negiert.

* Das Relief ist von seiner Enkelin Käthe Kollwitz. Es existiert nicht mehr seit 1945

Ich rücke allmählich in die Periode meines Lebens herein, wo Arbeit an erster Stelle steht. Als beide Jungen Ostern verreist waren, habe ich fast nur gearbeitet. Dann noch geschlafen, gegessen, ein wenig spazieren gegangen. Aber vor allem gearbeitet. Und doch weiß ich nicht, ob einer solchen Arbeit nicht der »Segen« fehlt. Durch keine anderen Affekte mehr abgeleitet, arbeite ich, wie eine Kuh grast, aber Heller sagte einmal, das sei der Tod, eine solche Ruhe. Vielleicht »schaffe« ich in Wahrheit dann wenig mehr. Die Hände arbeiten, und der Kopf meint weiß Gott was zu produzieren, und doch war ich früher in meiner so arg beschnittenen Arbeitszeit produktiver, weil ich sinnlicher war, lebte, wie ein Mensch leben muß, mit Leidenschaft an allem interessiert. Nun arbeite ich das zweite Blatt vom Tod. Mitunter verliebt in meine Arbeit, glaube ich weit über mich heraus zu gehen. Nach einer Pause von zwei Stunden, wo ist der geniale Wurf? Es ist dann gar nichts Besonderes, was ich gemacht habe. Das quält mich. Die Potenz, die Potenz läßt nach.

Ich war heut unten im Atelier. Das Gefühl des Verekeltseins an meinen Arbeiten, vor allem an der Radierung »Abschied« ist noch immer nicht behoben. Wenn ich jetzt rasch ein Modell bekäme, würde ich am liebsten die plastische Gruppe Frau mit Kind beginnen.

Seit dem 9. Sept. arbeite ich an der großen Gruppe: Frau mit Kind. Ich begreife jetzt wieder nicht, wie es sein konnte, daß ich keine Arbeit hatte und mich langweilte.

Alexander Oppler war bei mir, um meine Gruppe anzusehen. Er sagte mir, was ich eigentlich schon wußte, daß meine Arbeit als *Arbeit* nicht genügend sei. Er ist eben der Berufsbildhauer, der seine Plastiken absolut fertig macht. Das Dreidimensionale. Er hat recht und er hat nicht recht. Vorausgesetzt, daß er ein Modell findet, das genau seiner Idee entspricht, das genau die gewünschte Stellung macht, kann er etwas machen, ja kann er wunderschöne Arbeiten machen. Findet er solche Modelle nicht, dann ist er aufgeschrieben. Wie er sagt, habe er bestimmte Arbeiten nicht gemacht, weil er kein geeignetes Modell gefunden habe. Er löst sich nicht in einer Kleinigkeit vom Modell. Das erinnert mich daran, wie Böcklin von Malern spricht, die nie zur Arbeit kommen, weil sie über die Modellmisere nicht herauskommen. Doch hat Oppler recht darin, daß, was ich jetzt mache, dillettantisches Zeug ist.

22. OKTOBER 1910

Jetzt ist meine Gruppe in Gips gegossen.

OSTERN 1911, I. FEIERTAG

Zu morgen Frau Naujoks bestellt. Will wieder plastisch versuchen. Diesmal kleiner. Vielleicht komme ich eher zum Ziel. Wenn ich mit Oppler spreche, bin ich entmutigt. Er bietet mir an, mich zu korrigieren. Ich will nicht darauf eingehn, weil ich etwas anderes im Sinn habe — schließlich — als er. So wenig ich die Neusezessionisten in der Plastik liebe, so liebe ich auch nicht die Porträt-Akte, an denen jedes Tüpfelchen nach Modell gemacht ist. So etwas zu arbeiten wie Albiker es tut, ist nicht schwer. Wenn ich aber plastisch ausstelle, muß es etwas sein, sonst schade ich mir und kränke mich selbst.

1. SEPTEMBER 1911

Ich denke mir folgende Plastik wunderschön: eine schwangere Frau aus dem Stein gehauen. Nur bis zu den Knien herausgehauen, so daß es ist, wie Lise in ihrer Schwangerschaft mit Maria sagte: »als ob ich ganz im Boden stecke«. Das Unbewegliche, Gebundene, Benommene. Die Arme und Hände schwer hängend, der Kopf gesenkt, die ganze Aufmerksamkeit nach innen. Und das Ganze in schwerem, schwerem Stein. Dies soll heißen: die Schwangerschaft.

26. SEPTEMBER 1911

Falls ich viel verkaufe, nehme ich mir bald ein kleines Bildhauer-Atelier und behalte mein hiesiges nur für Zeichnungen und Radierungen. Auch denke ich mir eine Plastik, eine klagende Arbeiterfrau, tief sitzend, beide Arme laut klagend hochgehoben.

Selten bin ich so illusionslos meiner Arbeit gegenüber gewesen wie jetzt. Mitunter kommt es mir vor, als ob es glücklich für mich träfe, daß mein Beginn des plastischen Arbeitens in eine Zeit der Aufhebung der alten Werte fällt. Ich könnte nun auch neu anfangen, beschwert von keiner Technik, einfach neu geboren. Aber es ist leider nicht so.

Neulich war Paul Goesch hier und sprach über moderne Malerei. Er fand meine Stellung zu derselben unklar. Peter sollte sagen, wie er dazu stände. Er erklärte sich für die Expressionisten, Kubismus und Futurismus für Spielerei.

Wenn ich doch noch lernen könnte von der neuen Richtung und doch selbständig bleiben.

Ich arbeite die Liebesgruppe, wo das Mädchen dem Manne auf dem Schoß sitzt. Die große Depression nach den Sommerferien hat sich wieder verloren, aber so einen rechten Glauben hab ich doch nicht. — Mitunter kommt es mir vor, als ob es nur moralischer Mut ist, der mir fehlt. Ich fliege nicht, weil ich mich nicht in der Luft herumzuschmeißen wage wie Pégoud.* Eigentlich muß ich mit meinem Können — selbst dem plastischen — mir mehr zutrauen. Daß mir der Mut fehlt, ist eine Alterserscheinung? Die vielen Wenns und Abers, die man als älterer Mensch kennt. Pechstein stellt seine talentvollen plastischen Skizzen ohne Skrupel aus. Er kümmert sich den Deiwel darum, daß es nur Skizzen sind.

Peter malt zwei Akte in aneinandergelegter Haltung. Das Mädchen roten Akt, dunkelrot mit heller roten Brüsten, den Mann grün. Der Hintergrund Pariser Blau. Zu Weihnachten hat er einige Sachen gemalt, schon in dieser Art, nur noch unausgesprochener. Hans zu Weihnachten einige Gedichte zur Großstadt. Anders als seine Bonner Gedichte. Waren die ganz subjektive Stimmung, sind diese objektive Arbeit. Feilen am Wort, vor allem am Klang. Merkwürdig für mich, diese beiden Jungen, die so ganz im Modernen stehn.

* Französischer Flieger

Wenn ich nicht arbeite, komm ich mir ganz antiquiert vor — wenn ich arbeite, nicht.

Schönes Wetter. Hans redet mir zu, mit ihm nach Potsdam zu fahren. Wir gehn durch den Neuen Garten nach der Kaserne, in der Rosolio ist. Unterwegs sprechen wir über vielerlei. Ich erzähle Hans von meinen Arbeiten, daß ich keine Form für das finde, was der Krieg mir bringt. Jede Form ist schon zu alt gewohnt, zu typisch. Etwas so Neues sollte auch neue Ausdrucksform finden. Mein Versagen in dem Punkt. Von dem Neuwerden und der veränderten Stellungnahme.

Mein lieber Hans! Ganz langsam und allmählich komme ich zu der Arbeit für Peter. Während dieser Arbeitswochen ist mir von neuem etwas klar geworden, was ich schon vor Monaten zu Dir aussprach, was in der dazwischenliegenden Zeit sich aber sehr verdunkelt hatte und woran ich fast nicht mehr glaubte. — Kurz bevor die Nachricht von Peter kam, waren wir beide nach Potsdam gefahren. Ich sagte Dir da von der neuen Erkenntnis, die diese Zeit mir gebracht hatte. Daß der Egoismus abstürbe und daß das Recht auf freien Tod auch über Euern Tod heraus nicht mehr mir, dem Einzelnen zustände, wie ich früher glaubte. Hinter dem Einzelleben stände das Vaterland, und solange man diesem nutzen kann, hat man zu leben. Das war damals.

Warum in dieser Zeit hilft mir die Arbeit? Es ist nicht genügend, wenn ich sage, daß sie mich sehr interessiert. Weil sie eine Aufgabe ist, der ich mich nicht entziehen darf. Wie Ihr, meine leiblichen Kinder, meine Aufgaben wart, so auch meine andern Arbeiten. Das klingt Dir vielleicht so, als ob ich meinte, der Menschheit etwas zu entziehen, wenn ich nicht mehr arbeitete. In gewisser Weise: ja. Weil dies mein Posten ist, von dem ich nicht runter darf, bis ich mit meinem Pfund bis zu Ende gewuchert habe. Die Verpflichtung hat jeder, der zum Leben bestimmt ist, den in ihn gelegten Plan auszuarbeiten bis zur letzten Feile. Dann darf er gehn. Dann sterben wohl auch die meisten Menschen. Peter war »Saatfrucht, die nicht vermahlen werden soll«. Er selbst war die Saatfrucht.

Wäre es mir oder Vater möglich gewesen, für ihn zu sterben, daß er leben durfte — o wie gern wären wir gegangen. Für Dich wie für ihn. Aber es ging nicht.

Ich bin nicht Saatfrucht, ich habe nur die Aufgabe, das in mich gelegte

Samenkorn zu Ende zu entwickeln. Und Du mein Hans? O würdest Du doch zum Leben geboren sein. Du sollst es sein und sollst daran glauben.

15. JANUAR 1916

... Als ich zur Versammlung * zurückkam, sagten mir die Leute, kaum daß ich fortgegangen sei, wäre meine Plastik gekommen. Sie sagten, sie hätte ihnen gut gefallen. Ich empfand starke und anregende Freude darüber.

23. JANUAR 1916

Der Plastikensaal wird gestellt. Meine Gruppe. Ich sehe alle Mängel peinlich deutlich.

7. 2. 1916

Neulich überlegte ich mir, daß meine große Arbeit** schwerlich vor nächstem Sommer fertig sein wird, daß die Zeit, in der ich sie zeigen könnte, also wohl mit meiner Fünfzig-Jahr-Ausstellung zusammenfiele. Wenn es möglich wäre, die Sezession dazu zu bekommen, d. h. wenn anzunehmen wäre, daß der Besuch die Kosten deckte! Das muß sehr überlegt werden. Im Anschluß an die übliche Frühjahrssezession. Dann im Mittelsaal nur diese große Arbeit, in den drei kleinen Sälen rechts Zeichnung und Graphik und im blauen Saal Plastik: die kleine Arbeit, die jetzt ausgestellt ist und die jetzt ganz durchzufallen scheint, die Mutter mit dem Kinde, die alte Pietà-Skizze, die noch ganz ungeborene Grabtafel, die Eltern.
Das könnte dann wohl eine gute Ausstellung werden.

8. FEBRUAR 1916

Gearbeitet und zu Paczka-Wagner gegangen. Sie zeigt mir die Zeichnungen, die sie in die Sezession schicken will. Sie sind ganz außerordentlich gut vom rein exakt zeichnerischen Standpunkt. Malerische Zeichnungen sind es nicht im geringsten. An ihrem Brunnen arbeitet sie schon acht Jahre, in zwei Jahren vielleicht denkt sie fertig zu sein. Sie und ihr Mann leben wie im Gehäuse mit nur ganz geringer Berührung der Außenwelt. Sie sucht durch Ausstellen in der Sezession jetzt Anschluß an die Öffentlichkeit.

---

* Zur Generalversammlung der Sezession im Anschluß an die Jury
** Die Elterngruppe für das Mahnmal

Mit mir selbst geht es merkwürdig. Heut hatt ich zum ersten Mal den Eindruck, auch ich könnte so in die Versenkung geraten wie Paczka-Wagner. Das Ausstellen meiner ersten Plastik ist ein Durchfall. Die Kritik schweigt oder erklärt die Arbeit für geringer als meine Graphik. Pekuniär hat das letzte Jahr statt Einnahmen von 6.000.– ein Minus von fast 800.– Mark gebracht. Wenn die nächsten Jahre nicht einen wesentlichen Aufstieg bringen, dann bringen sie Niedergang. Eins oder das andre ist nur möglich. Indem ich in diesen Jahren immer ganz still und heimlich Plastik arbeitete, hatte ich das Gefühl, ich brauche nur wieder auszustellen und mein Name ist wieder so in Ehren wie früher. Jetzt ist mir das plötzlich fraglich geworden.

9. FEBRUAR 1916

Ziemlich tüchtig, aber fast nur handwerksmäßig gearbeitet.

21. FEBRUAR 1916

Einen Artikel von E. v. Keyserling gelesen: ›die kommende Kunst‹. Er wendet sich gegen den Expressionismus und sagt, daß das deutsche Volk nach dem Kriege weniger denn je verstiegene Atelierkunst brauchen kann. Was es braucht, ist Wirklichkeitskunst.

Ganz meine Meinung. Wenn, was K. Wirklichkeitskunst meint, dasselbe ist, was ich so nennen könnte. Kommt auf ein Gespräch heraus, das ich neulich mit Karl über meine kleine Plastik hatte.

Es ist richtig, daß die durchfällt. Warum? sie ist nicht populär. Der Durchschnittsbeschauer versteht sie nicht. Kunst für den Durchschnittsbeschauer braucht nicht flach zu sein. Sie wird ihm noch gefallen, auch wenn sie platt ist. Sicher aber wird ihm wahre Kunst gefallen, die einfach ist. Es ist ganz meine Meinung, daß zwischen Künstler und Volk Verständnis sein muß, zu den besten Zeiten ist es auch immer so gewesen.

Das Genie kann wohl vorauslaufen und neue Wege suchen, die guten Künstler aber, die nach dem Genie kommen – und zu diesen rechne ich mich –, haben den verlorengegangenen Konnex wieder zu schaffen. Eine reine Atelierkunst ist unfruchtbar und hinfällig, denn was nicht lebendige Wurzeln faßt – warum soll das sein?

Nun für mich. Es ist eine Gefahr für mich, daß ich mich zu sehr vom Durchschnittsbeschauer entferne. Ich verliere die Verbindung mit ihm. Ich suche in der Kunst, und wer weiß, ob ich nicht zum Gesuchten dabei komme? Als ich Sylvester 1914 an meine Arbeit dachte, schwor ich mir und Peter, daß strenger als je ich »Gott die Ehre geben wolle, d. h. ganz echt und ungefärbt sein«.

Nicht daß ich empfände, davon abzukommen, aber man verfällt leicht bei dem Suchen in künstlerische Grübeleien und Spitzfindigkeiten — Gesuchtheiten. Das leuchtet mir jetzt mit einemmal auf und ich muß aufpassen. Vielleicht daß die Denkmalsarbeit mich wieder zur Einfachheit bringen wird.

30./31. MÄRZ 1916

Hängen in der Sezession. Lehmbrucks Johannes. Zille mit seinen Erzählungen aus Kaschemmen usw.

Mich überkommt fürchterliche Depression. Erst allmählich wird mir klar, wie sehr ich schon zu den Alten gehöre und meine Zukunft hinter mir habe. Jetzt bin ich mehr oder minder gern gesehene Respektsperson. Hätte ich jetzt weniger Namen, so würde es mir gehn wie Löwenstein, Siewert, ich würde refüsiert werden.

Was ist zu tun? Ohne Illusionen sich auf das zurückziehen, was doch an einem dran ist und ganz still weiter arbeiten. Seine Arbeit zu Ende tun. Ausstellungszeiten sind natürlich immer beunruhigend, weil alles Fremde, Junge, Neue an einem vorüberzieht und erregt. Man vergleicht mit sich und sieht ekelhaft nüchtern alles Schwache und Rückständige an sich . . .

Bin ich in der Sezession mit den Künstlern zusammen, die alle an ihre Kunst denken, denke auch ich an meine. Bin ich wieder zu Hause, dann lastet wieder mit aller Gewalt das schreckliche und schwere Leben auf mir. Dann ist immer nur das eine: Krieg.

MONTAG, DEN 3. APRIL 1916

Mache doch noch eine Zeichnung für den »Bildermann«: eine Frau mit dem Kind auf dem Arm. Das Kind patscht der Frau ins Gesicht.

22. AUGUST 1916

Stillstand in der Arbeit.

Wenn ich so dürr fühle, sehne ich mich fast nach dem Schmerz zurück. Und wenn er wieder kommt, dann fühle ich, wie er körperlich alle Kraft nimmt, die zur Arbeit nötig ist.

Eine Zeichnung gemacht: die Mutter, die ihren toten Sohn in ihre Arme gleiten läßt. Ich könnte hundert solche Blätter machen, und doch komme ich ihm so nicht näher. Ich suche ihn. Als ob ich ihn in der Arbeit finden müßte. Und doch ist alles, was ich machen kann, so kindisch schwach und ungenügend. Ich fühle dunkel, daß ich das heben könnte, daß in der Arbeit der Peter liegt und ich ihn finden könnte. Aber zugleich das Empfinden: ich kann es nicht mehr. Ich bin zu zerstört, zerweint, geschwächt. Es geht mir wie dem Dichter bei Thomas Mann: er kann nur dichten; zugleich das Gedichtete leben, dazu langen seine Kräfte nicht. Ich umgekehrt. Ich habe keine Kräfte mehr, um das Gelebte zu prägen. Ein Genie könnte das und ein Mann. Ich wohl nicht.

Zur Arbeit muß man hart sein und das, was man gelebt hat, aus sich heraussetzen. Wenn ich beginne, das zu tun, so fühle ich wieder als Mutter, die den Schmerz nicht von sich lassen will. Manchmal ist das alles so schwer.

1. WEIHNACHTSFEIERTAG 1916

In der Nacht träume ich von plastischen Arbeiten, die ich gemacht habe. Ein Akt. Er ist sehr gut geworden und ganz fertig, aber ich stehe mit dem Gefühl davor, daß er uncharakteristisch für mich ist und es ganz gleichgültig ist, ob ich so etwas mache oder nicht.

MÄRZ 1917

Beim Durchsehen meiner Zeichnungen für die Ausstellung auch meine ganz alten gefunden von 14 bis 17 Jahren. Mir geht es nach wie vor so, daß ich meine alten Sachen schlecht vertragen kann. Ich finde das auch sehr erklärlich. Man übersieht mit einem Blick seine Mängel, und meist sind es solche, die zwar später zurückgedrängt, aber immer noch eine Gefahr sind. Bei mir das Erzählerische. Meine frühen Zeichnungen sind fast alle Anekdoten. Alles Mögliche, was passiert, ist gezeichnet, Gesehenes und Ausgedachtes. Also auch da schon, wenn man will, »Auseinandersetzung mit dem Leben«. Wo das herkommt, ist ja klar. Ich kannte damals keine andere Kunst als erzählende und hätte auch für keine andere Interesse gehabt, so wie ich noch viel später für keine andere Interesse hatte. Eigentlich erst nach München sind meine Sachen nicht mehr so peinlich anekdotisch. Ich denke oft, daß Lise die begabtere von uns beiden ist; es wurde zu Hause nur nicht so erkannt, weil der Vater in meiner gegenständlichen Darstellung mehr fand. Eigentlich künstlerisch ist sie begabter. Das zeigt sich bis jetzt zu. Doch fehlte ihr das Studium. Und vielleicht noch etwas: ich vermute, daß sie weniger intensiv lebte. Gerade in jungen Jahren kultivierte sie sich und die Gegenstände ihrer Liebe. Das genügte. Ich hatte wohl mehr Drang. Und allein dieser Drang ist es auch gewesen, der meine an sich geringere Begabung zu der ihr möglichen Entfaltung brachte.

Wenn ich vergleiche: Meine Zeichnungen aus meinem 15. Jahr und so manches von Rele, Sabine Lepsius, Liselotte Friedländer aus derselben Zeit. Peinlich dilettantisch — d. h. geschmacklich dilettantisch — sind meine Sachen dagegen.

Goethe spricht von dem selbstgefälligen Dünkel, der einem die Erzeugnisse der eben verflossenen Epoche so unausstehlich sein läßt. Das ist etwas anderes, als was ich meine. Ich behaupte, daß man allen Grund hat, sich innerlich zu winden bei seinen Jugenderzeugnissen. Die Mängel sind noch durch kein Können gemildert, in aller Naivität liegen sie breit und selbstgenügend da.

13. MAI 1917

Nach Ostern konzentriert an der Ausstellung gearbeitet. Am Sonntag, dem 15., nachmittags mit Karl vom Portier das Haus aufschließen lassen und Karl die Ausstellung gezeigt. Montag, den 16., wurde sie eröffnet. Der Erfolg der Ausstellung war groß. Ich habe von vielen Seiten gehört, daß sie einheitlichen und starken Eindruck macht. Die Stahlsche Besprechung, das Derische Vorwort, Lisens Besprechung in den Monatsheften, das Aufgeschriebene von Wertheimer. Sie äußerten sich so, daß ich fast meine, von einem ganz fremden Künstler würden die beiden Letzten sich nicht so packen lassen. Es ist mit die Liebe für mich. Denn ich kann mir kaum denken, daß ich so imstande gewesen sein soll, mich mitzuteilen oder — mehr als das — direkt Mittler gewesen zu sein zwischen den Menschen und irgend etwas ihnen nicht Bewußtem, Übersinnlichem, Urgründigem. Da wirkt doch wohl Suggestion mit. Bleiben meine Arbeiten so in ihrer Wirkung — auch nach Jahrzehnten —, ja, dann habe ich sehr viel erreicht. Dann sind durch mich die Menschen bereichert worden. Dann habe ich mitgearbeitet am Aufbau. Was übrigens jeder tut, aber mir wäre es zugefallen in einem höheren Grade wie vielen anderen, es zu tun.

JULI 1917

Mein 50. Geburtstag gewesen. So anders als ich ihn mir früher dachte. Wo sind die Jungen?

Doch war der Tag schön, ist diese ganze Zeit schön. Von so vielen Seiten wird mir gesagt, daß meine Arbeit Wert hat, daß ich etwas geleistet habe, Einfluß ausgeübt habe. Dieser Widerhall der Lebensarbeit ist sehr schön, befriedigt und gibt ein Dankbarkeitsgefühl. Auch ein Selbstgefühl. Aber mit fünfzig Jahren ist dieses Selbstgefühl nicht so ausschweifend und hochmütig, wie es mit dreißig ist. Es ruht auf Selbstkenntnis. Man selbst weiß am besten, wo die eigenen Grenzen nach oben und nach unten sind. Das Wort Ruhm berauscht nicht mehr.

Aber es hätte anders kommen können. Bei aller Arbeit hätte es so kommen können, daß der Erfolg ausgeblieben wäre. Glück war dabei. Daß es so gekommen ist, ja, dafür bin ich dankbar.

Ich war in Königsberg gewesen wegen der Ausstellung. Sonnabend Nacht kam ich zurück. Karl holte mich vom Alexanderplatz ab. Zuhause die Standuhr. Am Sonntag früh Blumen auf dem Sophatisch, die Wachskerze, die schon bei Peter gebrannt hat, Bücher. Die Uhr bekränzt. Vom Karl das Aufgeschriebene. Viele Briefe. Vom Hans noch nichts . . .

Am 9. kam Hansens Brief. So ein lieber teurer Brief. Ich bin dankbar. Er schenkt mir Gundolf: *Goethe.*

16. NOVEMBER 1917

Wieder in der Barlach-Ausstellung gewesen. Mit Wallerstein über ihn gesprochen. W. sagt: Wo ist denn jetzt ein einziger Plastiker, der Neues sagt? Er hat recht. Ob meine Plastik nicht auch nur transponierte Zeichnung ist? *Eigenes* Gefühl für Form?

NOVEMBER 17 — BUSSTAG

An Julius soeben geschrieben, daß nur Musik und Poesie Letztes ausdrükken können. Dann doch einiges aus Malerei dazugenommen. Florenz, die frühitalienische Plastik, die Frühgriechen, einiges von Michelangelo. Aber die Neuzeit? Entsetzlich dürr alles. Wo ist da bloß das Geheimnis? Meine eigene Arbeit. Es ist, als ob ich vor der Tür meiner selbst stehe. Wenn es da nicht noch etwas eigentlich dahinter gibt, dann lohnt das alles nicht. Auch bei mir ist kein Geheimnis. Und Rodin? Ja, wundervoll. Das Gebet. Aber ist er nicht auch zu deutlich? Was ich jetzt dunkel fühle, ist die Symbolik der Kunst. Mit was für Sachen habe ich mich bloß früher zufriedengegeben!

24. 11. 1917

Früh unten im Atelier von Professor Wenck gewesen. Er arbeitet ohne Modell nur nach einer Konturzeichnung ein Flachrelief. Fallender Jüngling, in die Knie sinkend, mit beiden Händen den Kopf greifend. Er arbeitet das ganz frei aus dem Marmor heraus. Sehr schön sind die Linien, die sichere und vornehme Behandlung des Körpers. Der hat es nun erreicht, daß er wie Peterich ganz frei arbeitet. Vier Jahre, sagt er, hat er Anatomie gearbeitet. Was mich wundert, ist, daß er so spät erst, aber dann wirklich fast zur Vollendung kommt. Ich bin etwas mutlos. So werde ich nie arbeiten können. Es ist mir wieder mal klar, daß es nur Zeitverlust ist, auf *diese* Art von Bildhauerei hinzuarbeiten. Das wäre für mich verlorene Zeit. Andererseits ist es klar, daß wenn ich es nicht in der Plastik zu der Freiheit der Zeichnung bringe, es auch nichts mit mir ist. *Ich muß mich erst finden in der Plastik.*

Sorge macht mir immer mehr die große Arbeit. Werde ich sie fertigbringen? Wenn, dann in Jahren. Um sie zu machen, brauche ich mehr Können. Es wird noch sehr schwer werden.

IM NOVEMBER 1917

In der folgenden Woche die kleine plastische Arbeit »Eltern« angefangen. Heute Plan gefaßt wahrscheinlich zu neuer Radierung: Die im Wasser treibende junge Frau mit Kind auf dem Leib. Dachte an Flachrelief. Nicht unmöglich. Besser doch als Radierung. Nur Töne. Dunkel ziehendes Wasser. Körperkontur. Ihr Kopf die Hauptsache. Sie lächelt, stolz, verschwiegen, jenseitig. Das Kind lächelt nicht. Aber geht mit der Mutter. Vertrauen. Bei ihr sein. Doch, das kann schön sein. Wie eine Insel schwimmen sie im Wasser. Ganz abgetrennt von den Lebenden.

17. DEZEMBER 1917

Ich habe eine Hoffnung, daß wirklich nun etwas Neues in Zeichnung und Radierung hineinkommen wird. Das kann nur größere Einfachheit sein. So, wie ich diese Eltern machen will, werktäglich einfach im Empfinden, aber *ganz Gram.*

Vielleicht kommen jetzt noch andere Sachen dazu, so daß sich einiges zu dem zusammenschließt, was ich zum Krieg zu sagen habe. Vielleicht die »Nachricht«, die schreiende Frau von den Kindern umringt. Oder die junge Schwangere — oder die Alte mit aufgehobenen Händen, die ihren leeren Schoß sieht. Oder auch vielleicht das, was ich jetzt arbeiten will: die Frau, die mit ihrem Kind im Wasser treibt.

17. DEZEMBER 1917

Merkwürdig, wie sich jetzt wieder einmal die Schleusen für das Zeichnen öffnen. Heute die Zeichnung gemacht, wie Vater und Mutter am Weihnachtsbaum sitzen. Für Radierung gedacht. Die erste Zeichnung machte ich wohl im Winter 1915. Oder schon früher? Vor Peter? War sie für die Kriegszeitung bestimmt? Ich glaube kaum. Jedenfalls wie dann alles kam, wollte ich sie nicht ausstellen. Jetzt habe ich noch ein zurückziehendes Gefühl im Gedanken, so etwas auszustellen.

Aber doch — es kann wohl sein. So wie ich auch die Eltern als plastische Gruppe mache.

27. JANUAR 18

Ich arbeite nun wieder graphisch. Ganz allmählich zieht es mich wieder hinein. Merkwürdig: im alten Raum die alten Materialien, Instrumente. Ich kenn alles noch so gut wieder. Eine Ahnung der alten Stimmung. Bin neugierig, wie weit es mich wirklich fassen wird, ob das alte Interesse noch einmal kommen wird, das ich damals hatte.

Habe vor, drei Platten jetzt zu arbeiten. Die Toten — Weihnachten — Selbstbildnis.

28. JANUAR 1918

Habe mehr vor, als die drei Platten zu machen. Denke daran, wenn die Kraft anhält, die Kriegssachen im Zusammenhang zu arbeiten. Das würde natürlich Monate dauern, aber nun ich wieder angefangen habe *und es zu gehn scheint*, ist schon das Beste, ich fasse die Gelegenheit beim Schopf und lasse sie nicht eher los, bis etwas gemacht ist. Es können die Platten sein: Abschied — Weihnachten — die junge Frau, die die Nachricht bekommt mit den Kindern — die junge Frau, die auf ihren schwangeren Leib zeigt — die vielen Frauen mit Kindern (Nationaler Frauendienst) — der Mensch im Nebel. Und schließlich kann auch die Platte zugenommen werden, an der ich jetzt arbeite — die Frau mit ihrem Kind im Wasser.

30. JANUAR 1918

Komme immer mehr in die Arbeit. Das erste Stadium, wenn man anfängt zu fühlen, wie die Gleichgültigkeit nachläßt, eine Art Auftauen und wieder Fühlenkönnen eintritt. Das zweite Stadium, wo ein wirkliches und frohes Interesse da ist und man nicht mehr an der Berechtigung, gerade *dieses* zu arbeiten, zweifelt. Das dritte Stadium, wo die Arbeit einen in Klammern hat, wo sie wie eine Last auf einem draufhockt und man weniger froh ist als schuftet. Man *muß*.

19. FEBRUAR 1918

In der vorigen Nacht träumte ich, daß auf der Straße mit einem Male alles dunkel wurde. Ich konnte nichts mehr sehen. Der Karl führte mich dann. Er sagte mir nachher, ich würde wohl blind werden. Ich weiß noch, wie ich immer zu ihm sagte: »Aber ich muß doch arbeiten.«

In Sophie Wolffs Atelier ihre schöne Arbeit des jungen Mädchens mit bloßen Armen gesehn. Es ist nicht nur Intelligenz, die S. W. so gut vorwärtskommen läßt, sie hat wirklich ein starkes künstlerisches Gefühl und ihre Klugheit hilft ihr den richtigen Weg finden. In der Plastik hat sie nun wirklich einen Weg gefunden und war sie früher neidisch auf mich, so könnte ich es jetzt wohl auf sie sein. Ich habe *meine* Form in der Plastik nicht. Fast fürchte ich auch, ich finde sie nie. Es bleibt für mich immer nur der eine Weg, zu versuchen, den Ausdruck an erste Stelle zu setzen. In der Zeichnung komme ich damit aus, aber ob in der Plastik, das ist mir die Frage. Ob Plastik nicht immer langweilig bleibt, die ihren Hauptnachdruck im Ausdruck und nicht in der Form hat?

Die ganzen letzten Monate nahmen rasend viel Kraft. Die ungeheuren Geschehnisse, die Aufregungen, Freuden, Sorgen. Da kam natürlich die Arbeit etwas kurz. Schadet nichts, jetzt war das andere wichtiger.

Sezessionsgeneralversammlung. Höre von Klimsch und Gaul, daß ich in die Akademie der Künste gewählt bin. Große Ehre, aber ein bißchen peinlich für mich. Die Akademie gehört doch zu den etwas verzopften Instituten, die beiseite gebracht werden sollten. Gaul spricht ganz böse dagegen, sagt, daß unter vorigem Regime es ein machtloses und unselbständiges Institut war, daß sie jetzt ihre Selbständigkeit hat und wieder Leben kriegen wird.

Das Plakat »Heraus mit unseren Gefangenen!« fertig gezeichnet. Den Text zeichnet Elisabeth Asch, deren Verlobter über vier Jahre in französischer Gefangenschaft sitzt. Wie gut ist es, daß ich etwas mithelfen kann durch die Zeichnung.

Heut früh Brief von Kampf bekommen, ob ich die Lehrstelle für Graphik in der Akademie annehmen will? Gerne tät ich es, wenn ich es könnte. Aber bei meinem gänzlichen Mangel an Selbstvertrauen jetzt, kann ich es keinesfalls. Ich würde vollkommen versagen.

Die durch vollkommene Absperrung aufgenötigte Unterbrechung der Beziehungen nach außen brachten es mit sich, daß ich fast ganz unbesetzte Tage hatte. Zu arbeiten hatte ich nichts, da war wieder Ebbe. So wurde mir der Tag lang, und ich sah, wie viel meiner Zeit durch die Inanspruchnahme von draußen hingeht und wie ich mich gewöhnt habe, mit so manchem Unwesentlichen, an sich Nichtigem, beschäftigt zu sein. Hätte ich freilich eine produktive Zeit in der Arbeit gehabt, hätte ich mich wohl nicht gelangweilt.

Dann noch eine Beobachtung bei der Arbeit: Ich frage mich immer wieder von neuem, wie es zu meinem schlechten Arbeiten kommt? Heute schien es mir in der Ungeduld zu liegen, die ich habe. Früher, wenn ich arbeitete z. B. die Carmagnole, habe ich mir Zeit gelassen, gründliche Studien gemacht. Jetzt liegt eine Nervosität in mir. Wenn ich ihrer Herr würde, würde ich vielleicht noch diesen Tiefstand überwinden. Ich nahm heute die »Totenklage« vor. Hätte früher die einzelnen Figuren durchgezeichnet. Warum tue ich es jetzt nicht? Zum Teil aus der gefährlichen neuen Lehre heraus, daß alles ohne Naturstudium gemacht sein soll. Das ergibt leicht ein schematisches allgemeines Arbeiten, alle Besonderheiten der Natur fallen fort. Ich sollte wieder darauf zurückkommen, Naturstudien meinen Arbeiten zugrunde zu legen. Denn die Natur regt an, weil sie unschematisch ist. Und dann sollte ich mir Zeit lassen. Früher habe ich Monate an einer großen Radierung zugebracht. Jetzt will ich einen Steindruck in drei Tagen machen. Das Schlimme ist, daß sich meine Phantasie so leicht ekelt. Wie ein verdorbener Magen. Kaum fängt man an zu essen, so schiebt man das Essen wieder fort. So, kaum fange ich an zu arbeiten, reizen mich die weiteren Stadien nicht mehr. Ein Ekelgefühl und Ungeduldgefühl tritt ein, und ich breche ab.

Ich sollte wirklich versuchen, disziplinierter zu arbeiten. Es ist nur die Frage, ob ich eine solche Schulung jetzt noch mit mir vornehmen kann? Ob ich meine Nerven noch soweit in Zucht habe.

20. MÄRZ 1919

Ich arbeite an der »Totenfeier«. Unter den Händen ist sie allmählich ein Abschied von Liebknecht geworden. Nun meinetwegen, ist mir auch recht.
Eine Weile gehts mit der Arbeit wieder. Aber nur kurze Zeit, dann stockt es wieder.

9. MAI 1919

In der Jury eine kleine Liebesgruppe von Krückeberg gesehn, Mädchen, das einem Mann auf dem Schoß sitzt. Ähnlich meinem Motiv. Es hat mir recht wohlgetan, daran zu sehn, daß doch meine Arbeit künstlerisch war.

25. MAI 1919

Denk wieder so stark an meine Plastik. Vor allem jetzt an die Gruppe Mutter mit Kind. Will nach den Ferien, wenn ich gut bei Kräften bin und wenn die große Arbeit abgebaut ist, gleich da herangehn. Und zwar möchte ich mir noch einen Abguß machen lassen. An dem das hochgestellte Bein abgeändert wird. Zuarbeitung von Gewandung. Vielleicht gut.

DONNERSTAG, 19. JUNI 1919

Buntbesetzter Tag mit allem Möglichen. Hitze, Schlappheit. Zeichne die beiden bettelnden blinden Soldaten auf der Tauentzienstraße.

19. JULI 1919

Ein unerwartetes Höhersteigen meiner Arbeitskraft. Von Tag zu Tag fürcht ich, daß es wieder aus ist damit. Aber noch geht es. Hab den Steindruck zu den Kriegssteinen »Nachricht« gezeichnet, vielleicht bringe ich auch noch die »Witwe« fertig und vielleicht auch noch die »Toten«.
Ging heute nach der Morgue, um die Leichen einer Mutter und ihres Kindes mir anzusehn. Sie lagen nicht öffentlich, wurden mir schließlich gezeigt. Wie anders hatte ich sie mir gedacht. Wie entsetzlich sehn Wasserleichen aus. Grauenvoll, diese Gedunsenheit und Verfärbung. Scheußlich.

Heinrich Braun hier mit seiner älteren Freundin und Lena Maaß. Ich zeige ihnen die Steindrucke zum Kriege. Lena Maaß spricht über ihre und meine Arbeit. Sie sagt, ich habe den Boden bereitet mit Anklage und Zorn und Leiden. Nun aber kommt eine Generation nach, die weder anklagt noch empört ist, noch leidet. Sie will das Seiende geben in Ruhe. Außerzeitlich.

Es hat mir sehr wohlgetan von den Dreien gestern zu hören, daß sie die Steindrucke eine Weiterentwicklung nennen. Auch Lehrs schrieb mir ja so. *Wärs so!* Mitunter hoffe auch ich und ahne, daß es eine Weiterentwicklung ist.

Habe die Liebknecht-Zeichnung jetzt als Steindruck vorgenommen. Hab heute eine Skizze gemacht: das alte »Opfer«. Die junge Mutter, die ihr Kind darbietet, aber die die Füße kaum tragen. Sollte auch das nicht als Steindruck in ein paar Linien möglich sein? Im Steindruck sehe ich überhaupt die einzige mir noch mögliche Technik. Eine Technik, die fast keine ist, so einfach ist sie. Es kommt eben nur auf das Wesentliche an.

Seit drei Tagen versuche ich wieder, in Siegmundshof * zu arbeiten. Es scheint zu gehen, daß die Mutter vormittags allein bleibt, und ich habe Hoffnung, daß dort, wo ich drei Stunden ganz still bin, ich auch wieder werde arbeiten können. Ich habe die beiden Plastiken angesehen, die kleine Elterngruppe und die Frau mit dem Kind. Zuerst war ich ratlos und wußte nicht hin und her. Aber nun fange ich an, mich in die große Gruppe einzusehen. Ich bin auf den Gedanken gekommen, der Frau ein Kleid umzulegen. Reichliche große Falten.

Wieder bin ich schwankend geworden. Ein Kleid wäre gut, wenn ein Kleid viel ausdrücken könnte. Mehr als ein Akt. Das Schlimme ist, daß ich in beiden erst meine Art, meinen Stil finden muß. Und noch ist mir Akt wie Kleid fremd und sprechen tut nach wie vor nur die Gesamthaltung, das Gesicht, die Hände. So taste ich vorläufig ganz im Dunkeln. Immerhin glimmt mir ein kleines Licht, eine Hoffnung geht mir auf, und die läßt mich zuversichtlicher sein und froher in diesen Abschiedstagen.

---

* Siegmundshof = Atelierhaus

Bei der Arbeit geht es mir Gott sei Lob und Dank besser. Ich möchte jubeln und tanzen, wenn ich nicht unzählige Male die Erfahrung gemacht hätte, daß ein solcher Aufschwung über Nacht wieder bergab geht. Aber diese *geradezu entsetzliche* künstlerische Totheit läßt nach. Ich spüre doch wieder etwas in mir. Es beglückt mich. Der Zustand war schrecklich und machte mich unglücklich. Ich arbeite nun wieder an der Plastik: Frau mit Kind. Die Gewandidee habe ich fahren gelassen, es muß auch so gehn.

DEZEMBER 1919

Kein Mensch kann sich ein Bild davon machen, *wie schwer ich arbeite.* Als ob ich eine Schlagberührung gehabt hätte. Der Weg ist mir durch ungezählte Hemmnisse verrammelt und versperrt und so mühsam ist das Weiterkommen. Ganz ähnlich muß es bei Konrad sein. Das ist ein Erbteil vom Vater. Die Plastik hab ich schon wieder beiseite gestellt und von neuem den Liebknecht-Steindruck vorgenommen. Schrittchen für Schrittchen muß ich vorwärts durch Gestrüpp. Wie früher ein flottes, ungehemmtes Arbeiten kenn ich gar nicht mehr.

5. JANUAR 1920

Ich habe wieder ein Plakat zu machen übernommen für eine große Hilfsaktion für Wien. Ich hoffe, es machen zu können, weiß aber nicht, ob ich es durchführen werde, weil es rasch gemacht werden soll und mir sehr nach einer Grippe zumute ist. Ich will den Tod machen. Wie er die Hungerpeitsche schwingt und tief gebückt, schreiend und stöhnend die Menschen — Frauen — Kinder — Männer — an ihm vorbeiziehen.

Während ich zeichnete und die Angst der Kinder mich mitweinen machte, hatte ich so recht das Gefühl der Last, die ich trage. Ich fühlte, daß ich mich doch nicht entziehen dürfte der Aufgabe, Anwalt zu sein. Ich soll das Leiden der Menschen, das nie ein Ende nimmt, das jetzt bergegroß ist, aussprechen. Ich habe den Auftrag, aber er ist garnicht leicht zu erfüllen. Man sagt, daß man sich durch die Arbeit erleichtert. Aber ist das eine Erleichterung, wenn trotz meines Plakates täglich Menschen in Wien Hungers sterben? wenn ich das weiß? Fühlte ich mich erleichtert, als ich die Kriegsblätter zeichnete und wußte, daß der Krieg weiterraste? Sicher nicht. Nur bei einer Arbeit habe ich Stille und Erleichterung empfunden: bei Peters großer Arbeit. Da hatte ich Frieden und war bei ihm.

Ich bin körperlich *sehr* marode. Es fehlt mir überall am Körper was. Meine Müdigkeit, ja Mattigkeit gerade im Atelier ist manchmal unerhört. Ich *muß* mich in die Höhe bringen, sonst kann ich mit der Arbeit ganz einpacken.

Eine Woche arbeite ich jetzt am Plakat für Wien. Es schien mir, es würde gut werden, aber es wird doch nur mäßig.

Etwas anderes zum Tod fiel mir dabei ein: wie er in eine Kinderschar hereinpackt. Zwei Kinder hat er gefaßt. Das eine, das er an den Haaren hingerissen hat, liegt ganz still auf dem Rücken und sieht ihm versteinert in die Augen. Links sitzt eine Frau mit einem trauervollen Gesicht. Es ist nicht die Mutter des Kindes, es ist die zusehende Frau, die aber alles empfindet.

Ich hatte ein Plakat für die hungernden Wiener Kinder gezeichnet. Die Hilfsaktion für Wien darf nicht eingeleitet werden, weil wir selbst vor der Hungersnot stehn.

Dazu von neuem die böse Grippe.

Mit der Arbeit geht es stoßweise. Gestern ein guter Tag. Noch einmal die Eltern gezeichnet in der plastischen Auffassung. Ich sagte mir, daß, wenn ich nur noch bis zu 60 Jahren gesund bleibe, ich auch noch machen kann, was zu machen ist. Nämlich die Folge zum Kriege, die große plastische Arbeit Mutter mit Kind, die Arbeit für Peter und dann vielleicht noch das Relief für Dixmuiden und die kleine Bronzegruppe Tod und Frau um Kind ringend.

Ich will eine Zeichnung machen, die einen Menschen zeigt, *der das Leid der Welt sieht*. Kann das nicht nur Jesus sein? Auch auf der Zeichnung, wo der Tod die Kinder packt, sitzt hinten eine Frau, die das Leid der Welt sieht. Es sind nicht ihre Kinder, die der Tod packt, sie ist viel älter. Sie sieht auch nicht zu, sie rührt kein Glied, *aber sie weiß um das Leid der Welt*.

Manchmal will es mir scheinen, als ob der Vorhang sich jetzt lüften könnte, der mich von meiner Arbeit trennt, wie sie jetzt sein müßte. Es ist so ein ahnendes In-die-Nähe-Kommen. Aber dann komme ich wieder weiter ab, werde gewöhnlich und ungenügend. Es geht mir so wie einem, der einen

Gegenstand nach Musik raten soll. Der Ton wird immer lauter, schon meint er, es zu fassen, da werden die Töne wieder schwächer, und er ist schon wieder ganz woanders.

In der Sammlung von Julius Freund gewesen. Er hat mehrere meiner Handzeichnungen und leiht mir das überfahrene Kind und die Schwangere für das Reproduktionswerk. Ich freute mich, als ich die Sachen sah. Sie sind gut. Nur wüßte ich bloß gern, wo ich die andere Zeichnung zu der Schwangeren am Zaun habe, die war noch stärker. Die hätte ich noch lieber für das Werk.

Las eine Geschichte, die mich interessierte. Von einem sehr alten Maler. Er hört auf zu malen (obwohl er noch länger lebt und gesund ist), weil er das Gefühl hat: Wozu? Es nötigt ihn nichts mehr zum Malen. Dann läßt er sein Leben an sich vorbeiziehn und sieht, was ihm davon als lohnend im Gedächtnis geblieben ist. So gut wie nichts. Eine kleine Geschichte von einer verhungerten Katze, die er rettete. Ein ganz vorüberhuschendes Liebeserlebnis und von all der Arbeit, die ihn so beglückt hat, nur die Erinnerung an eine Studie, die gleich nach dem Entstehen verunglückte.

All das Gewordene, zu einer Reife Kommende und dann wieder Verschrumpfende wie seine Ehe, wie sein Sohn, wie sein Talent, hinterlassen keinen tiefen Einschnitt. Nur die abgebrochenen Sachen, die Anfänge.

Das interessierte mich. Ich mußte an Mutter denken. Wie oft hab ich mir gesagt, ein Leben so zu Ende gelebt, verlöscht die eigene Erinnerung. Hebt die früheren kräftigeren, saftigeren Stadien auf. Schon jetzt ist mir Mutters früheres Bild zugedeckt von dem jetzigen altersschwachen.

Der Mann in der Erzählung ist 30 Jahre älter als ich. Wenn heut mein letzter Tag wäre und ich würde mein Leben Revue passieren lassen, würden mir nicht nur einige, nicht zu Ende geführte Episoden in Erinnerung haften. Dazu lebe ich noch zu sehr, ist noch mein Verhältnis zu Karl, zu Hans zu lebendig.

Aber mit der Kunst erlebe ich schon lange etwas Ähnliches. Das »*Wozu?*« Diese schreckliche Frage:»Mach das — aber wenn du es nicht machst, schadet es auch nichts.« Dieses seine Arbeit nicht mehr für notwendig Erachten, ist lähmend. Das setzte schon vor dem Kriege ein. Während des Beginns der Wechselzeit. Dann kam die Plastik, die mir noch einmal Notwendigkeit vortäuschte. Dann kam die Arbeit für Peter, die mir wirklich Aufgabe war. Ich hab sie nicht beenden können. Hin und wieder hab ich das Empfinden, ich *müßte* noch manches arbeiten, z. B. den Kriegszyklus. Aber so glühend ist das Gefühl nie mehr.

Früher, als ich jung war, sagte ich mir garnicht, ich *müßte* das und das arbeiten. Ich arbeitete eben trotz aller Widerstände, ohne Reflexionen. Heut genügen kleine Widerstände, um die Arbeit wieder sein zu lassen.

31. MÄRZ 1920

Erster Jurytag. Kolbe, Mosson, Scheibe, Schmidt-Rottluff, Pechstein, Heckel. Sehr gute Beschickung. Viel interessante und gute Sachen. In der Mehrzahl ultramodern. Aber meine Augen haben sich sehr gewöhnt, ich kann mit vielem mit, was ich früher garnicht verstanden hätte.

Gemeinsames Mittagessen. Ich zahle dreißig Mk., die anderen ohne weiteres für ihr Essen fünfzig Mk. Was sind das bloß für blödsinnige Preise.

Bei aller Anregung doch wieder ziemlich verkaternd für mich. Mein eigenes Arbeiten kommt mir so langweilig und so eingetrocknet vor.

OSTERMONTAG 1920

Hans noch fort. Es regnet. Ich bin im Atelier und hab die große Freude zu sehn, daß doch nicht alles schlecht war, was ich in den letzten Wochen gemacht hatte.

8. APRIL 1920

Gutbier hat sich angemeldet, um Zeichnungen zu kaufen. Ich hab daraufhin meine Mappen noch einmal durchgesehn. Sehr, sehr viel Schlechtes und Mittelmäßiges. Erst die Mappe zu Tod II hatte noch schöne Blätter. Und natürlich die Sekreta, aber die verkaufe ich nicht und zeige auch nicht. Ich weiß nicht, was mit denen nach meinem Tod geschehen soll.

Mit all dem Schund will ich aber bald mal aufräumen, da sonst, wenn ich plötzlich sterben sollte, Hans nicht weiß, was damit anfangen.

Klar ist mir beim Durchsehen Folgendes geworden, daß seit Jahren ich minderwertig arbeite. Ich bin nicht innerlich tot, aber es glückt mir das innerlich Geschaute und Gewollte nicht. Aus einigen Blättern nur, so auch dem neuen Blatt »Eltern«, kann ich Hoffnung schöpfen, daß ich mich noch einmal aufrappele. Vor allem bin ich mit dem Steindruck noch gar nicht im Reinen. Ich fühle wohl richtig, daß ich im Steindruck arbeiten muß, aber er erschließt sich mir noch nicht. Ich hab ihn noch nicht weg. An Holzschnitt denk ich mitunter sehr. Fürchte nur, daß ich auch den lange Zeit nicht beherrschen werde.

20. APRIL 1920

Aufsteigende Linie in der Arbeit. Es glücken: »Eltern« und »Nachricht«. »Ins Wasser« nehm ich ebenso wie »die Witwe« noch einmal vor auf dem Stein selbst. Hab wieder Hoffnung und Frische. Wie anders lebt es sich bloß, wenn es mit der Arbeit gut geht.

29. MAI 1920

Mit meiner Arbeit geht es mir verhältnismäßig so gut, daß ich ganz glücklich bin, und nur von Tag zu Tag fürchte, es schlägt wieder um. Von der Kriegsfolge sind nun fertig: Eltern und noch einmal Eltern — Mütter — Nachricht — und halbfertig: Im Wasser — Schwangere — Opfer. Es fehlt noch Dixmuiden. Dazu kommt das alte »Warten«.

Vielleicht kommen dann noch »Blinde« dazu. Jetzt mach ich Flugblätter gegen den Wucher. Dann soll endlich das Liebknecht-Blatt kommen. Vielleicht auch noch der Tod, der in die Kinderschar greift. Im Herbst zeig ich alles zusammen und geh dann wieder an die plastische Gruppe.

25. JUNI 1920

Gestern mit Professor Kern in den Sezessionen gewesen und in der großen Ausstellung, um ein Blatt für den Kunstverein auszusuchen. Da sah ich etwas, was mich ganz umschmiß: das waren Barlachsche Holzschnitte.

Heute habe ich meine Steindrucke wieder angesehen und habe wieder gesehen, daß sie fast alle nicht gut sind. Barlach hat seinen Weg gefunden und ich habe ihn noch nicht gefunden.

Radieren kann ich nicht mehr, damit ist es ein für alle Mal fertig. Und beim Steindruck sind die Unzulänglichkeiten des Umdruckpapieres. Steine werden einem nur noch gegen viel Geld und Bitten ins Atelier gebracht, und auch auf Steinen kriege ich es nicht gut raus. Ich verkriech mich immer hinter den vielen Hindernissen und wie ich Barlach sah, ging es mir blitzartig auf, daß es vielleicht gar nicht das ist. Warum aber soll ich nicht mehr können? Die Vorbedingungen zu künstlerischen Arbeiten wären doch gegeben, zum Beispiel zu der Kriegsfolge. Erstens einmal starkes Gefühl — die Sachen kommen aus dem Herzen — und zweitens Fußen auf der Basis meiner bisherigen Arbeiten, also auf einem ziemlichen Fundament von Können.

Und doch sind die Blätter nicht rein künstlerisch. Woran liegt das? Soll ich wirklich wie Barlach einen ganz neuen Versuch machen und mit Holzschnitt beginnen? Wenn ich mir das überlege, sagte ich mir bis jetzt immer, Steinzeichnung wäre für mich das Gegebene aus klar einleuchtenden Gründen.

Ich will doch nicht im Holzschnitt das mitmachen, was jetzt Mode ist, die Fleckenwirkung. Mir kommt es nur darauf an, auszudrücken, und da sagte ich mir, daß die einfache Linie des Steindruckes am besten dafür geeignet ist. Aber das Resultat meiner Arbeiten hat mich, ausgenommen bei dem Blatt »Mütter«, nie befriedigt.

Seit Jahren quäl ich mich. Ganz abgesehen von der Plastik.

Erst begann ich die Kriegsfolge als Radierungen. War nichts. Ließ alles liegen. Dann versuchte ich es mit Umdrucken. Auch da fast nie befriedigende Resultate. Ob der Holzschnitt es bringt? Wenn der auch nicht, dann habe ich den Beweis, daß es nur in mir liegt. Dann kann ich eben nicht mehr. In all den Jahren Quälerei diese kleinen Oasen Freuden und Gelingen.

AM 11. JULI 1920

Mein erster Holzschnitt ist einigermaßen geglückt. Jetzt arbeite ich mit neuen Hoffnungen die Vorarbeiten zum Liebknecht-Holzschnitt.

NEUJAHR 1921

Was meine Arbeit anbetrifft, so war dies Jahr noch immer ertragreicher als ich fürchtete. Daß doch so wenig zu besehn ist, lag daran, daß ich viel Zeit mit Suchen nach meiner Technik verlor. Die Kriegsblätter, die eigentlich als Zeichnungen gelöst waren, scheiterten immer als Steindruck. Erst im Herbst entschied ich mich für Holzschnitt und damit scheint mir eine Tür aufgestoßen zu sein. Das Liebknecht-Blatt ist, wie die es gesehen haben mir sagen, geglückt. Nun heißt es, mit ruhigen Nerven den Weg weitergehn. Ich ahne und hoffe, daß da noch eine neue Entwicklung liegt. Nur gesund bleiben, bis ich gemacht habe, was ich noch durchaus machen möchte.

6. FEBRUAR 1921

Ich arbeite den Kriegszyklus im Holzschnitt und habe jetzt die »Freiwilligen« vor. Wenigstens *eine* Gedenkarbeit wär das für die Jungen, wenn ich die große Arbeit schon nicht fertigbringen sollte. Ich will bis zur Akademieausstellung machen die Freiwilligen — die Eltern — die Witwe — die Frau im Wasser und vielleicht noch einmal die Mutter in der neuen Fassung.

298

einem windigen, klaren, kühlen Tage mit dem Holzschnitt Dixmuiden *
begonnen. Möge es gut werden!

Ich kam gestern auch noch in die Ausstellung. Die Ferien bewirken doch,
daß ich weniger gespannt meine Sachen mir ansah und zufriedener bin. Hab
unterdes auch viel Gutes darüber gehört.

Gertrud und Ottilie heut wie Elisabeth und Maria, beide hochschwanger.

Heut am Tag von Peters Auszug in den Krieg das Blatt »Mütter« so weit
fertig gehabt, daß ich morgen die Holzschneidearbeit beginnen kann. Es ist
dasselbe Motiv wie bei dem Steindruck, nur kompositionell zusammengefaßter.
Das ist das vierte Blatt aus dem Kriegszyklus.
Fertig sind die andern drei — die Freiwilligen, die Eltern, die Witwe —
auch noch nicht. So wie sie einstweilen sind, sind sie noch nicht gut.

Schöne, glückliche Arbeitszeit. An den »Müttern« geht es Tag für Tag vorwärts. Herrlich dann zu leben!

Als ich meine Zeichnungen durchsehn mußte, sah ich auch die etwa im
Jahre 16 gemachten Versuche an: Witwe, Eltern (am Weihnachtsabend), Mütter, Ins Wasser. Ich war fast erschreckt über das *absolute Unvermögen* jener
Zeit. Ich kann es mir jetzt nur erklären mit dem Tiefstand, in dem ich mich
damals überhaupt befand. Der Schmerz um Peter quälte noch dauernd und
um die andern Toten. Das tägliche Lastgefühl des Krieges. Dazu unterernährt,
ganz mager geworden und reduziert. So erklärt es sich. Es hat mich aber doch

* Später »die Freiwilligen« genannt

bestürzt gemacht. Ich kann wenig mehr leisten, auch jetzt nur mit häufigem Ausruhn und das Wenige muß ich scharf kontrollieren. Auch die Steindrucke sind außer den Eltern und Müttern alle mißraten, jetzt muß ich bei den Holzschnitten doppelt aufpassen. Ablagern lassen!

ANFANG FEBRUAR 1922

Ganz vorsichtig fange ich wieder mit der Arbeit an. Die tote Frau mit dem Kind. Wenn es nur nicht langweilig wird. Ich weiß nämlich jetzt genau, daß meine Holzschnitte leicht langweilig sind. Mit dem weichen Holz, das amüsanter im Schnitt ist, kann ich nicht arbeiten, weil das zuviel Zufälligkeiten gibt und Inkorrektheiten. Und das harte Holz ist so sehr leicht in meiner Behandlung akademisch.

30. APRIL 1922

Habe jetzt alle möglichen kleineren Sachen zwischenein gearbeitet. Der Syndikalist Plivier kommt zu mir und bittet mich um eine Zeichnung für eine einmalige Zeitung: »Hunger«. Sie soll vor allem den grauenhaften Hunger in Rußland ausschreien, aber auch von dem Raabeschen Hunger sprechen.
Ich mache einen Holzschnitt als Kopfbild, die verzweifelte Frau mit ihrem verhungerten Kind im Schoß.
Dann in Holz ein Selbstbild.

30. APRIL 1922

Pläne für Holzschnitte, die neben der Kriegsfolge hergehen. Das Wien-Plakat umgearbeitet und den Tod, der in die Kinderschar greift. Je mehr man arbeitet, desto mehr taucht in einem auf, was noch zu arbeiten ist, so wie auf einer Platte, die im Entwicklungswasser liegt, allmählich das Bild kenntlich wird und immer mehr aus dem Nebel herauskommt. So habe ich jetzt nicht mehr die Auffassung, daß ich bald zur Plastik zurückgehen könnte. Seitdem ich Holz schneide, lockt da vieles. Vor allem aber habe ich Angst vor der Plastik. Sie ist wohl nicht eroberbar für mich, ich bin zu alt dazu, um sie wirklich noch zu bewältigen. Nicht ganz unmöglich, daß ich von der Holzschnitt-Technik allmählich zum Holzschneiden kommen könnte. Doch ist das noch ganz nebelhaft. Die im Kreis stehenden Mütter, die ihre Kinder verteidigen, als Rundplastik!

Großes Aufräumen im Atelier unten gehabt. Schlafgelegenheit für Heinz Bonus zurechtgemacht. Meinen Zeichnungenschrank ganz durchgesehn und aufgeräumt. Zurechtgelegt, was nach meinem Tode an Hans kommt oder an Freunde. Was verkauft werden kann.

Die Secreta auch zusammengelegt. Was mit denen später geschehen wird, weiß ich nicht.

Einen großen Teil der Zeichnungen in mein Atelier Siegmundshof genommen. Die will ich verkaufen.

Wenn ich die Kriegsfolge gut zu Ende machen kann und dann noch Verschiedenes, hab ich nicht mehr den Eindruck, daß es viel zu früh ist mit dem Sterben. Die Plastik freilich bleibt dann in den Anfängen stecken und die Arbeit für Peter ist nicht geschafft.

Jetzt bin ich beim letzten Kriegsblatt »Volk«.

Aber die Müdigkeit — die Müdigkeit!

Herr Böttger vom Verlag Emil Richter teilt mir heut mit, daß bei einer Auktion die Carmagnole auf 90 000 Mk hochgetrieben ist. So werden meine Blätter Spekulationsobjekt.

Ich bin mit der Kriegsfolge fertig. Freilich will ich den Stock »Die Eltern« noch einmal umarbeiten, nicht weil er schlecht so ist, aber weil er noch besser werden kann.

Wenn ich jetzt sterbe, ist *das* wenigstens gemacht.

Heut las ich eine Stelle aus einem Heyseschen Gedicht, die ungefähr so ist und die so ganz ausdrückt, was ich oft fühle:

Ich bebe,
daß ich hinfahren muß in dieser Nacht,
hinfahren, ehe ich dies Werk vollbracht.

Nun ist es mir wenigstens vergönnt, dies fertig gemacht zu haben. Jetzt kommen andere graphische Arbeiten, das Plakat gegen den Krieg für den Internationalen Gewerkschaftsbund, dann das Einleitungsblatt für die Zeichenfolge »Tod und Abschied«. Außerdem möchte ich gern diese Folge graphisch arbeiten, entweder in Holzschnitt oder wieder auf Kupfer.

301

Am Totenfest waren Karl und ich zusammen in der Reichstagsfeier für die Weltkriegsgefallenen. In solchen Augenblicken, wenn ich mich mitarbeiten weiß in einer internationalen Gemeinschaft gegen den Krieg, hab ich ein warmes, durchströmendes und befriedigendes Gefühl. Freilich reine Kunst in dem Sinne wie zum Beispiel die Schmidt-Rottluffsche ist meine nicht. Aber Kunst doch. Jeder arbeitet wie er kann. Ich bin einverstanden damit, daß meine Kunst *Zwecke* hat. *Ich will wirken* in dieser Zeit, in der die Menschen so ratlos und hilfsbedürftig sind. Viele fühlen jetzt die Verpflichtung, wirken und helfen zu wollen, aber mein Weg ist klar und einleuchtend; andere gehen unklare Wege. Plivier zum Beispiel. Im Frühjahr will er losgehen, wandern und predigen. Er will die *Tat* predigen, aber die innerliche Tat. Abwendung vom Leben in seinen veralteten, schlecht bewährten Formen, Bodenbereinigung einem neuen, geistig befreiten Leben. Dann all die Gemeinden, die einen neuen Erotismus predigen (»religiöse Bohème«). Das erinnert schon an die Wiedertäufer, an die Zeiten, in denen — wie jetzt — die Weltwende ausgerufen wird und das tausendjährige Reich als vor der Tür stehend verkündet. Gegenüber all diesen Phantasten kommt mir mein Tun klar vor. Ich wünschte schon, ich könnte noch lange Jahre so arbeiten.

DEZEMBER 1922

Vom Kultusministerium den Auftrag bekommen, eine kleine Zeichnung für Lebensrettung herzustellen.

13. DEZEMBER 1922

Ich bin wieder einmal nicht fertig mit der Kriegsfolge. Arbeite das Blatt »Eltern« um. Es kommt mir augenblicklich ganz schlecht vor. Viel zu hell und hart und deutlich. Schmerz ist ganz dunkel.

30. DEZEMBER 1922

Mit der Arbeit aber ist es eigentlich gut gegangen in diesem Jahr und ich bin sehr dankbar dafür. Die Kriegsfolge ist so gut wie beendet. Wie ungenügend und mangelhaft sie auch geworden ist, wenn man sie an ihrer großen Aufgabe mißt, es ist doch ein Abschluß und ein Fertigwerden da.
Jetzt weiter! Jetzt Arbeiten wie das Anti-Kriegsplakat für den Internationalen Gewerkschaftsbund, jetzt wenn möglich lauter solche Arbeiten, die eine

Wirkung in sich schließen. Die Menschen sind verschieden; wenn die, die mit mir leben, mit Recht im täglichen Umgang Güte und weiten herzlichen Sinn vermissen, so kann ich wohl sagen, daß im nicht täglichen Umgang doch etwas davon rauskommt. Nicht gerade von Güte, aber das Streben, auf meine Weise, mit meinen Mitteln fördernd mitzuhelfen, das habe ich. Das ist mit ein Antrieb, darum halte ich auch meine Arbeit für wichtig.

FEBRUAR 1923

Lange nichts aufgeschrieben. Peters Geburtstag liegt in dieser Zeit. Ich arbeitete an dem Tage an Entwürfen für das Einleitungsblatt zum Prophyläenwerk »Tod und Abschied«.
Peter war wieder bei mir.
Diese ganze Zeit war voll angefüllt mit Arbeit und Beschäftigung. Im Atelier arbeitete ich das Kriegsblatt »Die Eltern« um (ohne es vorläufig geleistet zu haben), an den Entwürfen der Anti-Kriegsplakate für Amsterdam, Entwürfe für Rettungsurkunde. Die schwere Depression weicht nach und nach, ich bin dankbar, mich künstlerisch wieder lebendig zu fühlen.

14. OKTOBER 1923

Die graphische Ausstellung in der Akademie ist eröffnet und ich habe darin eine Kollektionsausstellung, zeige die Kriegsfolge, Zeichnungen dazu und die Blätter zum Tod. Mit Glück und Dank empfinde ich, daß ein starker Nachhall der Arbeiten da ist.

ENDE OKTOBER 1923

Großer Nachhall meiner Ausstellung. Wie freu ich mich.

14. MAI 1924

Ich arbeite Kleinigkeiten für Verleger. Die Begrüßung Elisabeths und Marias, das Selbstbildnis mit hochgehobener Hand. Beides Holzschnitte.

ENDE AUGUST 1924

Bald nach der Rückkunft im Atelier gewesen und die Arbeiten vor der Reise gesehn. Mäßig!
Betrachtungen über meine Arbeit usw. anzustellen, versage ich mir. Es sind

303

die chronischen Herbstgefühle. Man rette vor dem Winter, was zu retten ist, freue sich der noch schönen Herbsttage. Wie es mit dem Körper ist, daß es ein wirkliches Gesunden in alter Weise schwerlich mehr für ihn gibt, so ist es auch mit der Arbeit. Auffrischungen, das ist das Ratsamste!

Und sehr kritisch sein, denn es machen sich zeichnerische Schlappheiten bemerkbar. Da ich kein Gegengewicht in der Farbe habe, wie Corinth, muß ich desto mißtrauischer gegen mich sein.

1. NOVEMBER 1924

Eine glückliche und volle Woche liegt hinter mir.

Am Sonntag bei schönstem Wetter mit Karl auf den Müggelbergen gewesen. Lange hatten wir uns darauf gefreut und es wurde so schön, wie wir es dachten. Auf dem Rückweg nach Grünau dies Bildchen machen lassen an derselben Stelle, wo ich mich an einem Ostermorgen mit den Jungen aufnehmen ließ.

So fing die Woche gut an und ist gut verlaufen. Ich kann an den Vormittagen ruhig und konzentriert an der plastischen Gruppe arbeiten und das gibt mir ein Glücksgefühl für den ganzen Tag.

1. NOVEMBER 1925

Sonntag. Sonnenloser aber schöner Tag. Karl und ich gehn in den Wildpark, Hans will mitkommen und holt uns im Bayrischen Häuschen ein. Dann spricht Hans über meine Akademiearbeiten (Holzschnitt: Proletariat) und sagt, daß eigentlich zum ersten Mal meine Blätter eine ihm wenig sagende Wiederholung bedeuten. Es ist schade. Ich fühle schon jetzt, daß Hans da vielleicht Wahres sagt. Die Blätter sind nicht schlecht, ich halt sie für gut, aber sie sind mir nicht innerlich *so* nötig gewesen zu machen wie manches Frühere. Sie interessierten mich während der Arbeit mehr, als daß ich sie unbedingt los werden mußte. Aber die Plastik! Wart man Hans, wenn ich die Plastik fertig habe! Die bringt was Neues — wenigstens für mich Neues.

APRIL 1926

Die in klein angefangene Gruppe der jungen Mutter mit den Zwillingskindern geht gut voran. Glückt mir hier eine Lösung, dann zerschlage ich die große Gruppe, an der ich ja doch fast verzweifle. Und glücken mir die beiden Figuren für Roggevelde, dann zerschlage ich die in Gips unfertig stehenden Figuren für Peters Gedenkarbeit. Nur photographieren will ich sie noch.

Damit schaff ich Platz und räum auf. Große halbfertige Sachen hinterlassen geht nicht. Ach könnt ich bloß gesund leben, bis ich die Arbeit fertig gemacht habe. Auf mein Gefühl, daß ich nicht eher sterben werde, kann ich mich nicht verlassen. Die Tilla wollte auch noch leben und sah notwendige Arbeit vor sich und plötzlich wird ihr das Buch zugeklappt und es heißt: weg mit dir!

APRIL 1926

In der eben eröffneten Akademie-Ausstellung gewesen. Diese etwas peinliche Zusammenstellung der alten Akademiekünstler und der Jungen. Wie muß bloß Kampf zumut sein? Immer wieder die alte Frage: Merkt man es nicht, wenn man künstlerisch senil wird, ebenso wie man physisch nur schleichend merkt, daß man Adernverkalkung kriegt? Um Gotteswillen, dann muß man doch jemand einsetzen, der einen warnt. Es ist eine Affenschande, sich selbst so zu überleben. Kampf war ja nun nie wirklich gut. Wo nimmt er bloß den Mut her, die Sachen der Ströver gänzlich abzulehnen — die sind immer noch besser als seine.

War mit Jeep im Atelier. Sie erwärmte sich an der großen Gruppe * — will nur das erhobene Bein anders gelegt haben. Ich weiß nicht recht, ob das möglich ist. Nur in einer Art scheint mir eine Änderung möglich: die Figur in Kleidung zu tun. Noch eine schwache Hoffnung hab ich, sie so vielleicht zu schaffen. Aber eine *schwache* Hoffnung. Seit der Grippe und dem stundenlangen Herzklopfen vor ein paar Tagen bin ich recht mutlos. Wenig Perspektiven. Auch Karl ist körperlich gar nicht frisch — wenn wir aus dieser Tiefe uns nur erst rausgekrabbelt hätten.

16. JULI 1926

Ich bin bei der plastischen Arbeit: Mutter mit kleinem Kind wieder auf den toten Punkt gekommen. Nehme mich selbst plastisch vor, meine Gesichtsmaske. Zu Anfang scheint es mir ein Kinderspiel. Nach und nach seh ich, daß auch das verflucht schwer ist.

JUNI 1927

Zu meiner Verwunderung und Genugtuung lese ich im Corinth, daß er auch mit diesen fürchterlichen Depressionen zu tun hatte. Er beschreibt es genau wie es bei mir ist.

* Mutter mit zwei Kindern

»Ein fortwährendes Streben mein Ziel zu erreichen, das ich in dem Grade niemals erreichte, hat mein Leben vergällt und jede Arbeit endete mit Depressionen, dieses Leben noch weiter führen zu müssen.«

»Liebermann einst zu mir: ›Man muß alles haben, um zu sehen, wie wichtig alles ist.‹ Mich stößt aber bereits alles ab und ich will sogar das, was ich noch erreichen könnte, gar nicht haben, weil aus dem Errungenen schon der Ekel einen angrinst.«

»Ein Stück Selbstmordkandidat ist jeder Künstler.«

Mir aus der Seele beschreibt er den verzweiflungsvollen Zustand, wenn man arbeitet und arbeitet und *nichts* wird. Fast ein Jahr arbeit ich jetzt an meinem Selbstbild — es ist nicht zu beschreiben dieses ewige Hingehaltenwerden, dieses Alle Tage Besserwerden und *nie* Gutwerden, diese unglaubliche und ungelohnte Zeitvergeudung mit dieser Sache, die schließlich ein beliebiger Plastiker besser macht als ich.

27. AUGUST 1927

Zwischen dem 8. Juli und der kleinen Reise nach Hiddensee mach ich die beiden Zeichnungen für die Jugendlichen-Ausstellung. Der besoffene Vater, der die Familie bedroht, und der junge Mensch, der sich ans Bett der Halbwüchsigen schleicht, und die sieht sein Geschlecht. —

Diese Zeichnung haben sie nicht aufgehängt.

JANUAR 1928

Dieser ganze Monat vergeht ohne gute Arbeit. Lauter Kleinarbeit wie Lohntütenzeichnungen, Kaiserin-Auguste-Viktoria-Krankenhaus »Mutter mit Säugling«. Zeichnung für das Buch »Strafgefangene« von Lenka v. Koerber. Obdachlosen-Zeichnung für Heilsarmee.

Das alles geht langsam und mühsam vonstatten. Ich bin faul oder müde, alles beides. Unzufrieden, daß ich die noch gute Zeit nicht an große Arbeit wende. Will Geld verdienen, kann nur auf diese Weise welches verdienen.

In der Schwebe ist es, ob ich eine Lehrstelle in der Akademie bekomme mit festem Gehalt und Atelier. Dann könnte Karl die Kassen aufgeben.

30. DEZEMBER 1928

Bin zur Zeit *wieder* an meinem plastischen Selbstbild, fluchend und schimpfend, denn die damit vertane Zeit steht nicht im Verhältnis zu der Wichtigkeit des Objekts. Doch komm ich nicht los, jeder Tag endet mit wütender Depression.

Zwischenein kleine zeichnerische Arbeiten: für »Menschen der Tiefe« (London) Titelzeichnung. Für »Nie wieder Krieg!« (Ernst Friedrich) Titelzeichnung. Für »Verein für Originalradierung« kleine Platte: »Mutter mit Jungen, dem sie abzubeißen gibt. Auch die »Schwatzenden Frauen« versuche ich.

ENDE AUGUST 1930

Am 2. Juni nach Saarbrücken, um die Sgraffito Arbeit zu machen. Tage, in denen ich mich sehr anstrenge.
Am 10. August ist es wieder soweit, daß ich festliegen muß.

14. AUGUST 1932

In der ersten Woche * nicht viel vorgenommen. Zu Diederich gegangen und ihm Bericht erstattet. Bei den Kindern draußen gewesen. Im Atelier gewesen und rumgetastet, was man vornehmen könnte. Die Muttergruppe auf den Drehbock gestellt und mit dem Selbstbild in weißem Plastillin Nacharbeit aufgenommen.

ENDE AUGUST 1932

Will die Gruppe »Mutter« vornehmen. Übergebe sie Philipp zum Ausdruck in Ton. Will es nicht wieder so schwer haben, sie in Gips weiterzuarbeiten. Auch schadet Gipsstaub sehr den Augen. Das Selbstbild geht in der Plastilinbehandlung auch langsam voran.

10. APRIL 1934

Die Lise hat so einen nach innen lauschenden Ausdruck. Lise bittet mich, eine plastische Arbeit für das Grab zu machen. Es wäre sehr schön, wenn ich's könnte. Aber schwer ist es.

AUGUST 1934

Mein Arbeiten in diesen Sommermonaten ist merkwürdig. Wie bei der Springprozession geht es immer ein paar Schritte vor — ein paar zurück. Hatte

* Nach der Aufstellung der Elternfiguren in Roggevelde

307

mir vorgenommen, in dieser Zeit, in der ich nicht plastisch arbeiten kann, meinen alten Plan auszuführen, graphisch eine Folge von Blättern zum Thema Tod zu machen und dann damit abzuschließen. Erstens mal Eingewöhnung in dem neuen Arbeitsraum.* Die Balkonstube ist recht klein, aber dafür intim. Seitdem ich die Gruppe auf den Boden brachte, ist Raum genug. Aber in diesem heißen Sommer fast täglich Sonne. Überhaupt ist dieses beständig strahlende Wetter nicht gerade günstig für Arbeit zum Thema Tod.

Die Mühe ist groß. Trotzdem mir scheint, daß die Vorstellungskraft nicht nachgelassen hat, befriedigt mich, was ich arbeite, gar nicht. »Es ist schon alles einmal dagewesen.« Und wenn auch nicht besser, so war es in der Zeit der erstmaligen Herausstellung für mich notwendiger. Und das ist schließlich entscheidend.

Ich hatte die Vorstellung, jetzt, im wirklichen Alter, würde ich vielleicht Arbeiten zustande bringen – zu diesem Thema – die in die Tiefe gehn. Wie der alte Goethe sagt: »Gedanken, bisher undenkbare ...« Es ist nicht der Fall. Die Zeit des Alterns ist zwar schwerer als das Alter selbst, aber produktiver. Gerade, da der Tod schon hinter allem sichtbar wird, beunruhigt er mehr die Phantasie. Das Drohende ist aufregender, als wenn man dicht vor ihm steht und ihn in seiner Größe doch nicht überblickt, ja, nicht mehr solchen Respekt hat vor ihm.

Jedenfalls habe ich vorläufig nichts Wesentliches dazu gemacht. Dabei eine merkwürdige Unsicherheit im Technischen. Lithographie gewählt, aber unsicher bei der Arbeit selbst. Dauerndes Schwanken zwischen Stein und Umdruck. Früher konnte ich doch mit Recht den Ausdruck brauchen: Ich führe eine Arbeit durch. Jetzt führe *ich* nicht meine Vorstellung, meinen Plan. Ich laufe unentschieden los, ermüde sehr bald, brauche immerfort Pausen und muß mir Rat holen bei meinen eigenen früheren Arbeiten.

Das ist ja kein schöner Zustand. Aber seltsamerweise betrübt mich das gar nicht so sehr. Es ist mir eben alles gar nicht mehr so wichtig.

NOVEMBER 1934

Habe unterdes fünf der Lithos zum Tod und das Selbstbild 1934 auf die Akademie-Ausstellung gebracht. Klimsch sagt mir vertraulich, daß sie daran arbeiten, mich wieder in die Akademie zu bringen. Eine Sache, die – das wird mir immer klarer – ich ablehnen müßte, wenn sie Tatsache werden sollte.

Arbeite nun im Atelier in der Klosterstraße an der plastischen Gruppe. Das ist sehr schön, eine befriedigende, beruhigende Arbeit.

* Nach Verlust des Ateliers in der Hochschule für bildende Künste

Konrads Geburtstag und Totenfest.

Unter den Zeichnungen zum Tod ist eine, wo der Tod am Konrad vorübergeht, wie in dem Kinderspiel: Wir fahren nach Jerusalem, wer kommt mit? Der Konrad steht auf. Mühselig sich erhebend. Im Gesicht Traurigkeit, Resignation und Würde.

Arbeiten tu ich langsam und meist nicht gut, immer an der Muttergruppe. Aus niedergedrückter Stimmung und dem Gefühl, doch nichts mehr zu sagen zu haben in meiner Arbeit, tauchte wieder der frühere Wunsch auf, ein Relief für unser Grab zu machen. Nun hab ich es begonnen. Ich bin eigentlich verwundert darüber, daß die Grabmalkunst so gar nicht gepflegt wird. Man braucht nur einmal anzufangen, sich damit zu beschäftigen, so strömen einem doch geradezu Motive entgegen.

Jetzt arbeite ich drei Wochen nacheinander an dem Grabrelief und ich denke, es wird gut werden.

Fertigstellen der Grabarbeit für das gemeinsame Grab. Besprechungen mit Lise. Am 25. März wird vielleicht alles fertig sein.

Toms Versuch, Amerikaner für meine Arbeit zu interessieren, wird durch mich im Hinblick auf Rußland kupiert. Am 21. Juli ruft Tom mich zu sich und zeigt mir einen Brief Leo von Königs. Dieser verkauft an Krupp ein großes Terrain und schickt Tom sofort 1.500 Mk für mich zur Arbeit der Gruppe in Stein. Tom sagt, er sei vor Freude gleich gelaufen, eine Flasche Wein trinken.

Große, große Freude. Am Montag gehe ich zu L. v. K., danke ihm und sage, daß im Falle eines Verkaufs er die Summe gleich zurückbekommt.

Es wird mir ganz allmählich erst klar, daß ich wirklich mit meiner Arbeit zu Ende bin. Nachdem ich die Gruppe habe in Zement ausdrücken lassen, weiß ich nicht weiter. Es ist eigentlich nichts mehr zu sagen. Ich dachte noch eine kleine Plastik »Alter Mensch« zu machen und ein Relief schwebte mir unbestimmt vor. Aber ob ich das mache oder nicht, es ist nicht mehr wichtig. Für die anderen nicht und auch nicht für mich. Auch diese merkwürdige Stille bei Gelegenheit der Heraussetzung meiner Arbeit aus der Akademieausstellung und anschließend dem Kronprinzenpalais. Es hat mir fast niemand etwas dazu zu sagen. Ich dachte, die Leute würden kommen, mindestens schreiben — nein. So etwas von Stille um mich. — Das muß alles erlebt werden! Nun ist der Karl noch da. Täglich seh ich ihn und wir reden und zeigen uns, daß wir uns lieb haben. Aber wie wird es sein, wenn auch er weg sein wird?

Man schweigt in sich hinein. Alles ganz still. Ich sitz auf Mutters Stuhl abends, wenn ich allein bin, am Ofen.

Der liebe, der so liebe Hans. Schlimm für ihn dies und manches.

APRIL 1937

1937 — Krieg?

Nach großem Tiefstand im Herbst bessere Zeiten im kalten Januar, auch noch Februar. Kann ganz gut arbeiten, aber nur kleine Sachen: Soldatenzug.

Im Februar sagt Nierendorf die bei ihm geplante Ausstellung ab. Auch die Ausstellung in Odense kommt nicht zustande.

Ich mache in meinem Atelier eine Art Ausstellung meiner Arbeiten. Im Hofe arbeitet seit 9. April Geiseler in Muschelkalk meine Gruppe * aus. Er will sie bis zum Juni fertig haben.

11. MAI 1937

Heut erklärt Geiseler seine Steinarbeit für fertig. Ich finde sie noch etwas roh. Will aber jetzt versuchen, das Letzte selbst zu machen.

OKTOBER 1937

Der Bildhauer Kunstmann und sein Steinmetz Herr Bursch aus Hamburg kommen her. Sie finden die Steinarbeit durchaus ungenügend. Bursch hat mir

* Mutter mit zwei Kindern

zugesagt, im Dezember für zwei Wochen herzukommen und sie noch vorzunehmen.

Ich arbeite an der kleinen Plastik, die hervorgegangen ist aus dem plastischen Versuch, den alten Menschen zu machen. Es ist nun so etwas wie eine Pietà geworden. Die Mutter sitzt und hat den toten Sohn zwischen ihren Knien im Schoß liegen. Es ist nicht mehr Schmerz, sondern Nachsinnen.

Der Bildhauer Friedrich Bursch aus Hamburg ist Ende des Jahres hier und arbeitet die Gruppe nach. Es glückt ihm, sie so herauszuarbeiten, daß ich sie zeigen könnte. Aber in Deutschland darf ich sie nicht zeigen und in Amerika ist auch vorläufig kein solches Interesse für sie, daß man die Transportkosten übernimmt.

Eine Jüdin, Frau Levy aus Köln, will von mir eine Grabsteinarbeit für ihren verstorbenen Mann machen lassen. Nur Hände — vier sich fassende Hände — da jede andere menschliche Darstellung auf jüdischen Grabsteinen verboten ist. Ich muß die Arbeit im Juli machen, Bursch in Hamburg führt sie aus.

Ich lege die allerletzte Hand an die kleine Gruppe »Abschied« und schicke dieselbe Noack ein mit der Anordnung, daß er sie in vier Exemplaren gießt.

Im Jahre 1918 hatte Ludendorff erklärt, daß er die Führung aufgeben müßte und um Waffenstillstand bitten.

Der kam und das Zurückfluten des Heeres und dann kam die Revolution. Vorher noch war in den Zeitungen von Richard Dehmel ein Aufsatz erschienen, wo er zum Weiterkämpfen bis zum Weißbluten aufrief. Damals schrieb ich eine Entgegnung. Ich schloß sie mit den Goetheschen Worten aus dem Lehrbrief: »Saatfrüchte sollen nicht vermahlen werden.« Wie seltsam sich dies alles wiederholt.

Ich beschließe noch einmal — zum dritten Mal — dasselbe Thema aufzunehmen und sagte zu Hans vor ein paar Tagen: »Das ist nun einmal mein

Testament: ›Saatfrüchte sollen nicht vermahlen werden!‹« In diesen Tagen war mir unerhört schwer ums Herz.

Ich zeichnete also noch einmal dasselbe: Jungen, richtige Berliner Jungen, die wie junge Pferde gierig nach draußen wittern, werden von einer Frau zurückgehalten. Die Frau (eine alte Frau) hat die Jungen unter sich und ihren Mantel gebracht, gewaltsam und beherrschend breitet sie ihre Arme und Hände über die Jungen.

Saatfrüchte sollen nicht vermahlen werden! Diese Forderung ist wie »Nie wieder Krieg!« kein sehnsüchtiger Wunsch, sondern Gebot, Forderung.

1943?

Sehr geehrter Herr!* Allgemein gültige Gesetze über die Kunst, wie sie sein sollte, hat es nie gegeben. — Das »Gemeine«, das »Schamlose«, das »Abstoßende« ist meines Wissens nie in den Begriff aufgenommen, den man der Kunst einräumte, aber zu den verschiedenen Zeiten hat der Begriff davon, was gemein, schamlos, abstoßend ist, gewechselt. So hat in der Frühzeit des Naturalismus Zola, also ein Vertreter dieser Richtung, das Wort geprägt: »Le beau c'est le laid.« Der Künstler ist meist ein Kind seiner Zeit, besonders wenn seine eigene Entwicklungsperiode in die Zeit des frühen Sozialismus fällt. Meine Entwicklungszeit fiel in die Zeit des frühen Sozialismus. Dieser ergriff mich gänzlich. Von einer bewußten Arbeit im Dienste des Proletariats war damals für mich keine Rede. Was kümmerten mich aber Schönheitsgesetze, wie zum Beispiel die der Griechen, die nicht meine eigenen waren, von mir empfunden und nachgefühlt? Das Proletariat war für mich eben schön. Der Proletarier in seiner typischen Erscheinung reizte mich zur Nachbildung. Erst später, als ich Not und Elend der Arbeiter durch nahe Berührung kennenlernte, verband sich damit zugleich ein Verpflichtungsgefühl, ihnen mit meiner Kunst zu dienen. Das ist jedoch — wohl verstanden — nicht tendenziöse Kunst.

Nun aber muß ich bemerken, daß, wenn Sie mich abstempeln zur ausschließlichen Darstellerin des Proletariats, ich sage, Sie kennen meine Arbeit nur sehr unvollständig. Im Laufe langer Jahrzehnte erweiterte sie sich. Ich erlebte, daß neben leiblichem Kummer, leiblicher Not die Not des Menschen besteht, der unter den Gesetzen des Lebens steht. Trennung, Tod, sind Begleiterscheinungen jeden Lebens. Goethe spricht vom »Erzklang des Lebens«. Darein sind eingeschlossen die Grundgefühle eines vollen Lebens, ohne die es überhaupt kein Leben gibt. Um ein Beispiel zu geben: Ein Grundgefühl ist

* Antwort von Käthe Kollwitz auf eine Umfrage an hundert Prominente über die Würde der Kunst. In dieser Umfrage war ihr Gossenmalerei vorgeworfen worden. (Aus Beate Bonus-Jeep)

das der Mutterschaft. Nach zahlreichen Darstellungen von Müttern mit Kindern sagte ich mir: Jetzt muß einmal für meinen Begriff erschöpfend dies Thema für mich gelöst werden. So entstand die große Gruppe von der Mutter mit den beiden Kindern. — Ich glaube, Sie werden mir wohl zugeben, daß der Kreis meiner Arbeit umfangreicher ist, als Sie meinten, da Sie meine ganze plastische Arbeit nicht kennen. Es ist kein Wunder, denn seit längerer Zeit wird sie öffentlich nicht mehr gezeigt. Aber die beiden Figuren von Mutter und Vater auf dem Friedhof in Flandern müßten Sie eigentlich doch noch kennen. Dies wäre nun in Kürze meine Beantwortung Ihrer Rundfrage. Es liegt mir nicht daran, zu den hundert Prominenten gezählt zu werden, die Sie angefragt haben. Führen Sie mich aber an, dann bitte ich um ungekürzte Wiedergabe. — Als letztes nur noch dieses: Ich stehe zu jeder Arbeit, die ich herausgegeben habe. An jede habe ich die Forderung gestellt, sie müßte gut sein, das heißt streng gearbeitet, ohne Schluderei.

Käthe Kollwitz

Das Auf und Ab der Kraft — Selbstkritisches

Ich war an der Altersgrenze, wo es den älteren Geschwistern lohnend wird, einen mitspielen zu lassen. Später habe ich gern mit Jungen gespielt, damals war es mir doch noch sehr ängstlich, ich konnte mich nicht genügend gegen die älteren durchsetzen. Mein neunter Geburtstag zum Beispiel, weiß ich, war ein schwarzer Tag. Von vornherein liebte ich die Zahl 9 nicht. Dann bekam ich ein Kegelspiel geschenkt. Am Nachmittag, als alle Kinder damit spielten, ließen sie mich — ich weiß nicht warum — nicht mitspielen. Da hatte ich dann wieder Bauchschmerzen. Diese Bauchschmerzen waren ein Sammelbecken für körperliche und seelische Schmerzen. Damals begann wohl schon mein Gallenleiden. Ich ging tagelang elend und gelb im Gesicht herum und legte mich mit dem Bauch platt auf einen Stuhl, weil mir das wohl tat. Die Mutter wußte, daß ich unter Bauchschmerzen auch Kummer versteckte. Sie ließ mich dann neben sich sitzen, ganz dicht.

Meine Schwester Lisbeth war zu jener Zeit noch ganz klein und kam für mich kaum in Betracht.

Der Konrad war ein fixer, lebendiger und phantasievoller Junge. Er war den Eltern nicht ungehorsam, er tat was sie sagten, aber er kam immer auf neue, noch unverbotene Abenteuer. Einmal, in der Indianerbücherzeit, beschloß er, nach Amerika auszuwandern. Er ging einfach über die Pregelwiesen los. Erst nach langem Suchen kam man ihm auf die Spur und brachte ihn zurück.

Auf Julie besinne ich mich aus jener Zeit wenig. Die Mutter erzählte später, daß sie ein sorgliches Kind gewesen sei, das, zwei Jahre jünger als Konrad, doch immer hinter ihm her gewesen sei, um ihn vor Unheil zu schützen. Schon damals begann ihr Bemuttern, gegen das wir uns später so auflehnten.

Die Mutter schickte sie und mich einmal zur Ernestine Castell. Als sie mit mir fortging, steckte sie aus der Dose ein Stück Zucker zu sich. »Warum?« fragte Tante Tina. »Es der Käthe in den Mund zu werfen, wenn sie brüllen will.« Dies bockige Brüllen war gefürchtet. Ich konnte brüllen, daß es unerträglich war. Einmal muß es auch nachts gewesen sein, denn der Nachtwächter kam, um nachzusehen, was los sei. Ging die Mutter mit mir aus, so war sie froh, wenn ich nicht auf der Straße den Bock bekam und durch nichts zu bewegen war, weiterzugehen. Kam der Bock zu Hause über mich, so hatten die Eltern die Methode, mich allein in eine Stube zu sperren, bis ich mich ausgebrüllt hatte. Geschlagen wurden wir nie.

Im ganzen war ich ein stilles Kind und auch ein nervöses. Später trat an Stelle dieser Anfälle von Eigensinn, die sich in Getrampel und Gebrüll äußerten, Verstimmungen, die Stunden und Tage anhalten konnten. Ich konnte es dann nicht über mich bringen, mit Worten die Verbindung mit den anderen aufrecht zu erhalten. Je mehr ich merkte, welche Last ich den anderen dadurch wurde, desto weniger konnte ich aus mir herauskommen.

Die nun kommenden Jahre waren für mich sehr wichtig. Es waren körperlich und seelisch Entwicklungsjahre. Wann zuerst sich bei mir die nächtlichen Beängstigungen eingestellt haben, weiß ich nicht. In dieser Zeit hatte ich sie sicher. Sie ängstigten die Eltern, weil sie Epilepsie befürchteten. Ich wurde damals auch von Konrad aus der Schule abgeholt, weil man fürchtete, die Zustände könnten mich auch tags überfallen, es ist aber nie gewesen. Für Konrad und mich war es gleich peinlich, daß er mich begleiten sollte. Er ging auch nie neben mir, sondern immer auf der entgegengesetzten Seite der Straße.

Nachts quälten mich entsetzliche Träume. Der schlimmste, der mir in Erinnerung geblieben ist, ist dieser: Ich liege in der halbdunklen Kinderstube in meinem Bett. Nebenan sitzt die Mutter am Tisch bei der Hängelampe und liest. Ich sehe nur den Rücken durch die angelehnte Tür. In der Ecke der Kinderstube liegt ein großes zusammengerolltes Schiffstau. Es fängt an, sich auszudehnen, aufzurollen und lautlos die ganze Stube zu füllen. Ich will die Mutter rufen und kann nicht. Das graue Seil füllt alles aus.

Dann war ein schlimmer Zustand, wenn die Gegenstände anfingen, kleiner zu werden. Wenn sie wuchsen, war es schon schlimm, wenn sie aber kleiner wurden, war es grauenvoll.

Zustände gegenstandsloser Angst habe ich durch viele Jahre noch gekannt, sogar in München traten sie, aber geschwächt, noch auf. Ich hatte dauernd ein Gefühl, etwa als ob ich im luftleeren Raum wäre, oder als sänke ich oder schwinde hin. Ob diese Zustände so schlimm zu deuten waren, wie die Eltern es taten, weiß ich nicht. Damals sorgten sie sich sehr um mich. Später bin ich von uns Geschwistern mit die leistungsfähigste gewesen.

AUS DEN TAGEBÜCHERN

Die außergewöhnliche Reisestimmung ist wieder ganz verflogen, man ist nüchtern. Und ich bin verstimmt, daß ich noch nichts tue. Ich habe mäßig viel gewirtschaftet in der ersten Woche, aber bei allem solchen Tun langweilt man sich doch gehörig ...

Heut Versuch gemacht, eine neue Arbeit vorzunehmen. Fühle mich ganz leer und hab zu wenig Dingen Lust. Zum Arbeiten für den Simpel wohl, weiß da aber nicht anzufangen ...

Gestern war ich bei der Mutter. Lise war mit Kauders in der Stadt. Ich war wieder verstimmt und ein wenig neidisch, als ich von Sterns weg ging. Die Kinder sind so frisch und haben so viel Freuden, das Haus macht einen so lebendig glücklichen Eindruck. Etwas eng, philiströs kommt es mir dagegen bei uns vor. Und zu still und tot. Man merkt manchmal kaum mehr, daß Kinder da sind. Peter wird noch früher still werden als Hans es tat, wie auch Hans in den wirklichen Kinderjahren schöner gespielt hat als Peter.

19. AUGUST 1909

Bei dem wie mir scheint schon abnehmenden Gedächtnis ist es wohl gut, wieder etwas aufzuschreiben. Vorgestern kam ich von Königsberg mit Mutter zurück. Hans und Peter mußten bereits zum Schulanfang nach der Stadt. Karl blieb über das Fest und ich fuhr noch einen Tag später mit Mutter.

Wir waren im Sommer in Rauschen und auf der Nehrung. Wir hatten uns sehr darauf gefreut, aber vielleicht wird man zu einer anstrengenden Wanderung doch etwas ältlich.

19. AUGUST 1909

... In Rauschen wurde ich bedrückt durch die Alterserscheinungen der Mitglieder der Familie Rupp. Man selbst fühlte sich älter als in Berlin. Das *Typische* der Familie. Das Individuelle hört im Lauf der Jahre immer mehr auf, Eigentümlichkeiten körperlicher und seelischer Art werden immer familienartiger, verwandtschaftlicher. Recht hat die jüngere Generation ...

6. OKTOBER 1909

Am Abend, als Hans traurig für sich allein ist, sage ich ihm, er könne später ja Heinrich wieder aufsuchen. Diese Schwäche, etwas ganz durchzuführen, bemerke ich oft bei mir. Sobald ich sehe, daß einer leidet (vor allem Hans oder Peter), peinigt mich das so, daß ich zu vertuschen und aufzuheben suche, bloß um nicht traurige Gesichter zu sehn.

APRIL 1910

Mir geht es jetzt mit der Arbeit so, daß ich ganz vergessen habe, wie *wahnsinnig* ich mich gelangweilt habe noch im letzten Herbst. Wie leer mir war, wie verlassen und unproduktiv. Jetzt arbeite ich Tag für Tag — Woche für Woche, bin ruhig und froh, hab das Gleichgewicht. Wer weiß, wann auf einmal wieder alles abbricht und ich unfruchtbar und dürr bin, zu nichts gut? Das kann mit einem Schlage kommen. Die Wechseljahre!

APRIL 1910

Diese Zeit meines Lebens erscheint mir sehr schön. Große einschneidende Schmerzen haben mich noch nicht getroffen, die lieben Jungen werden selbständiger. Schon sehe ich die Zeit, wo sie sich loslösen, und ich sehe sie augenblicklich ohne Schmerzen. Denn sie sind dann reif zu ganz eigenem Leben, und ich bin noch jung genug zu eigenem Leben.

18. AUGUST 1910

Wenn wie zu Zeiten der Periode ein geschlechtliches Empfinden den Körper durchzieht, verändert sich mein ganzes Empfinden und ich sehe dann deutlich, wieviel ich verliere mit dem Absterben der Sinnlichkeit. Gefühl, Teilnahme, Liebe ist da und verschwindet wieder, wenn die Wallungen zurücktreten. Fast verdorrt komme ich mir oft vor. Im vorigen Winter wußte ich zu arbeiten und das ließ mich die Dürre nicht so fühlen. Jetzt aber weiß ich auch nicht einmal zu arbeiten. Sollte nun schon alles zu Ende sein? Und doch bin ich noch nicht geschlechtslos, habe noch das Bluten. Wie werde ich mich fühlen, wenn das auch weg ist?

JUNI 1913

Ich habe es jetzt zweimal erlebt, daß, wenn das Unwohlsein mich überrascht und ich es nicht vermute, ich wochenlange Arbeit zerstöre, fast aus einem Zwang heraus. Am nächsten Tage hab ich im Unwohlsein die Erklärung für die Zerstörung. Unter so einem pathologischen Drucke stehe ich — wohl die meisten Frauen — während der Periode.

Karl sagte neulich bei Gelegenheit der Sezessionskämpfe und meiner Stellung dazu: Du hast bis jetzt eine ganz andere Lebenspraxis gehabt. Du hast dich angezogen oder abgestoßen gefühlt und danach Umgang gesucht. Stets hast du subjektiv gestanden und es ist dir nie auf die Erkenntnis der Verhältnisse selbst angekommen. Jetzt bist du in einer Lage, wo es eben auf die Erkennung der Verhältnisse selbst ankommt.

NOVEMBER 1913

... Bei der Gelegenheit wurde ich wieder gewahr, wie wenig ich denke und klar zu werden versuche. Es genügt mir, wenn ich ganz ungefähr Stellung zu einer Sache nehmen kann, kommt es aber zu einer Auseinandersetzung darüber, dann sehe ich, wie ungenügend mein Denken war.

AUGUST 1915

Freund, so du etwas bist,
So bleib nur ja nicht stehn.
Man muß von einem Licht
Fort in das andre gehn.

Bei aller Arbeit an sich selbst, die mit Selbstreflexion notwendig verbunden ist, ist der Zustand schwer vermeidbar, daß man sich sieht. Alle möglichen Fortentwicklungen können wieder aufgehoben werden durch das ölige Gefühl der Zufriedenheit mit sich selbst. Die »satte Tugend« und die »zahlungsfähige Moral«.
Alles ist Unsinn und wird Farce, sobald die selbstgefällige Bespiegelung eintritt. Es müßte dann sein, daß man dieses »sich sehn« als eine reine Nervosität auffaßt. Dann hat sie nicht viel zu bedeuten.

2. JANUAR 1916

Neulich sagte der Karl: »Wir sind nicht besser geworden durch seinen Tod.« Das Enge in mir, das ist das Schlimmste. Sich dehnen, weiten, höher werden, danach verlangt man. Derselbe zu bleiben, der man war, bevor das Schicksal uns schlug, darf nicht sein. Die Umwandlung durch einen einzigen Willensakt ist nicht erfolgt, so muß sie langsam erfolgen. In dies neue Jahr tritt man herein — sehr ernst, sehr unbeschwingt. Was man ersehnt, ist Frieden.

Ich lese Bonus und mitunter scheint mir eine Kraft auf mich überzugehn. Offenbarung Johannes:

Ich weiß deine Werke, daß du weder kalt noch warm bist. Ach daß du kalt oder warm wärest! Weil du aber lau bist und weder kalt noch warm, werde ich dich ausspeien aus meinem Munde.

Du sprichst, ich bin reich und habe gar satt und bedarf nichts; und weißt nicht, daß du bist elend und jämmerlich, arm, blind und bloß.

Dies Gefühl oft beim Ende des Tages, daß es nicht das Richtige wäre, wie man gewesen ist. Nicht so, wie man sein müßte, wenn der Peter einem immer vor Augen gestanden hätte.

BERLIN, DEN 13. 4. 1916

Mit dem Karl sprach ich einmal darüber, ob man sich selbst kennte. Er bestritt es. Ich meinte, es könnte jetzt keine Überraschungen in mir selbst für mich geben. Es gibt keine neuen Fälle mehr. Bei allem, was kommt, weiß man — oder könnte man wenigstens wissen, wenn man danach fragen würde: dieses ist mir in ähnlicher Form schon einmal entgegengetreten — es ist anzunehmen, daß ich so und so darauf reagiere. Natürlich gilt das nur in großem Rahmen. Wenn ich z. B. aus vielen Fällen die Erfahrung gezogen habe, daß ich leicht umstimmbar, schwach und eitel bin, so weiß ich wohl um die Tatsache an sich. Eine Überraschung liegt aber doch darin, daß ich auch jetzt noch diese Eigenschaften habe, wie es sich bei Gelegenheit der Ausstellungsarbeiten der Sezession wieder gezeigt hat. Ich nahm eigentlich an, diese Eigenschaften wären jetzt so abgeblaßt, daß sie mehr historisch in meinem Leben wären. Doch seh ich, sie sind noch recht lebendig.

20. JUNI 1916

Die Tage vergehn. Es ist sehr schön hier.* Aber es müßte länger sein, wenn Karl sich wirklich erholen sollte. Am schönsten sind früh die Gänge allein, wenn man ganz aufnahmefähig ist und alles so eindringlich erlebt — Bäume und weite Blicke, Vögel, Rehe, Gras, Blumen und ziehende Wolken.

* Im Odenwald

320

Jetzt bin ich 49 Jahre alt. Ich schreibe dies in Kattas Stube. Bin allein, aber morgen seh ich wieder Karl, auch Hans.

Was hat das letzte Jahr mir gebracht? Was hab ich gebracht? Peter: es ist anders geworden, Schmerz und Sehnsucht sind schwächer geworden. Aber nun die Gefahr, wieder ganz so wie früher zu werden. Ich hab geglaubt, der Schmerz würde bleiben oder wenn er nicht bliebe, so würde er wenigstens mich umwandeln. Ich hab auch geglaubt, dieses eine würde alles Schlimme, was noch kommen könnte, in sich verschlingen, es gäbe außer Hansens Tod nichts mehr, was mich schreckte, ich wär »frei«. Jetzt häng ich an Hans, an Karl, an der Arbeit. Ich wünsche, daß die leben bleiben und daß ich die Arbeit zu Ende bringen kann. Das wünsche ich so sehr.

Ich fühl mich älter und schwächer geworden. Wenn ich meinen Körper sehe, mein welkes Gesicht, meine alten Hände, dann werd ich mutlos. Wie soll ein solcher Mensch noch soviel leisten, wie ich noch leisten will? Schmerz und Sehnsucht fressen an der Kraft, ich brauche Kraft. Ich bitte, daß ich die Arbeit machen kann. Vor allem die Arbeit für Peter, aber auch all das andere noch. Wenn ich das gemacht haben werde, will ich so gern sterben, aber erst muß ich das noch machen.

Wenn ich hier mit der Mutter bin, fühl ich mich oft wie sie. Stehe wie sie mit den Händen auf dem Rücken und seh zum Fenster raus, summe vor mich hin wie sie. Wie wenn auch mich das Leben nur noch zum Zuschauen anginge. Neue Kraft, um die bitte ich.

NOVEMBER 1916

Ein fürchterlich beängstigender Traum. Ich war mitten drin in einer unübersehbaren stickvollen Volksmenge. Wir standen alle ganz still, eng geklemmt. Mit einem Mal wurde gedrängt und geschoben, mal nach rechts, mal nach links. Angst, untergetreten und erstickt zu werden. — In der Zeit um den 23. Oktober herum träumte ich, Karl und ich arbeiteten uns durch einen ganz engen schlauchartigen schräg aufsteigenden Schacht nach oben. Ich voran, der Karl hinterher. Es war fast dunkel. Der Karl rief immer von hinten und unten, ob ich noch gar kein Licht sähe. Endlich sah ich Licht, ein ganz kleines Fünkchen, da, wo wahrscheinlich der Schacht zu Ende war. Zugleich aber wurde der Schacht immer enger, ganz qualvoll eng. Traum vom Tode?

Hab halbe Ferien jetzt. Der Ausstellung wegen arbeite ich nicht im Atelier, sondern mach dazu nötige Vorbereitungen zu Hause. Zeichne auch etwas an den Zeichnungen für Steinthal. Nach Tisch begleite ich Karl mitunter auf Besuchen. Ich lese und sammle mich wieder etwas von den beschäftigten und äußerlichen Zuständen, wie sie häufig in den letzten Zeiten waren. Heut, als ich von den Gängen mit Karl zurückkam, und es war halbes Frühlingswetter, das immer Träume macht, stand mir folgendes Altersbild vor, etwa von meinem 60. Jahr: Auf schwere künstlerische Arbeit kann ich dann nicht mehr rechnen. Karl und ich haben irgendwo in schöner Nähe — sagen wir Ferch — ein Häuschen mit Garten, Kartoffeläckerchen, wenigstens einem Hunde. Wir arbeiten im Garten und jeder für sich. Karl wissenschaftlich, ich, soweit ich es noch kann, mit kleiner Plastik und Zeichnungen. Vor allem leben wir in der Natur und mit einigen Kindern, die wir aus der Stadt für den ganzen langen Sommer zu uns heraus genommen haben. Stadtkinder. Sie besuchen die Dorfschule und tummeln sich draußen, lernen schwimmen, rudern usw. Könnten das Enkel sein — o, wie wunderschön! Können sie es nicht sein, so sind es Fremde. Geld gehört zu dem Plan, aber wir werden dann schon Geld haben. Bücher viele! Ist der Winter zu lang, dann gehen wir für einige Monate nach Berlin. Lina, die alte treue, besorgt die Wirtschaft; ein junges, nettes Mädchen, wie wir viele kennen, leitet in der Hauptsache die Kinder. Kinder etwa vier bis fünf. Das wär doch ein schönes Leben.

26. FEBRUAR 1917

Dieses Leben ist nicht eine Gesundheit, sondern ein Gesundwerden, nicht ein Wesen, sondern ein Werden, nicht eine Ruhe, sondern eine Übung. Wir sind es noch nicht, wir werden es aber. (Luther)

JUNI 1917

Wieder seit Wochen nichts aufgeschrieben. Es ist keine gute Zeit. Ich bin zerstreut. Arbeite nicht. Fühle mich unbelebt — ohne Liebe. — bin nicht bei Peter. Zum ersten Mal hat er *nichts* von Blumen am Bett. Aber im Hintergrund steht er doch und behält mich im Auge.

Am Sonntag bei Sterns gewesen. Rele war da. Sehr munter und wohl. Ich denke mir, so ähnlich frisch und etwas provozierend vergnügt muß ich gewesen sein, als ich von München kam mit dem blauweißen Kleid, den Opanken und dem selbstgemachten Hut.

NOVEMBER 1917

Es sind besetzte bunte Tage jetzt. Und selbst in den freien Stunden fühle ich mich nicht bei mir zuhause. Es fehlt mir wieder die Liebe zu den Menschen. Bin egoistisch und kalt und auf der Oberfläche. Auch die Musik geht mir nicht ein. Hab gestern Bach gehört, die H-Moll-Messe. Nur das Credo wirkte und das Sanctus. Wunderschön war: et incarnatus est spiritu sancto ex Maria virgine et homo factus est. Das war ganz geheimnisvoll und herrlich schön.

SILVESTER 1917

Zum ersten Mal allein in dieser Nacht seit 26 Jahren. Karl im Krankenhaus. Hans in Focsani, Peter fort für immer.
Ich sitze an meinem Schreibtisch in aller Stille.
Wenn es 12 ist, werde ich Wein trinken...
Und ich zu Peter? Nicht mehr so nah steht mir sein Bild, viel gelinder ist der Schmerz. Doch bin ich viel bei ihm. Freilich nicht im höchsten Sinn, wo bei ihm sein heißt gut und wesentlich sein. Nein, es ist leider so, daß der gedämpfte Schmerz, die halb getrockneten Tränen eine Dürre im Gefühl werden lassen. Ein schlimmer Zustand. Selten Kraft zu starkem Leben und auch keine Kraft und keine Lust zum Schmerz mehr. Ich komme mir oft so ähnlich dem früheren Zustand vor und hab doch gedacht, der Krieg und Peters Tod müßte mich umschmelzen von Grund auf. Es ist nicht der Fall gewesen.
Und ich und die Arbeit? Das ist ziemlich unverändert geblieben gegen früher. Da war nicht viel zu verbessern. Vorwärts gekommen bin ich freilich nicht sehr, aber das lag an Müdigkeit. Meine Stellung zur Arbeit ist nicht verändert.
Übrigens hat mein 50. Jahr mir in der Ausstellung bei Cassirer sehr Gutes gebracht. Schöne Zeiten.
Mit Karl ist es so gut. Wir haben uns lieb und wünschen, wir könnten noch lange in Gemeinsamkeit leben.
Hans, mein liebes Kind.

Die Toten: die Schwester, die liebe Schwester Julie.

Stefan Lepsius, Konrad Friedländer, Rosa Speyer, Georgs Mutter.

Unsere liebe Mutter lebt und ist in diesem Jahr 80 Jahr alt geworden. Mit Lise, Georg, Wertheimer, Conrad und Anna, Paula, Rüstows, Goeschs sind wir befreundet, mit der Kathrine Lässig, Annie Karbe, Anna Plehn. Schön war die Woche in Lubochin bei Rose und Geyso.

Julius Hoyer ist mir so nah geblieben und dem Karl und Hans näher getreten. Hans Koch ist ferner gerückt, weil er so viel mit seinen eigenen Angelegenheiten zu tun hat.

Dankbar bin ich, daß ich gesund gewesen bin.

8. JULI 1918

Mein Geburtstag. Früh in meiner Stube, d. h. Peters Stube.

Karl ist drüben in der Wohnstube und besorgt mein Geburtstagstischchen. Das Wetter ist trübe und kühl. Trübe und kühl wie schon lange mein Zustand. Käm ich aus diesem muffigen Leben heraus, das ich jetzt innerlich lebe. Diese Unkraft, stark zu leben. Eng und verschlossen und gereizt auch dem Karl gegenüber. Trocken und innerlich öde und geödet. Lise wünscht in ihrem Brief mir gute Arbeitskraft für die große Arbeit. An die denke ich jetzt schon kaum in dieser Gedrücktheit. O ja, ich wünsche mir das anders. Ich wünsche mir mancherlei — es sind alles große wichtige Wünsche.

Vom letzten Geburtstag — dem fünfzigsten — bis zum heutigen ist mir vieles gegeben. Wir drei leben noch, wenn auch Karl viel krank war. Aber Frieden ist immer noch nicht. Mit meiner Arbeit ist es sehr mäßig gewesen.

SILVESTER 1918

Heute abend wollen wir bei Sterns sein. Die fünf verflossenen Sylvesternächte waren rückwärts gewandt. Waren voll Schmerz, Trauer, Sehnsucht nach dem Frieden. Diese Sylvesternacht wollen wir nicht für uns verleben. Hans ist da. Mit ihm zusammen wollen wir bei unseren liebsten Freunden, bei Sterns, sein, gemeinschaftlich dem nächsten Jahr entgegengehn. Denn jetzt ist alles Zukunft. Zukunft, die wir hell sehen wollen, über das nächste Dunkle hinweg. Man will heut nicht allein sein, man will sich Mut machen, will Glauben bekräftigen und ausdrücken.

Dies Jahr hat den Krieg beendet.

Noch ist kein Frieden. Der Frieden wird wohl sehr schlecht werden. Aber es ist kein Krieg mehr. Man kann sagen, dafür haben wir den Bürgerkrieg. Nein, soweit ist es noch nicht trotz allem Schlimmen. 1918 hat den Krieg beendet und die Revolution gebracht. Der entsetzliche, immer unerträglichere Kriegsdruck ist fort, und das Atmen ist wieder leichter. Daß wir damit gleich gute Zeiten bekämen, glaubt kein Mensch. Aber der enge Schacht, in dem wir staken, in dem wir uns nicht rühren konnten, ist durchkrochen, wir sehen Licht und atmen Luft.

Das kommende Jahr wird ungeheuer wichtige Geschehnisse bringen. Weiß Gott, wie es heut übers Jahr sein wird!

NEUJAHRSMORGEN 1919

Heut früh am 1. Januar 1919 glänzt ein klarer Himmel.
Auf Peters Bett fällt ein Streifen Sonne.
Los und durch! Hände angefaßt und zusammengeblieben und den Blick nach vorn.

16. FEBRUAR 1919

Mir geht es *schlecht* mit der Arbeit. Bin nervös, nervös. Mir zerrinnt die Arbeitskraft und Intuition noch im Beginn der Arbeit. Wie einem Mann, dem die Kraft abgeht vor der Befruchtung.

Glaubte, im Steindruck könnt' ich's schaffen, und schaff wieder nichts. All die Zerstreuungen — Agaeff* — alles — Telephonieren — Wirtschaft usw. usw. Ruhige gesammelte zurückgehaltene Kraft müßt ich haben. Und bin so abgenutzt und elend.

19. APRIL 1919

Mit der Arbeit geht es mir wieder besser. Ich bin so froh darüber.

9. MAI 1919

Von einer Akademiesitzung kommend, ging ich die Linden runter. Es ist der zweite warme Tag, ganz sommerlich. Wunderschön war alles, der Himmel voller Licht, das Grün noch zart, alles wie verklärt. Da fühlte ich Berlin wieder mal als Heimatstadt, die ich liebe. Das Schloß und dahinter die Marienkirche. Wie lang kenn ich das alles, habs in zwanzig Friedensjahren und in vier Kriegsjahren gesehn und zur Revolutionszeit. Und jetzt, wo ein so furchtbarer Friede uns droht. Das Schloß ist noch immer nicht ausgebessert.

* Ein junger Russe

325

Der Balkon, von dem der Kaiser damals sprach, ist halb zerschossen, die Portale schlimm beschädigt. Symbol für den zertrümmerten Glanz.

Der letzte Grund, warum ich jetzt nicht glücklich bin, liegt wohl im Altern. Daß nichts mehr klappt. Ich bin unzufrieden, daß ich nicht zum Arbeiten komme, und weiß dabei, daß wenn ich Zeit und Ruhe hätte, ich auch nicht arbeiten würde, weil ich nicht könnte oder auch nur periodisch könnte. Meine äußere Anerkennung nimmt zu, man ehrt mich in allen möglichen Weisen und ahnt nicht, daß mein Arbeiten *Vergangenheit ist. Daß es war.*

Warum werde ich bloß so früh alt?

Soll ich etwas anderes vornehmen? Der Karl sagt, wenn er alt und unbrauchbar wird, dann würde er immer noch zum Messerputzen oder sowas taugen und wär damit zufrieden.

Ich bin aber nicht zufrieden. *Es frißt an mir.* Und ich langweile mich. Und finde es unerhört, die Tage so zuzubringen, wie ich sie zubringe. Und kann doch nicht anders. Übernommene, freiwillig übernommene und allmählich erwachsene Pflichten binden mich. Vor allem aber bindet und lähmt mich das gewisse Gefühl, daß ich Freiheit nicht mehr nutzen könnte.

Wenn ich nicht arbeite, gibt es immer vielerlei zu tun. Damit vergeht der Tag. Aber es ist doch ein Verschleudern der Tage.

Wenn ich aber arbeite, geize ich mit jedem Tage. Befürchte, ich könnte sterben, bevor die Arbeit geleistet. Bin dann erst eigentlich lebendig, bewußt und *gern* lebend. Dann ist mir das Leben ein Glück. Auch alles andere tu ich dann leichter und besser. Aus einem doofen Pflichtmenschen bin ich dann ein Mensch geworden, der sein Leben richtig bewertet und es gut verwaltet.

Der kürzeste Tag. Lange nichts eingetragen. Leider viel schwere verdrossene Stimmung.

Mutters Geburtstag am 5. Dezember. Morgens umarmt mich der Karl und sagt: »Wenn auch manches traurig ist mit der Mutter — Du hast sie doch noch« — Ja. Und wie nervös und gereizt gestimmt bin ich manchmal innerlich gegen sie. Gegen die liebe Mutter, die ich doch so lieb habe.

Ich habe nicht Karls grenzenlose Liebe — das ist es . . .

Was ist sonst gewesen in dieser Zeit? Mühsame Arbeit im Atelier. Das Gefühl des Alterns verstärkt durch Mutters Bild eines geistig gealterten Menschen. Es ist niederdrückend, die mitunter auftretenden irren Zustände bei ihr zu sehn. O nein, ich *will* nicht so werden. Ich will nicht. Will eher fortgehn. Und nun dies Beobachten, ob es schon einsetzt.

14. JANUAR 1920

Gesegnet sei der Kaffee. Gleich wenn ich ins Atelier komme, trinke ich jetzt immer etwas starken Kaffee und *dann kann ich arbeiten* und brauche nicht so zu dösen und die kostbaren Stunden ...

MAI 1920

Am zweiten Tage fuhren wir auf dem Schwielowsee; in einem Boot Karl, Riele, ich. Im anderen die Jungen. Vorn lag wie eine Galeonsfigur Helga im Boot, beide Arme rechts und links weggebreitet. Im roten Kleid. Dann Tom in kobaltblauer Jacke, Hans in grünem Hemd, Otty in hellblauem Kleid und Hilde wieder in hell rotem. Das Boot mit Maien bekränzt. Das Wasser war blau und bewegt, aber die bunten Farben spiegelten. Singen und Schwimmen und Lachen und Spaßen. Schön, schön.

4. JUNI 1920

Helga Bonus ist mir und Karl lieb. Sie ist jetzt länger bei uns ihrer kranken Hand wegen. Sie ist unverbildet — naiv und doch klug. Unkonventionell. Neulich war sie bei Karl Förster und sprach nachher über seine Eitelkeit, »die doch allen berühmten Menschen unvermeidlich anzuhängen pflegt«. Ich fragte sie, ob sie mich auch für eitel hielte? Sie überlegte ein Weilchen, war ein kleines bißchen verlegen und sagte dann: »Ja, manchmal kommt es mir vor, als ob Du auch etwas eitel wärst.«
Wie sehr ich manchmal eitel bin, das weiß sie noch kaum.

SILVESTER 1920

Der dumpf nervöse Zustand der letzten Zeit. Lise sagte, im Augenblick empfände man stark, aber bald läge alles Erlebte in einem Nebel hinter einem. Ja, das ist schon so. Ich empfinde auch nicht bis zu Ende, sondern flüchtig. Noch vor Jahren war das anders. Der Krieg und was er brachte, furchte tief ein. Aber schon bei Julius Hoyers Tod hatte ich das Gefühl, nicht *hinein* zu können in die Bedeutung des Geschehens. Damals sagte ich mir, daß das daran läge, daß Peters Tod mich an die Grenze meiner Möglichkeit zu empfinden gebracht hatte, daß alles, was danach noch käme, nie wieder diesen Stärkegrad erreichen *konnte.* Dieses Jahr ist an mir vorübergesaust und das Bedeutsame, das es gebracht hat, hat nur leicht gekerbt. Wenn das so weitergeht, dann treffen mich die kommenden Jahre immer flüchtiger, dann komme ich schon in die Anfangsstadien von Mutters Zustand. Vielleicht bin ich schon drin, nur ist es noch nicht so prägnant.

APRIL 1921

Tief. Tief. Tiefstand. — Ich hoffte, ich würde noch so durchkommen. Mit den Holzschnitten fertig werden bis zur Jury, dann Jury — dann eine Woche ausruhen in Neuruppin und dann könnte es wieder weitergehen. Aber nein. Schon letzte Zeit schlechtes Arbeiten und nicht mehr Gutsehenkönnen. Dann war ich krankheitsreif und wurde krank und zugleich ein Zusammenrutschen und Abfallen, wie ich es so gründlich lange nicht mehr erlebt habe. Jetzt ekelt mich meine Arbeit so, daß ich sie nicht sehn kann. Zugleich ein Versagen des ganzen Menschen. Ich liebe nicht mehr den Karl, nicht die Mutter, kaum die Kinder. Ich bin dumm und ohne Gedanken. Ich sehe nur Unerfreuliches. Die Frühlingstage gehen vorüber, ich bin stumpf. Eine Müdigkeit im ganzen Körper und eine die anderen lähmende Unliebenswürdigkeit. Wie tief ein solcher Zustand ist, merkt man erst, wenn man anfängt, sich aus ihm zu heben. Ein schlimmes Symptom ist dieses: nicht nur eine Sache nicht zu Ende zu denken, sondern auch ein Gefühl nicht zu Ende fühlen. Sobald es aufsteigt, ist es, als ob man eine Handvoll Asche raufwirft, gleich lischt es aus. Gefühle, die einem früher nah kamen, stehn wie hinter dicken, blinden Fensterscheiben, die müde Seele versucht gar nicht erst zu fühlen, weil es anstrengt. Also ein Nichts ist in mir, weder Gedanken noch Gefühle, keine Aufforderung zum Tun, keine Stellungnahme. Der Karl fühlt mich fremd — es ist mir alles gleichgültig.

Gestern im Theater »Die echten Sedemunds« von Barlach gesehen. Ein tief neidisches Empfinden, daß Barlach so viel stärker und tiefer ist als ich bin.

Etwas Schönes hab ich erlebt in diesen stumpfen toten Wochen. Das war noch, bevor ich krank wurde. Ich sah im Tiergarten ein Kindermädchen mit zwei Kindern. Das ältere Jungchen, zweieinhalb Jahre, war das sensibelste Kind, das ich je gesehen habe. Wie auch das Mädchen sagte: wie ein kleiner Vogel. Sie mochte ihn deshalb nicht. Aber das Jungchen war ganz lieblich. Auf dem kleinen Gesichtchen und in dem schmalen Körperchen spiegelten sich ununterbrochen die Eindrücke von außen. Viel Furcht, Beklommenheit,

Hoffnung, Freude bis zur Seligkeit; dann sofort wieder Angst usw. Wie ein Schmetterling, dessen Flügel dauernd beben. Rührender, schutzbedürftiger, liebebedürftiger, ergreifender, hilfloser habe ich nie ein Kindchen gesehen.

Die deprimierte Stimmung hält an. Hab heut meine Sachen in die Akademieausstellung gebracht, schäme mich aber über sie. Es ist das Wien-Plakat, die nachdenkende Frau, der Liebknecht-Schnitt, der Schnitt für E. R. und die Liebknecht-Zeichnung, auch ein Selbstbild. Wenn ich nur *ein* anerkennendes Wort von Liebermann oder einem andern hörte. Ich selbst *weiß*, daß sie nicht ganz gut sind. Sie sind teils gut. Dies Schweigen ist scheußlich. Die Arbeiten würden nicht besser dadurch, daß Liebermann sagte, sie seien gut, aber ich bin so empfindlich, so nervös, daß es mich peinigt.

Gaul soll totkrank sein.

Ich hänge neben Corinth. Der kann auch nicht mehr. Sein Motto ist: »... als ich kann.« Das ist meines auch. Aber es ist schlimm, zu fühlen, daß das äußerste, was man aufbringen kann an Kraft, so wenig gegen früher ist. Seine Landschaften sind übrigens noch sehr schön und haben Kraft.

Lederer * erzählte neulich vom jungen Barlach. Der ist vom früher glatt Eleganten allmählich gewandelt in den Einsiedler und Grübler. Den bewundere ich und beneide ich. Der hat keine Aderverkalkung wie ich oder der liebe arme Konrad.

Ein *wenig* fängt es an, in mir wieder zu leben. Nicht mehr ganz das gleiche Ekelgefühl, wenn ich an Arbeit denke.

Aber nun kommt erst die Sommerreise. Und dann Ottys Entbindung und dann wer weiß was alles.

ENDE AUGUST 1921

Könnte ich mich noch einmal zusammenfassen, ich meine jetzt gar nicht einmal in der Arbeit, sondern so: im Wesen. Es kann doch unmöglich so bleiben, daß ich so geistig flachatmig, so vordergründig, so leer lebe.

Vor einem halben Jahr — bevor wir in den Odenwald gingen — war dieses flache wesenlose Gefühl in mir noch stärker. Sind das physiologische Vorgänge? Adernverkalkung? oder geistige?

Bin ich verantwortlich dafür?

Beginn das Schwere, wo es noch leicht ist, tu das Große, wo es noch klein ist,
Denn alles Schwere auf Erden entspringt aus dem Leichten.

(aus Laotse »Vom Geist und seiner Tugend«)

* Bildhauer

Lisens kleiner Aufsatz in den Monatsheften » Vom Sinn des Alterns« ist gut. Und so wohltuend einfach geschrieben. Sie schließt damit: »Das Alter ist nicht ein Rest der Jugendkraft, sondern ein ganz Neues, für sich Bestehendes, Großes.«

Dieses neue Empfinden des Alters kenne ich, aber leider — es liegt hinter mir. Ich hatte es stärker vor einigen Jahren, als Peters Tod mich nach außen abschloß. Damals fühlte ich etwas in mir neu werden, das war das Altwerden in dem Sinn der Weiterentwicklung.

»Die ewigen Lichter fangen an zu funkeln«.

1. JANUAR 1922

Das verflossene Jahr war ein gutes und ziemlich leichtes für uns. Es hat wohl Krankheit gebracht, aber keine schwere. Es hat uns das Peterchen gegeben, das liebste, schönste Geschenk.

Es hat an Toten von uns fortgenommen: Die Tante Lina, mir den Gaul. Karl ist wieder kräftiger nach dem häufigen Kranksein und widersteht noch dem Altwerden. Was ist er für ein ganz innerst liebenswürdiger gütiger Mensch. Die kindhafte Lustigkeit, die er mitunter hat, auch gestern am Silvesterabend, kommt aus seiner unschuldigen Seele. So sehr er sich mit Skrupeln plagen kann, er ist ein unschuldiger guter Mensch. Und so recht zum liebhaben.

Nehme ich mich selbst in diesem letzten Jahr, so bleibt leider als ständiger Eindruck diese gewisse Versteifung der Seele. Das Nichtzuendedenken und -fühlen und -wollen.

Ein bedenklicher Zustand als Symptom.

Trotzdem bin ich in der Arbeit nicht schlecht weggekommen in diesem Jahr. Vier Blätter der Kriegsfolge sind ziemlich fertig. Der Holzschnitt für Else Rautenberg, das Russenplakat, das Plakat für Wiens Kinder. Alles in allem natürlich für ein volles Jahr wenig, aber wieviel Zeit verlor ich mit Karls doppelter Erkrankung, Ottiliens Wochenbett und daranschließendem Monat in Fangschleuse, den Ferien im Odenwald. Auch kurze Zeit im Frühjahr eigenes Kranksein mit langanschließendem Tiefstand körperlich und geistig.

Jetzt denke ich mir, daß, wenn ich den Kriegszyklus gut zu Ende mache und dann noch einiges, ich dann vielleicht wieder zur Plastik kommen werde. Freilich würden meine Einnahmen dann auch geringer sein und wir würden nicht mehr mit dem auskommen, was Karl verdient. Meine Miteinnahmen sind nötig. Meinen Zustand kann ich am besten damit vergleichen, wenn man eine Kupferplatte verstählt und das nicht geschickt macht. Die Striche sind wohl alle noch da — aber alle enger und flacher. Genau so reagiere ich jetzt. Verengt und verflacht. Ach, könnte man noch einmal ausgespült werden bis in die letzten Kerben, wie anders würde das Bild der Welt einem da entgegenleuchten, nicht so wie jetzt durch die erblindete Scheibe. Aber das kommt nie mehr. Ausnahmsweise mal nach ordentlichem Kaffee oder Erregungen durch Musik oder anderer Art.

FEBRUAR 1922

Ich las in Hesses *Wanderungen,* er klagt auch so sehr über das Auf und Ab. Ich müßte wirklich mal notieren die Anfänge und Enden der Pausen, wie oft sie wiederkommen und ob ein bestimmter Rhythmus darin liegt. Ich glaube kaum. Mir scheint, ich habe nur ein bestimmtes Quantum von Hirnkraft und Energie auszugeben: mach ich davon zu Zeiten reichlichen Gebrauch, dann muß ichs nachher eben büßen und mich mit dem Minus zufriedengeben, bis das Reservoir allmählich wieder vollgesickert ist.

SONNTAG, DEN 8. OKTOBER 1922

Körperlich üble Zeit bis jetzt ... Auch Zeitraubendes und Abspannendes von außen. Kati Rupp vier Tage, Fides Rüstow zwei Tage, Annie Karbe Durchreise. So wird einem Zeit und Kraft abgepflückt. Frl. Schumann auf Erholungsurlaub, Frau Sonnewald statt ihrer hier. Das ist sehr angenehm.

FEBRUAR 1923

Die Nachmittage sind übervoll. All die Briefe, Verpflichtungen, das Aufgesuchtwerden. Zum Lesen komm ich nur selten, lese von Ludwig sein Goethebuch, das mich sehr interessiert. Dieser liebe herrliche Kerl, der Goethe.

Rieve bringt weltliche Anregungen, Romanisches Café, Blauer Vogel. Die Lieder der Bilitis. Reiselust.

ENDE APRIL 1923

Zwischen dem letzt Aufgeschriebenen und jetzt liegt meine lange Krankheit. Am 24. Februar wurde ich an der Gallenblase operiert. Es war gut, denn ein paar Tage danach wäre es vielleicht zu spät gewesen und ich wäre tot gewesen. Ich besinne mich, wie Karl rechts an meinem Bett stand und Hans links und beide hielten eine Hand von mir. Ich war so müde und sprach vom Tode als etwas doch wohl Kommenden. Der Karl tat mir furchtbar leid und ich sagte es ihm; daß er allein weiterleben sollte, war schwer zu denken. Er weinte und sagte: ich komm dir bald nach. Zu Hans sagte ich: Du bist nicht mehr allein, ihr seid zu Dritt, zu Viert, da trägt es sich leichter. Auch er weinte. Die Nacht zur Operation wachte er an meinem Bett. Am Sonntag früh wurde ich im Urban von Brentano operiert, ich weiß noch, wie ich herausgefahren wurde, schon auf dem Operationswagen — links stand Lise und küßte mir die Hand zum Abschied — und dann zwischen Karl und Hans durch — da gab es noch einen Moment Halt zum Abschiednehmen — dann die Maske aufgedrückt. Ich wachte erst wieder auf, wie ich in das Bett überhoben wurde. Nachher sah ich Ottilie unten am Fußende stehn. —

Das *ganz* langsame Gesundwerden und Kräftigerwerden, die viele Liebe und Freundlichkeit der vielen Menschen. Karl, der immer nur abends kommen konnte, manchmal erst, wenn alles schon dunkel gemacht wurde, der liebe treue Hans, der fast täglich kam. Lise und Georg, Konrad, Anna, die Menschen in ihrer Freundlichkeit. Nach viereinhalb Wochen kam ich heraus, Georg holte mich und Karl im Auto ab. Zuhause das Empfangen. Die Mutter, die sich auf einen Stuhl mir gegenüber setzte und mich ansah, bis sie einschlief.

Dann wurde das Wetter sehr schlecht — dann wurde Karl noch für ein paar Tage krank — dann hatte er die Steuerarbeiten noch zu erledigen — aber seit gestern, dem 18. April, sind wir — Karl und ich — bei Annie Karbe und ihrer Freundin Lise Ebell in Neuruppin. So ganz reizend empfangen und aufgenommen. Die Sonne scheint, alles drängt in Knospen, die Amseln singen — nichts vom Berliner Lärm — Ruhe — Ruhe — Ruhe zum wirklichen Ausruhn.

1. PFINGSTFEIERTAG 1923

Für Hans schrieb ich aus meiner Kindheit und ersten Jugend etwas auf.

Alles etwas still und gedrückt. Schön war nach Monaten das erste Schlafen oben in der stillen blauen Stube. Das Gefühl: nun kann das neue Leben beginnen! Jetzt, eine Woche danach, ist das Gefühl des neuen Lebens wieder ganz kleinlaut.

Ich schiebe mich noch vor der Arbeit, weil ich noch unkonzentriert bin und so wenig Kraft, körperliche und seelische, fühle. Wage gar nicht anzufangen. Auch macht Anstrengung, selbst ganz mäßige, leicht Schmerzen an der Narbe, die wieder beunruhigend und hemmend wirken.

In einer kleinen Geschichte von Wilhelm Raabe heißt es: »Unsere tägliche Selbsttäuschung gib uns heute.«

Dem kalten regnerischen Frühling und Sommer ist seit Anfang Juli Hitze gefolgt. All das von außen Kommende: meine körperlichen Beschwerden, die unzähligen Abhaltungen, mein schweres Einstellen zu der neuen sich ergebenden Aufgabe, alles und alles zusammen hat zur Folge, daß ich künstlerisch wie tot bin. *Ganz* anders, als wie ich es mir im Krankenhaus dachte, daß mein neugeschenktes Leben sein sollte. Statt größter Konzentriertheit und Wesentlichkeit ein Sichwegtreibenlassen von dem, was der Tag bringt. Wenn ich arbeitete, hätte ich auch ein größeres Gefühl meines Wertes. Ich fühle, so kann es nicht bleiben oder ich wünsche, so soll es nicht bleiben. Denn wie ich mich zu der Kraft aufraffen soll, die all dem Quarkleben ein Ende macht und mich zu dem Wesentlichen führt, das ich von mir fordern muß, weiß ich nicht.

WEIHNACHTEN 1923

Vor Weihnachten rascher psychischer und vor allem körperlicher Abfall bei mir. Alle Beschwerden verdoppelt, geistloser müder Kopf. — Zweiten Feiertag nach dem Zusammensein bei Sterns Anfall von starkem Herzklopfen, der sieben Stunden anhält. Karl hat Angst, läßt mich von einem Professor Richter untersuchen, der sagt: kein organischer, sondern funktioneller Fehler.

Aber das Weihnachtsfest glückt. Niemand von uns ist krank. Heiligabend bei Mondschein durch tiefen Schnee zu den Kindern heraus. Es ist so schön da, weihnachtlich gut und freundlich. Liebe und Freude. Ottilie ist so froh. Sie hat dem Hans von einer Freundin die drei Kinder zeichnen lassen und Hans hat ihr vom Verleger ihr Buch »Vom kleinen Peter« geholt, das vornehm und künstlerisch ist.

19. FEBRUAR 1924

Vor einem Jahr um diese Zeit lag ich im Urban. Jetzt, wo es sich jährt, hab ich deutlich Erinnerung, *wie* ich damals die Außengeräusche empfand, die Turmuhr, die Schritte auf dem Hof, die ersten Geräusche früh um halb fünf, wenn *endlich* die Wasserheizung in Aktion gesetzt wurde nach trostloser Nacht. Diese durch die Ohren vermittelten Gefühle kann ich keinem anderen mitteilen. Sie waren vergessen — nun es sich jährt, sind sie so deutlich da.

Fürchterlicher Traum. Ich ging durch Straßen, die mir eigentlich bekannt waren und kannte sie nicht wieder, und suchte und suchte in ihnen rum und die Angst wurde immer deutlicher: jetzt geht's mir wie der Mutter, jetzt bin ich irr.

Dies Gefühl des Absterbens!

Ich allein zuhaus. Mutter sitzt auf dem Stuhl und schläft. Früher waren diese eingestreuten stillen Stunden an Sonn- oder Feiertagen wie ein Geschenk. In der Stille fühlte man *sich*, Pläne wuchsen, aufgespeicherte Kraft war fühlbar, das seltene und unvermutete Alleinsein war produktiv. Es läßt sich kaum sagen, wie anders mein Alleinsein jetzt ist. Nicht einmal ein Kaffee ruft dieses produktive Gefühl in mir wach. Ich bin allein, ja — aber ohne Fülle, ich bin allein in meiner Langeweile. Unter Langeweile litt ich schon als Mädchen. Der Großvater wollte keine Langeweile gelten lassen, er kannte sie nicht, brauchte sie nicht zu kennen, weil er einen lebendigen Geist hatte. Meine Langeweile ist geistige Abspannung, Ermüdung, Blutarmut. Ohne die würde ich mich auch nicht langweilen.

MAI 1924

Über Sonntag in Neuruppin gewesen. Karl und ich. Das war sehr nett. Dies Schlafen in dem reinen weißen Hinterstübchen, von wo man die Sonne aufgehn sieht und wo man nachts die Nachtigallen schlagen hört. Die Blütenbäume unten. Dann vormittags die Dampferfahrt. Die blonden Kinderköpfe, die der Kapitän immer oben neben sich sitzen hat. Das Ebellsche Gärtchen. Alles ist friedlich, ausruhsam und schön, man ist mit Freunden zusammen.

24. SEPTEMBER 1924

Was für Tage sind das jetzt? Sie sind von morgens bis abends ausgefüllt und alles was sie bringen, geht einen an. Einer der letzten Tage: Vormittag im Atelier Vogeler. Er kommt aus Moskau, arbeitet dort in der Kunstabteilung. Erzählt von der Vehemenz des Lebens dort. Von der barbarischen Art des Kunsttreibens, das aber nichts von Müdigkeit kennt, neue Inhalte in neue Formen gießt und brennt vor Intensität. Wie sie alles, was sie interessiert, (und das ist nur das *gegenwärtige* Leben — oder wenn das frühere — so nur das, was mit Revolution zu tun hatte) aufführen, roh und ungeschlacht, auf die Massen wirkend, mit Akrobatik durchsetzt.

Vogeler sagte, er war in Deutschland so müd und hoffnungslos geworden, in Rußland hat das Leben ihn wieder gepackt.

Habe Baudouin: Suggestion und Autosuggestion gelesen und hoffte für mich dabei zu profitieren. Mir glückt die Autosuggestion aber nicht. Anstatt daß es mir »täglich und andauernd in jeder Beziehung besser geht«, geht es wieder rückwärts. Na, es wird auch mal wieder vorwärts gehn.

5. FEBRUAR 1925

Ich will doch mal sehn, ob ein bestimmter Rhythmus in meinen Versagungszuständen ist, das wäre doch interessant.

APRIL 1925 *

La Coruna. Erste Stadt nach vierstündiger Seefahrt. An der Kaibrücke viel Volk, das lacht. In der Stadt fallen vor allem die Mädchen auf. Als ob alles fünfzehnjährige sind. Ziemlich klein, gesund und sehr hübsch. Alle hübsch, braunhaarig, Bubiköpfe, rotbäckig. Die Straßen eng, bunt. Wir werden in einen kleinen Laden geführt, wo man *hinten* zum ersten Mal den prachtvollen Wein kriegt. Bettelei. Die Kinder wollen unsere Blumen haben, danken mit graziöser Geste, wenn sie sie bekommen. Das Café an der Straßenecke dicht beim Hafen. Nur Männer dort. Die Frauen gehn nicht in Gasthäuser. Doch sind die Straßen voll von untergefaßten Mädels und jungen Männern. Gesund wirkt die Bevölkerung. Nachmittags Festvorstellung im Theater. Die Deutschen durchs ganze Theater verteilt. Nationalgesänge und -tänze. Wir sitzen oben auf der Galerie, eingequetscht. Abwechselnd spanische Nationalhymne und »Deutschland, Deutschland über alles«, das sie in viel zu raschem Tempo spielen. Die junge Frau, die das bildschöne Kind zur Musik auf dem Arm tanzen läßt. Die schönen Armbewegungen des braunroten, dicken glatten Kindes. Beim Raustragen ruft es: Viva Allemannia! Immer von neuem Viva-Rufe. Bis zum Schiff begleiten uns die Kundgebungen, immer von neuem Spielen der beiden Hymnen.

Madeira — Funchal. Früh beim Ankommen der tolle Spektakel der nackten braunen Jungens, die nach dem Centavo tauchten. Ihre fordernde Geste. Die Händler, die ihre Stickereien an Bord brachten und ausbreiteten. Funchal, erste nichteuropäische Stadt. Breiter Landungskai zum Ausbooten. Die ersten Palmen. Breite, bunte, offene platzartige Straßen mit Gaffern, Autos. Das große Eckkaffee, wo wir oft saßen. Die männliche Jugend dominiert hier.

* Auf einer von der Akademie veranstalteten Gesellschaftsreise geistiger Arbeiter

Jungens von einer Schönheit zum Küssen. Unverschämtester Bettel. Tolle Eindrücke der ersten Stunde. Prozession. Die »Engelchen« mit Flügeln. Die Reiter mit den mit Ginsterbüschen behängten Pferden. Die wunderschöne Flußbettstraße aufwärts unter Platanen. Rechterhand die wegen Ostern geschlossenen Handwerkerläden. Ochsenschlitten. *Schöne* Menschen. Tragen natürlich alles auf dem Kopf. Wir gehen wahllos die Straße aufwärts zwischen Mauern. Blumen in unglaublicher Schönheit und Fülle. Auf den flachen Dächern, an den Fenstern Mädchen, sie grüßen mit Anstand und Freundlichkeit zurück, manche werfen Blumen. Der wundervoll mit schattenden Steineichen angelegte Platz an dem breiten schluchtartigen Flußbett. Dort warten Frau Schnirlin und ich auf unsere Männer. Sie kommen mit Hallo mit Ochsenschlitten angesaust. Ausflug auf den Monte. Zurück das tolle Schlittenfahren. Man meint zu zerschellen. Alles geht gut ab. Die Führer, die mitrennen, sind unten überanstrengt, husten, es scheint eine Schinderei zu sein. Dann schleppen sie auf dem Kopf den Schlitten wieder herauf. Ganz Funchal ist gepflastert mit den kleinen runden aufrechtstehenden Lavasteinen. Furchtbar glatt und anstrengend, darauf zu gehen. Köstliche Gärten mit allen Arten Palmen, Bananen, Orangenbäumen, Kakteen usw. Mit Schnirlins im Auto nach dem Fischerdorf Connara gefahren. Ungeheuer malerisch und grauenhaft elend. Kinder entsetzlich anzusehn. Wohnungen in den Felsen gebaut.

Wir fahren mit Schnirlins und Froböses mit Auto nach Orotava auf andrer Seite der Insel. Ein junger Autofahrer fährt glänzend, trinkt nicht, ißt nicht, ist wachsam, kühn und ohne Nerven. Wir sehn zum erstenmal Kamele. Herrlich die Fahrt über Land auf die Höhe. *Wundervolle* Landschaft! In La Villa, vor Orotava gelegen, das Findelhaus, wo an der Tür Mütter ihre Kinder wie in Paris in ein sauberes Bettchen legen. Dann wird die Trommel nach innen gedreht und das Kindchen wird von Nonnen empfangen. Häuser mit sehr schönen Holzschnitzereien maurischer Art. Überall schöne Höfe, wo die Familie lebt. Der Brunnen ist da, Wein wird gezogen, Blumen, oben am Haus läuft eine Galerie entlang.

Orotava dicht am Meer. Auf dem Rückweg Botanischen Garten gesehn. Verlängerte Fahrt am Meer entlang.

Madeira mit Funchal — Teneriffa — die Häfen, das ganz Fremdorientalische in der Farbe — die Schönheit der Menschen — die Vegetation — alles regt sehr auf. Zu Zeiten fühl ich mich wie betrunken. Durchaus. Kommt dann noch dazu der herrliche Wein. Zuhause ist vergessen, man lebt im Neuen. Großer Wunsch, daß aus der Indienfahrt etwas werden möge. Auch Karl ist oft wie betrunken, von Schnirlin nicht zu reden. Früh um halb drei aufgebrochen und mit Extrazug nach *Sevilla* gefahren. Das war einer der schönsten Tage. In Sevilla waren die Ferias. Vom Bahnhof bis ins Innere der Stadt die breiten

Straßen aufs heiterste geschmückt. Und geschmackvoll geschmückt. Die elektrischen Lampenzüge mit weißem und rotem und grünem Papier bezogen. Bunteste Fahnen. Links Viehmarkt. Der lustige Auftakt etwas gestört, indem wir uns einer Führung anvertrauten, die uns einen öffentlichen Park zeigte, was mich gar nicht zu sehn verlangte. Dann ins Innere der Stadt. Herrlich. Die Kathedrale. Geheimnisvoll, groß, mystisch. Ich glaub, ich kenn keine schönere. Obwohl das Mittelschiff verbaut ist. Aber *wie* verbaut! Der Chor in Holz und Gold. Wie grandios das alles. Sogar das Denkmal des Columbus ist gut, so scheußlich ich sonst alles fand, was ich auf der Reise von Plastik sah.

13. SEPTEMBER 1925

Nein, die Depression verzieht sich wieder. Mancherlei kommt zusammen, um hochgespannte Stimmung zu erklären: Die noch in der Möglichkeit liegende indische Reise und dies vorbereitende Englischlernen, das Fertigstellen und Zufriedensein mit dem Tryptichon »Proletariat«, die Aussicht auf einige tausend Mark, die ich dafür zu erwarten habe, und die neue Aussicht auf einen Film, an dem ich mitarbeiten will und von dem ich mir Anregung und Spaß verspreche. Auch er bringt Geld und das ist sehr wichtig. Vielleicht kann Karl dann mit nach Indien. Wenn nicht, so ist das Geld zu haben doch sehr gut. Eine bestimmte Summe müssen wir haben, wenn wir nicht abhängig werden wollen im Alter. Und von wem sollten wir wohl abhängen — wer sollte uns helfen? Die Kinder haben es selbst nur gerade zum Leben.

Häufiges Sprechen über Individualpsychologie. Karl besucht den Kongreß und hört von neuem Adler. Seine Theorie ist sehr einleuchtend. Ich für mein Teil kann deutlich an mir spüren, wie sehr ich fortlaufende Achtungsbezeugungen der Umwelt brauche. Ein Versiegen meines Namens würde mich wohl sehr niederdrücken. Mein Seufzen und Stöhnen über die Lasten des Bekanntseins sind ein bißchen kokettes Gerede. Ich sollte nur mal spüren, wie das ist, wenn niemand nach mir fragt. Verwöhnt, wie ich jetzt bin, würd ich es schwer aushalten, wenn der Begriff »Käthe Kollwitz« aufhörte zu existieren, wenn der Name nicht Respekt und Anerkennung bedeutete. Wie schauderhaft muß Künstlern zumut sein, die ohne Widerhall arbeiten.

SILVESTERABEND 1925

Fing neulich an, in den alten Tagebüchern zu lesen. Bis zurück vor dem Krieg. Allmählich wurde mir beklommen zumut. Das kommt wohl daher, daß ich nur schrieb, wenn Hemmungen und Stauungen im Lebenslauf da waren. Selten, wenn alles glatt und eben war. So höchstens kurze Notizen, wenn

Hans im Gleichgewicht war, aber lange Seiten, wenn er nicht im Gleichgewicht war. So nichts aufgeschrieben, wenn Karl und ich uns zusammengehörig fühlten und beglückten, aber lange Seiten, wenn wir nicht zusammenstimmten. Gerade hierin hatt ich beim Lesen recht das Gefühl der Halbwahrheit eines Tagebuches. Sicher, was ich schrieb, hatte seinen Grund, aber nur eine Seite des Lebens, nämlich die, in der es hapert und heddert, wird festgehalten. Ich legte die Tagebücher weg mit einem erleichterten Gefühl, daß ich aus jenen Zeiten heraus sei. Doch waren es die Zeiten, die ich jetzt immer als meine besten preise, nämlich die von Mitte dreißig bis Mitte vierzig. Es war doch vieles sehr verworren damals. Dann kam der Krieg und krempelte alles um. Schmiß einen auf den Boden. Halb tot und halb lebendig kroch man ein demütiges, ganz still gewordenes, sehr mit Leid getränktes Leben hin. Ganz langsam hob man sich wieder. Neues Glück kam mit Hans, Ottilie, den Kinderchen. Immer hatte ich neben mir den Karl. Und das ist ein Glück, das mir erst in den letzten Jahren so ganz klar wird, daß ich und er zusammen sind. Jetzt haben wir uns so durch und durch lieb. Er ist auch nicht mehr derselbe wie früher, wie ich nicht mehr dieselbe bin. Manches hat er hinter sich gelassen, ist darüber rausgewachsen. Geblieben ist ihm ganz die »Unschuld«, wie Sophie Wolff es nennt. Er hat ein wirklich unschuldiges Herz, und daher kommt seine entzückende innerliche Fröhlichkeit.

1. JANUAR 1926

In der Silvesternacht waren Karl und Konrad und ich zusammen. Wir tranken Wein, tanzten zum Lautsprecher, der Karl sang Studentenlieder. Um zwölf läutete Hans an. Der Karl war mal wieder ganz, ganz reizend. Auch der Konrad war fröhlicher und ich fühlte mich sehr wohl. Ich weiß ja übergenug von all dem Elend, von den täglichen Selbstmorden, manchmal fünfzehn an einem Tage in Berlin, von der schweren drückenden wirtschaftlichen Lage. Aber das Glücks- und Dankbarkeitsgefühl für das Gute überwog und so war ich ganz froh. Es ist doch wirklich so, wie Thildi es einmal sagte: Das Schwere im Leben ist wirklich schwer, aber dafür kann das Beglückungsgefühl auch einen so intensiven Grad annehmen, daß es das andere wieder aufhebt. Und das Beglückungsgefühl stellt sich manchmal bei den einfachsten Lebensbeziehungen ein.

7. FEBRUAR 1926

Von Weihnachten bis jetzt wenig gearbeitet, ziemlich Leben auf der Oberfläche. *Wunderschöne* fünf Tage mit Hans im Riesengebirge. Wenn wir abends bei einem Weinchen in der Peterbaude saßen und er sich öffnete und von sich und Ottilie und ihrer Ehe sprach und fragte, wie wir es gemacht haben.

Karl arbeitet mit großer Anstrengung. Von einem Nachlassenkönnen mit der schweren Arbeit keine Rede. Ich verdiene ein paar tausend Mark im Jahr, lächerlich wenig für meinen Namen.

Heut am anschließenden Sonntag möcht ich endlich mal die Bilanz ziehn übers hinter uns liegende Jahr. Es ist still. Karl schläft in der Wohnstube, Konrad ist bei sich oben. Besuch nicht zu erwarten.

Ich hab etwas dies Gefühl bei dieser Jahreswende:

Wenn ein Mensch mit einem etwas benommenen Kopf eine Reihe von praktisch ineinandergreifenden Handlungen tun soll, dann hält er es schon für das Beste, ohne viel Besinnen und Umsehen loszutun — immer eins nach dem andern — das Gerüst der Handlungen hält ihn — er taumelt gewissermaßen von einem Tun ins andere und kommt durch und auch — aber immer taumelnd — zum Ziel.

Anders der mit klarem Kopf. Der gönnt sich Pausen, ruht aus, blickt zurück, hat Überblick. Aber mir geht es wie dem ersten. So bin ich auch von einem Jahr ins andere getorkelt. Mein dumpfer Kopf trommelte immer: Treten, treten, treten. Nur vorwärtskommen. 1927 wird vielleicht alles übersichtlicher.

Die Alterstraurigkeit ergreift uns alle langsam. Den Georg, die Lise, den Konrad, den lieben Karl. Mich schon lange. Wir laufen eben vorwärts, immer von einer Woche in die andere, einem Monat in den anderen und nun rüber — rasch — Hände angefaßt und Augen zu — ins neue Jahr. Ob wir's noch zu Ende leben — wer von uns — wer weiß es?

Ich bin in dem letzten Jahr in die bedeutende Arbeit für Roggevelde eingetreten. An sich wäre es nicht undenkbar, daß im nun kommenden ich sie fertigmache. Gestorben sind in diesem Jahr: Der alte liebe Onkel Julius und die Tilla. Die Geyso. Otto Schöndorffer.

Schaff das Tagewerk meiner Hände, hohes Glück, daß ich's vollende.
Hohes Glück, *wenn* ich's vollende.

Der Sommer brachte viel Zerstreuung. Mein 60. Geburtstag war sehr schön, aber ich möchte jetzt nicht viel von ihm schreiben. Nur kurz, daß Hans schon am Abend vorher da war, am 8. früh Ottilie mit dem Peterjungen, der dies Verschen aufsagte:

Heut bist du 60 Jahre alt
Denk mal — zehnmal so alt wie ich,
Und viele Leute kommen heut
Und freun sich über dich.
Wir bring'n dir, was wir können, mit
Und wolln uns mit dir freuen.
Daß du heut 60 Jahre bist,
Laß dich nur nicht gereuen.

Die ganze Wohnung hatte der Karl mit Rosengirlanden schmücken lassen. Das Demann Quartett hat Beethoven gespielt und dann kamen viele Briefe und Telegramme und Menschen. Gegen zwei Liebermann. Nachmittags die Kommunisten-Kinder und abends die Freunde. Langes fröhliches Zusammensein.

Die ganze Zeit erregte in mir — und das strahlte auch auf Karl und die Kinder aus — ein gesteigertes Gefühl von Bedeutsamkeit und Festlichkeit.

SEPTEMBER 1927

Wundervolle Wochen. Gleichbleibende vorwärtsführende Arbeit an der Figur der Mutter für Roggevelde.
Die Rußlandreise steht im Hintergrund.
Ein fast unheimlicher euphorischer Zustand schon durch Wochen.

ANFANG OKTOBER 1927

Gänzlicher Sturz mit der Arbeit. Körperlicher Tiefstand. Herzklopfen. Sehr langsames Indiehöhearbeiten.

SILVESTERABEND 1927

Im Jahre 1927 ist uns, Karl und mir, viel Gutes geschehen. Nicht nur, daß wir jetzt am Abschluß des Jahres noch zusammen sind, wir sind körperlich auch eher besser dran, als ein Jahr vorher. Wir haben beide ganz gut arbeiten können. *Alles* in Ordnung ist natürlich doch nicht, und das, was nicht in Ordnung ist, ist dies, daß wir etwas stumpfer zueinander stehen. Aber die Traurigkeit, die Alterstraurigkeit vom vorigen Jahr hat nachgelassen. Das kommt von dem Wunderschönen, das wir gemeinsam haben erleben dürfen: Im Frühling Ascona. Dann mein sechzigster Geburtstag mit all den Freuden, die er mit sich brachte. Dann Hiddensee mit den geliebten Menschen, und dann Rußland. Moskau mit seiner anderen Luft, so, daß Karl und ich wie ausgelüftet zurückkamen. Das alles haben wir gemeinsam haben dürfen und dann noch die vielen guten Stunden und Tage mit Freunden, die vielen Stunden, wo wir so nah und eins uns fühlten. Viel Glück — Danke! Danke!

Dann hab ich das große Glück gehabt, an der Figur der Mutter so arbeiten zu können, daß sie bald fertig sein wird. Gewiß auch sehr viel Ärger und Niedergeschlagenheit, besonders mit meinem Selbstporträt, aber das ist doch in der Erinnerung versunken. Und die Ausstellung in der Akademie war gut und gab mir verstärktes Gefühl meiner selbst.

Und Sterns leben noch, wenngleich der Boden etwas unter ihnen schwankt. Der Konrad lebt, wenngleich mehr gealtert als gut ist. Aber die Susanne ist gestorben. Das ist furchtbar. Auch der Theodor Stern ist gestorben, aber er war siebzig Jahre. Die Susanne aber erst 46 Jahre und hat den Erwin und den Walter.

Die Fides Rüstow ist eineinviertel Jahr bei uns. Manchmal hab ich sie sehr gern, aber manchmal ist sie mir gleichgültig.

Dies Gleichgültigkeitsgefühl ist manchmal schlimm, es überzieht die Einstellung zum Leben. Ach, wenn sehr was Schweres kommen sollte, dann wird es aus sein mit dem Gleichgültigkeitsgefühl.

Sehr viel von außen ist in diesem Jahr herangekommen, hat einen in etwas zerstreuter Tätigkeit erhalten. Nicht Zeit und nicht Lust hat man zum Graben in sich gehabt. Die Geliebten in Lichtenrade.

In der Silvesternacht sind Konrad, Karl und ich zusammen. Wir lesen einen Aufsatz von de Man. Wir sind temperiert fröhlich.

16. JULI 1929

Ein Psycho-Chirologe sagt mir heut aus meiner linken Hand, daß meine Entwicklung noch ganz im Fluß sei.

Unter anderm sagt er zu mir (er behauptet, wenig von meinen Arbeiten zu kennen und nichts von meinem Persönlichen), daß in die Zeit zwischen meinem 44. bis 48. Jahre ein allerschwerstes Erlebnis gefallen sei, das mich fast zerbrochen hätte, später aber Antrieb zu neuer Entwicklung geworden wäre.

Starker religiös-philosophischer Einschlag. Verschiedenheit der Eltern.

Nichts von der alten Lust, zu Jahresende sich mit dem verflossenen auseinanderzusetzen. Man trabt weiter.

31. DEZEMBER 1931

Unmittelbar nach dem Besuch bei Sterns wurde ich krank. Wochenlang gelegen, langsame Rekonvaleszens. Der liebe Karl. — November und Dezember hab ich in der Krankheit verdöst. Sie sind vorübergezogen, ich lag daneben, außerhalb.

31. DEZEMBER 1931

Während der Krankheit hab ich endlich Diederich geschrieben, daß er die Frauenfigur in Arbeit nehmen soll, wenn sie auch noch nicht fertig ist.

Vom Jahr 1931 bin ich etwa die Hälfte durch Krankheit und durch Krankheit bedingtes Verreistsein nicht bei der Arbeit gewesen. Dafür hab ich aber die Figuren bis zum Ausgestelltwerden fertig gemacht. Habe auch den Mann noch weitergebracht, aber die Frau hab ich nicht bis zu Ende bringen können.

1. JANUAR 1932

Vormittags kommt die Analytikerin Toni Sußmann. Hans hatte sie gebeten mit mir zu sprechen, damit sie sich eine Meinung bildet, ob eine Behandlung durch Jung bei mir noch Sinn hätte. Sie redet ab, nach Zürich zu Jung selbst zu gehn — es wäre zu anstrengend. Aber sie legt es mir nahe, zu ihr selbst zu kommen. Ich solle es mir überlegen. Auf meine Zweifel wendet sie ein, daß ihre Versuche, meine Depressionen zu überwinden, doch angenommen werden sollten. Einem Menschen mit verstauchtem Fuß gibt man eben die Hand so lange, bis er selbst wieder gehen kann.

Meine Handlinien — sagt sie — deuten nicht auf Mutters Krankheit hin.

OSTERN 1932

Seit etwa sechs Wochen geh ich wieder ins Atelier. Nahm erst kleine Zeichnungen vor. Diederich hatte unterdeß die Figur der Frau in sein Atelier in der Akademie schaffen lassen und ich nahm nun noch Korrekturen am Gips vor. Für kurze Zeit kommt das Glücksgefühl wieder, dieses Glücksgefühl, das sich mit keinem andern vergleichen läßt, *der Arbeit, der man gewachsen ist.*

Was hat man gehabt in seinen besten Zeiten und wie kurz waren die doch. Wie lang das mühsame Hin- und Herlavieren, das Gehemmtwerden, das immer von neuem Zurückgeworfenwerden. Aber all das wurde aufgehoben durch die Zeiten des Könnens und Gelingens. Jetzt ist von allem nur ein müder Abglanz.

Dann die unsagbar schwere allgemeine Lage. *Die* Not. Das Heruntersinken der Menschen in dunkle Not. Die politische widerwärtige Verhetzung.

MAI 1932

Produktiv arbeiten tu ich jetzt wenig. Es ist immer die Arbeit im Auge zu haben und alles, was mit ihr zusammenhängt. Ob ich erfolgreich ankämpfen könnte gegen die resignierende Melancholie, die mich wieder überkriecht, weiß ich nicht. Aber Karl, auch ich, wir sind so gar nicht auf der Höhe. Sind im Grunde traurig. Altwerden ist *so schwer.*

SILVESTER 1932

Konrad! Und im Frühjahr Gertrud Goesch! Und immer Sorge um den Georg und der Karl oft so geplagt. Und Lise und ich mit unserm müden Kopf und Herz.

Und dann all das Leiden im Umkreis. *Doch* könnte man positiv sehn und sagen: es ist einmal Übergangszeit — wir gehn unter, aber es kommt Neues, Besseres. Gewiß, aber mit der Müdigkeit, mit der physischen ist die psychische so verbunden. Man hofft nur noch mühsam, wenn man so müde ist.

Der Georg ist körperlich manchmal fast am Ende, aber dann geht es wieder aufwärts und er produziert, als ob er alles nachholen müßte. Ein solcher Abschluß des Lebens ist schön. *Daß* er aber vor dem Ende steht, daß auch *wir,* — Karl, Lise, ich — in ganz kurzem hin sein können, daß es naturnotwendig bald zu erwarten ist, das beschwert und lähmt und drückt. Leben wollen wir alle noch unter der Voraussetzung, daß das Leben uns und anderen noch was wert ist. Die Absolutheit dieser Forderung wird ja zu nichts unter den Händen. Alter bleibt Alter, d. h. quält und plagt und dämpft. Wenn andere dann die paar Leistungen sehen, sprechen sie von dem glücklichen Alter. Ich glaube, es gibt kein glückliches Alter. Auch Hauptmann, der so Gepriesene, ist ja nur nach der Frontseite glücklich.

Schwächliches und müdes Arbeiten an Lithos zum Tod.
Es ist, als ob mein *Herz* tot ist.
Das ist aber nicht wegen des vielen Traurigen und Beschwerenden, das man erlebt und hört. Es ist wohl das Alter. Auch Karl fühlt Ähnliches.

AUS EINEM BRIEF AN BEATE BONUS-JEEP, 1934?

... Mir schien, ich würde mich überhaupt nicht mehr aufrappeln können. Dann habe ich mich genötigt, früh gleich eine Stunde etwas Zeichnerisches im Atelier vorzunehmen, und nun ist es, als ob neues Gras zu wachsen anfängt. Es kann auch wieder eine Täuschung sein, aber vielleicht doch nicht. — *Leben* kann man ja ohne die Arbeit, aber das Leben ist ohne Saft und Kraft. Und das Gefühl von mir selbst wird immer kleiner und geringer in solchen Zeiten. Nun ja — man kann ja dies und das machen, nützliche Dinge, aber sie interessieren einen nicht. Wenn sie nicht gemacht werden, ist es auch kein Verlust. Das Leben ist ein solches Einerlei, wie es im Faust heißt: — Sonne geht nicht auf, nicht unter — So erloschen war ich. Ach Jeep, das Alter! — Nun muß ich abwarten, ob da was zu keimen beginnt, sich weiter entwickeln wird.

AUS DEN TAGEBÜCHERN

22. MÄRZ 1936

Peter heut eingesegnet. Wir waren schon früh hingefahren und waren in der Kirche. Die an sich warme Ansprache des Predigers hatte doch noch zu viel Dogmatisches an sich. Zuletzt, während Karl und ich draußen auf einer Friedhofbank saßen, bekamen die Konfirmanden noch das Abendmahl.
Dann der Rückweg in herrlichster Frühlingssonne über die Felder nach Hause. Peter sah gut aus. Etwas sehr Gutmütiges, Aufgeschlossenes und Feierliches lag in seinem Gesicht. In Lichtenrade gab es dann das schöne Mittagessen. Karl las vor, was er für Peter aufgeschrieben hatte. Gute, warme Großvaterworte.

OKTOBER 1938

Am Tage drauf* war ich wieder in meinem Atelier. Ich hatte die kleine Gruppe der zusammengedrängten Frauen, die ihre Kinder schützen, vom

---

* Nach der Beerdigung von Barlach in Güstrow

Gießer zurückbekommen. Zum ersten Mal mit einem Bronzeguß ganz zufrieden. Wie es immer ist, wenn man jemand begraben hat, um den man trauert, um den man aber nicht schmerzlich weint, war ein gesteigertes Lebensgefühl in mir.

Morgen können wir nicht mehr,
Darum laßt uns heute leben.

Alles war geweitet und gehoben. Es war sehr schön, aber es ist schon wieder vorbei.

NOVEMBER 1938

Es ist mir manchmal, als ob der tote Barlach mir seinen Segen hinterlassen hat. Ich kann gut arbeiten. Es ist wie eine konstante Erregung, die mich überkommen hat.

OKTOBER 1942

Meine Tage vergehen und fragt mich jemand, wie es mir geht, so sage ich meist: »Schlecht« — oder ähnlich. Heut überlegte ich mir das und finde, daß es mir nicht schlecht geht. Natürlich nicht gut, das kann kein Mensch behaupten. Es ist doch Krieg und Millionen von Menschen leiden darunter und ich mit ihnen. Außerdem bin ich alt und habe Beschwerden. Aber doch bin ich manchmal erstaunt, wie ich das aushalte, ohne mich ganz unglücklich zu fühlen. Denn es gibt doch an den meisten Tagen Momente, wo ich innerlich und aufrichtig empfinde: danke! Nicht nur, wenn Lebenszeichen von Peter da sind, wenn einer von Lichtenrade da ist oder Lise, sondern auch, wenn ich am offenen Fenster sitze und blauer Himmel oder ziehende Wolken da sind. Auch wenn ich hundemüde mich abends im Bett ausstrecke. Woher kommen diese eingestreuten Glücksempfindungen? Ich bin doch kein Mensch, dem ein glückliches Temperament angeboren ist.

Es geht mir eben eigentlich noch recht gut. Noch habe ich keine Dauerschmerzen, meine Augen halten noch vor, lebe mit Klara und Lina, die so rührend für Nahrung sorgt, mindestens einmal in der Woche kommt der liebe Hans, freundliche Menschen besuchen mich. Daß ich seit Monaten nichts mehr arbeiten kann, auch das nehme ich nicht so schwer, wie ich es mir früher dachte. Ja, stellenweise drückt dies sehr und macht traurig. Aber dagegen spricht etwas: das ist die Einfügung in die Ordnung. Es ist in der Ordnung, daß der Mensch auf seine Höhe kommt und daß er wieder absteigt. Da ist nichts zu murren.

Bitter ist es natürlich, das zu erleben. Michelangelo hat sich als Greis im

Kinderlaufstühlchen gezeichnet und Grillparzer sagt: »Einst war ich ein Dichter, jetzt bin ich keiner, der Kopf auf den Schultern ist nicht mehr meiner.« Aber es ist eben so.

Das muß ich aber nach wie vor sagen, daß, wenn ein Maß von Leiden erreicht ist, der Mensch sein Leben abschneiden darf. Dies Maß von Leiden habe ich noch lange nicht, nicht körperlicher und nicht seelischer Art. Auch habe ich Scheu und Angst davor, mir selbst den Tod zu geben. Ich habe Angst vor dem Sterben — aber tot sein, o ja, das ist mir oft ein guter Gedanke. Wenn nur nicht das Loslösen von den paar lieben Menschen hier wäre.

MAI 1943 *

Hans ist 51 Jahre alt geworden. In der Nacht zum 14. Mai Alarm. Es war die schönste Mainacht. Hans und Ottilie gingen lange nicht schlafen. Sie saßen im Garten und hörten einer Nachtigall zu. Nach seinem Dienst kam Hans, dann auch noch Ottilie und zuletzt Lise. Wir vier saßen zusammen. Auf seinem Geburtstagstisch hatte ich unter das Grabrelief aufgebaut die Lithographie »Ruf des Todes«, im letzten Zustandsdruck von mir überarbeitet. Dann stand da eine Zeichnung, die ich vom Karl machte, als er mir einmal vorlas. Wir saßen am Tisch in unserer Wohnstube gegenüber. Diese Zeichnung ist ihm so sehr lieb. Und dann war auch noch die kleine Radierung »Begrüßung« da, die mit dem Tag seiner Geburt eng zusammenhängt.

Josef Faaßens große Kerze leuchtete.

Am nächsten Tag früh, es war der Muttertag, war wieder Hans da und brachte einen großen Fliederstrauß aus dem Garten. Wie beglückend ist es für mich, daß dieser geliebte Junge noch da ist und mich so lieb hat.

Goethe an Lavater 1779: *Aber unsere partikularen Religionen wollen wir ungehudelt lassen. Ich bin aus der Wahrheit der fünf Sinne.*

* Letzte Eintragung im Tagebuch

Suchen und Fragen

In diesem Haus bekam die Mutter unter großen Schmerzen ihr letztes, sehr geliebtes Kind, das auf Vaters Wunsch Benjamin genannt wurde. Auch dieses Kind wurde nur ein Jahr alt und starb wie das älteste Kind an der Meningitis. Ganz starke Eindrücke habe ich aus dieser Zeit behalten. Es ist wohl kurz vor dem Tode gewesen, wir saßen um den Eßtisch, und die Mutter war gerade beim Suppeeinschöpfen, als die alte Kinderfrau die Tür aufriß und laut rief: Er bricht wieder, er bricht wieder. Die Mutter blieb still stehen und schöpfte weiter auf. Daß sie nicht vor uns weinte und aufgeregt war, empfand ich sehr, denn daß sie litt, fühlte ich deutlichst. Für mich war Benjamins Tod noch mit besonderen drückenden Seelenumständen verbunden. Ich hatte von den Eltern sehr früh die Schwabschen Sagen geschenkt bekommen, und ich glaubte an die griechischen Götter. Ich wußte wohl, es gibt einen christlichen »lieben Gott«, aber ich liebte ihn nicht, er war mir ganz fremd.

Lise und ich waren aus der Kinderstube in die Vorderstube geschickt; was Lise vorhatte, weiß ich nicht, ich saß auf dem Boden, hatte mir mit Klötzchen einen Tempel gebaut und war dabei, der Venus zu opfern. Da ging die Tür auf und der Vater und die Mutter kamen herein. Der Vater hatte mit dem Arm die Mutter umfaßt, sie kamen zu uns, und der Vater sagte, daß unser kleiner Bruder gestorben sei. (Wahrscheinlich sagte er, daß Gott ihn zu sich genommen hätte.) Sofort wußte ich: Das ist die Strafe für meine Ungläubigkeit, jetzt rächt sich Gott dafür, daß ich der Venus opfere. So wie ich zu den Eltern stand, sagte ich kein Wort, aber welch ein Druck war auf meiner Seele, daß ich an des Bruders Tod schuldig sei.

Dann lag der kleine Benjamin in der Vorderstube aufgebahrt und sah so weiß und schön aus, ich dachte mir: Nur die Augen aufmachen, dann lebt er vielleicht doch. Aber ich traute mich nicht, die Mutter aufzufordern, daß sie die Augen des Kindchens aufmachen möge und daß dann alles gut sei. Ob ich gewagt habe, die kleine Leiche anzufassen, weiß ich nicht.

Konrad und ich waren in der großen Vorderstube. Konrad stand an der Tür zu der kleinen Stube, wo die Leiche lag. Da ging diese Tür auf und der Großvater Rupp trat heraus. Das ist das erste Besinnen, das ich bewußt an ihn habe. Er war drin beim Bennochen gewesen. Als er herauskam, stieß er auf Konrad, und er sagte einige ernste Worte zu ihm, meiner Erinnerung nach solche wie: » Siehst du nun, wie vergänglich alles ist?« oder ähnlich. Die Worte waren ernste Predigerworte und vom Konrad wohl (vielleicht?) verstanden. Mir kamen sie grausam und lieblos vor.

Dann sprach der Großvater neben dem kleinen Toten und dann fuhr der Vater, wohl auch der Großvater und Freunde mit ihm die Königstraße herunter durch das Königstor auf den Friedhof der Freien Gemeinde. Die Mutter stand am Fenster und sah dem Wagen nach. Ich hatte sie so schrecklich lieb, aber ich ging nicht zu ihr hin.

AUS DEN TAGEBÜCHERN

OSTERN 1911, I. FEIERTAG

Denn am Ende des Lebens gehen dem gefaßten Geiste Gedanken auf, bisher undenkbare; sie sind wie selige Dämonen, die sich auf den Gipfeln der Vergangenheit glänzend niederlassen. (Goethe)

15. AUGUST 1915

Der Hans Sartorius ist gefallen. Ist das nun auch noch Bestimmung oder blöder dummer Zufall? Ich frage mich, was Sartorius' tun werden? Werden sie weiterleben in ihrem zertrampelten Blumengarten von Glück oder werden sie den Söhnen nachgehn?

Der Karl sprach heut von einer elenden geschundenen Frau, die aus einem früheren besseren Leben zwei Söhne hatte. Der ihr liebste fiel. Sie kam zum Karl, weinte und jammerte. Zwischenein aber immer der Gedanke an ihr eigenes Leben, das zu erhalten ihr augenscheinlich wertvoll war. Dieser Lebenstrieb, der nur in seltenen Fällen verneint wird, wird bei den Gebildeteren oft umkleidet mit Ausflüchten. Anstatt das Leben abzulegen, wenn zu hartes Unglück trifft, lebt man weiter — aber nicht, indem man spricht: das Leben ist mir immer noch das weniger Schreckliche als der Tod, sondern: ich habe im Leben noch zu tun.

So werde auch ich wohl sagen, wenn auch Hans sterben sollte. Die Probe darauf, ob das ehrlich gemeint ist, wäre, wenn ich das Leben abtun würde, wenn ich nichts mehr zu tun hätte. Ich meine jetzt in meiner Arbeit, die Zeit wird sicher kommen. Werde ich dann neue Gründe finden, das Leben weiterzuleben? Als Peter schon tot war — wir es aber noch nicht wußten — ging ich mit Hans in Potsdam. Ich sprach ihm von dem Neuwerden, dem jetzt erst Bewußtwerden des Verpflichtungsgefühls gegen sein Vaterland, dem nicht egoistischen Verpflichtetsein dem Leben. Daß das Leben einem nicht gehört, als ob man es jederzeit weglegen könnte, man dürfte das erst tun, wenn man sein Leben ganz ausgelebt hätte, wie eine Pflanze bis zum letzten Rest ihrer Keimkraft sich ausgewachsen und entfaltet hätte. Aber nur unter dem nicht egoistischen Gesichtspunkt. So aufgefaßt, ist die Weiterführung des Lebens natürlich berechtigt, es steht immer unter der Kontrolle, ob es noch Werte schafft irgend welcher Art. Wenn es keine Werte mehr schafft, kommt die Frage von neuem: leben oder sterben? In diesem Falle scheint mir das Vornehmere das Sterben.

AUGUST 1915

Susanne schickt Photographien ihres Mannes auf dem Totenbett. Der Ausdruck ist ganz groß, unirdisch, erhaben. Mir fällt Riele ein, die einmal sagte, nie beneide sie Menschen mehr, als wenn sie einen vollgemessenen großen Schmerz erfahren. Susannes Leben war ein solches, wie Riele es beneidet. Gerüttelt und geschüttelt voll das Maß von Unglück und doch ein Triumph über alles irdische Leid.

Ein »Tod, wo ist dein Stachel — Hölle, wo ist dein Sieg?«

SEPTEMBER 1915

Was ist überhaupt Ziel der Menschheit? Daß sie glücklich wird? Nein, oder jedenfalls nur nebenbei. Das Ziel ist dasselbe wie für den einzelnen Menschen. Der Einzelne erstrebt erstens Glück in gewöhnlichem Sinne, Liebesglück usw. Auf einer schon höheren Stufe steht das Glück des Sichentfaltens. Alle Kräfte zum Reifen austragen. Noch darüber das Einswerden mit Gott »bis wie eine singende Schlange einst dein Leben den vollen Schall findet im Zusammenhange«. Dies Einswerden kann in einem langen ausgetragenen Leben erreicht werden und in einem ganz kurzen. Auf die Menschheit übertragen heißt das: ihr Ziel ist über die erste Stufe des Glücks hinausgehend — keine Armut, Seuchen usw., auch über die allseitige Entfaltung der in ihr liegenden Kräfte herausgehend, daß sie aus sich heraus die Gottheit entwickelt, das Geistige.

349

Soeben haben wir Abschied von der Tante Bennina genommen. Im Krema-
torium. . . . Dies Sterben und Abschiednehmen — wie anders! Der Hans und
der Ernst weinten — es war ihre Mutter — aber der Tod war das Ende eines
nicht leichten, aber eines Lebens, das wesentlich und lebenswert war. *Dieser
Tod war in der Ordnung.*

DEZEMBER 1915

Der Ewigkeits- und Unsterblichkeitsgedanke hat zur Zeit gar keine Kraft
für mich. Der Geist in Peter lebt weiter. Wohl — aber was bedeutet mir dieser
Geist? Der große Weltgeist, der in ihn hereingefahren ist und, nachdem er
sein Haus zerbrochen hat, weiter wirkt, ist etwas Unvorstellbares. Wichtig war
diese Form, die sich bildete. Diese einmal und einzig lebende Person, dieser
Mensch. Was weiter lebt ist der Geist, aber doch nicht Peters Geist? Peters
Geist war untrennbar von seinem Körper. — Darum liegt gar kein Trost in
dem Unsterblichkeitsgedanken, nur in dem Glauben an ein persönliches Fort-
leben würde Trost liegen. Es müßte denn sein, daß man denken kann, der
große Geist verkörperte sich in einer ähnlichen Form, sodaß Verwandtes einen
anbliese, wenn man einen solchen Menschen fände. — Wenn er ein Kind hätte,
da wären Spuren von ihm. Wenn man so einfach hinsagt: »jemand sei ums
Leben gekommen« — was da für ein Sinn drin liegt: um sein Leben kommen.

DONNERSTAG, DEN 13. APRIL 1916

Ich lese mit der Kathrine abends »Das verlorene Lachen«. An einer Stelle
ist von Gottesfurcht die Rede, Keller sagt von der schönen Frau Justine: »Sie
besaß warmes, religiöses Gefühl, aber sie war in Hinsicht auf göttliche Dinge
viel zu neugierig und indiskret und hatte auch ein zu großes persönliches
Sicherheitsgefühl, um das haben zu können, was man in reinerem Sinne sonst
unter Gottesfurcht verstanden hat. Jukundus sagt dann von sich: Ich glaube
der Sache nach habe ich wohl etwas wie Gottesfurcht, indem ich Schicksal und
Leben gegenüber keine Frechheit zu äußern fähig bin.« Bei diesem letzten
kam mir Lisens Art in den Sinn. Ist ihre schweigsame, aber lebendige Art, das
Leben ihrer Kinder mit ihnen mitzuwandern, das, was Keller Gottesfurcht
nennt? Und ist es oder war es Frechheit dem Schicksal und Leben gegenüber,
wenn ich früher nicht nur daran dachte, sondern davon *sprach*, mein Leben
beliebig zu beenden? Jedenfalls meine ich, habe ich jetzt keine Frechheit mehr
Leben wie Schicksal gegenüber.

350

In Peters Stube. Dann bin ich bis Heinersdorf herausgefahren und von dort ein Stück in der Richtung nach Malchow herausgegangen. Ein Landweg mit Weiden. In einer hockten etwa fünf Jungens oben im Geäst. Links weite freie Felder. Diesen Weg ist Peter sicher auch gegangen. Ich hörte Lerchen singen. Ein so stilles Gefühl war in mir, daß ich dachte: wenn das Alter diesen Frieden mit sich bringt, dann verstehe ich, daß alte Leute aus diesem Leben nicht freiwillig scheiden. Der Jüngere, Tätige sieht nur in ihnen die verfallende Kraft, aber der Alte selbst erlebt in sich Neues, den ihn immer mehr erfüllenden Gottesfrieden. Wenn das so ist, so ist ein Stillstand nur nach außen da, er selbst hat das berechtigte Gefühl der Weiterentwicklung, das ihn davon abhält, sein Leben zu beendigen. Es kommt immer darauf heraus, daß nur das für einen Wahrheit ist, was empfunden wird. Die Altersgefühle, die noch nicht erlebt sind, sind uns noch fremdes Gebiet. Es ist in dem Kellerschen Sinne eine »Frechheit dem Leben gegenüber«, in dem Alter keinen Wert zu sehen.

17. 10. 1916

... Nun, mein Peter, das ist nun vorüber. Du hast Deine Freunde im Jenseits. »Zum Grab hinab — zum Stern hinan!« Ihr seid verbunden, die ihr euch schwurt, für Deutschland sterben zu wollen. Du bist zwei Jahre tot und bist jetzt ganz Erde. Dein Geistiges — wo? Ein solches Wiedersehen kann ich doch erhoffen, daß, wenn auch ich tot sein werde, wir vielleicht in neuer Form uns finden, wiederfinden.

Daß wir zusammenströmen. Sei nicht Du für Dich und ich für mich! Laß mich Dir dienstbar sein! Vervollkommene Deine Form durch meine! Daß Dein kurzes Erdenleben einmal — vielleicht ganz woanders — in anderer Form zur Vollendung kommt. Ich will mit dabei sein. Stoff von Deinem Stoff und Geist von Deinem Geist. Ich will mit Dir zusammenfließen wie ein Fluß in einen andern fließt, und dann *zusammen* weiter, vereinigt, stärker, tiefer, strömender. Liebster, Liebster, mit Dir zusammen! Kann das nicht sein, muß das nicht sein, daß Verwandtes aneinanderschließt? wie sich bildende Kristalle?

Wenn ich frei werde von der Erdenform, so kann meinem Geist doch nicht wie einem Dienstmann irgendeine Stelle angewiesen werden? Mein befreiter Geist sucht und bindet sich verwandten Geistern. Und die Menschen, die man hier sehr geliebt hat, die können sich zu neuer Form vereinigen. Wie dürr war mir früher dieser Trost. Das Geistige ist nicht der Mensch und *der*, der einzige Mensch, kommt so nie wieder.

Jetzt aber ist es mir schön, zu denken, daß ich mit dem Geistigen vereinigt sein werde. Aber Hans will ich nicht drüben vorfinden, Hans muß länger als ich leben, und stirbt er, so empfangen wir den Geliebten und werden eins. Und Karl? Vor mir? Nach mir? Wir wollen alle vier vereinigt bleiben.

21. OKTOBER 1916

Wenn dieses, was noch halb Wunsch, halb Vorstellung ist, wirklich *Glaube* wird, so daß ich es fühle, dann muß ich auch in diesem Leben schon etwas davon erfahren. Und tatsächlich ist ja Peters Wesen oft zu spüren. Er tröstet, er hilft bei der Arbeit. Er ist fern, wenn meine Gedanken woanders sind, ich empfinde ihn zustimmend oder ablehnend, heiter oder traurig. Ich empfinde ihn mal stärker, mal schwächer. Wenn er *da* ist — nicht sichtbar — das Geistige oder das Wesentliche von ihm, dann muß es möglich sein durch mein mehr geschultes Hinhorchen auf ihn, ihn stärker zu empfinden.

Während ich das schreibe, weiß ich nicht, ob das nicht vielleicht eine gedankliche Spielerei ist. Ob es das ist, kann ich erfahren. Das Gegenwärtigsein der Toten im übertragenen gedanklichen Sinn meine ich nicht. Ich meine, ob hier im sinnlichen Leben eine Verbindung herstellbar sein kann zwischen dem noch körperlich lebenden Menschen und dem Wesen des körperlich Toten. Ob das dann Theosophie oder Spiritismus oder Mystizismus heißt, ist mir ganz gleich. Ob es möglich ist, kann wohl jeder erfahren.

War das nicht eine Einwirkung Peters auf Hans, daß in der Nacht, in der der eine starb, der andere sich zur Sanität entschloß und dadurch dann nicht ins Feld kam? Es gibt sicher Wechselwirkungen, aber ich zweifle, ob ich mit meinen derben Fühlern sie merken kann. Mitunter habe ich Dich gefühlt, Junge, o ja, manche, manche Male. Du schicktest Zeichen. War das nicht zuletzt ein Zeichen, daß, als ich am 13. Oktober draußen war, wo Dein Denkmal stehen soll, und ich da auf der Erde saß, dieselbe Blume da wuchs, die ich Dir beim Auszug gab?

Die Theosophen sagen, man kann langsam lernen, in jene Welt hineinzufühlen. Früher sagte ich, ich wollte das gar nicht. Und sicher kann von diesen Exerzitien auch nicht abhängen, ob man einen geliebten Toten um sich empfindet. Aber damit hängt es wohl zusammen, mit dem Durchdrungensein von dem, was im »Wandersmann« gesagt wird:

Räum weg und mache Luft, das Fünklein liegt in dir!
Du flammest es leicht auf mit heilger Liebsbegier.
Du findest, wie du suchst: wie du auch klopfest an
Und bittest, so wird dir geschenkt und aufgetan.
Mensch, wo du deinen Geist schwingst über Ort und Zeit,
So kannst du jeden Blick sein in der Ewigkeit.

30. NOVEMBER 1916

Wenn ich an die allmähliche Umwandlung denke, die ich durchgemacht habe und die darauf herauskommt, daß mir als Ziel eines Menschen erscheint: wesentlich, gut, innerlich kraftvoll zu sein, so scheint mir dem entgegenzustehen das egoistische Bedürfnis des Menschen zur Entfaltung seines Selbst. Bringt das nicht mehr Kräfte zur Entfaltung? ist das Gutsein und es wollen nicht meist eine Erscheinung des Nachlassens der Kräfte? Goethe schreibt an Lavater, er wolle gut und böse sein wie die Natur. Gewiß ist es an der Zeit für den gereifteren Menschen, zu erkennen, daß Sterne am Himmel stehn, aber diese Sterne werden eben erst sichtbar gegen Abend.

FEBRUAR 1917

In der Rundschau das Tagebuch des alten Tolstoi aus dem Jahre 1898 gelesen. Es ist mir doch etwas so Fremdes, dies Leben in Christus. Doch kommt es auf dasselbe heraus, was wohl auch Großvater meint. Wie stehe ich denn? Ich will doch auch frei sein von dem, was mein wirkliches Ich hindert. Und dieses wirkliche Ich ist was? Was will ich überhaupt im Leben und was hab ich gewollt? Ich wollte mich entwickeln, d. h. mich entfalten, und zwar nicht mich, den Christenmenschen, sondern mich, die Käthe Kollwitz. Als ich den Wunsch hatte, statt der Jungen sterben zu dürfen, geschah das aus Liebe für die Jungen. Peter tat mehr, er starb nicht aus Liebe zu einem Menschen, sondern aus Liebe zu einer Idee, zu einem Gebot.

Erkenn ich denn auch ein solches Gebot an, dem gehorchend ich lebe oder sterbe, wie es gefordert wird? Wäre es nicht immer nur Liebe zu einem Menschen, daß ich seinetwegen sterben würde? Da ich lebe, nicht statt der Kinder gehen durfte — das hätte ich gern getan —, will ich mich zu Ende leben. Wieder mich, die Käthe Kollwitz. Ich will sehn, wie weit ich es in der Arbeit noch bringe.

Die Vervollkommnung im Guten, die mir mal mehr mal weniger erstrebenswert erscheint, kommt mir oft als so etwas Fremdes vor. Und als etwas, was die Farbigkeit des Individuums stört. Der Unterschied ist, daß Karl das

Gute als eine Kraft empfindet und ich mehr als etwas farblos Weiches. Kraft erscheint auch mir das Notwendige — ich weiß nur nicht, ob sie sich aus dem Streben nach dem Guten und der Liebe entwickelt?

Kraft ist das, was ich brauche, was mir einzig würdig scheint als Nachfolge Peters. Kraft! das ist, das Leben so zu fassen, wie es ist, und ungebrochen durch es — ohne Klagen und viel Weinen — mit Stärke seine Arbeit tun. Sich nicht verleugnen — seine Persönlichkeit, die man nun einmal ist, aber sie verwesentlichen. Sich verbessern — ich meine jetzt nicht im christlichen Sinn, sondern mehr im Nietzscheschen. Das Zufällige, Üble, Dumme aus sich ausjäten und das stärken, was von einem weiteren Gesichtspunkt aus gesehen von Wert in uns ist. »Mensch werde wesentlich!«

19. MÄRZ 1917

Julie * ist tot.

Ich war bei ihr. Sie liegt voll Frieden da. Da liegt die Julie. Ist sie, das ganze Gesicht und so gut. Man ruft sie und sie ist es nicht, ist nur noch Schein und Hülle. Das ist so unbegreiflich. Ihre Seele hatte diese Form gebildet, die Form scheint noch beseelt und doch ist es nichts mehr. Wie entsetzlich schwer das Abschiednehmen von einem Menschen. Vom Peter nahmen wir Abschied, wurden abgerissen von ihm, aber von ihm, dem Ganzen. Aber von seinem Körper haben wir nicht Abschied nehmen brauchen, von dieser Hülle, die so entsetzlich grausam noch die Seele in sich zu halten scheint. Unfaßbar ist das. Daß das nicht mehr der Mensch ist.

23. FEBRUAR 1918

Im Barbusse gelesen. Schrecklich, schrecklich. Ganz unerträglich schrecklich.

Ich sagte zum Karl, daß ich mir jetzt vorstellen könne, wie man als älterer Mensch an allem Fortschritt der Menschheit verzweifelt und sich darauf beschränkt, eine Art mönchischen Lebens zu führen mit den kleinen demütigen Liebesbezeugungen von Mensch zu Mensch. Denn ein Fortschritt in der Entwicklung wäre auch mit der Lupe nicht zu finden. Der Karl sagte dann etwas, was mir mit einem Mal sehr einleuchtete. Er sagte, es schiene doch so, als ob das Böse mit aufgenommen sei in dem ganzen Plan einer Höherentwicklung. Da fiel mir wieder die Bonussche Auffassung ein, die Entwicklung der Menschheit aus sich heraus. Ja, das leuchtet mir ein, dann ist das Böse, wie Mephisto sagt, die Kraft, die stets das Böse will und stets das Gute schafft. Nur daß diese

* Die ältere Schwester

354

Entwicklung auf so viele Jahrtausende vorgesehn ist, daß der einzelne Mensch
— zumal wenn sein Leben in eine solche Zeit wie die jetzige fällt — den ganzen Plan nicht übersehen kann und eben doch verzweifeln kann. Da soll der
Glaube einsetzen.

Der Karfreitag vergeht, ohne viel an diesen besonderen Tag zu denken.
Aber abends hören wir zusammen die Matthäus-Passion in der Garnisonkirche.
Es ist plötzlich ganz warmes Wetter geworden und in der Pause gehen alle
Leute draußen in der sonntäglich stillen dunklen Straße auf und ab und essen
ihre Stullen. Mir fällt wieder Hansens Verwunderung ein, daß nach diesem
Evangelium Jesus letzte Worte gewesen sein sollen: »Mein Gott, warum hast
Du mich verlassen?«

Und vorher zu Petrus dies stolze: »Meinst Du nicht, mein Vater könnte
eine Legion Engel für mich schicken? Es muß aber alles so gehen« usw.
Auch in Gethsemane: »Es sei denn, ich tränke ihn«, also vollkommenes
Aufnehmen des Geschickes, weil es so sein muß. Und dann am Kreuz diese
Worte. Als ob Jesus zuletzt doch noch auf das Wunder gewartet hat. Vielleicht
etwas Ähnliches wie das, was ich in meinen kleinmenschlichen Verhältnissen
erlebt hatte, als ich Peter gab und er fiel. Da sagte ich auch nicht, es muß alles
so sein, sondern ich sagte: Mein Gott, warum hast Du mich verlassen? Im Ge-
heimsten hatte ich wohl erwartet, ich würde nicht verlassen werden. Jesus
begriff vielleicht doch auch nicht, daß sein Vater die Legion Engel nicht
schickte, und ich begriff nicht, daß er nicht das Böckchen gnädig gewährte.
Warum wurde Abraham denn nicht beim Wort genommen, warum genügte
bei dem der Wille?

Jesus will. Aber als er am Kreuz hängt: »Warum hast Du mich verlassen?«

1923
AN DEN SCHRIFTSTELLER ARTHUR BONUS, VON DEM 1925 EIN BUCH
»DAS KÄTHE KOLLWITZ WERK« IM CARL REISSNER VERLAG ERSCHIEN

Mein Großvater starb, als ich siebzehn Jahre alt war, also habe ich ihn
noch gut gekannt und ein lebhaftes Erinnerungsbild. Ich verehrte ihn, hatte
aber Scheu vor ihm, weil ich ein schüchternes Kind war und zu ihm keine per-
sönliche Stellung hatte. Die hatten meine älteren Geschwister, vor allem mein
Bruder. Ich hatte mit den anderen Kindern aus der Gemeinde Religionsunter-
richt bei ihm, einen Unterricht, der wohl über den beschränkten Horizont der
meisten Kinder — ich mit inbegriffen — ging. Der Unterricht bestand aus Re-

ligionsgeschichte, Evangelienbesprechung und Durchsprechung der Sonntagspredigt. — Der »liebe Gott« ist uns Kindern nie nahegebracht. »Gott ist Geist, ich und der Vater sind eins«, solche Jesusworte ließen uns Gott ahnen. Lieben tat ich Gott nicht — er war mir viel zu unnahbar, aber ich hatte wohl Ehrfurcht vor ihm. Lieben tat ich Jesus.

Als ich dann von Hause fortkam und der Materialismus an mich herantrat, lehnte ich mich gegen alles, was Religion hieß, auf. Das Heinische »Hier auf dem Felsen bauen wir die Kirche von dem dritten — dem dritten neuen Testament, das Leid ist ausgelitten« — Sie kennen es —, wurde mir wirklich Überzeugung. — In den ganzen dann folgenden Ehejahren habe ich immer wieder gefunden, daß die starke religiöse Kraft des Großvaters in mir nicht mehr lebte, daß ich von ganz woanders in Streben und Zielen gespeist wurde. Bis heute weiß ich nicht, ob die Kraft, die meine Arbeit hervorgebracht hat, etwas ist, was mit Religion verwandt ist oder gar sie ist. Ich bin neugierig, was Sie da herausfinden werden. Ich weiß nur, daß es tatsächlich eine Kraft ist oder wenigstens war. Wie in allem Übrigen finde ich ja auch in diesem Punkt, daß das Alter nicht viel taugt, daß man tauber und stumpfer wird. Je höher man auf den Berg steigt, desto weniger Aussicht hat man leider, ein Dunst steigt auf, der einen um den gehofften und erwarteten Fern- und Rundblick bringt.

SELBSTBILDNIS, LACHEND, UM 1889

SELBSTBILDNIS, ZEICHNEND, VOR 1892

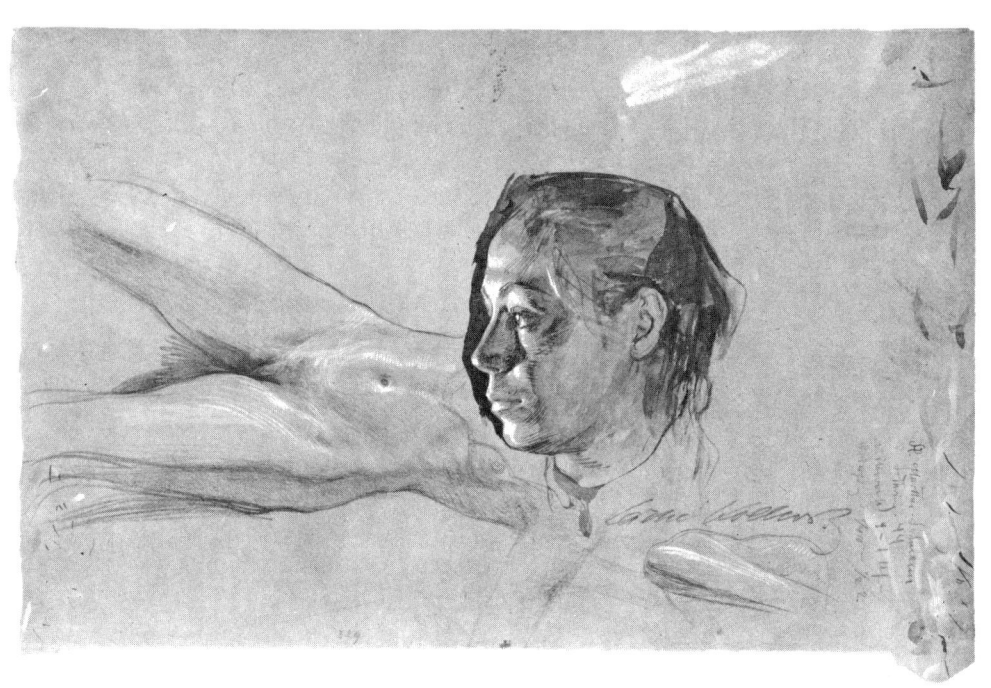

SELBSTBILDNIS MIT AKTSTUDIEN, 1900

SELBSTBILDNIS, 1923

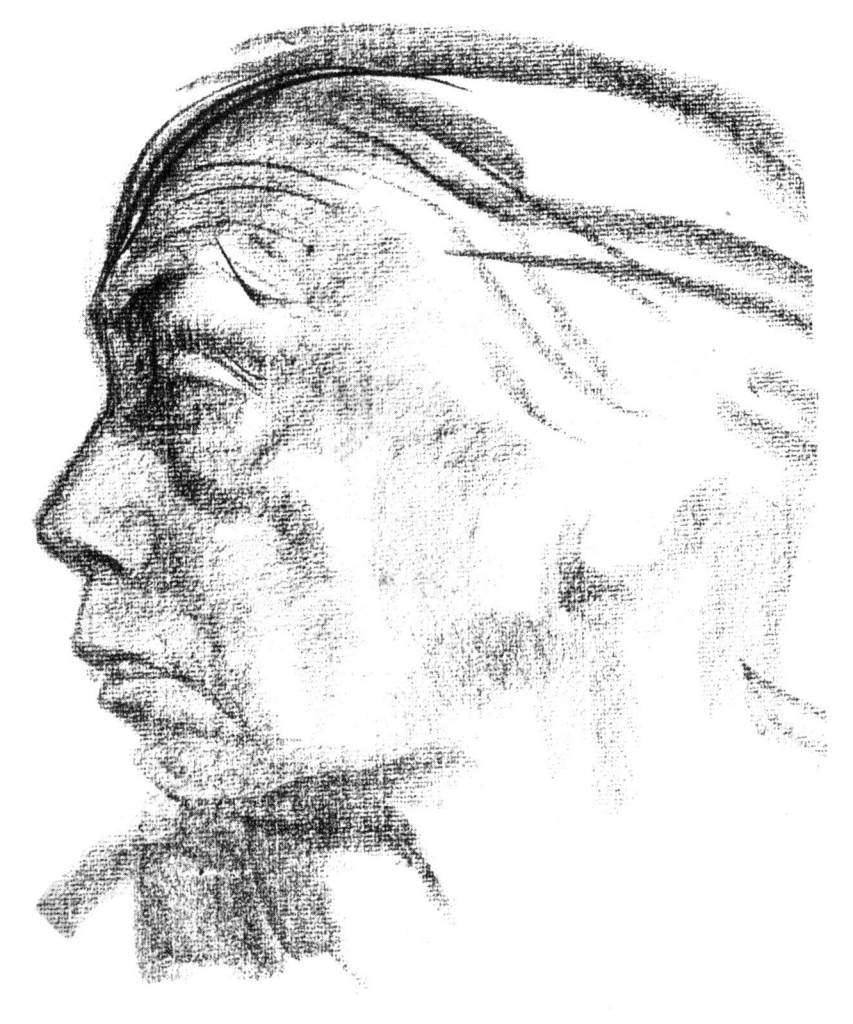

SELBSTBILDNIS, 1923

SELBSTBILDNIS, 1924

SELBSTBILDNIS, 1924

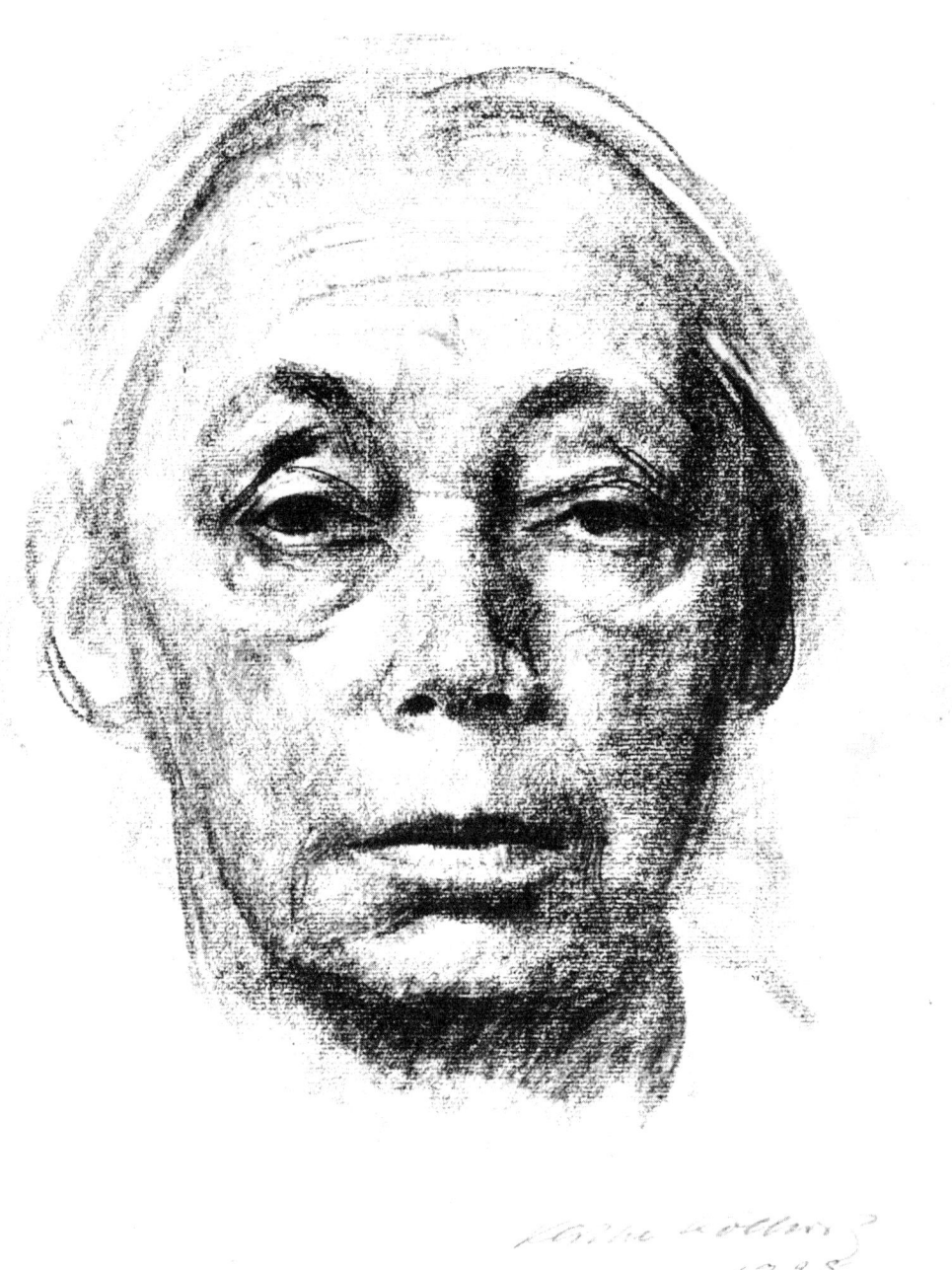

SELBSTBILDNIS, 1928

TOD
Entwurf zur gleichnamigen Lithographie von 1897, dem 2. Blatt der Folge
›Ein Weberaufstand‹

BERATUNG
Entwurf zur gleichnamigen Lithographie von 1898, dem 3. Blatt der Folge
›Ein Weberaufstand‹

ENDE
Studienblatt zur Radierung von 1897, dem Schlußbild der Folge
›Ein Weberaufstand‹

PFLUGZIEHER
Entwurf zum ersten Blatt der Folge ›Bauernkrieg‹, 1902

INSPIRATION
Entwurf zur Radierung von 1905, entstanden im Zusammenhang mit der Folge
›Bauernkrieg‹

BEIM DENGELN
Entwurf zur Radierung von 1905, dem 3. Blatt der Folge ›Bauernkrieg‹

DIE SCHWARZE ANNA
Studie zur Radierung ›Losbruch‹, dem 5. Blatt der Folge ›Bauernkrieg‹ von 1903

Aus der letzten Zeit

VON DER ENKELIN JUTTA BOHNKE

Eigentlich hatte sie immer Sehnsucht nach dem Tode. Nacht für Nacht fast träumte sie, sie sei gestorben. »Und es war so *gut!*« erzählte sie. Eines Morgens aber, als ich sie nach ihren Träumen fragte, sagte sie: »Denke nur, ich habe wieder geträumt, ich wäre gestorben, und du glaubst nicht, wie furchtbar langweilig das war. Kennst du das Gedicht von Heine: ›Und mir ist bang, ja mir ist bang, denn mit dem Auferstehen wird's nicht so recht vonstatten gehen.‹?«

Im Grunde glaubte sie wohl an keine Auferstehung, jedenfalls an kein Auferstehen in der Körperlichkeit. Friede, endlich Ruhe, das war es vor allem, was ihr der Tod bedeutete, und was sie ihn so sehnlich erwarten ließ. Sie war so müde vom Leben, daß sie den Tod ganz miteinbezogen hatte in ihr Dasein wie einen alten, nahen Freund. Vor allem an den Nachmittagen, wenn sie auf dem Balkon saß mit dem schönen Blick auf den See und den bunten herbstlichen Wald, kreisten ihre Gedanken immer um diesen einen Punkt. Das Leben galt ihr nur noch, soweit es eine Beziehung hatte zum Tode, jeder Tag konnte ihn bringen, jeder Tag führte ihm entgegen. »Kennst du die Stelle bei Goethe, wo er zu Ottilie sagt: ›Komm, laß uns vom Sterben sprechen!‹« fragte sie dann wohl, oder sie sprach ihr Lieblingswort aus der Offenbarung Johannes leise vor sich hin: »Selig sind die Toten, die in dem Herrn sterben von nun an. Ja, der Geist spricht, daß sie ruhen von ihrer Arbeit, denn ihre Werke folgen ihnen nach.«

Da war keine Erwartung des nahen Kriegsendes mehr, kein Dies-und-Jenes-noch-erleben-Wollen, nichts mehr als grenzenlose Müdigkeit, und daneben, zäh verteidigt gegen allen Augenschein, der Glaube an eine Höherentwicklung der Menschen in der Zukunft.

Nachdenklich sah sie zum Fenster hinaus, wo die Nachmittagssonne auf den Gärten am See lag und die roten Äpfel aus dem staubigen grauen Laub hervorleuchten ließ.

»Siehst du die reizenden Äpfelchen draußen? Es könnte alles so schön sein, wenn nicht dieser Wahnsinn des Krieges wäre. Sage nicht: ›es hat schon immer Kriege gegeben‹, damit überzeugst du mich nicht, Kriege wohl, aber nicht den *Krieg*. Aber einmal wird ein neues Ideal erstehen, und es wird mit allem Krieg zu Ende sein. In dieser Überzeugung sterbe ich. Man wird hart dafür arbeiten müssen, aber man wird es erreichen.«

Ich: »Du meinst den Pazifismus?«

»Ja, wenn du unter Pazifismus mehr verstehst als nur Anti-Krieg. *Es* ist eine neue Idee, die Idee der Bruderschaft der Menschen.«

Während des späten Herbstes und Winters saß sie oft lange am Fenster und beobachtete die Wolken. In ihrem großen Merkkalender machte sie sich Notizen über ihre Form und Bewegung, über den Wind und den See. Ich weiß nicht, ob sie die Sonne sehr liebte in dieser letzten Zeit, sie war ihr wohl zu hell und zu heiß, aber sie hatte ein merkwürdig gespanntes Verhältnis zum Monde. In Vollmondnächten litt sie unter Schlaflosigkeit und Unruhe trotz sorgfältigst verhängter Fenster und abends, wenn er in seiner vollen weißen Unerbittlichkeit ins Zimmer schien, drohte sie ihm wohl auch mit dem Stock und rief ihm ein grollendes »Gute Nacht, alter Feind!« zu. Ihr Verhältnis zu Dingen, zu manchen alten vertrauten Gegenständen, war von ganz starker Intensität. Da war die Goethemaske über ihrem Bett, die sie wieder und wieder, bei geschlossenen Augen, mit den Fingern abfühlte »zur Orientierung«, wie sie sagte, und in deren Betrachtung sie sich immer aufs neue versenken konnte. Eines Abends reichte sie sie mir: »Sieh«, sagte sie, »er sieht nicht glücklich aus, der Goethe. Aber ich habe mir schon lange abgewöhnt, in Goethe einen glücklichen Menschen zu sehen. Mir war er immer beglückend, von meinem vierzehnten Lebensjahr an. Unsere Eltern hatten Vertrauen zu uns, sie ließen ihren Bücherschrank offen. Wir Kinder durften uns nehmen, was wir wollten. Ich wählte mir Goethe und bin dabei geblieben. Ich habe wohl alles von ihm gelesen, bis auf die naturwissenschaftlichen Schriften. Die ließ ich aus, denn für mich hat es immer nur den Dichter Goethe gegeben.«

»Könntest du sagen, was dir von ihm am liebsten war?« fragte ich.

»Alles, alles! Nimm diese kleine Klage ›Ein alter Mensch ist stets ein König Lear...‹«

Neben der Goethemaske war da vor allem ihr Stock. Ich weiß noch gut, daß sie bis zu Großvaters Tod nie einen Stock benutzte, aber nun gehörte er zu ihr, war nicht mehr fortzudenken in seiner naturfarbenen Stämmigkeit mit dem gebogenen Griff. Dieser Stock war wie ein treuer Gefährte, der die letzten Jahre hindurch mit ihr ausgehalten hatte und ihr weiter treubleiben würde. »Du Guter, Treuer!« nannte sie ihn und gab ihm einen freundschaftlichen Klaps. Dann wandte sie sich zu mir: »Juttel, der Stock soll auf meinem Sarge liegen.« Ich antwortete nicht gleich, und sie seufzte. Später am Abend kam sie noch einmal darauf zurück: »Weißt du, man redet oft solchen Blödsinn. Natürlich nicht der Stock, aber *wenn* ein Stock, dann *dieser*.« Und das versprach ich.

Acht Zeichnungen

ERLÄUTERT VON GUNTHER THIEM

SELBSTBILD MIT DREI HANDSTUDIEN, NACH JUNI 1891

Schwarze Tuschfeder, die Handstudien auch in Bleistift, auf ungebleichtem, handgeschöpftem Bütten; 48,5 x 20 cm. Rechts der Mitte signiert: Kollwitz. — Privatbesitz.

An Käthe Kollwitz scheiden sich noch heute die Geister, aber in einem Punkt sind alle sich einig: daß sie eine Meisterin des Selbstbildnisses ist. Dort hat sie ihr Bestes gegeben, nicht weil sie egozentrisch ist, sondern weil sie erst sich selbst aufs Korn nimmt, ehe sie anklagt. Für die anderen hat sie ein Herz gehabt, mit sich selbst war sie unerbittlich. Während ihr soziales Engagement diskutiert wird und der Ernst ihrer Themen viele abstößt, bezwingt sie im Selbstbildnis unmittelbar. Mit prüfendem Blick stellt sie den Menschen und läßt ihn nicht mehr los. Die im Frühwerk sonst zu beobachtenden Reflexe von der Kunst ihrer Zeit, von Menzel, Leibl, Klinger, fehlen in den unbestechlichen »Selbstbildern« wie sie ihre Selbstbildnisse eigensinnig zu nennen pflegt; die sind in der menschlichen wie künstlerischen Sprache frei, autonom.
Ihr Federstrich ist hier eminent graphisch. Es ist der bei dem Schweizer Kupferstecher Stauffer-Bern in Berlin erlernte Linienstrich, dessen Präzision der Schärfe ihrer Beobachtung entspricht und dessen Verve der Kraft ihres Ausdruckswillens entspringt. Seine Kargheit, sein Verzicht auf alle malerische Stimmung, machen das Emanzipierte dieses Porträts aus, es ist für seine Zeit, für das deutsche Fin de siècle kühn in seiner Absage an das Klischee von der bürgerlichen Frau, provozierend in seinem Anspruch, in seiner Unbedingtheit.

377

Ihre zeichnende rechte Hand, die vor ihren Augen das Selbstbild vollbringt, hat die Künstlerin dreimal zusammen mit ihrem Gesicht auf diesem Blatt festgehalten, nicht etwa die passive linke, die doch ein bequemeres Modell gewesen wäre (und man weiß, daß Käthe Kollwitz nicht Linkshänderin war wie z. B. Menzel). Es ist nicht ohne ein gewisses Pathos, wie über ihrem Kopf Arm und Hand sich ausstrecken und wie unten die Finger einen Stab umklammern; das ist mit Hilfe des modellierenden Stiftes kraftvoll rundend erfaßt, während in der Mitte die Feder gleichsam sezierend das Feinnervige der Hand erspürt.

Das burschikose jugendliche Gesicht und der Zeichenstil lassen keinen Zweifel darüber, daß wir eines der frühen Bildnisse vor uns haben, aber der Ehering am vierten Finger bedingt, daß es nicht vor der Verheiratung der im Juli 1867 geborenen Käthe Schmidt mit dem Arzt Dr. Karl Kollwitz im Juni 1891 entstanden sein kann, also kaum vor ihrem 25. Lebensjahr. Was für geniale Ansatzpunkte sind hier, die vorweisen auf die Kunst des 20. Jahrhunderts! Auf den frühen Picasso sei hingewiesen, der sich im gleichen Alter (1904/05) einer ähnlichen Zeichentechnik von Strichlagen wechselnder Dichte und Plastizität bediente, oder an Kokoschka, dessen 1907 einsetzende Bildnisse das hier gebändigte, existentielle Element psychologisierend steigern. Andererseits nimmt die Künstlerin jene von der Renaissance ausgehende Tradition des europäischen Porträts auf, das die Erscheinung des Menschen auf Gesicht und Hände konzentriert.

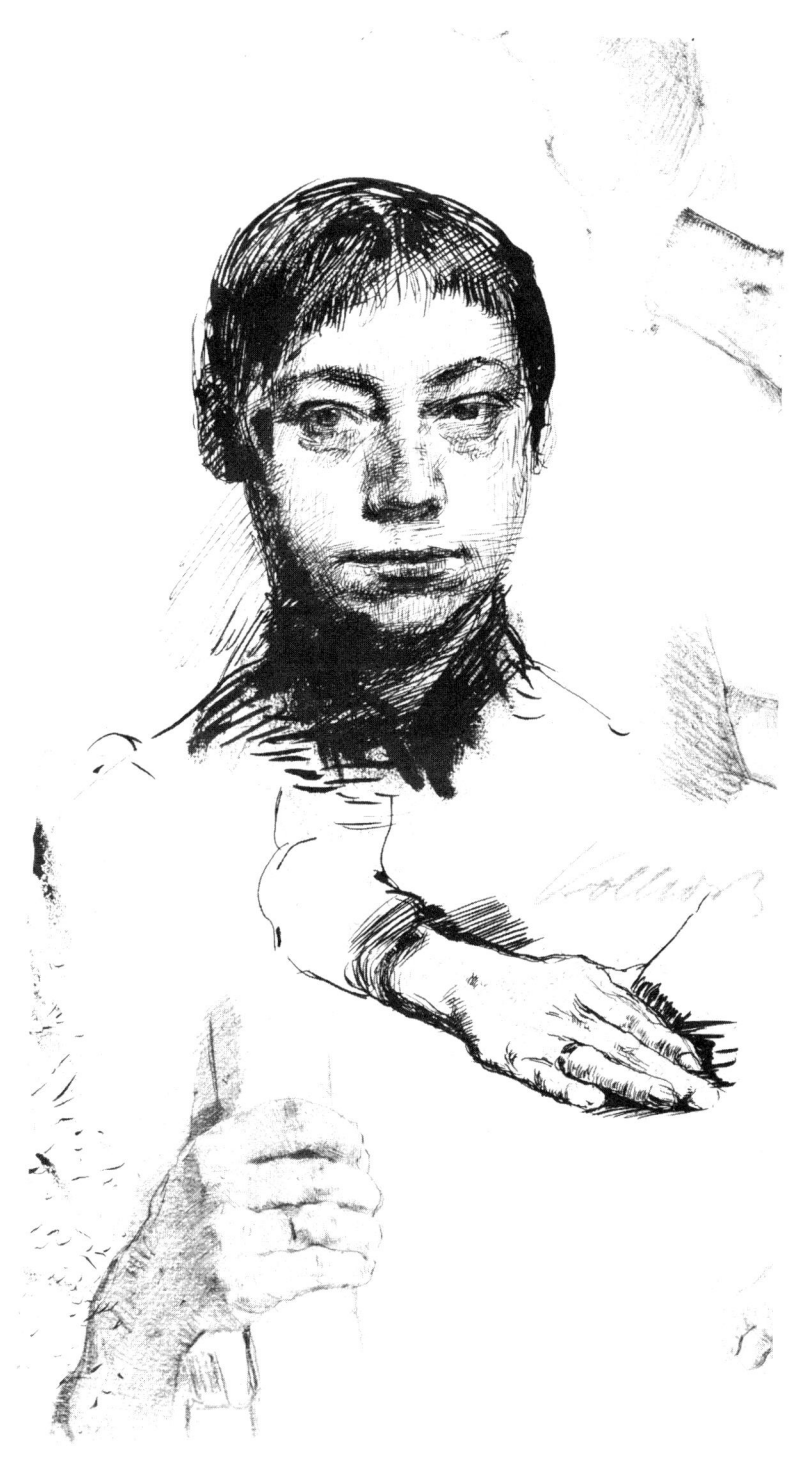

Über Bleiskizzierung Tuschfeder und Pinsel, zum Teil farbig laviert und weiß gehöht, auf drei zusammengeklebten Blättern 32,6 x 93 cm. Mitte unten der Titel: DAS LEBEN, rechts unten signiert: Kollwitz. — Privatbesitz.

Henri Matisse, der 1869 geborene Zeitgenosse von Käthe Kollwitz, malte zu Beginn des Jahrhunderts seine große Komposition »Joie de vivre« — Lebensfreude, als Ausdruck der das »Fin de siècle« hinter sich lassenden neuen Zeit; sie hatte auch andere Seiten, wie sie Edvard Munch im »Lebensfries« (seit 1890) und Pablo Picasso in dem Gemälde »Das Leben« (1903) beschworen haben. Käthe Kollwitz zeigt die sozialkritisch revolutionäre Schattenseite. »Zertretene« heißt die nach diesem Entwurf gefertigte Radierung.

Daß die Künstlerin zum Triptychon greift, jener auf die mittelalterlichen Wandelaltäre zurückgehenden Bildform, die von K. Lankheit unlängst mit Recht als Pathosformel charakterisiert wurde, betont das Gewicht ihres Anliegens. Als Vorstufe des Mittelbildes entstand 1896 das Schlußblatt für den Zyklus »Ein Weberaufstand«, das sie überschrieb »Aus vielen Wunden blutest Du, oh Volk«; es wurde schließlich dem Rat eines Kunstkritikers folgend ausgeschieden. Auch in der neuen, hier vorliegenden Fassung ist die Künstlerin noch in Vorstellungen des späten 19. Jahrhunderts befangen, glaubt noch nicht an die Aussagekraft ihres Realismus, wenn sie ein letztes Mal die überkommene, aber überalterte Form der Allegorie bemüht.

Wer ist der im Mittelbild liegende männliche Leichnam, dem eine vornübergebeugte Gestalt die Hand auf die Brust legt? Nach der kunstgeschichtlichen Ikonographie müßte es Christus sein. Das Urbild ist das berühmte Basler Gemälde des jüngeren Holbein von 1521, auf das noch Max Klinger in der Radierung »Der Tod als Heiland« von 1888 und in dem Gemälde »Pietà« von 1893 zurückgreift. Wie aber verträgt sich das mit jener gebeugten Gestalt, deren stützendes Schwert als Symbol· der Gerechtigkeit zu denken ist? Den Schlüssel gibt uns die in der Slg. Harmsen aufbewahrte Vorzeichnung zur ersten Fassung des Mittelbildes von 1896, dort trägt die Figur der Gerechtigkeit einen Heiligenschein und zwei gefesselte weibliche Akte flankieren den Leichnam; diese drei vertreten, wie die Überschrift besagt, das Volk, das leidende, dem Gerechtigkeit widerfahren soll. —

Im linken Flügel wirkt die Verkörperung von Not und Schande der armen

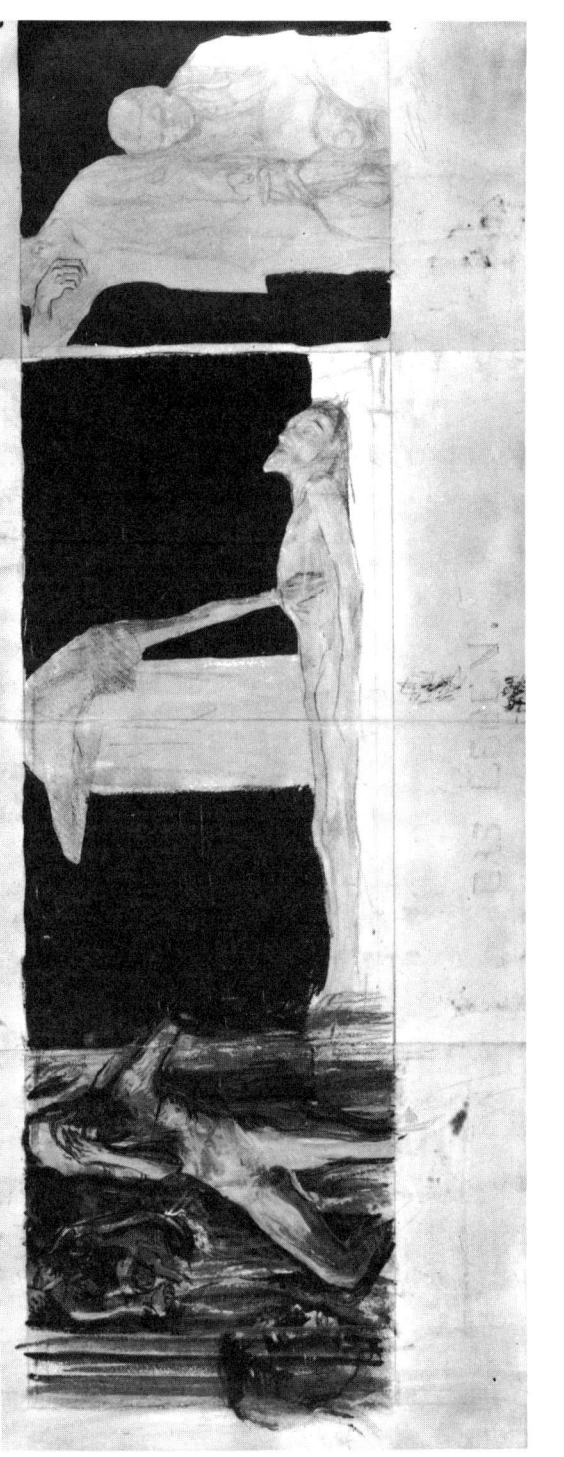

Frau unmittelbar durch den Ausdruck; die Künstlerin identifiziert sich damit, indem sie ihr Selbstbildnis im scharfen Profil hineinstellt. Es gibt noch eine Einzelstudie dazu, die ihr Gesicht wie in einen Lichtschein getaucht darstellt und die keinen Zweifel darüber läßt, daß sie es ist, die »Das Leben« so sieht. Wie ernst, nein hoffnungslos, sie — die selbst Mutter zweier Kinder war — es für viele ihrer Mitmenschen gesehen hat, damals 1900 im tiefsten Frieden, den wir uns leichtfertig als allgemeinen Wohlstand vorstellen, demonstriert der realistische rechte Flügel. Er konfrontiert uns mit der nackten Existenz der »Zertretenen«. Vor dem schwarzen Grund fällt eine steile Diagonale vom Nacken des sein Gesicht verbergenden Mannes über die Schulter zum gesenkten Kopf der Frau, an deren eingefallener Gestalt sie es senkrecht abbricht. Es bedürfte nicht mehr der Schlinge neben dem Oval des Kinderköpfchens im Schoße der Mutter, um die Ausweglosigkeit zu kennzeichnen.

Das ganze Werk bleibt der kühne Versuch, in alte Formen einen neuen Gehalt zu gießen. —

Kohlezeichnung, vielfach gewischt, links mit schwarzer Tusche und grünem
Pastell hinterlegt, die Gesichter weiß gehöht, über der Stirn des linken Auges
gelbe Wischer. Bräunlich grauer Zeichenkarton mit unregelmäßig gerissenen
Rändern, größte Maße: 51 x 63,5 cm. — Unten rechts signiert: Kollwitz. —
Graphische Sammlung Staatsgalerie Stuttgart.

Der Schein einer unsichtbaren Lichtquelle fällt auf ein im Dunklen schla-
fendes Kind; er rückt es uns in seiner Kreatürlichkeit bedrängend nahe, aber
eben diese Nähe des versunkenen Geschöpfes offenbart unsere Ferne von seiner Welt. Wie ein Reflex von ihr, der noch ungehobenen, mehr geträumten
als bewußt gelebten, ahnungsvollen Welt, ist das schwarz überschattete Grün,
auf dem Kopf und Schultern des Kindes wie schwebend ruhen. —
Angelegt war diese Zeichnung als momentane Studie, doch wurde bei ihrer
Durchführung, die mit den oben beschriebenen Techniken eine ungewöhnliche,
auch farbige Bereicherung erfuhr — daraus ein Bild. Die Ganzheit und Logik,
die wir von einem Bild gegenüber einer Studie erwarten, wird hier nicht durch
das Fehlen der Beine des halbwüchsigen Kinderaktes oder durch den frei in
die Fläche gesetzten, in leichter Drehung wiederholten Kopf beeinträchtigt,
im Gegenteil der Verzicht auf die Beine einerseits und die Verdoppelung des
Kopfes in vergrößerter Projektion andererseits bewirken das Bildmäßige der
Komposition und steigern ihre Aussage; es sind künstlerische Mittel, nicht
Zufallsergebnisse. Käthe Kollwitz nimmt sich wie alle Großen die Freiheit, das
für ihre Zwecke unerhebliche zu ignorieren, sie hatte Liebermanns geflügel-
tes Wort begriffen, daß Kunst im Weglassen besteht. Hier ist eine Skizze zum
Bild geworden, weil sie im Vollzuge des Festhaltens einer Beobachtung einen
tiefen, in Worten kaum erfaßbaren Bereich der menschlichen Existenz erreicht und in adäquater Form ans Licht gehoben hat. —
Das mit malerischen Mitteln bereicherte Helldunkel ist typisch für die
Frühzeit der Künstlerin, die als Malerin in München begonnen hatte. Das
genaue Entstehungsdatum der Zeichnung ist durch eine andere, 1903 datierte
Fassung fixiert; damals hatten die Vorarbeiten zu dem zweiten großen Zyklus
nach dem »Weberaufstand« begonnen, zum »Bauernkrieg«. Das sechste Blatt
davon heißt »Schlachtfeld«, aber zeigt etwas ganz anderes als der Titel und
die vaterländische Historienmalerei jener Zeit erwarten lassen: eine gebeugte
alte Frau, die des Nachts mit der Laterne auf dem Schlachtfeld ihren gefallenen Sohn sucht. Wahrscheinlich ist unser Blatt im Hinblick auf dieses Thema

entstanden. Damals gelangen Käthe Kollwitz auch so große Würfe wie »Die schwarze Anna«, die erste Fassung von »Mutter mit totem Kind« und die »Pietà«, zu der sie ihren später gefallenen Sohn Peter als Modell nahm.

Kohlezeichnung auf Maschinenbütten mit dem Wasserzeichen MBM,
67 x 47,5 cm. Signiert unten rechts: Käthe Kollwitz. — Privatbesitz.

Das ist ein neuer Klang im Menschenbild der Künstlerin, eine helle Fanfare: statt Schicksalsbeladenheit Selbstgefühl, statt Gram Trotz; nicht gebeugt wie die »Weber«, sondern aufrecht, nicht zertreten, sondern stolz. Dazu der offene, wie befreit federnde Strich, jeder sitzt. Ganz achsial, ganz frontal tritt uns der Arbeiter entgegen, ganz Gegenwart, er läßt die Hände in den Taschen, er ist selbst ein Herr. Kraft steckt in ihm, sie spielt in den verschieden gewinkelten und belichteten Armen, steigt in die hochgezogenen Schultern, verfestigt sich in dem gedrungenen Hals und bricht dann förmlich aus den hellen Augenhöhlen. Woher kommt dieser frische Wind?

Im Alleingang hatte Käthe Kollwitz 1903 eine in Deutschland alle überragende Höhe erreicht — die Impressionisten konnten ihr nichts bieten, die Expressionisten gab es noch nicht! — Dann aber läßt eine größere Gruppe von Zeichnungen, zu denen diese gehört, unmittelbare Berührung mit französischer Kunst verspüren. »Paris bezauberte mich«. Das war 1904. — Das neue Ethos des Arbeiters, wie es aus diesem Bilde spricht, wird sie in den damals schon Aufsehen erregenden Skulpturen des Bildhauers Constantin Meunier begeistert haben. »Für den Schluß dieser Reise hatte ich mir aufgehoben, über Brüssel zu fahren, um den schon sehr betagten Meunier aufzusuchen. Leider kam es nicht dazu. Paris hielt mich fest bis zum letzten Abend. Meunier starb, ich habe ihn nicht mehr gesehen«, schreibt sie in »Rückblick auf frühere Zeit«. Ähnlich erging es schon einmal einem anderen der großen deutschen Zeichner, dem jungen Albrecht Dürer; er wanderte nach Straßburg, um Martin Schongauer, sein verehrtes Vorbild, zu besuchen, aber er traf ihn nicht mehr lebend an. Dennoch war er sein Lehrer. Denn die Kunst bedarf zur Vermittlung nicht des Wortes, sondern nur des Auges.

Herkunft, Schicksal und Veranlagung haben Käthe Kollwitz zur l'art engagé bestimmt, d. h. zur Verwirklichung ihrer Maxime »Ich will wirken in dieser Zeit, in der die Menschen so ratlos und hilfsbedürftig sind«. Das macht den Adel ihrer Menschlichkeit aus, den man nicht politisch mißbrauchen sollte. — Aber nicht so sehr ihre heute oft fern gerückte Thematik ist es, die immer wieder ergreift, sondern allein deren künstlerische Bewältigung: die überzeugende Form, die dem Ergriffensein abgerungen wurde. Befreiende Impulse und Sinn für das zwecklos Schöne verdankt die etwas schwerblütige Königsberger Künstlerin dem l'art pour l'art Frankreichs. »Zweimal war ich bei Rodin«. Auch Theophile Steinlen, »den Zeichner für l'Assiette au Beurre«, eine avantgardistische Zeitschrift, besuchte sie. Und damit war sie im Bannkreis des jungen Paris, den auf Gauguin fußenden Nabis einerseits, der Picasso-Bande in Bateau Lavoir andererseits. — Noch eine andere Deutsche, eine jüngere, frühvollendete, atmete damals in Paris auf: Paula Modersohn-Becker.

Kohlezeichnung auf bräunlichem Büttenpapier mit dem Wasserzeichen ICA-France; 63,5 x 47,6 cm. Bezeichnet unten rechts: Kollwitz / Leidendes Volk. — Privatsammlung.

Der Duktus dieser Zeichnung ist von einer Freiheit wie nur bei den großen Meistern; er erreicht jenen Grad der Vereinfachung, der ebenso den Charakter des Altmeisterlichen wie den des modern anmutenden ausmacht. Zuerst ist man von der Harmonie des wie gewachsenen Liniengeflechtes betroffen, ehe sich die Frage nach der Darstellung, nach dem Thema einstellt. So allgemein gültig, wie es die Künstlerin, die eine vorzügliche Stilistikerin der Sprache war, in der Unterschrift formuliert hat (nicht »Das leidende Volk«, sondern »Leidendes Volk«), gewinnt es auch Gestalt; nicht aktuell zugespitzt, sondern zurückgenommen, übersetzt in die Ausdruckswerte der Linie. Wo das gelingt, bleibt die innere Aussage über den Anlaß hinaus verständlich, zeitlos (hier stehen erster Weltkrieg und Zusammenbruch im Hintergrund).

Der Strich deutet das Einzelne mehr an als daß er es festlegt; wo er nicht von einer Figur zur anderen übergeht, vermitteln gewischte Töne. Unbegrenzt läuft die lebende Mauer nach beiden Seiten fort und bezieht uns mit ein in ihr Leid. Zum Mauerhaften gehört auch die Isokephalie und zum Lastenden der Doppelstrich unmittelbar über den gebeugten Köpfen. Hingegen ist die Zeichnung nach unten hin offen; daß sie nicht ins Bodenlose versinkt, bewirkt ein dunkles Schwergewicht am linken Rande. — Löst man die Komposition einmal in ihre vier Hauptgestalten auf, so erkennt man die psychologische Differenzierung in der Gemeinsamkeit des Schicksals. Erschüttert läßt die Junge links die Arme sinken, doch geht von ihr nicht die Hoffnungslosigkeit der Zertretenen rechts aus. Aktiviert in aller Niedergeschlagenheit sind die bergenden Mütter in der Mitte. Da steht ein halbwüchsiger Junge, als wolle er diese Klagemauer mit seinem runden Schädel durchbrechen.

Wie unmittelbar spricht hier das Thema durch das brennende Mitleid der Künstlerin. Wie anders als um 1900, wo sie in dem Triptychon »Das Leben« dem leidenden Volk ein Denkmal setzen wollte, und als 1912, wo sie für die Lithographie »Märzfriedhof« eine Reihe von Arbeitertypen charakterisierte. Hier spricht nur das rein Menschliche. Das Elementare hat die Reste des Literarischen und damit die konventionelle Formgebung der Künstlerin gesprengt. Keine Akte mehr, keine Typen, sondern Menschen — wie nach einem Schiffbruch aus dem Wasser gezogen. —

Kohle gewischt auf gelblichem Papier, das durch ein Fixativ bräunlich gesprenkelt ist, 49,5 x 69,8 cm. — Graphische Sammlung Staatsgalerie Stuttgart

Von einem hohläugigen Trommler fasziniert sinkt eine anstürmende Welle junger Menschen in sich zusammen. Ohne Klage, ohne Aufschrei, nicht sehenden, sondern geschlossenen Auges, rein in der Hingabe. Einander umgreifend sind die Leiber in eins verschmolzen, schemenhaft entschwert trägt sie statt der Beine ein Wellenband. Alles liegt in den ersterbenden Gesichtern, hinsinkend vorgestreckt oder taumelnd zurückgeworfen. Immer mehr dem Dunkel verfallend bricht die Woge an der jähen Wendung des Trommlers: »Es ist ein Schnitter, der heißt Tod, . . .« —
Diese große Zeichnung ist der erste, als Steindruck konzipierte Entwurf zu einem der Blätter der graphischen Folge »Krieg«. Jedoch entschloß sich die Künstlerin dann unter dem Eindruck der Holzschnitte Ernst Barlachs, die sieben Darstellungen zum »Krieg« in Holz zu schneiden. Das erforderte neue, dem Schwarzweißkontrast dieser Technik entsprechende Entwürfe in Tusche und in Weißhöhung für die Korrekturen: von großer Durchschlagskraft im expressionistischen Sinne, aber von geringerer Sensibilität. Im Bereich der Kunst hält diese auf die Dauer mehr stand; das feinere Medium ist durchdringender als das Wuchtige. Wenn sich die Künstlerin im ersten Wurf der unreflektierten Kraft des Lyrischen überlassen hat, wie hier, überwältigt sie am meisten.
Der Krieg und die Nöte der zwanziger Jahre in Deutschland haben Käthe Kollwitz immer mehr der l'art engagé verpflichtet und ihr dabei neue künstlerische Leistung, aber auch Opfer abverlangt. 1914 war der ob seiner musischen Begabung besonders geliebte Sohn Peter gefallen. Damit vollzog sich in bitterer Wirklichkeit, was sie als Künstlerin seit mehr als einem Jahrzehnt zu bewältigen versucht hatte: das Ringen mit dem Tode um das Kind. Aus einem Brief an Arthur Bonus wissen wir, daß in dieser Komposition derjenige, der dem Trommler Tod am nächsten steht und sich ihm zuwendet, der Sohn Peter sein soll; er stellt ihn nicht dar, aber er ist mit ihm gemeint. Er bildet mit dem Tod gleichsam ein Paar, das als Bild für sich allein bestehen könnte; die anderen beiden sind loser mit ihm verkettet. Aber alle sind Kameraden — des Todes. — Hier hat für die Künstlerin vielleicht der Weg begonnen, der sie zu dem kaum verborgenen späten Selbstbild »Frau vertraut sich dem Tode an« geführt hat.

Kohlezeichnung gewischt auf grauweißem Papier 64 x 48 cm. Signiert unten links: Käthe Kollwitz. — Privatbesitz. Entwurf zu der gleichnamigen Lithographie (Oeuvrekatalog von Klipstein Nr. 249).

Der von der Lithographie übernommene Titel der Zeichnung ist fast schon zu laut, zu viel für soviel Lautlosigkeit. Es ist ja nur jemand eilends vorbeigegangen, den nur einer, der ihn schon erwartete, bemerkt hat — und er wird ihm folgen. Noch sitzt er auf seiner Bank, aber er stützt sich schon auf ihren Rand und seinen Stock, um sich zu erheben. Die Last des Alters liegt zwar in der Unbeholfenheit des Körpers, aber die Erdenschwere ist ihm schon genommen, — nicht zufällig sind Kontur und Binnenzeichnung bis zur Transparenz verwischt. Das Transitorische dieses stillen Dramas kulminiert in dem etwas entgeisterten Gesicht mit den weit aufgerissenen Augen, gleich wird es die Maske des Todes sein. — Auf diesen Übergang zwischen Sein und Vergehen deutet die Komposition, die nicht achsial, sondern exzentrisch angelegt ist. Der Alte sitzt nicht in der Bildmitte, sondern in der linken Hälfte, deren Außenkante den Vorübereilenden bis auf die Rückenlinie und den sich abhebenden Fuß überschneidet. Die Achse des Bildes trifft gleichsam ins Leere, sie bindet weder den Tod noch den, den er gerufen hat.

Konrad, das ist der ältere Bruder der Künstlerin, ihr zeitlebens eng verbunden, »er verkehrte viel beim alten Engels«, dem Freunde von Karl Marx, heißt es von ihm in »Rückblick auf frühere Zeit«, er war Redakteur des Berliner »Vorwärts«; als seine Schwester 1884 erstmalig nach Berlin kam, besuchte er mit ihr den jungen Gerhart Hauptmann, dessen »Weber« sie später zu der ersten berühmten Folge »Ein Weberaufstand« inspirierten, und als sie 1885 nach Berlin übersiedelte, um bei Stauffer-Bern zu studieren, führte er, der erklärte Sozialist, sie an die Gräber der 1848 gefallenen Revolutionäre.

Aufbegehren gegen Not und Tod, das ist das große Thema der Künstlerin von jener Frühzeit bis zu dem Zyklus »Tod« von 1934. Seit ihr der Krieg den geliebten Sohn nahm und sie alles daran setzte, ein seines Opfers würdiges Mahnmal zu schaffen, erscheint der Tod nicht mehr nur als der reißende, raubende, sondern auch als der in seinem Schoß bergende, als Freund, dessen Hand zu ergreifen man willens ist. — Am 25. 11. 1934, zwei Jahre nach dem Tod des Bruders, schreibt die 67jährige in ihr Tagebuch:

»Konrads Geburtstag und Totenfest. Unter den Zeichnungen zum Tod ist eine, wo der Tod am Konrad vorübergeht, wie in dem Kinderspiel: wir fahren nach Jerusalem, wer kommt mit? Der Konrad steht auf. Mühselig sich erhebend. Im Gesicht Traurigkeit, Resignation und Würde.«

*Kohlezeichnung auf Maschinenbütten 38 x 31 cm. Signiert unten rechts:
Käthe Kollwitz Januar 1937. Sammlung H. Reemtsma.*

Am Anfang und am Ende unserer acht den unbeirrbaren Weg von Käthe
Kollwitz beleuchtenden Texte steht ein Selbstbildnis, zwischen ihnen liegt eine
das ganze Lebenswerk einschließende und zugleich erschließende Kette von
»Selbstbildern« (zwei weitere zeigt dieser Band in der Bildgruppe »Frühzeit«,
eines in der »Pariser Zeit« und acht in einer eigenen Gruppe). Außer den
offenkundigen wird man verborgene Selbstbildnisse entdecken, immer dort,
wo die Künstlerin sich mit ihrem Thema identifiziert, so wie im linken Flügel
des Triptychons »Das Leben« oder in der Mutter des Mahnmals. Darin liegt
wohl überhaupt die anhaltende Überzeugungskraft ihrer Darstellungen — ob
aus der Historie oder aus dem Zeitgeschehen —, daß sie sich nicht distanziert,
sondern absolut identifiziert; daß sie sich nicht abwendet, sondern ihren Kopf
hin hält: Sehenden Auges, wo es leichter gewesen wäre, sich zu verschließen;
in der Ära Kaiser Wilhelms, der die Kategorie der Rinnsteinkunst für ihres-
gleichen erfand, bis zum Dritten Reich, das sie unterdrückte — und in dessen
»Glanzzeit« dieses Selbstbildnis entstand. Im Rückblick auf seinen Untergang
hat sie hier das Gesicht einer Seherin.

Gruppen junger Künstler — wie »Die Brücke« und »Der blaue Reiter« —
sind zu Beginn unseres Jahrhunderts gemeinsam zu neuen Ufern aufgebrochen. Die vor ihnen allen 1867 geborene Käthe Schmidt hat das im Alleingang gewagt; entschiedener und schneller als der gleichaltrige Norddeutsche
Emil Nolde und als ihr neun Jahre älterer ostpreußischer Landsmann Lovis
Corinth, dessen Selbstdarstellungen durch berserkerhafte Vitalität oder durch
Morbidität bestürzen. Die Bildnisse der Kollwitz sind von Anfang an scharf
prüfende Selbstbefragungen. Sie ergreifen durch ihre Objektivität. Zwei
ihrem Naturell und ihrer Herkunft entspringende Gaben haben sie dazu be-
fähigt: Strenge mit sich selbst und Selbstverantwortung im Sinne der Ethik
Kants. Dieser reformerische Grundzug verbindet sie mit zwei Meistern des
Selbstbildnisses aus dem protestantischen Holland: mit Vincent van Gogh und
mit Rembrandt.

Wer je ein Selbstbildnis des alten Rembrandt gesehen hat, wird von der
Wahlverwandtschaft mit diesem Bild der 70jährigen Künstlerin betroffen
sein. Alter und Leid verwischen sogar die Unterschiede des Geschlechts. Der
Strich legt die Konturen nicht fest, sondern löst sie in Licht und Schatten auf.
Die Erscheinung beginnt zurückzutreten. Dagegen spricht aus dem ähnlich
angelegten Selbstbild von 1928 volle Gegenwärtigkeit. Und noch frühere, wie

die auf dunklem Grund von 1924, sind aggressiv in ihrer Präsenz oder wie die von 1923 gleichsam versteinert in ihrer Widerstandskraft. Hier ist nichts Angespanntes mehr, kaum noch diesseitige Erwartung, im Auge liegt die Trauer der Erkenntnis, und der Mund »schweigt in sich hinein«, wie es im Tagebuch vom November 1936 heißt. — Was damals als deutsche Kunst gepriesen wurde, ist heute vergessen, aber geblieben und gestiegen ist das Werk der Käthe Kollwitz.

ANHANG

FAMILIENDATEN
Großvater: Julius Rupp, 1809–1884. Gründer der Freien evangelischen Gemeinde
Vater: Carl Schmidt, 12. 8. 1825–29. 3. 1898
Mutter: Katharina Schmidt, geb. Rupp, 5. 12. 1837–16. 2. 1925. Älteste von sechs Geschwistern
Deren Kinder: 1. Konrad Schmidt, 25. 11. 1863–14.10. 1932
2. Julie Hofferichter, 17. 5. 1865–März 1917. *Deren Kinder:* Konrad Hofferichter und Paula Kache
3. Käthe Schmidt, 8. 7. 1867–22. 4. 1945, verheiratet mit Dr. Karl Kollwitz, 13. 6.1863 bis
19. 7. 1940. *Kinder:* Hans Kollwitz, 14. 5. 1892. Peter Kollwitz, 6. 2. 1896–23. 10. 1914
gefallen. Hans Kollwitz, verheiratet mit Ottilie Ehlers, 15. 7. 1900–27. 5. 1963. *Deren Kinder,* a
Peter, 10. 7. 1921–22. 9. 1942, gefallen, Jördis, Jutta, Arne-Andreas
4. Lisbeth (Lise), 14. 10. 1870–16. 7. 1963, verheiratet mit Georg Stern, 1867–26. 3. 1934.
Deren Kinder: Regula (Rele), Hanna, Kati (Katta), Maria

LEBENSDATEN«
1867   Käthe Kollwitz wird am 8. Juli in Königsberg in Preußen als Tochter des Baumeisters
Carl Schmidt und der Katharina Schmidt geb. Rupp geboren
1881   Zeichenunterricht bei dem Kupferstecher Maurer in Königsberg
1883   Zeichnung zu dem Gedicht »Die Auswanderer« von Ferdinand Freiligrath (Stauffer-
Bern: »Das ist ja wie von Klinger«)
1884   Reise mit der Mutter und der Schwester Lise ins Engadin. Station in Berlin, lernt dort
Gerhart Hauptmann kennen. Station in München. In der Alten Pinakothek empfängt sie
starke Eindrücke von Rubens
1885/86   Studentin in der Künstlerinnenschule in Berlin bei Karl Stauffer-Bern. Sieht Max
Klingers Radierungen, mit denen sie Stauffer-Bern bekannt macht
1887   Unterricht bei dem Diez-Schüler Emil Neide in Königsberg
1888/89   Malstudium bei Ludwig Herterich in München
1890   erste Radierungen (Kl. 1–3)««
1891   Heirat mit Dr. Karl Kollwitz (13. Juni), der sich als Kassenarzt im Norden Berlins
niederläßt: Weißenburger Straße 25, heutige Käthe-Kollwitz-Straße
1891/92   erste Selbstbildnisse (Kl. 8, 8 A, 9)
1892   Geburt des Sohnes Hans (14. Mai)
1893   Teilnahme mit drei Werken (zwei Pastellen und einer Radierung) an der »Freien
Kunstausstellung« in Berlin
Der Kunstkritiker Julius Elias macht auf die junge Künstlerin aufmerksam
Besuch der Uraufführung von Gerhart Hauptmanns Drama »Die Weber« durch die »Freie
Bühne« am 26. Februar 1893
1895–98   Arbeit an der Folge »Ein Weberaufstand« (Kl. 32–37)
1896   Geburt des Sohnes Peter (6. Februar) – Erste Lithographie (Kl. 30)
1898   Die Folge »Ein Weberaufstand« wird in der Großen Berliner Kunstausstellung ausgestellt – Adolf Menzel schlägt die Künstlerin für die Kleine Goldene Medaille vor. Der Vorschlag wird von Kaiser Wilhelm II. abgelehnt
1898   Eintritt in die Sezession
1898–1903   Lehrerin an der Künstlerinnenschule in Berlin
1899   Max Lehrs erwirbt die Folge »Ein Weberaufstand« für das Dresdener Kupferstichkabinett. Verleihung der Kleinen Goldenen Medaille auf der Deutschen Kunstausstellung in Dresden
1902–1908   Arbeiten an der Folge »Bauernkrieg« (Kl. 66, 90, 94, 95–98)
1904   Aufenthalt in Paris. Arbeiten in der Plastikklasse der Academie Julian. Besucht Rodin
und Steinlen
1906   Im Januar wird ihre erste Arbeit für ein Plakat, die Lithographie für die »Deutsche
Heimarbeitsausstellung« auf Wunsch der deutschen Kaiserin von allen Anschlagsäulen entfernt
1907   Ein Jahr Aufenthalt in Italien, hauptsächlich Florenz, ermöglicht durch den von Max
Klinger gestifteten und ihr für dieses Jahr zuerkannten »Villa-Romana-Preis« – Käthe Kollwitz
unternimmt eine Fußwanderung nach Rom mit der Engländerin Stan Harding-Krayl
1908   Die Folge »Bauernkrieg« erscheint als Vereinsgabe der »Verbindung für historische Kunst

* Zum Teil nach einer Zusammenstellung von Annita Babick
** Mit *8Kl.5* wird die Klipsteinnummer – Katalog des graphischen Werkes von Käthe Kollwitz – zu den
Graphiken angegeben

396

1910 Erste Plastikversuche
1912 Lithographie für das Plakat einer öffentlichen Versammlung (Redner u. a. Ober-
bürgermeister Dominicus) »Hunderttausende von Kindern sind ohne Spielplätze«
1914 Der Sohn Peter fällt in der Nacht vom 22. zum 23. 10. bei Dixmuiden in Flandern.
Am 1. Dezember Plan zu einem Denkmal für ihn
1916 Die Plastik »Das Liebespaar« in der »Freien Sezession« in Berlin ausgestellt
1917 Eine große Jubiläums-Ausstellung wird von der Berliner Sezession zum 50. Geburtstag
der Künstlerin von Paul Cassirer veranstaltet
Sonderausstellung des Dresdener Künstlervereins
Starke Eindrücke durch die Barlach-Ausstellung bei Paul Cassirer
1918 am 30. Oktober bringt der »Vorwäts« ihre Entgegnung auf den Aufruf Richard
Dehmels vom 22. 10. zum letzten Widerstand: »Es ist genug gestorben! Keiner darf mehr
fallen. Ich berufe mich gegen Richard Dehmel auf einen Größeren, welcher sagt: ›Saatfrüchte
sollen nicht vermahlen werden‹.«
1919 Sie schafft, unter dem Eindruck der Holzschnitte Barlachs, ihre ersten Holzschnitte
»Gedenkblatt für Karl Liebknecht« und »Zwei Tote« (Kl. 139 und 140)
Am 24. 1. Ernennung zum Mitglied der Preußischen Akademie der Künste, unter gleich-
zeitiger Verleihung des Professorentitels
1920 Arbeitet für die »IAH« (Internationale Arbeiter-Hilfe), der u. a. Maxim Gorki, Anatole
France und Martin Andersen-Nexö angehören, das Plakat »Wien stirbt! Rettet seine Kinder«
sowie drei Flugblätter gegen den Wucher
1921 die Lithographie »Helft Rußland«
1922/23 Holzschnittfolge »Krieg« (Kl. 177 bis 183). »Ich bin einverstanden damit, daß meine
Kunst Zwecke hat. Ich will wirken in dieser Zeit, in der die Menschen so ratlos und hilfsbedürftig sind«
1923/24 Im Auftrag des Internationalen Gewerkschaftsbundes die Lithographie »Di Überlebenden« als Plakat für den Anti-Kriegstag, des weiteren ein Plakat gegen den »218undr
eines für den Mitteldeutschen Jugendtag in Leipzig »Nie wieder Krieg«
1924 Das Plakat »Deutschlands Kinder hungern«
1925 Die Holzschnittfolge »Proletariat« (Kl. 206–208)
1926 Gesellschaftsreise mit ihrem Mann nach Madeira
Wiederaufnahme der Arbeit am Mahnmal
1927 Reise in die Sowjetunion auf Einladung der russischen Regierung
1928 wird sie mit der Leitung des »Meisterateliers für Graphik« an der Akademie Berlin
betraut
1929 umfassende Kollwitz-Ausstellung im Kupferstichkabinett in Basel
Verleihung des Ordens Pour le merite
1931 Am 22. April Eröffnung der Akademieausstellung mit den beiden plastischen Gestalten
»Vater und Mutter«. »Das ist ein großer Abschnitt, ein ganz bedeutsamer Punkt«.
1932 Aufstellung des Mahnmals »Die Eltern« für den gefallenen Sohn Peter auf dem
Soldatenfriedhof in Roggevelde bei Essen nahe Dixmuiden in Flandern
1933 Austritt aus der Preußischen Akademie der Künste
Amtsenthebung als Leiterin in der Meiserklasse für Graphik
1934 Neues Atelier im Atelierhaus Klosterstraße
1934/35 Die Folge »Tod«, 8 Lithographien (Kl. 256–263)
Im gleichen Jahr entsteht ihr Grabrelief »Ruht im Frieden seiner Hände«
1936 Inoffizielles Ausstellungsverbot. Entfernung ihrer Arbeiten aus der Akademieausstellung und anschließende aus dem Kronprinzenpalais. »Das muß alles erlebt werden!«
1940 am 19. Juli stirbt ihr Mann Dr. Karl Kollwitz
1942 am 22. September fällt in Rußland der Enkel Peter
Sie schafft die letzten graphischen Blätter »Bildnis Frau Otto Bartning« und »Salatfrüchte
sollen nicht vermahlen werden« (Kl. 266 und 267)
1943 Evakuierung aus Berlin nach Nordhausen zu der Bildhauerin Margret Böning
Am 23. November wird die Wohnung in der Weißenburger Straße, in der sie seit 1891 lebte,
durch Bomben zerstört, wobei viele Drucke und Platten vernichtet werden
1944 am 20. Juli Umsiedlung nach Moritzburg bei Dresden
1945 am 22. April, wenige Tage vor Kriegsende, stirbt Käthe Kollwitz in Moritzburg
Die Urne mit ihrer Asche wird im September 1945 nach Berlin überführt und, wie sie es
gewünscht hatte, auf dem Zentralfriedhof Friedrichsfelde (Ost-Berlin) beigesetzt unter dem
Relief, das sie selbst geschaffen hat

WESENTLICHE AUSSTELLUNGEN SEIT 1945

1945 Berlin. Volksbildungskammer der Kunstschaffenden. Gedächtnisausstellung Käthe Kollwitz
1946 Freiburg i. B. Augustiner-Museum. Käthe Kollwitz. Zum Gedächtnis. Katalog-Einführung von Hanna Kronberger-Frentzen
1946 Jena. Lyzeum. Käthe Kollwitz. Katalog mit einem Brief der Künstlerin an Arthur Bonus
1946 Bern. Kunstmuseum. Gedächtnisausstellung Käthe Kollwitz. Katalog-Einführung von Fritz Schmalenbach
1951 Berlin (Ost), Deutsche Akademie der Künste. Käthe Kollwitz. Katalog mit einem Geleitwort von Prof. Dr. Willy Kurth
1958 Berlin. Haus am Lützowplatz. Käthe Kollwitz. Handzeichnungen, Plastik, Graphik
1959/60 New York. Galerie St. Etienne. Käthe Kollwitz. Sculptures Drawings
1963 Moskau
1964/65 Berlin. Schloß Charlottenburg. Zeichnungen aus der Stiftung von Dr. Hans Kollwitz
1967 London. Marlborough Fine Art. Ernst Barlach, Käthe Kollwitz. Katalog-Einführung von Wolfgang Fischer
1967/68 Berlin. Akademie der Künste. Käthe Kollwitz. Katalog-Einführung von Friedrich Ahlers-Hestermann
1968 Düsseldorf. C. G. Boerner. Käthe Kollwitz. Handzeichnungen und Druckgraphik
1973 Köln. Wallraf-Richartz-Museum. Käthe Kollwitz. Zeichnungen. Katalog-Einführung von Hella Robels
1973 Düsseldorf. Galerie Vömel. Die Bronzeskulpturen von Käthe Kollwitz. Katalog mit einem faksimilierten Brief von Gerhard Marcks
1973/74 Frankfurt am Main. Frankfurter Kunstverein. Käthe Kollwitz. Katalog mit einer Zeittafel zur deutschen Geschichte von 1871–1933
Diese Ausstellung wurde auch im Württembergischen Kunstverein, Stuttgart, und in der Neuen Gesellschaft für Bildende Kunst in Berlin gezeigt
1976 New York. Galerie St. Etienne and Kennedy Galleries. Käthe Kollwitz. Drawings and Prints. Katalog-Einführung von Otto Kallir »Personal Recollections of Käthe Kollwitz«
1977 München. Museum Villa Stuck. Käthe Kollwitz. Zeichnung, Graphik, Plastik. Katalog-Einführung von Hella Robels

BIBLIOGRAPHIE KÄTHE KOLLWITZ · WERKKATALOGE

August Klipstein. Verzeichnis des graphischen Werkes. Mit 270 Abbildungen. (Bern 1935) Klipstein & Co.
Käthe Kollwitz. Die Handzeichnungen. Herausgegeben von Otto Nagel unter Mitarbeit von Sibylle Schallenberg-Nagel und Beratung von Dr. Hans Kollwitz. Wissenschaftliche Bearbeitung Dr. Werner Timm. Mit über 1300 Abbildungen. (Berlin 1972) Henschel-Verlag Kunst und Gesellschaft.

EIGENE SCHRIFTEN DER KÜNSTLERIN UND ZEUGNISSE VON FREUNDEN

Käthe Kollwitz. Tagebuchblätter und Briefe. Herausgegeben von Hans Kollwitz. (Berlin 1949) Gebrüder Mann Verlag.
Neuausgabe unter dem Titel »Aus meinem Leben«. (München 1697)Paul List Verlag.
Käthe Kollwitz. Ich will wirken in dieser Zeit. Auswahl aus den Tagebüchern und Briefen. Einführung von Friedrich Ahlers-Hestermann. (Berlin 1952) Verlag Gebrüder Mann und (Frankfurt am Main 1956) Büchergilde Gutenberg.
Käthe Kollwitz. Briefe an Dr. Heinrich Becker. (Bielefeld 1967) Städtisches Museum.
Beate Bonus-Jeep. Sechzig Jahre Freundschaft mit Käthe Kollwitz. (Boppard 1948) Karl Rauch Verlag.
Lenka von Koerber. Erlebtes mit Käthe Kollwitz. Mit 24 Abbildungen. (Berlin 1957) Rütten und Loening.

MONOGRAPHIEN UND MAPPENWERKE

Hans W. Singer. Käthe Kollwitz. Mit 22 Abbildungen. (Esslingen 1908) Paul Neff Verlag.
Käthe-Kollwitz-Mappe. Herausgegeben vom Kunstwart. (München 1913) Verlag Georg D. W. Callwey.
Käthe Kollwitz. 24 Handzeichnungen in originalgetreuen Wiedergaben. Mit einer Einleitung von Walther Georg Hartmann. (Dresden 1920) Emil Richter Verlag.
Alfred Kuhn. Graphiker der Gegenwart: Käthe Kollwitz. Mit 32 Abbildungen. (Berlin 1921)

Verlag Neue Kunsthandlung.

Abschied und Tod. Acht Zeichnungen von Käthe Kollwitz. Mit einem Geleitwort von Gerhart Hauptmann (Berlin 1924) Propyläen-Verlag.

Käthe Kollwitz. Ein Ruf ertönt. Eine Einführung in das Lebenswerk der Künstlerin von Louise Diel. Mit 36 Abbildungen. (Berlin 1927) Furche-Kunstverlag.

Käthe Kollwitz und Dr. Crede-Hörder. Volk in Not! Das Unheil des Abtreibungsparagraphen. Mit 16 Schöpfungen von Käthe Kollwitz. (Dresden 1927) Carl Reissner Verlag.

Käthe Kollwitz. Mutter und Kind. Gestalten und Gesichte der Künstlerin gedeutet von Louise Diel. Mit 37 Abbildungen. (Berlin 1928) Furche-Kunstverlag.

Das Käthe Kollwitz Werk. Mit einer Einleitung von Arthur Bonus. Neue veränderte und erweiterte Auflage mit 182 Abbildungen. (Dresden 1930) Carl Reissner Verlag.

Käthe Kollwitz. Einundzwanzig Zeichnungen der späten Jahre. Einführung von Carl Georg Heise. (Berlin 1948) Gebr.-Mann-Verlag.

Adolf Heilborn. Käthe Kollwitz. Mit 65 Abbildungen. (Berlin 1949) Rembrandt Verlag.

Gerhard Strauss. Käthe Kollwitz. Mit 126 Abbildungen. (Dresden 1950) Sachsen Verlag.

Handzeichnungen von Käthe Kollwitz. 8 Lichtdrucke nach Original-Zeichnungen. Mit einem Geleitwort von Sella Hasse. (Dresden 1955.)

Käthe Kollwitz. Drawings (New York 1959) H. Bittner & Co..

Käthe Kollwitz. Der Weberaufstand. Einführung von F. Ahlers-Hestermann. (Stuttgart 1960) Philipp Reclam jun. Werkmonographien zur Bildenden Kunst Nr. 55.

Otto Nagel. Käthe Kollwitz. Mit 251 Abbildungen. (Dresden 1963) VEB-Verlag der Kunst. Veröffentlichung der Deutschen Akademie der Künste zu Berlin.

Fritz Schmalenbach. Käthe Kollwitz. Mit 72 Abbildungen. (Königstein im Taunus 1965) Die Blauen Bücher. Langewiesche Verlag.

Otto Nagel. Die Selbstbildnisse der Käthe Kollwitz. Mit 84 Abbildungen. (Berlin 1965) Henschel Verlag.

Käthe Kollwitz. Mit Beiträgen von C. Meckel, U. Weisner und Hans Kollwitz (Bad Godesberg 1967) Inter Nationes.

Käthe Kollwitz. Das plastische Werk. Fotos von Max Jacoby. Herausgegeben von Dr. Hans Kollwitz. Mit einem Vorwort von Prof. Dr. Leopold Reidemeister. (Hamburg 1967) Christian Wegner Verlag.

Käthe Kollwitz. Six Woodcuts. (New Jersey o. J.) Facsimile Editions.